Internet für Dummies

John R. Levine, Carol Baroudi
und Margaret Levine Young

Internet für Dummies

Gegen den täglichen Frust mit dem Internet

Übersetzung aus dem
Amerikanischen von
Alexander Schwertner

INTERNATIONAL THOMSON PUBLISHING

Die Deutsche Bibliothek – CIP-Einheitsaufnahme:

Levine, John R.:
Internet für Dummies / John R. Levine, Carol Baroudi
und Margaret Levine Young. Übers. aus dem Amerikan.
von Alexander Schwertner. - Bonn : ITP, 1998
Einheitssacht.: Internet for Dummies <dt.>
ISBN 3-8266-2780-6
NE: Carol Baroudi, Margaret Levine Young

ISBN 3-8266-2780-6
1. Auflage 1998
1. Nachdruck 1998

Übersetzung der amerikanischen Originalausgabe:
John R. Levine, Carol Baroudi & Margaret Levine Young: Internet For Dummies

Printed in Germany

Ein Unternehmen der verlag moderne industrie AG, Landsberg

Druck: Media-Print, Paderborn
Umschlaggestaltung: Sylvia Eifinger, Bornheim
Satz und Layout: Lieselotte und Conrad Neumann, München

Inhaltsverzeichnis

Teil III Web-Manie 99

Kapitel 6 Das wilde, wunderbare, wahnsinnige Web 101

Kapitel 7 Das Gerangel mit dem Web 121

Kapitel 13
Hurra, hurra, die Post ist da 227

Kapitel 14
Wir treffen uns auf einen Chat 243

Kapitel 15
Dateien aus dem Netz klauen 267

Einführung

Willkommen zur vierten Auflage von *Internet für Dummies*. Es gibt viele Bücher über das Internet, aber die meisten scheinen davon auszugehen, daß Sie einen Abschluß in Computerwissenschaft haben, jede noch so seltsame und nutzlose Warze im Internet kennenlernen wollen und Vergnügen daran finden, sich unausprechbare Befehle und Optionen zu merken. Wir hoffen, daß dieses Buch anders ist.

Es beschreibt nämlich statt dessen, was Sie wirklich tun müssen, um ein *Internaut* zu werden (jemand, der geschickt durchs Internet navigiert) – wie man loslegt, welche Befehle man wirklich braucht und wen man am besten um Hilfe bittet. Und wir beschreiben das alles in einfachem Deutsch.

Wir haben bei der neuen, vierten Auflage viele Veränderungen vorgenommen. Als wir *Internet für Dummies* zum ersten Mal geschrieben haben, war der typische Net-User ein Student, der von der Uni aus ins Internet gelangte, oder ein Techniker mit Zugang an seiner Arbeitsstelle. Heute, fünf Jahre später, ist das Netz wie verrückt gewachsen, und jetzt gehören Millionen normaler Menschen (wenn man das so sagen darf) dazu, die sich auf eigene Rechnung von zu Hause aus einklinken, und etliche Menschen in der Ausbildung, vom Grundschüler bis zum Aufbaustudenten. Wir konzentrieren uns daher auf die Teile des Netzes, die für den typischen Benutzer die interessantesten sind – das World Wide Web und wie man sich darin zurechtfindet, einschließlich einer Einführung zu Netscape Navigator und Microsoft Internet Explorer (den bekanntesten Web-Programmen), das Verschicken und Empfangen elektronischer Post (E-Mail) für die persönliche Kommunikation, Einkaufen im Internet, Chatten und das Herunterladen von interessanten Sachen aus dem Netz.

Über dieses Buch

Wir bilden uns nicht ein, daß Sie am Internet so sehr interessiert sind, daß Sie sich hinsetzen und das gesamte Buch lesen (auch wenn es fürs Bad eigentlich bestens geeignet sein sollte). Wenn Ihnen beim Benutzen des Internet ein Problem begegnet (»Hmmm ... ich *dachte*, ich wüßte, wie man jemanden im Netz findet, aber scheinbar erinnere ich mich nicht mehr...«), stöbern Sie einfach so lange im Buch, bis Sie Ihr Problem lösen können.

Zu den relevanten Abschnitten gehören folgende:

- ✔ Was ist das Internet
- ✔ Wie man Zugang zum Netz bekommt
- ✔ Streunen durchs World Wide Web
- ✔ Kommunikation mit elektronischer Post

- Wie man Personen, Orte und Dinge findet
- Wie man Zeug aus dem Netz herausholt
- Wo man Dienste und Software findet

Wie man dieses Buch benutzt

Zum Einstieg können Sie die ersten drei Kapitel lesen. Hier bekommen Sie einen Überblick übers Netz und die Terminologie sowie einige wichtige Tips. Außerdem halten wir sie für interessant.

Wenn Sie soweit sind, daß Sie sich ins Internet begeben möchten, nehmen Sie sich Teil II vor und suchen Sie die Zugangsoption, die Ihnen und Ihren Anforderungen am besten entspricht.

Die Teile III, IV und V sollen Sie weiter anstacheln und Ihnen zusätzliche Unterstützung bieten.

Obwohl wir uns wirklich Mühe geben, einen technischen Begriff nie ohne Definition einzuführen, gelingt uns dies nicht immer. Manchmal kann es auch vorkommen, daß Sie einen Abschnitt außerhalb der Reihenfolge lesen und auf einen Begriff stoßen, den wir bereits ein paar Kapitel vorher erklärt haben. Um diese Lücken zu füllen, gibt es das Glossar.

Da sich das Internet ständig weiterentwickelt, haben wir unser Buch um einen Online-Bereich erweitert, um es auf dem neuesten Stand zu halten. Da dieser Bereich weltweit allen Lesern unseres Buches offen stehen soll, finden Sie die Informationen dort in englischer Sprache. Immer, wenn Sie auf das Whoosh-Symbol stoßen, wissen Sie, daß wir zusätzliche brandaktuelle Informationen auf dieser Web-Site bereithalten, und zwar unter

```
http://net.gurus.com
```

Wenn Sie etwas eingeben müssen, sieht es in diesem Buch so aus: **Hallo, Internet!** Manchmal steht es auch in einer eigenen Zeile, etwa so:

```
ein kryptischer Befehl muß geschrieben werden
```

Tippen Sie ihn genau so, wie er aussieht. Benutzen Sie Groß- und Kleinschreibung genau so wie wir – viele Systeme achten genau auf GROSS- und kleinschreibung. Danach drücken Sie die Eingabe- oder Return-Taste. Das Buch erklärt Ihnen, was passieren sollte, wenn Sie diesen Befehl geben, und welche Optionen Sie haben.

Falls Sie einen komplizierteren Vorgang durchgehen sollen, geben wir Ihnen möglichst schrittweise Anleitungen und stellen die Sachen, die Sie machen sollen, in **Fettdruck** dar. Anschließend erklären wir Ihnen, was als Reaktion auf Ihre Eingabe passiert und welche weiteren Optionen Sie haben.

Wenn Sie Befehle aus Menüs wählen sollen, schreiben wir DATEI – SCHLIESSEN, wenn Sie den Befehl Datei aus der Menüleiste wählen sollen und aus dem daraufhin erscheinenden Menü den Befehl Schließen ausführen sollen.

Wer sind Sie?

Beim Schreiben dieses Buches sind wir davon ausgegangen, daß Sie

- ✔ Zugang zum Internet haben oder ihn gerne hätten
- ✔ mit dem Internet arbeiten wollen (Für uns gehört zum Begriff »Arbeiten« auch das Konzept »Spielen«).
- ✔ nicht daran interessiert sind, der nächste große Internet-Experte dieser Welt zu werden, zumindest nicht diese Woche.

Wie dieses Buch organisiert ist

Dieses Buch hat fünf Teile. Die Teile stehen für sich allein – es steht Ihnen frei, wo Sie mit dem Lesen beginnen, doch Sie sollten die Teile I und II zumindest durchblättern, um den unvermeidbaren Internet-Jargon kennenzulernen und zu erfahren, wie Sie Ihren Computer ins Netz bekommen.

Das sind die Teile des Buches und ihr Inhalt:

In Teil I, »Willkommen im Internet«, erfahren Sie, was das Internet ist und warum es interessant ist (oder warum zumindest wir es interessant finden). In diesem Teil finden Sie außerdem einiges zur grundlegenden Internet-Terminologie und zu Begriffen, auf die Sie in den folgenden Teilen des Buches immer wieder stoßen werden. Teil I behandelt, wie Sie ins Internet gelangen, gibt einige Denkanstöße zum Umgang von Kindern mit dem Netz und wirft einen Blick auf den letzten Schrei in unternehmensinterner Intranet-Technologie.

Um hinter die Kulissen der verschiedenen Auffahrten ins Internet zu schauen, sollten Sie Teil II lesen, »Internet – hier komme ich!« Für die meisten Anwender besteht der weitaus schwierigste Teil im Umgang mit dem Internet im Herstellen der allerersten Verbindung, wofür die Software geladen sein muß, die Einstellungen stimmen müssen und das Modem seine Arbeit verrichten muß. Alles hinterher ist dagegen eine (relativ) ruhige Segelpartie.

Teil III, »Web-Manie«, taucht ins World Wide Web ein, dem Teil des Internet, der es aus dem Schattendasein gehoben und zu Ruhm verholfen hat. Wir gehen darauf ein, wie man sich im Netz bewegt, verschiedene Sachen suchen kann (was nicht ganz so einfach ist, wie es sein sollte), wie man im Web online einkaufen kann und wie Sie Ihre eigene Homepage im Web unterbringen.

Teil IV, »Internet-Grundlagen«, wirft einen Blick auf die übrigen wichtigen und hilfreichen Dienste im Netz: Verschicken und Empfangen von E-Mail, Chatten und Zeug aus dem Netz holen. Sie erfahren, wie man elektronische Post mit Leuten auf dem gleichen Flur oder auf anderen Kontinenten austauscht, wie man über elektronische Mailing-Listen Kontakt hält zu Leuten mit gleichen Interessen, und wie man Dinge aus dem Netz herunterlädt. Wir behandeln außerdem den Umgang mit dem Internet von AOL, CompuServe und T-Online, drei bekannte Online-Dienste, die Zugang zum Netz bieten.

Eine Zusammenstellung leicht zugänglicher Anmerkungen und hilfreicher Fakten finden Sie in Teil V, »Die Zehnerlisten« (wodurch, wie wir annehmen, unterstellt wird, daß der Rest des Buches nur aus unnützen Informationen besteht).

Die Symbole in diesem Buch

Das weist Sie darauf hin, daß Sie sich einer besonders besserwisserischen technischen Information nähern, damit Sie sie überblättern können (vielleicht wollen Sie sie ja auch lesen).

Das weist Sie darauf hin, daß eine clevere kleine Abkürzung oder Zeitersparnis erklärt wird.

Aarrrggghhh! Auf diese Information sind wir ziemlich schmerzhaft gestoßen! Passen Sie auf, daß Ihnen das nicht passiert!

Verweist auf zusätzliche brandaktuelle Informationen auf unserer ureigenen Web-Site. Hey, das Buch ist richtig lebendig!

Das weist Sie auf Ressourcen im World Wide Web hin, auf die Sie mit Netscape Navigator, Microsoft Internet Explorer oder einer anderen Web-Software zugreifen können.

Und jetzt?

Das ist alles, was Sie wissen müssen, um loszulegen. Immer wenn Sie beim Gebrauch des Internet auf Schwierigkeiten stoßen, sehen Sie einfach im Inhaltsverzeichnis oder im Index nach diesem Problem. Entweder Sie können es im Handumdrehen selbst lösen, oder Sie erfahren, wo Sie Expertenhilfe finden.

Da sich das Internet seit fast 30 Jahren entwickelt hat, zu großen Teilen unter dem Einfluß einiger ganz besonders klugscheißerischer Leute, ist es nicht so angelegt, daß normale Menschen es besonders leicht benutzen können. Also machen Sie sich keine Gedanken, wenn Sie ein paar Themen nachschlagen müssen, bevor Sie sich beim Gebrauch des Internet wohl fühlen. Schließlich müssen sich die meisten Computer-Benutzer niemals mit etwas herumschlagen, das so komplex ist wie das Internet.

Rückmeldung, bitte

Wie hören gerne von unseren Lesern. Wenn Sie mit uns Kontakt aufnehmen wollen, schreiben Sie an uns; c/o ITP GmbH, Königswinterer Str. 418, 53227 Bonn.

Oder noch besser: Schicken Sie uns eine E-Mail an

`itp@itp.de`

oder besuchen Sie unsere Web-Homepage unter

`http://www.itp.de/center/dummies.html`

Mit Hilfe dieser elektronischen Adressen können Sie nur Kontakt mit den Autoren dieses Buches aufnehmen; wollen Sie mit dem Verlag oder den Autoren anderer *Dummies*-Bücher Kontakt aufnehmen, schreiben oder e-mailen Sie an die oben genannten Adressen.

Teil I

Willkommen im Internet

»Seitdem wir ihn haben, hat er sich elf Tage lang nicht mehr von der Stelle bewegt. Seltsamerweise nennt man das ›Die ersten Schritte‹ im Internet.«

In diesem Teil...

Das Internet ist ein faszinierender Ort. Da es vollgestopft ist mit Computern, ist längst nicht alles so einfach, wie es sein sollte. Deshalb schauen wir uns zunächst einmal an, was das Internet ist und wie es dazu gekommen ist. Wir erzählen Ihnen, was alles passiert, was die Leute so treiben und warum das für Sie wichtig ist. Besonderes Augenmerk richten wir auf Fragen und Ressourcen für Familien. Außerdem schauen wir uns kurz Intranets und Extranets an, bei denen Internet-Technologie unternehmenstauglich gemacht wurde.

Was ist das Netz?

1

In diesem Kapitel

- Was ist das Internet?
- Mal nebenbei: Was ist überhaupt ein Netzwerk?
- Wozu braucht man das Internet?
- Ist das Internet ein sicherer Ort?
- Woraus ist das Internet entstanden?

Was ist das Internet? Die Antwort auf diese Frage hängt zum großen Teil davon ab, wen Sie fragen. Das Internet und die damit zusammenhängenden Technologien ändern sich so schnell, daß ihnen niemand richtig folgen kann. In diesem Kapitel beginnen wir mit den Grundlagen und sagen Ihnen, was das Internet ist, und – genauso wichtig – was sich in den letzten paar Jahren geändert hat, damit Sie so langsam nachvollziehen können, um was es hier überhaupt geht.

Wenn Ihnen das Internet völlig neu sein sollte und Sie auch nicht über besonders viel Erfahrung mit Computern verfügen, *seien Sie mit sich selbst geduldig*. Viele der hier vorgestellten Konzepte sind völlig neuartig. Geben Sie sich Zeit zum Lesen und zum nochmaligen Lesen. Es ist eine brandneue Welt mit einer eigenen Sprache, und daran muß man sich erst mal gewöhnen. Manche Leute finden es hilfreich, erst einmal das ganze Buch schnell durchzulesen, um einen größeren Überblick über das zu bekommen, worum es hier geht. Andere pflügen es seitenweise durch. Gleichgültig, was nun Ihr persönlicher Stil ist, denken Sie immer daran, daß es sich um *neues* Zeug handelt – Sie *sollen* es gar nicht sofort verstanden haben. Und selbst für viele erfahrene Internet-Benutzer ist es eine neue Welt.

Selbst wenn Sie schon über einige Erfahrung im Umgang mit Computern verfügen, kann Ihnen das Internet ganz anders als alles bisher Dagewesene vorkommen. Das Internet ist kein einzelnes Software-Programm und eignet sich daher längst nicht so einfach für die schrittweisen Anleitungen, die wir für ein einzelnes, festgefügtes Programm anbieten könnten. Wir versuchen trotzdem, so schrittweise wie möglich vorzugehen, obgleich das Internet eher einen lebenden Organismus darstellt, der ständig mit unbeschreiblicher Geschwindigkeit mutiert, als daß er an Microsoft Word oder Excel erinnert, die ein unauffälliges Dasein auf Ihrem Computer fristen und sich um ihren eigenen Kram kümmern. Nachdem Sie alles eingerichtet haben und etwas Übung bekommen, geht Ihnen der Umgang mit dem Internet in Fleisch und Blut über; am Anfang kann es jedoch ganz schön entmutigend sein.

Das Internet – auch als *Netz* bekannt – ist das größte Computer-Netzwerk der Welt. Sie fragen sich jetzt vielleicht: »Und was ist ein Netzwerk?« Selbst wenn Sie glauben, Sie wissen es schon, sollten Sie auf jeden Fall die nächsten Absätze lesen, damit wir auch sicher die gleiche Sprache sprechen.

Ein Computer-*Netzwerk* ist im Grunde ein Haufen Computer, die zusammengehängt sind. Vom Konzept her ist es wie ein Radio- oder TV-Netzwerk, das mehrere Radio- oder TV-Sender miteinander verbindet, damit sie alle die neueste Episode von »Verbotene Liebe« ausstrahlen können.

Gehen Sie mit dieser Analogie aber besser nicht zu weit. TV-Netzwerke verschicken zur gleichen Zeit dieselbe Information an alle Sender (man nennt das auch *Übertragungs*-Netzwerk); bei Computer-Netzwerken wird jede einzelne Nachricht normalerweise zu einem bestimmten Computer geschickt. Anders als TV-Netzwerke arbeiten Computer immer in beide Richtungen, so daß Computer A eine Nachricht an Computer B schicken und dieser wiederum mit einer Nachricht an Computer A antworten kann.

Einige Computer-Netzwerke bestehen aus einem zentralen Computer und einem Haufen entfernter Stationen, die mit ihm in Verbindung stehen (ein Zentral-Computer für Reservierungen bei einer Fluggesellschaft ist zum Beispiel mit Tausenden von Bildschirmen und Tastaturen in Flughäfen und Reisebüros verknüpft). Andere Netzwerke einschließlich des Internets sind gleichberechtigter und gestatten jedem Computer im Netzwerk, mit einem beliebigen anderen zu kommunizieren.

Das Internet ist kein wirkliches Netzwerk – es ist ein Netzwerk, das aus vielen Netzwerken besteht, die wiederum alle uneingeschränkt Informationen austauschen. Die Netzwerke reichen von großen formalen Firmennetzwerken von AT&T, Digital Equipment und Hewlett-Packard, bis zu den kleinen und informellen wie dem in Carols Hinterzimmer (mit ein paar alten Computern, die über Kleinanzeigen gekauft wurden); dazwischen existiert alles mögliche. Hochschulnetzwerke sind seit langem Teil des Internet, und mittlerweile kommen auch Ober- und sogar Grundschulen dazu. In den vergangenen ein, zwei Jahren hat der Gebrauch des Internet mit einer Geschwindigkeit zugenommen wie der des Fernsehens in den frühen 50er Jahren; das Netz hat jetzt geschätzte 80 Millionen Teilnehmer, für die Jahrtausendwende werden sogar 800 Millionen Benutzer vorhergesagt.

Und was soll das alles?

Überall, wo man hinkommt, reden die Leute übers Netz – als würden sie sich mit ihm duzen. Jeder Radiosender hat eine E-Mail-Adresse, Unternehmen werben im Netz auf ihrer eigenen Web-Site (die mit einem »www« beginnt und meist mit ».de« oder ».com« aufhört), und Fremde fragen einen danach, ob man eine eigene Homepage hat. Man »geht online« und klinkt sich ein. Reden die alle wirklich noch über dasselbe »Netzwerk der Netzwerke?« Ja, und es gibt *noch* mehr.

Bei Netzwerken ist die Größe sehr bedeutend, denn je größer ein Netzwerk ist, desto mehr Dinge werden in ihm angeboten. Da das Internet das größte Computer-Netzwerk der Welt ist, findet sich in ihm eine faszinierende Fülle von Informationen.

Das Internet ist eine neue Kommunikationstechnologie, die unser Leben genauso nachhaltig beeinflußt wie das Telefon oder das Fernsehen. Einige Leute sind der Ansicht, daß das Internet die wichtigste Erfindung zur Verbreitung von Informationen seit der Druckmaschine ist. Ob Sie telefonieren, Briefe schreiben, eine Zeitung oder Zeitschrift lesen, Geschäfte machen oder Forschung betreiben – das Internet kann Ihre Weltsicht radikal verändern.

Wenn gegenwärtig Leute über das Internet reden, geht es normalerweise darum, was man dort tun kann und wen man getroffen hat. Die Möglichkeiten des Internet sind so groß, daß wir nicht genügend Platz haben, um hier eine vollständige Liste zu präsentieren (die würde mehrere Bücher füllen, die alle dicker wären als dieses hier), aber hier ist immerhin ein kurzer Überblick:

✔ **Elektronische Post (E-Mail):** Dieser Dienst wird sicher am meisten benutzt – Sie können mit Millionen Menschen überall auf der Welt E-Mail austauschen. Man benutzt E-Mail für die gleichen Dinge wie Papier-Post oder das Telefon: Klatsch, Rezepte, Gerüchte, Liebesbriefe – was Ihnen einfällt. (Gerüchteweise ist uns zu Ohren gekommen, daß es sogar Leute geben soll, die sie für etwas verwenden, das mit Arbeit zu tun haben soll.) Elektronische *Mailing-Listen* ermöglichen es Ihnen, an Gruppendiskussionen mit anderen Menschen teilzunehmen, die ähnliche Interessen haben, und über das Netz Leute kennenzulernen. Mit Hilfe von *Mail-Servern* (Programmen, die automatisch auf E-Mail-Nachrichten antworten) können Sie alle möglichen Informationen suchen. In den Kapiteln 11, 12 und 13 finden Sie die Details.

Das World Wide Web: Wenn man heutzutage über das Surfen im Netz spricht, heißt das meist, daß man sich Sites in dieser (Achtung: Zauberwort!) Multimedia-Hyperlink-Datenbank ansieht, die den Globus umspannt. Das Web kombiniert – anders als frühere Netz-Dienste – Text, Bilder, Klänge und sogar Animationen und erlaubt es Ihnen, sich mit einem Klicken der Computer-Maus darin zu bewegen. Neue *Web-Sites* wachsen schneller, als Sie »Ein Big Mac mit Käse« sagen können, und jede Minute tauchen neue Sites auf. Als wir 1993 die erste Auflage dieses Buches geschrieben haben, hatte das Internet 130 Web-Sites. Heute gibt es über 1,3 Millionen, und aus Statistiken geht hervor, daß sich die Zahl alle zwei Monate verdoppelt.

Die Software, mit der man durchs Web navigiert, wird als *Browser* bezeichnet. Heutzutage sind Netscape Navigator und Microsoft Internet Explorer die populärsten Browser. Wir erzählen Ihnen alles zu diesen Browsern in den Kapiteln 6 und 7.

✔ **Chatten:** Die Leute unterhalten sich quer über den Globus über alles, was unter der Sonne passiert. Dazu finden sie sich in Chat-Räumen mit mehreren anderen Leuten oder nur jemand ganz bestimmtem ein. Dies geschieht über die Chat-Dienste von AOL, CompuServe oder den *Internet Relay Chat (IRC)*, eine Chat-Einrichtung, die fast jedem im Internet zur Verfügung steht. Wie das funktioniert, erfahren Sie in Kapitel 14.

✔ **Informationssuche:** Auf vielen Computern befinden sich Dateien mit Informationen, die gratis sind. Das reicht von Entscheidungen des Obersten Gerichtshofes der USA über Büchereikataloge bis hin zu den Texten alter Bücher, digitalisierten Bildern (fast alle für den Familiengebrauch geeignet) und einer enormen Vielfalt von Software, von Spielen bis hin zu Betriebssystemen.

Spezielle Programme oder Tools wie z.B. Suchmaschinen, Verzeichnisse und Indizes helfen Ihnen dabei, im Netz gezielt nach Informationen zu suchen. Viele Leute versuchen sich daran, die schnellste und cleverste Suchmaschine zu ersinnen oder den vollständigsten Netz-Index zusammenzutragen. Wir berichten Ihnen über die zwei nützlichsten ihrer Art, AltaVista und Yahoo, so daß Sie wissen, worum es geht. Wie in der Einführung erwähnt, werden Sie hier und da auf ein Web-Symbol stoßen; es weist auf Ressourcen hin, die Sie aus dem Netz holen können (siehe Kapitel 15).

- ✔ **Elektronischer Handel:** Dieser Ausdruck beschreibt eigentlich nur das Kaufen und Verkaufen von Dingen über das Internet. Es sieht fast so aus, als ob das jeder macht, und inzwischen gibt es auch die Software, mit der die Weitergabe Ihrer Kreditkarteninformationen über das Netz sicher vonstatten gehen kann. Sie können alles von Büchern bis hin zu Anteilen an Privatbrauereien im Netz kaufen. Auf die wichtigsten Fragen kommen wir nachher in diesem Kapitel und in Kapitel 9 zu sprechen.
- ✔ **Intranets:** Schon davon gehört? Den Unternehmen ist aufgegangen, daß der ganze Internet-Kram wirklich praktisch ist. Daher verwenden sie E-Mail und Netz-Technologien in ihren internen Netzwerken und nennen das Ganze dann *Intranets*. Nachdem sich die Internet-Technologie innerhalb des Unternehmens bewährt hatte, sind einige ganz schnell darauf gekommen, daß man über den gleichen Weg auch mit den Kunden, Lieferanten oder anderen Partner-Unternehmen arbeiten könnte. Da diese Technologie über die Grenzen eines Unternehmens hinausgeht, haben sie diese neue Mutation *Extranets* getauft. Mit Intranets und Extranets befassen wir uns in Kapitel 2.
- ✔ **Spiele und Tratsch:** Ein Spiel für mehrere Mitspieler namens *MUD* (*Multi-User-Dungeon*) kann ohne weiteres alle Ihre wachen Stunden und dazu noch einen Großteil der eigentlich für's Schlafen vorgesehenen Stunden verschlingen. In einem MUD können Sie anderen Spieler herausfordern, die sich sonstwo auf der Welt befinden können. Es gibt noch einige andere solcher Spiele im Web, beispielsweise AlphaWorld.

Ein paar Geschichten aus dem echten Leben

In San Diego gibt es Siebtklässler, die das Internet benutzen, um Briefe und Geschichten mit Kindern in Israel auszutauschen. Zum Teil geschieht das zum Spaß und um Freunde in einem fremden Land zu finden, aber eine seriöse akademische Untersuchung hat ergeben, daß Kinder besser schreiben, wenn sie ein echtes Publikum für ihre Mitteilungen haben (große Überraschung).

In einigen Teilen der Welt ist das Internet die schnellste und verläßlichste Methode, um Informationen zu übertragen. Während des Staatsstreichs 1991 in der Sowjetunion gab es einen winzigen Internet-Provider namens RELCOM, der einen Link nach Finnland besaß und von dort zum Rest der Internet-Welt gelangte. Damit befand er sich in der Rolle, der einzige verläßliche Pfad zu sein, über den Berichte nach Moskau und von dort zurück gelangten, da die Telefone abgeschaltet waren und keine Zeitungen gedruckt wurden. Die Mitglieder von RELCOM schickten Geschichten heraus, die in den Zeitungen erscheinen sollten, Mitteilungen von Boris Jelzin (persönlich von Freunden überbracht) und teilten Beobachtungen mit, die sie selbst im Zentrum von Moskau gemacht hatten.

Medizin-Forscher überall auf der Welt benutzen das Internet, um Datenbanken mit Daten zu unterhalten, die sich schnell ändern. Menschen, die mit Krankheiten zu kämpfen haben, nutzen das Internet, um in Selbsthilfegruppen ihre Erfahrungen auszutauschen.

Das Internet hat noch mehr ganz prosaische Verwendungszwecke. Hier sind einige aus unserem persönlichen Erfahrungsbereich:

Als wir mit unserem Megabuch *Internet Secrets* begannen, haben wir Nachrichten aufs Netz gestellt und um Beiträge gebeten. Wir bekamen Antwort aus der ganzen Welt. Viele dieser Mitarbeiter wurden unsere Freunde. Jetzt können wir überall auf der Welt Menschen besuchen. Das könnte *Ihnen* auch passieren.

Wir bekommen jeden Tag Post aus der ganzen Welt von Lesern der ... *für Dummies*-Bücher und sind oft glückliche Empfänger der ersten E-Mail, die diese Leser jemals verschicken.

Das Internet ist seine eigene beste Quelle für Software. Immer, wenn wir etwas über einen neuen Dienst hören, benötigen wir normalerweise nur ein paar Minuten, um Software für einen unserer Rechner zu finden (ein 486er Laptop, auf dem Windows läuft), sie als Download aus dem Netz zu holen und loszulegen. Und fast die gesamte Software, die im Netz erhältlich ist, gibt es gratis.

Im Internet gibt es auch lokale und regionale Bereiche. Als John einen verläßlichen, aber lahm gewordenen Kleinbus verkaufen wollte, fand er mit einer Notiz in einem lokalen »Zu verkaufen«-Bereich des Internet innerhalb von zwei Tagen einen Käufer. Margys Mann konnte seinen Computer innerhalb einer halben Stunde verkaufen, nachdem er in der relevanten Usenet-Newsgruppe ein Angebot hinterlassen hatte.

Warum ist dieses Medium anders?

Das Internet ist anders als alle anderen Kommunikationsmedien, die uns bekannt sind. Menschen jeden Alters, aller Hautfarben, Bekenntnisse und aus allen Ländern können hier ohne Einschränkungen Ideen, Geschichten, Daten, Meinungen und Produkte austauschen.

Jeder hat Zugang

Ein ungewöhnlicher Aspekt am Internet ist die Tatsache, daß es wahrscheinlich das offenste Netzwerk der Welt ist. Tausende von Computern bieten Möglichkeiten, die jedem zur Verfügung stehen, der einen Internet-Zugang hat. Diese Situation ist ungewöhnlich – die meisten Netzwerke sind sehr restriktiv hinsichtlich dessen, was sie die User tun lassen, und verlangen spezielle Vereinbarungen und Kennwörter für jeden Dienst. Es existieren zwar einige kommerzielle Dienste (und jeden Tag kommen mehr hinzu), aber der größte Teil der Dienste im Internet ist gratis. Wenn Sie nicht bereits durch Ihre Firma oder Universität oder mittels der Dachstube Ihres Freundes Zugang haben, werden Sie wahrscheinlich einen Internet-Provider bezahlen müssen. Darüber reden wir in Kapitel 4.

Es ist politisch, sozial und religiös korrekt

Außergewöhnlich ist am Internet auch, daß man es als »sozialschichtenlos« bezeichnen könnte. Das bedeutet, daß kein Computer besser ist als ein anderer und auch keine Person besser als eine andere. Wer Sie im Internet sind, hängt allein davon ab, wie Sie sich selbst mit Hilfe Ihrer Tastatur darstellen. Wenn das, was Sie sagen, Sie wie eine intelligente, interessante Person wirken läßt, dann sind Sie das. Es spielt keine Rolle, wie alt Sie sind oder wie Sie aussehen oder ob Sie Student, Geschäftsmann oder Bauarbeiter sind. Körperliche Behinderungen spielen keine Rolle – wir korrespondieren mit Menschen, die blind oder taub sind. Wenn sie nicht das Bedürfnis gehabt hätten, uns dies mitzuteilen, hätten wir es nie erfahren. Man kann im Netz berühmt werden, im guten wie im schlechten Sinne, es hängt aber immer von den eigenen Bemühungen ab.

Jeder Kontinent

Sobald sie gelesen haben, daß das Internet alle Kontinente berspannt, weisen einige skeptische Leser vielleicht darauf hin, daß auch die Antarktis ein Kontinent ist, auch wenn seine Bevölkerung im wesentlichen aus Pinguinen besteht, die sich (soweit wir wissen) nicht sonderlich für Computer-Netzwerke interessieren. Gibt es dort das Internet? Ja. Ein paar Maschinen auf der Scott-Basis am McMurdo Sound in der Antarktis sind am Netz, verbunden mit einer Radiobrücke nach Neuseeland. Die Basis am Südpol sollte auch eine Verbindung in die USA haben, veröffentlicht ihre Adresse aber nicht.

Zum Zeitpunkt, an dem wir dieses Buch schrieben, war die größte Internet-freie Landmasse der Welt anscheinend die Gruppe der Falkland-Inseln. (Wir dachten eigentlich Neu-Guinea, aber 1997 hat uns jemand von dort eine E-Mail geschickt und von seinem neuen Internet-Provider erzählt.)

Der Vorteil des Netzes

Ihnen ist vielleicht aufgefallen, daß sich die Internet-Technologie sehr schnell ändert – Sie hatten kaum Zeit, die 3. Auflage von *Internet für Dummies* richtig zu verdauen, und jetzt halten Sie schon die Vierte in den Händen. (Das gleiche haben wir letztes Mal auch gesagt.) »Kann sich denn überhaupt so viel verändert haben?«, fragen Sie sich. Glauben Sie uns – wir haben uns genau das gleiche gefragt. Die Antwort lautet übrigens ganz eindeutig »Ja.« Dieses Jahr ist *schon* wieder alles ganz anders. Das Internet liegt ganz in der breiten Mitte, und Sie geraten immer weiter ins Hintertreffen, wenn Sie noch nicht losgelegt haben. Nachrichten erscheinen zunehmend erst im Internet, bevor sie in anderen Medien auftauchen, und die Cyber-Entmündigten verlieren an Boden.

Hier finden Sie einige Arten, wie man sich das Internet zunutze machen kann:

- ✔ **Leute suchen:** Wenn Sie Ihre Jugendliebe aus den Augen verloren haben, nutzen Sie heute die Chance, ihn oder sie irgendwo in Land wiederzufinden. Über einen der Verzeichnisdienste kann man die Telefonbücher in Deutschland, den USA oder sonstwo in der Welt durchsuchen.
- ✔ **Geschäfte, Produkte oder Dienstleistungen suchen:** Neue Gelbe-Seiten-Suchdienste erlauben Ihnen, nach einer bestimmten Geschäftskategorie zu suchen. Sie können die Region oder die Postleitzahl eingeben, um das Suchgebiet einzuschränken. Leute sind unterwegs, um dieses besonders schwer zu findende, außergewöhnliche Geschenk aufzutreiben. Eine Freundin hat uns von Ihrer Suche nach einer Bärenattrappe berichtet, bei der sie auf eine Firma in Alaska gestoßen ist, die genau das hatte, wonach sie suchte.
- ✔ **Forschung:** Rechtsanwaltsfirmen haben erkannt, daß ein Großteil der Informationen, für deren Suche sie kommerziellen Diensten zuvor bis zu 800 DM in der Stunde bezahlt haben, im Netz fast kostenlos zu finden sind. Immobilienhändler nutzen vor allem in den USA demographische Daten aus dem Netz einschließlich der Arbeitslosenstatistik, um Grundstückswerte zu bemessen. Genforscher und andere Wissenschaftler holen brandaktuelle Forschungsergebnisse von überall auf der Welt aus dem Netz. Unternehmen und solche, die es werden wollen, verschaffen sich einen Überblick über ihre Konkurrenten.
- ✔ **Ausbildung:** Lehrer koordinieren Projekte mit quer über den Globus verteilten Schulklassen. Studierende tauschen mit ihren Familien anstelle von Briefen E-Mails aus und halten die Telefonkosten im Zaum, oder Sie betreiben an ihrem eigenen Computer Forschung im Internet. Die aktuellsten Enzyklopädien gibt es online.
- ✔ **Reisen:** Städte wie Dörfer, Länder wie Staaten nutzen das Web, um Informationen für Touristen und Veranstaltungshinweise zu veröffentlichen. Reisende finden im Netz Wettervorhersagen, Karten, Fahrpläne und Öffnungszeiten von Museen online.
- ✔ **Marketing und Vertrieb:** Softwarefirmen verkaufen Software und entsprechende Updates über das Netz. (Die Leute, die ihr Geld mit der Herstellung von Disketten verdienen, sehen sich schon nach neuen Produkten um. Abgesehen von den großen Stapeln AOL-Disketten, die wir inzwischen als Kaffetassen-Unterteller verwenden, wandert ein großer Teil des Softwarevertriebs ins Netz.) Unternehmen bieten ihre Produkte im Netz an. Über Buchhandlungen und Musikläden online kann man als Kunde über das Netz im Laden herumstöbern, bestimmte Titel auswählen und auch gleich bezahlen.
- ✔ **Liebe:** Im Netz entstehen richtige Beziehungen. Kleinanzeigen für Singles und Kontaktvermittler wetteifern um ihre Klientel. Entgegen seines Rufs besteht die Netzgemeinde nicht länger nur aus sozial verkümmerten weißen Männern unter 25.

- **Heilung:** Patienten und Ärzte halten sich über die neuesten medizinischen Erkenntnisse auf dem Laufenden, tauschen Erfahrungen zu Behandlungen aus und stehen sich gegenseitig bei Krankheiten zur Seite. Wir haben sogar von einzelnen Ärzten gehört, die über E-Mail direkt in Kontakt mit Ihren Patienten stehen.
- **Investment:** Leute kaufen Aktien und investieren Kapital. Einige Firmen handeln online mit den eigenen Aktien. Investoren stoßen auf neue Anlageobjekte, und neue Unternehmen gelangen an Kapital.
- **Organisation von Veranstaltungen:** Organisatoren von Konferenzen und Messen haben das Web als praktischste Möglichkeit entdeckt, Informationen zu verbreiten, zur Einsendung von Vorträgen aufzurufen und die Anmeldung abzuwickeln. Die Informationen können regelmäßig aktualisiert werden, während sich die Kosten für Papier und Versand dramatisch reduzieren. Die Online-Abwicklung des Anmeldevorgangs erspart die Kosten für das Anmeldepersonal vor Ort und die langen Schlangen vor den Anmeldeschaltern.
- **Gemeinnützige Gruppen:** Kirchen, Synagogen und andere Organisationen richten Seiten ein, auf denen sie über sich informieren und interessierte Leute einladen.

Elektronischer Handel

Uns schwirren viele neue Modewörter und Ausdrücke um die Ohren, die nur darauf aus sind, die Unschuldigen zu verwirren und die Taschen von Möchtegern-Beratern zu füllen. Uns kommen Begriffe wie »digitaler Handel«, »elektronischer Handel«, »Cybergeld«, »virtuelle Schecks« und »Smart Cards« zu Gehör. Falls es Sie interessiert: Über diese Themen werden ganze Bücher geschrieben. Das eine Thema, über das Sie wirklich Bescheid wissen müssen auf diesem Gebiet, ist das Einkaufen über das Netz. (Wenn Sie vorhaben, Ihre eigene Firma zu gründen und irgend etwas über das Internet zu verkaufen, brauchen Sie mehr Infos als dieses Buch Seiten hat, um ausreichend darauf einzugehen.) In Kapitel 9 gehen wir auf das Online-Einkaufen ein.

Die weltbewegende, unfaßbare neue Vorstellung, wie man Dinge über das Netz kauft, verbirgt sich in der tieferen Bedeutung des folgenden Ausdrucks: »Geben Sie Ihre Kreditkartennummer ein.« Wir sagen nicht, daß Sie keine Vorsicht walten lassen müßten, aber nach unserer Erfahrung mit dem Einkaufen im Netz im vergangenen Jahr können wir sagen, daß Sie keinen bedeutenden Grund zur Beunruhigung haben. Was wir gekauft haben? Bücher, CDs, Kleidung, Software, Videos, Enzyklopädie-Abonnements und Partnersuche-Abos. Das Folgende sollten Sie wissen.

Sicherheit im allgemeinen

Einige Leute scheinen beim Versenden ihrer Kreditkartennummer über das Netz besonders vorsichtig zu sein. Wenn Sie eine Kreditkarte benutzen, denken Sie daran, daß die Kreditkartenunternehmen hinsichtlich des Kartenmißbrauchs noch viel besorgter sind als Sie, gleich ob im Netz oder nicht. Ihre persönliche Haftung im Falle mißbräuchlicher Nutzung der Karte ist bei allen Karten beschränkt. Bei vielen Kreditkarten müssen Sie für gar keine Ausgaben haften, die mit Ihrer gestohlenen Karte oder Kartennummer getätigt wurden; ansonsten sind Sie als Bundesbürger bis maximal DM 100,- haftbar. Jeder Betrag, der darüber hinausgeht, ist allein Sache des Kreditkartenunternehmens und nicht Ihr Problem.

Trotz des ganzen Geschreis über die Risiken der Kreditkartenbenutzung im Internet haben wir keinen einzigen Fall entdecken können, in dem eine Kartennummer bei der Übertragung über das Internet gestohlen wurde. Andererseits geben die Leute jeden Tag ihre Plastikkarten mit der eigenen Unterschrift in die Hände von Tankwarten, die in unverwechselbaren Klamotten mit seltsam unnatürlichen Farben herumlaufen, an die Bedienung im Restaurant oder an Verkäufer in allen möglichen Geschäften. Wissen Sie, was diese Leute mit Ihrer Karte tun, bevor Sie sie zurückbekommen? Machen Sie sich Gedanken darüber? Wir nicht.

Es geht darum: Wenn Sie eine Kreditkarte ohne weiteres für andere Gelegenheiten verwenden, brauchen Sie wirklich keine Angst haben, sie im Netz zu benutzen, nur weil das neu ist. In Kapitel 9 geht es ums Einkaufen im Netz, sowohl mit als auch ohne Kreditkarte.

Sicherheit im besonderen

Böse Jungs oder Mädels sollten erst gar keine Chance bekommen, Ihre privaten Informationen, die durchs Netz rauschen, zu belauschen, auszusieben und dann damit den teuren Traumurlaub zu buchen. Deshalb wurden Verfahren entwickelt, mit denen im Netz verschickte Informationen verschlüsselt werden können, so daß die Schurken, selbst wenn Sie an die Infos gelangen, nichts damit anfangen können. Die Informationen werden alle durcheinandergewirbelt und so versteckt, daß nur der rechtmäßige Empfänger sie entschlüsseln kann. Die Software, die Informationen sicher verarbeitet und alles vor möglichem abwegigem Mißbrauch verbirgt, wird als *Secure Server* bezeichnet. Viele Web-Browser (über die Sie mehr in Kapitel 6 erfahren) verfügen über eingebaute Secure Server. Sollten Sie auch nur im geringsten besorgt sein beim Gedanken, Ihre Kreditkartennummer übers Netz zu schicken, bleiben Sie bei Web-Sites, die Secure Server unterstützten.

Software, die Ihre Kreditkartennummer (oder sonstige Informationen) ohne Verschlüsselung über das Netz schickt, nennt man Insecure Server. Diese Programme sind für viele Transaktionen absolut ausreichend und sollten nicht von vornherein gemieden werden. Überlegen Sie, um welche Art von Informationen es geht und ob Sie glauben, daß damit ein Betrugsrisiko besteht. Ist dies der Fall, so halten Sie Ausschau nach einem Secure Server oder wählen einen anderen Weg (wie beispielsweise das Telefon), um die nötigen Geschäfte abzuwickeln.

Einige Überlegungen zu Sicherheit und Privatsphäre

Das Internet ist schon ein komischer Ort. Obwohl es vollkommen anonym erscheint, ist es das überhaupt nicht. Früher hatte man im Internet Benutzernamen, über die man auf die wahre

Identität einer Person schließen konnte – über ihren Namen, ihre Initialen oder eine Kombination in Verbindung mit der Universität oder dem Unternehmen war man relativ schnell bei der wirklichen Person angelangt. Das Phänomen der Bildschirm-Namen (AOL zu verdanken) oder langer Zahlenreihen (CompuServe zu verdanken) macht heutzutage die Preisgabe Ihrer Identität bestenfalls zu einer Möglichkeit von vielen.

Je nachdem, wer Sie sind und was Sie im Netz anstellen möchten, könnten Sie tatsächlich verschiedene Namen und verschiedene Zugangskonten verwenden. Vielleicht trifft ja einer der folgenden legitimen Gründe für mehrere Namen auch auf Sie zu:

- ✔ Sie haben einen bestimmten Beruf – z.B. Arzt – und möchten an einer Mailing-Liste oder Newsgruppe teilnehmen, ohne nach Ihrer beruflichen Meinung gefragt zu werden.
- ✔ Sie brauchen Unterstützung in einer persönlichen Angelegenheit und möchten nicht, daß Ihnen nahestehende Personen etwas von Ihrem Problem erfahren.
- ✔ Sie machen im Netz einerseits Geschäfte und sind andererseits in Ihrer Freizeit dort. Vielleicht möchten Sie diese beiden Aktivitäten trennen.

Sicherheit zuerst

Die anonyme, gesichtslose Gestalt des Internet hat auch ihre Schattenseiten.

Wir raten Ihnen, nicht Ihren vollen Namen zu verwenden und nie über das Netz jemandem Ihren Namen, Ihre Adresse und Telefonnummer mitzuteilen. Seien Sie besonders vorsichtig bei Leuten, die vorgeben, vom »AOL Kundendienst« oder einer ähnlichen Stelle zu sein und die Sie um Ihr Kennwort bitten. Keine rechtmäßige Institution wird Sie jemals nach Ihrem Kennwort fragen. Seien Sie besonders vorsichtig bei der Weitergabe von Informationen über Kinder. Füllen Sie keine Formulare in Chat-Rooms aus, in denen nach dem Namen, der Heimatstadt, der Schule, dem Alter, der Adresse oder der Telefonnummer eines Kindes gefragt wird.

Einigen Leuten, die ihre Begegnungen aus dem Internet im echten Leben wiedergetroffen haben, sind (wenn auch nur recht selten) schreckliche Dingen zugestoßen. Natürlich ist auch schon viel Großartiges passiert. Ein paar unserer besten Freunde haben wir über das Netz kennengelernt, und es ist auch schon vorgekommen, daß sich Leute im Netz getroffen und später geheiratet haben – wirklich wahr! Wir möchten Sie nur auffordern, den gesunden Menschenverstand einzuschalten, wenn Sie ein Treffen mit einem Freund aus dem Netz ausmachen. Hier sind ein paar Tips:

- ✔ Sprechen Sie mit der Person am Telefon, bevor Sie einem Treffen zustimmen. Wenn Sie der Klang der Stimme oder etwas aderes nervös macht, lehnen Sie das Treffen ab.
- ✔ Versuchen Sie abhängig von den Umständen vorher etwas mehr über die Person herauszufinden. Wenn Sie sich in einer Newsgruppe oder einem Chat-Room begegnet sind, fragen Sie einen Ihrer Bekannten, ob er oder sie diese Person kennt. (Frauen: Fragen Sie eine andere Frau, bevor Sie einen Mann treffen.)

- ✔ Treffen Sie sich an einem gut beleuchteten öffentlichen Ort. Nehmen Sie ein oder zwei Freunde mit.
- ✔ Als Kind sollten Sie ein Elternteil mitnehmen. Treffen Sie sich gar niemals mit jemandem aus dem Netz, ohne daß die Eltern ausdrücklich damit einverstanden sind.

Das Netz ist ein wundervoller Ort, und neue Leute zu treffen und neue Freunde zu gewinnen, ist einer der großen Anziehungspunkte. Wir möchten nur sichergehen, daß Sie vorsichtig sind.

Schützen Sie Ihre Privatsphäre

Vor allem in den Vereinigten Staaten, aber auch in Deutschland sind wir mit bestimmten Einstellungen zu Freiheit und Privatsphäre aufgewachsen, die wir oft für selbstverständlich halten. Wir gehen gerne davon aus, daß es nur uns angeht, wer wir sind und was wir tun, solange wir niemand anderem damit in die Quere kommen. Nun, es sieht so aus, daß ein ganzer Haufen Leute extrem daran interessiert ist, wer wir sind, wo wir uns aufhalten (zumindest im Netz) und vor allem was wir kaufen. Dieses ganze Interesse wird mit dem heiligen ach-so-uneigennützigen-wir-wollen-ja-nur-Ihr-Bestes-Geschöpf namens Marketing gerechtfertigt. Wir erzählen Ihnen das alles, falls Sie ein Auge darauf haben möchten, welche Daten über Ihre persönlichen Netz-Gewohnheiten zusammengetragen werden. Die nächsten beiden Abschnitte klären Sie darüber auf, was vor sich geht.

Gib mal die Cookies rüber

Um Ihre Online-Erlebnisse spannender zu gestalten, haben die Macher von Netscape Navigator und Microsoft Internet Explorer einen speziellen Mitteilungstyp entwickelt, über den eine Web-Site verfolgen kann, wann Sie sie besucht haben. Sinnvollerweise werden diese Infos namens *Cookie* auf Ihrem eigenen Rechner gespeichert, damit der nächste Besuch der gleichen Site reibungsloser vor sich geht.

Obwohl diese Info Ihre nächste Transaktion tatsächlich reibungsloser gestalten kann, vermag Sie Ihnen auch einige Probleme zu bereiten. Viele Cookies sind recht praktisch. Wenn Sie zum Beispiel auf der Site einer Fluglinie bestimmte Flüge reservieren, unterscheidet die Site anhand von Cookies Ihre reservierten Flüge von denen anderer Benutzer. Stellen Sie sich andererseits vor, Sie erwerben auf einer Web-Site etwas mit Ihrer Kreditkarte und die Site benutzt ein Cookie, um sich Ihre Kreditkartennummer zu merken. Angenommen, Sie geben diese Information von einem Computer auf der Arbeit ein und eine andere Person besucht die Site vom gleichen Computer. Diese Person könnte möglicherweise mit Ihrer Kreditkarte einkaufen. Ups.

Es kann durchaus sein, daß Cookies das Leben angenehmer gestalten können. Sie müssen dabei der Richter sein. Jeder Web-Server kann Ihnen Cookies anbieten. Wenn Sie um Ihre Privatsphäre besorgt sind, läßt Ihnen die Software die Wahl, sie entsprechend zu schützen.

In Cookie-Dateien findet sich meist an einer Stelle der Name cookie – cookies.txt oder MagicCookie zum Beispiel. Sie können Ihre Cookie-Dateien löschen – Ihr Browser erstellt automatisch eine neue, leere Cookie-Datei. Moderne Browser teilen Ihnen mit, wenn ein Cookie eingerichtet werden soll, und lassen Ihnen die Wahl, ob Sie das Cookie akzeptieren möchten. Als sich Carol ihren Macintosh mal genauer angesehen hat, ist sie auf zwei Cookie-Dateien gestoßen, eine von Netscape Navigator und eine von Microsoft Internet Explorer. Sie hätte nie erfahren, daß die Dateien auf ihrem Computer liegen, wenn sie nicht extra danach gesucht hätte.

Cookie-Dateien gelangen an keine anderen Informationen Ihrer Festplatte. Sie sammeln nur die Informationen, die der Browser Ihnen weitergibt. Als allgemeine Regel sollte man immer auf der Hut sein bei der Installation von Programmen, die etwas mehr tun als angegeben.

Neben der Cookie-Datei führt der Internet Explorer außerdem eine History-Datei mit Angaben, wo Sie im Web waren. (Schauen Sie im Ordner Internet Explorer nach etwas namens History.html.) Wenn jemand außer Ihnen den gleichen Computer benutzt, sollten Sie diese Datei beim Verlassen des Computers löschen, außer es ist Ihnen gleichgültig, wer die Datei anschaut. Gerichte haben übrigens entschieden, daß Unternehmen im Besitz ihrer Computer und deren Inhalte sind. Sie haben auf der Arbeit kein »Recht auf Privatsphäre«, auch wenn den meisten von uns diese Vorstellung seltsam vorkommt. Unternehmen dürfen auf der Arbeit Ihre Telefongespräche abhören, Ihre E-Mails lesen (eingehende und ausgehende) und alles auf Ihrem Computer lesen, einschließlich der History-Datei, in der detailliert aufgeführt ist, wo im Web Sie gesucht haben. Wir sind der Ansicht, daß dieser Zustand unangebracht und beunruhigend ist, deshalb möchten wir Sie darauf aufmerksam machen.

Verschlüsselung und Pretty Good Privacy (PGP)

Das Internet ist bei weitem kein so privater Ort, wie Sie vielleicht denken. Während wir zu Hause sitzen und auf unserer Tastatur tippen, kommt es uns kaum in den Sinn, daß jede unserer Bewegungen beobachtet werden könnte. Dennoch werden Informationen von Rechner zu Rechner weitergegeben, und wenn es jemand wirklich wichtig ist, kann er oder sie sich durchaus anschauen, was durch das Kabel geschickt wird. Ob Sie nun Ihre Kreditkartennummer oder E-Mails verschicken, fühlen Sie sich vielleicht etwas besser, wenn die absolut sichere Abwicklung der Übertragung gewährleistet ist.

Sicherheit läßt sich über Verschlüsselung erreichen – Sie wissen schon, Codes, Spione, geheime Mitteilungen. Es gibt Software, mit der Sie Ihre Mitteilungen vor dem Abschicken so verschließen können, daß niemand außer dem vorgesehenen Empfänger sie lesen kann. Einige Leute meinen, nicht verschlüsselte E-Mails zu schicken ist das gleiche wie das Verschicken ihrer Mitteilungen auf einer Postkarte. Verschlüsselung ist der virtuelle Briefumschlag, der neugierige Augen abhält. In der Praxis verschlüsseln wir E-Mails nur selten, obwohl wir froh sind, daß es die Möglichkeit gibt. Die Verschlüsselung ist jedoch momentan noch ziemlich umständlich. Wenn E-Mail-Programme mit eingebauter Verschlüsselungstechnologie auf den Markt kommen, werden viel mehr Leute zur Verschlüsselung übergehen. Falls Sie bis dahin schon das Bedürfnis nach Verschlüsselung verspüren, sollten Sie sich über PGP informieren;

PGP steht für *P*retty *G*ood *P*rivacy und bedeutet soviel wie »Ganz vernünftige Privatsphäre«. Das Programm ist nicht gerade einfach und erfordert einige Seiten Erklärung, deshalb können wir in diesem Buch nicht auf die Details eingehen. Im Buch *E-Mail für Dummies* finden Sie Erklärungen in allen Einzelheiten. Da alle ein bis zwei Monate handlichere PGP-Versionen auf den Markt kommen, kann in dem Moment, wo Sie dieses Kapitel lesen, durchaus schon ein PGP-Add-In für Ihr bevorzugtes Mail-Programm geben.

Woher kommt das Internet?

Wenn Sie die Geschichte des Netzes nicht interessiert, blättern Sie einfach zum Anfang von Kapitel 2 weiter.

Der Vorfahre des Internet war das *ARPANet*, ein Projekt, das das amerikanische Verteidigungsministerium 1969 startete. Es war sowohl als Experiment zu verläßlichen Netzwerken gedacht, als auch um eine Verbindung zwischen dem Ministerium und militärischen Forschungseinrichtungen herzustellen, einschließlich einer großen Zahl von Universitäten, die vom Militär finanzierte Forschung betrieben. (*ARPA* steht für *Advanced Research Projects Administration* [Fortgeschrittene Forschungsprojektverwaltung] – die Abteilung des Verteidigungsministeriums, die für die Vergabe von Geldern zuständig ist. Um die Verwirrung zu vergrößern, ist diese Behörde jetzt als *DARPA* bekannt – wobei das *D* für *Defense* (Verteidigung) steht, nur für den Fall, daß irgendwer nicht kapiert, wo das Geld herkommt.) Das ARPANet fing zunächst klein an und verband drei Computer in Kalifornien mit einem in Utah, aber schon bald überspannte es den ganzen Kontinent.

Zur verläßlichen Netzwerkarbeit gehörte das *dynamische Routing*. Sollte eine der Netzwerkverbindungen durch einen feindlichen Angriff unterbrochen werden, konnte der Verkehr automatisch auf einer neuen *Route* über andere Verbindungen umgeleitet werden. Zum Glück wurde das Netz nie angegriffen. Aber ein fehlgeleiteter Schaufelbagger, der ein Kabel durchtrennt, ist eine ähnliche Bedrohung, weswegen es für das Netz wichtig ist, auch baggerresistent zu sein.

Kann das Internet wirklich eine feindliche Attacke überstehen?

Es sieht so aus. Während des Golfkrieges im Jahre 1991 hatte das US-Militär einige Mühe, das Befehlsnetzwerk des Iraks auszuschalten. Es stellte sich heraus, daß die Irakis kommerziell erhältliche Netzwerk-Router mit Standard-Internet-Routing und Sicherungs-Technologie verwendeten. Mit anderen Worten: Das dynamische Routing funktionierte wirklich. Es ist nett zu wissen, daß dynamisches Routing funktioniert, auch wenn das vielleicht nicht die beste Methode war, es herauszufinden.

Das ARPANet war ausgesprochen erfolgreich, und jede Universität im Land wollte daran teilhaben. Dieser Erfolg bedeutete, daß das ARPANet zunehmend schwieriger zu verwalten war, vor allem mit der großen und wachsenden Anzahl von Universitäts-Sites darauf. Also wurde es in zwei Teile getrennt:

- ✔ *MILNet*, in dem die militärischen Sites zusammmengefaßt waren.
- ✔ Das neue, kleinere ARPANet, auf dem die nicht-militärischen Sites zu finden waren.

Die beiden Netzwerke blieben allerdings dank eines technischen Konzepts namens *IP (Internet Protocol)* miteinander verbunden, das dem Verkehr ermöglichte, seine Route von einem Netzwerk zum anderen so wie nötig zu nehmen. Alle Netzwerke, die im Internet verbunden sind, sprechen IP, damit sie Nachrichten untereinander austauschen können.

Auch wenn es zu diesem Zeitpunkt erst zwei Netzwerke gab, wurde IP bereits entworfen, um Zehntausende von Netzwerken zu berücksichtigen. Ein ungewöhnlicher Umstand am IP-Design besteht darin, daß jeder Computer in einem IP-Netzwerk im Prinzip so leistungsfähig ist wie jeder andere, so daß jede Maschine mit einer beliebigen anderen kommunizieren kann. (Dieses Kommunikationsschema mag offensichtlich erscheinen, aber zu jener Zeit bestanden die meisten Netzwerke aus einer kleinen Zahl riesiger Zentralrechner und einer großen Zahl entfernter *Terminals*, die nur mit dem Zentralsystem kommunizieren konnten und nicht mit anderen Terminals.)

Zurück ins Klassenzimmer

Seit etwa 1980 entwickelten sich die Computer an den Universitäten von einer kleinen Zahl großer Maschinen, die ihre Arbeitszeit aufteilten und gleichzeitig von Hunderten von Usern benutzt wurden, zu einer großen Anzahl von Desktop-*Workstations* für individuelle Nutzer. Da man sich an die Vorteile des Arbeitszeit-Systems gewöhnt hatte, zum Beispiel an gemeinsame Datei-Verzeichnisse und E-Mail, wollte man diese Eigenschaften auch auf den Workstations beibehalten. (Man war allerdings ziemlich glücklich, die Nachteile des alten Systems vergessen zu können. Es gab damals ein Sprichwort: »Das Beste an einer Workstation ist, daß sie nicht mitten in der Nacht schneller ist.«)

Die meisten neuen Workstations liefen mit einer Variante von *UNIX*, einem populären (und in vielen Versionen kostenlosen oder fast kostenlosen) Betriebssystem, das bei AT&T und der Universität von Kalifornien in Berkeley entwickelt worden war. In Berkeley gab es große Fans von Computernetzwerken, und daher gehörte zu dieser Version von UNIX die gesamte Software, die nötig war, um sich in ein Netzwerk einzuklinken. Die Hersteller von Workstations fingen an, auch die nötige Netzwerk-Hardware mitzuliefern, so daß man nur ein Kabel zwischen den Workstations spannen mußte, um ein funktionierendes Netzwerk zu bekommen – und das war für die Universitäten billig, da sie normalerweise die Studenten dazu bringen konnten, das zu tun.

Schließlich hatte man statt der zwei, drei Computer, die mit dem ARPANet verbunden waren, eine Site mit Hunderten. Mehr noch: Da jede Workstation erheblich schneller war als ein gesamtes Multiuser-System aus den 70er Jahren, konnte eine Workstation genügend Verkehr erzeugen, um das ARPANet zu überfluten, das jede Minute brüchiger wurde. Irgend etwas mußte jetzt nachgeben.

Auftritt: Die National Science Foundation

Der nächste Schritt war, daß die National Science Foundation (NSF) beschloß, fünf Supercomputer-Zentren für Forschungszwecke einzurichten. (Ein Supercomputer ist ein wirklich schneller Computer mit einem heftigen Preis, so etwas wie 15 Millionen Mark das Stück.) Die NSF stellte sich das so vor, daß sie ein paar Supercomputer stiften würde, daß Forscher aus dem ganzen Land mit Hilfe des ARPANet ihre Programme einsenden würden, auf daß die Supercomputer sie bearbeiteten, und daß schließlich die Ergebnisse zurückgeschickt würden.

Der Plan, das ARPANet zu benutzen, funktionierte aus einer Vielzahl von Gründen nicht – einige waren technischer Art, andere politischer. Also machte sich die NSF, die keine Probleme damit hatte, selbst ein Imperium aufzubauen, daran, ein eigenes, viel schnelleres Netzwerk zu entwickeln, um die Supercomputer-Zentren zu verbinden: das *NSFNET*. Dann sorgte man dafür, daß ein paar regionale Netzwerke eingerichtet wurden, um die User in jeder Region anzuschließen, wobei das NSFNET alle regionalen Netzwerke verband.

Das NSFNET funktionierte wunderbar. 1990 war soviel Betrieb vom ARPANet zum NSFNET gewechselt, daß das ARPANet nach fast 20 Jahren seinen Zweck überlebt hatte und geschlossen wurde. Die Supercomputer-Zentren, die das NSFNET eigentlich unterstützen sollte, erwiesen sich als Luftblase: Einige der Supercomputer funktionierten nie, und die, die liefen, waren so teuer, daß die meisten potentiellen Kunden entschieden, daß ein paar Hochleistungs-Workstations ihre Bedürfnisse genauso gut erfüllen könnten. Als klar war, daß die Supercomputer eine aussterbende Rasse waren, hatte sich das NSFNET zum Glück so weit ins Internet eingegraben, daß es ohne seinen ursprünglichen Zweck weiterleben konnte. Spätestens bis 1994 hatten sich verschiedene große kommerzielle Internet-Netzwerke innerhalb des Internet entwickelt, von denen einige von großen, bekannten Organisationen wie IBM und Sprint betrieben wurden und andere von spezialisierten Internet-Firmen wie Performance System International (besser als PSI bekannt) und Alternet. Das NSFNET wurde zurückgeschraubt und sein Verkehr von kommerziellen Netzwerken übernommen.

Das NSFNET erlaubte nur Verkehr, der mit Forschung und Ausbildung zusammenhing, die unabhängigen, kommerziellen IP-Netzwerkdienste dagegen können für alle anderen Arten von Verkehr benutzt werden. Die kommerziellen Netzwerke sind genau wie das NSFNET mit den regionalen Netzwerken verbunden und bieten den Kunden direkte Verbindungen.

Außerhalb der USA sind in vielen Ländern ebenfalls IP-Netzwerke entstanden, die entweder von örtlichen Telefongesellschaften (die zugleich auch das Postamt sind) gesponsort oder von unabhängigen nationalen oder regionalen Providern betrieben werden. Die ersten internationalen Verbindungen entstanden 1973 mit England und Norwegen. Fast alle Länder sind direkt oder indirekt mit einem Netzwerk in den USA verbunden, was bedeutet, daß sie sich alle untereinander austauschen können.

Der Begriff Internet tauchte zum ersten Mal 1982 auf, als DARPA das Internet Protocol (IP) startete.

Intranets, Extranets und Volleyballnets

2

In diesem Kapitel

- Was ist ein Intranet?
- Was ist ein Extranet?
- Was ist ein Volleyballnet? (Dafür müssen Sie an anderer Stelle als in diesem Kapitel nachsehen. Tut uns leid.)

Da inzwischen viele Leute auf die Idee gekommen sind, daß der ganze Internet-Kram ziemlich cool ist, haben clevere Leute all die coolen Funktionen herausgezogen und so angepaßt, daß sie innerhalb von Unternehmen und in privaten Netzwerken zwischen Unternehmen einsetzbar sind. Sie haben vielleicht so eine leise Ahnung, daß im Grunde alle über das Gleiche reden, auch sich die Bezeichnungen immer ändern. Wenn das so ist, dann haben Sie recht. Von uns bekommen Sie ein paar formelle Definitionen, so daß Sie nicht mehr von Cybersnobs verblüfft werden, die mit Spezialwörtern um sich schmeißen, und Sie zudem an passender Stelle selbst Fachbegriffe einwerfen können.

Intranets und wofür man sie braucht

Intranet? Sicher, daß das richtig geschrieben ist? Ja, das ist es. Da das *Internet* inzwischen geläufig ist, haben die Marketinggurus *Intranets* erfunden, die genau das gleiche sind, nur anders. Das Konzept ist einfach: Nehmen Sie all die feine Technologie, die in den letzten 20 Jahren für das Internet entwickelt wurde, und verwenden Sie diese direkt in Ihrem Unternehmen in einem eigenen Netzwerk.

Ein *Intranet* ist genau genommen eine Reihe von Diensten wie beispielsweise Webseiten, die nur innerhalb einer Organisation zugänglich sind. Das World Wide Web verbindet über das Internet zehntausende Web-Server (Computer, die Webseiten speichern) und stellt der Öffentlichkeit Webseiten zur Verfügung. Ein *Intranet* verbindet über das interne Netzwerk einer Organisation einige wenige Web-Server, die die Webseiten nur den Leuten innerhalb der Organisation zur Verfügung stellen. Ein Intranet ist sowas wie ein privates World Wide Web – ein organisationsweites Web (OWW – eine neue Abkürzung!)

Was ist so toll daran?

In gewisser Hinsicht sind Intranets nicht besonders interessant, da man alles in einem Intranet Machbare wahrscheinlich schon seit Jahren im Internet praktiziert. Abteilungen Ihrer Organisation erstellen Webseiten, die andere Leute in der Organisation anschauen können – na und?

Auch Sie können Intranet-Consultant werden!

Eine Faustregel in der Computerindustrie besagt, daß jeder ein Consultant ist, der sich in mehr als 100 Kilometer Entfernung aufhält. Auch wenn wir Ihnen kein Verkehrsmittel anbieten können, haben Sie hier ein paar handliche Schlagworte, mit denen Sie sich durchaus wie ein Intranet-Experte anhören können (probieren Sie mal, alle in einen Satz einzubauen):

- ✔ **Client/Server:** Eine Art Computersystem, in dem ein Programm, der Client, auf Ihrem Computer läuft, so daß Sie direkt mit ihm arbeiten können; ein anderes Programm, der Server, läuft auf einem anderen Computer und verwaltet alle wichtigen Daten; beide sind über ein Computernetzwerk verbunden. Obwohl das Internet schon immer auf diese Weise funktioniert hat, bedurfte es der besonderen Erkenntnis der großformatigen EDV-Industrie, um zu erkennen, daß man bei diesem Vorgang jede Menge Geld verdienen kann.
- ✔ **Datenbank-Publishing (DP):** Ein Vorgang, bei dem die Informationen eines Unternehmens, die zuvor in Datenbanken verborgen lagen und auf die nur die Datenbank-Typen und ein paar Manager Zugriff hatten, einer großen Anzahl von Leuten innerhalb und sogar außerhalb des Unternehmens zugänglich gemacht werden. DP erleichtert die Arbeit ganz gewaltig, aber macht die Manager etwas nervös (»Wenn die anderen alles wissen, was ich weiß, wie kann ich dann meinen Job behalten?«)
- ✔ **Herunterkochen:** Der Prozeß, alle verwirrenden, aber wichtigen Details rauszuschmeißen und etwas auf ein oder zwei einfache Aussagen zu reduzieren, die ein Kunde verstehen kann.
- ✔ **Legacy:** Etwas, das veraltet, aber immer noch wichtig ist. »Ich suche ein paar laufflächenerneuerte Weißwandreifen für meine Oldtimer-Kiste.« Ein Legacy-System wird manchmal auch als Computer-Dinosaurier bezeichnet, ein Computersystem, das über die letzten 20 Jahre mitgeschleift wurde und bei dem jeder, der weiß, wie es ursprünglich zusammengesetzt wurde, längst im Ruhestand ist.
- ✔ **Middleware:** Ein Programm, das ein Stück Software mit einem anderen Stück Software verbindet, wobei nie zuvor jemand im Traum daran gedacht hat, daß beide Programmen einmal miteinander arbeiten müßten, aber nun funktioniert es doch. Denken Sie sich an eine Szene im Film *Apollo 13*, in der die Luftfilter in der Kommandokapsel verbraucht sind und die Ersatzfilter aus dem Mondmodul eingesetzt werden müssen, nur daß diese eine ganz andere Form haben, so daß aus Isolierband, Kabeln und was-sonst-noch-allem etwas zusammengebastelt wird, damit es paßt; das Zusammengebastelte war die Middleware.
- ✔ **Plattform:** Die zugrundeliegende Hardware oder Software, auf der ein System läuft. »Wir streben eine Netscape-Plattform auf einer Windows-95-Pentium-Plattform an.«
- ✔ **Lösung:** Ein Softwarepaket oder eine Kombination aus Hard- und Software, die etwas tut – vorzugsweise teure Softwarepakete oder Kombinationen.

Intranets können eine extrem wichtige Rolle spielen. Viele (*wenn* nicht die meisten) Unternehmen sperren Berge wichtiger Informationen in großen alten Datenbanken auf alten Großrechnern oder Minicomputern ein. Diese Informationen wären für die Mitarbeiter im ganzen Unternehmen von großem Nutzen, wenn sie nur an sie herankommen würden. Ein weitere Halde von Material steckt in Kalkulationstabellen und Textverarbeitungsdokumenten auf den Computern der Mitarbeiter, die im ganzen Unternehmen verteilt sind. Intranets bieten eine neue Möglichkeit, um diese abgeriegelten Informationen dem Rest der Firma zugänglich zu machen.

Die Mitarbeiter eines Unternehmens benötigen zunächst mal eine Grundausstattung an Internet-Software für ein Intranet, vor allem die Web-Browser, die wir in den Kapiteln 6 und 7 besprechen. Danach ist es verblüffend einfach, Software zu kneten (sowas wird dann meist *Middleware* genannt, wie im vorangegangenen Abschnitt beschrieben wurde), mit der man an die zuvor gesperrte Information kommt. Viele Leute haben uns erzählt, daß sie auf einem Intranet Informationen in Wochen oder Monaten verfügbar machen können, deren Bereitstellung mit älteren Programmwerkzeugen mehrere Monate oder Jahre verschlingen würde. Uns sind auch viele Berichte von Bastlern zu Ohren gekommen, die schnell und billig kleine, aber dennoch nützliche Intranets mit ein paar überzähligen PCs erstellt haben.

Nachdem eine Organisation über ihr eigenes Intranet verfügt – einen eigenen Web-Server und einige Webseiten – kann jeder in der Organisation die Webseiten mit einem Browser anschauen. Informationen zu Produkten, Mitarbeitern und anderes Zeug sind über das Intranet plötzlich leicht zu finden, zu lesen und auszudrucken.

Verwendung von Intranets

Nur die Vorstellungskraft der Mitarbeiter schränkt die Verwendungsmöglichkeiten des Intranet in einer Organisation ein. (Wir erkennen, daß diese Einschränkungen in einigen Organisationen schwerwiegender ist als in anderen, aber wir bleiben optimistisch.) Hier finden Sie einige Beispiele (die Wörter in *Kursivschrift* werden alle im vorhergehenden Kasten definiert):

- ✔ Nahezu der gesamte Papierumlauf in einem Unternehmen kann weitaus effizienter als E-Mail verschickt oder als Seite im Web veröffentlicht werden.
- ✔ Diese großen, verstaubten Firmenhandbücher, die im Regal vergilben oder bei einem schiefen Fußboden unter einer Ecke Ihres Schreibtisches liegen, sind als Webseiten viel zugänglicher. Man kann sie viel leichter nach der gewünschten Seite durchsuchen. Außerdem können die Autoren sie ständig auf dem neuesten Stand halten, so daß automatisch jeder sofortigen Zugriff auf die aktuellste Version hat.
- ✔ Kataloge, Produktlisten und ähnliches können über *Datenbank-Publishing* relativ leicht ins Web gelegt werden. Hierbei werden automatisch Webseiten erstellt, die Informationen aus den ansonsten unzugänglichen Datenbanken enthalten.
- ✔ Wenn mehrere Leute gleichzeitig an einem Projekt arbeiten, macht es Sinn, die Projektinformationen ins Web zu stellen. Auf diese Weise können alle Beteiligten die Informatio-

nen einsehen und bearbeiten, und alle sind jeweils auf dem neuesten Stand. Mit einer kleinen Web-Anwendung, die John eines Nachmittags zusammengerührt hat, haben die drei Autoren und Lektor dieses Buches, die in vier unterschiedlichen Teilen der USA leben, gemeinsam an der Aktualisierung des Buches gearbeitet und es so halbwegs geschafft, in die gleiche Richtung zu arbeiten.

- ✔ Wenn Ihr Unternehmen ein Faible für Multimedia hat, können Animation, Video und Audio direkt auf Ihrem Schreibtisch Einzug halten. Weniger dramatisch, aber dafür wahrscheinlich sinnvoller sind neue integrierte Intranet-Produkte, mit denen Sie in ihren E-Mails »lebendige« Links (Verweise) auf Webseiten unterbringen können. Sie können auf diese Weise Memos verschicken, in denen Sie sich auf alles Mögliche beziehen und direkt einen Link auf das entsprechende Dokument unterbringen können. Ein Leser muß nur noch auf den Link klicken und sieht, auf welche Information Sie sich beziehen.

Die Technologie hinterläßt merkliche Spuren. Im Zuge der Kombination von Internet-Technologie, vor allem E-Mail- und Web-Technologie, mit traditionellen Datenbanken steht die Art der Informationsverwaltung in Unternehmen vor einem grundlegenden Wandel. Mitteilungen auf Papier werden bald genauso üblich sein wie die IBM Selectric, und die großen metallenen Aktenschränke werden sich weitaus langsamer füllen als bisher.

Extranet! Das neue Extranet!

Wenn etwas bei einer Sache funktioniert, wird es natürlich für alles andere auch probiert. Beginnen Sie mit dem Internet; übertragen Sie es ins Unternehmen, und Sie erhalten ein Intranet; tragen Sie das Intranet aus dem Unternehmen hinaus, und – Voilà – schon haben Sie ein Extranet. Das Netz ist in diesem Fall nicht als extra im Sinne von »zusätzlich« zu verstehen: Wir reden von extra als »außerhalb«.

Und das steckt dahinter: Da die Leute inzwischen Internet-Technologie (Recherche, Webseiten und E-Mail) erfolgreich *innerhalb* eines Unternehmens einsetzen, besteht die logische Folge in der Erweiterung dieser internen Netzwerke um die Kunden, Lieferanten und Geschäftspartner eines Unternehmens. Nachdem Intranets die Grenzen einer Organisation überschritten hatten, um auch andere Einheiten mit einzuschließen, hat sich jemand Schlaues ein brandaktuelles Trendwort einfallen lassen: Extranet. Wie auch bei den Intranets liegt dem Ganzen die gleiche Technologie zugrunde – sie wird nur auf andere Art eingesetzt.

Das geht auch Sie was an

Wiederum fragen Sie sich: »Was hat der ganze Kram eigentlich mit mir zu tun?« Nun, die Internet-Technologie verändert die Art, wie unsere Welt funktioniert. Sie bemerken vielleicht, daß Sie mit bestimmten Unternehmen über das Netz reden anstatt sie anzurufen. Schlaue Unternehmen erkennen, daß der Einsatz von Internet-Technologie ihre Kosten in den Bereichen Kundendienst, Marketing und Vertrieb merklich reduzieren kann. Einiges, worauf Sie da stoßen werden, mag Ihnen genauso wie das Internet erscheinen. Der Klebstoff, mit dem die Internet-Site, die Sie anschauen, mit dem Unternehmen verbunden ist, mit dem Sie Ihre Geschäftsvorgänge abwickeln, ist jedoch tatsächlich ein Extranet – die Verbindung von internen Systemen mit der Außenwelt.

Ein weiterer wichtiger Aspekt bei Extranets ist Ihre Gestaltung im Hinblick auf Sicherheit, wodurch nur Personen mit ausdrücklicher Berechtigung die Extranet-Dienste benutzen können.

Alles, was Ihnen einfällt

Hier sind einige Möglichkeiten, wie man Extranets nutzen kann. Zweifellos fängt Ihre Phantasie erst da an, wo wir aufgehört haben:

- ✔ Rundschreiben, Pressemitteilungen, Produktankündigungen und andere Informationen, die ein Unternehmen normalerweise mit der SnailMail (die Post, für die man Papier und Briefmarken braucht) oder per Fax versenden würde, können über E-Mail verschickt oder auf einer Webseite veröffentlicht werden.
- ✔ Kataloge und Broschüren können ins Netz gestellt werden, um Druckkosten radikal zu senken und Werbematerial leicht aktualisieren zu können.
- ✔ Kunden können Bestellungen aufgeben und verfolgen.
- ✔ Antworten auf öfter gestellte Fragen können auf einer Webseite abgelegt werden und so viele Telefongespräche überflüssig machen.

Warum dies das Letzte ist, was Sie von uns über Intranets und Extranets hören werden

Da zwischen Intranets, Extranets und dem Internet keine grundlegenden Unterschiede bestehen, hören wir jetzt auf, darüber zu reden. Je häufiger Sie mit dieser Technologie arbeiten, desto eher erwarten Sie von dem Leuten um Sie herum, daß Sie sich schlau machen und damit umzugehen lernen. Kaufen Sie diesen Leuten ein Buch. Internet und Web-Technologien ähneln dem Telefon – sie sind viel nützlicher, wenn sie jeder hat und benutzt.

Das Netz, Ihre Kinder und Sie

3

In diesem Kapitel

- Das Internet und das Familienleben: Wie Sie vom Netz profitieren können
- Einige Vorbehalte gegenüber dem Internet
- Elterliche Richtlinien zum Umgang mit dem Internet
- Mailing-Listen und Web-Sites für Kinder
- Hilfe für Eltern von Kindern, die Probleme haben
- Das Internet in der Schule

Über eine Million Kinder sind bereits regelmäßig im Netz unterwegs – für die Jahrtausendwende wird die Zahl auf sieben Millionen geschätzt. Wir halten es deshalb für entscheidend, das Thema Familien und Internet anzusprechen. Falls Sie davon nicht betroffen sind, überspringen Sie das Folgende einfach und lesen Sie direkt im nächsten Kapitel weiter.

Suchen Sie nicht nach dem Sinn

Viele Eltern versuchen, das Internet zu verstehen und herauszufinden, was es für uns und unsere Familien bedeutet. Obwohl es dazu keine endgültige Antwort gibt, können wir immerhin über einige der wesentlichen Punkte sprechen, die Vorzüge, die wir sehen, und die möglichen Probleme. Das Netz birgt dramatische Auswirkungen für Erziehung, Unterhaltung und Sozialisation unserer Kinder. Je mehr wir darüber wissen und uns aktiv einschalten, desto besser können wir unsere Auswahl treffen.

Was gibt es für uns?

Wir fangen gerade erst an, die Myriaden verschiedener Möglichkeiten zu entdecken, mit denen das Internet unser Familienleben aufregender gestalten kann. Hier sind einige der Eigenschaften des Internet, die wir für eine Bereicherung unseres Lebens halten:

- ✔ Es liefert uns Informationen zu jedem vorstellbaren Thema.
- ✔ Es bietet uns persönlichen Kontakt mit neuen Menschen und Kulturen.
- ✔ Es hilft uns, unsere Fähigkeiten beim Lesen, Schreiben, Forschen und Fremdsprachengebrauch zu verbessern.

- ✔ Es bietet Unterstützung für Familien mit besonderen Bedürfnissen.
- ✔ Es ist ein aufregendes neues Medium für künstlerischen Ausdruck.

Nicht alles Neue ist wunderbar, und nicht alles Wunderbare ist neu. Wenn wir über Kinder reden, müssen wir Unterschiede machen: Sind sie im Vorschulalter, oder gehen sie vielleicht schon auf eine weiterführende Schule? Was in diesem Fall für die eine Gruppe Sinn macht, paßt vielleicht nicht zu der anderen. Deshalb wollen wir uns anschauen, wie das Internet für verschiedene Altersgruppen funktioniert.

Das Internet für junge Kinder

Wir müssen eingangs erwähnen, daß wir selbst die Ansicht verfechten, daß man Kinder Kinder sein lassen soll, und wir meinen, daß Kinder bessere Lehrer sind als Computer. Keines unserer eigenen Kinder sieht fern. Nachdem Sie nun unsere Grundeinstellung kennen, erraten Sie vielleicht, was wir als nächstes sagen: Wir sind nicht dafür, ein kleines Kind vor einen Bildschirm zu setzen. Wie klein ist klein? Wir halten alles unterhalb des Alters von sieben Jahren für klein. Viele Erzieher sind der Meinung, daß unstrukturierter Computer-Gebrauch vor dem Alter von elf Jahren ungeeignet ist. Wir empfehlen, Ihren Kindern soviel menschliche Aufmerksamkeit wie möglich zukommen zu lassen, und meinen, daß Computer lausige Babysitter sind. In diesem Alter profitieren Kinder mehr davon, wenn sie mit Bäumen, Bällen, Lehm, Buntstiften, Matsch, Klettergerüsten, Fahrrädern und anderen Kindern spielen.

Ehrlich gesagt, selbst wenn Sie Ihre Kleinkinder das Internet benutzen lassen wollen, gibt es da nicht viel für sie, bevor sie lesen können.

Das Internet für K-12

K-12 ist das Etikett, das in den USA der gesamten Erziehung zwischen Vorschule (Kindergarten oder Krippe) und der Hochschule gegeben wird. Das ist eine weite Kategorie. Wir benutzen sie hier, da viele Mailing-Listen und Newsgruppen die K-12-Bezeichnung verwenden und sie daher vielen Menschen vertraut ist. Wir meinen, daß der Internet-Zugang für etwas ältere Kinder besser geeignet ist (vierte oder fünfte Klasse oder älter), aber das kann unterschiedlich sein. Eine Voraussetzung ist allerdings wesentlich: Der überwiegende Teil der Internet-Inhalte ist in englisch, und das bedeutet, daß zumindest Grundkenntnisse in dieser Sprache vorhanden sein sollten.

Das Internet ist eine unglaubliche Methode, die Schulmauern zu erweitern. Das Netz kann Sie mit anderen Schulen und Bibliotheken, Forschungseinrichtungen, Museen und anderen Menschen verbinden. Sie können den Louvre (unter `http://mistral.culture.fr/louvre`) und die Sixtinische Kapelle besuchen, Ihr Englisch, Französisch, Spanisch, Portugiesisch, Russisch oder Japanisch üben (über Online-Chat), neue Musik hören und neue Freunde finden.

Universitäten im Netz

Die meisten Hochschulen und Universitäten haben schon ihre eigene Web-Site oder sind gerade dabei, eine zu erstellen. Yahoo (ein Web-Verzeichnis, über das Sie in Kapitel 8 mehr erfahren) enthält tausende von Universitäten und Schulen. Klikken Sie auf der Startseite von Yahoo auf Erziehung, dann auf Hochschulen und anschließend auf Campus-Touren. Nachdem Sie etwas besser mit dem Netz vertraut sind, können Sie nach einzelnen Kurse oder Professoren suchen, um etwas passendes für Sie zu finden.

Schulprojekte wie das Global Schoolhouse verbinden Kinder überall auf der Welt und lassen sie gemeinsam an allen möglichen Projekten arbeiten. Das erste jährliche globale Lernprojekt zog mehr als 10.000 Schüler aus 360 Schulen in 30 Staaten an. Der zweite Cyber-Markt (im Jahr 1997) hat mehr als 30.000 Studierende aus 500 Schulen in 37 Ländern zusammengebracht!

Sie können eine E-Mail an das Global Schoolhouse schicken unter `helper@gsn.org` oder die Web-Site der Stiftung unter `http://www.gsn.org` ansehen. (Wir erklären diese seltsam aussehenden Adressen in Kapitel 6; Sie können also später hierher zurückkommen und sie ausprobieren.) Auf der Web-Site des Global Schoolhouse können Sie auch viele Mailing-Listen abonnieren. Wenn Sie keinen Web-Zugang haben, können Sie die Global-Watch-Mailing-Liste abonnieren (in Kapitel 13 gibt es alle Details), indem Sie eine E-Mail an `lists@gsn.org` schicken, die im Textkörper folgende einzelne Zeile enthalten sollte: `subscribe global-watch`.

Die Hochschule und das Netz

Das Internet ist in den Universitäten seit langem zu Hause, aber was mit dem World Wide Web geschieht, ist für alle neu. Ein Großteil der Inspiration und Schweißperlen der Freiwilligen, die Informationen für alle zugänglich machen, fließen aus den Universitäten, sowohl seitens der Studierenden als auch des Lehrkörpers, die beide unglaubliches Potential für das Lernen sehen.

Viele Hochschulen bieten ihren Studierenden und ihrem Personal freien oder günstigen Zugang zum Internet. Manchmal erhält man den Account direkt bei der Immatrikulation, bevor das erste Semester überhaupt begonnen hat, so daß man schon vor Studienbeginn die eigene Internet-Erziehung beginnen kann.

Das Internet (oder genauer: die E-Mail) ist sehr schnell eine verbreitete Methode für Eltern und Studierende geworden, miteinander in Kontakt zu bleiben. Es ist wesentlich billiger als das Telefon, und man muß keine Termine aufeinander abstimmen. Wenn man E-Mail an andere Familienmitglieder weiterleitet, ist außerdem die Kommunikation breiter. Wir haben einen anderen überraschenden Vorzug festgestellt: Unserer Erfahrung nach gibt es weniger Familienstreitigkeiten, wenn man mit E-Mail kommuniziert. Wenn man erst einmal nachdenken muß, was man sagen will, bevor man es sagt, kommt irgendwie ein besseres Ergebnis zustande.

Einen Job mit Hilfe des Internet finden

Das Netz ist ein unglaubliches wertvolles Hilfsmittel, um einen Job zu finden. Für Studierende ist es besonders gut, da es eine wirksame, ökonomische Methode bietet, eine wirkliche Job-*Suche* durchzuführen. Sie können Ihre Diplomarbeit oder Ihren Lebenslauf für eventuelle Arbeitgeber online publizieren. Sie können sich das Monsterboard ansehen, eine verblüffende Sammlung von mit Jobs zusammenhängenden Informationen, die Ihnen die Möglichkeit bietet, nach Disziplinen zu suchen (hier ist das Studiengebiet gemeint – alle Suchvorgänge erfordern ohnehin die andere Art von Disziplin) oder geographisch oder nach einer Vielzahl anderer Kriterien. Sie finden das Monsterboard unter der Adresse `http://www.monster.com/`. Und Sie können nach Firmen suchen, für die Sie gerne arbeiten würden.

Einige Unternehmen haben erkannt, daß eine Ausschreibung ihrer Stellen im Netz ein effektiver und günstiger Weg ist, um talentierte Mitarbeiter anzuwerben. Sehen Sie sich die Homepages der Unternehmen an, für die Sie sich interessieren, und halten Sie Ausschau nach deren offenen Stellen. Viele Universitäten unterhalten Stellenmarkt-Homepages, die im Web oftmals an einer Stelle zusammengefaßt sind. Geben Sie Ihrer Suchmaschine den Suchbegriff »career office home pages«, dann erhalten Sie eine räumlich gegliederte Aufstellung der Uni-Stellenmärkte.

Wenn das Netz zur Hochschule wird

Es ist keine Übertreibung zu behaupten, daß viele Menschen mehr im Netz lernen, als sie es jemals in der Schule getan haben. Man muß viele Faktoren berücksichtigen, aber das Netz erfordert Motivation, und motiviertes Lernen macht viel mehr Spaß. Das Netz bietet Chancengleichheit jenseits der Vorstellungskraft aller Leute, die in einer physikalischen Umgebung festsitzen. Das Netz ist offen für Menschen aller Hautfarben, Größen, Ansichten und Arten. Wer früher durch physische Handicaps, ökonomische Situation oder entlegenem Standort von Bildungsmöglichkeiten ausgeschlossen war, wird das Netz als bereichernde, lebensverändernde Erfahrung begreifen.

Jenseits der informellen Bildung, die es bereits gibt, arbeiten mehrere Organisationen aktiv an der Etablierung formeller Online-Bildungseinrichtungen. Die Athena Virtual Online University (VOU) wurde im Frühling 1995 gegründet. Sie ist noch nicht zugelassen, aber so haben alle Hochschulen und Universitäten angefangen. Wenn Sie sich näher dafür interessieren, sehen Sie sich die Home-Page an, unter `http://www.athena.edu/`. Die Globewide Network Academy (unter `http//:www.gnacademy.org:8001/uu-gna`) war wohl die erste anerkannte vollständig virtuelle Ausbildungseinrichtung.

Von höherem Interesse

An erster Stelle bei den elterlichen Sorgen um den Internet-Zugang für Kinder steht die Frage nach dem Zugriff auf ungeeignetes Material. Diese Sorge ist durchaus begründet. Im Laufe der Zeit sind nicht nur jede Menge gute Inhalte hinzugekommen, auch viel Zweifelhaftes hat sich im Netz breit gemacht. Wir haben dafür keine einfachen Antworten. Eines ist uns glasklar: Die Eltern *müssen* sich einschalten. Wenn man die Richtung der Erziehung und Erlasse der Regierung in Betracht zieht, werden unsere Kinder in Zukunft *auf jedem Fall* mit dem Internet zu tun haben. (Nach der Vorstellung des amerikanischen Vizepräsidenten Al Gore werden bereits zur Jahrtausendwende alle US-amerikanischen Schulen am Internet hängen. In Europa brauchen wir wohl noch etwas länger, aber der Trend geht in die gleiche Richtung.)

Eltern, die sich die Zeit genommen haben, sich mit dem Thema des Zugangs zu beschäftigen, sehen, daß einerseits die Bedrohung nicht so groß ist, wie manche Leute glauben machen möchten. Eltern, die über dieses Thema in einem größeren Maßstab nachgedacht haben, sorgen sich vielmehr darum, daß reaktionäre Meinungen und Übertreibungen eine echte Bedrohung für die Meinungsfreiheit darstellen und daß das letzten Endes eine größere Bedrohung für unsere Kinder ist. Andererseits gibt es da draußen auch massenhaft Müll. Deshalb ist elterliches Engagement unverzichtbar; auf Familienstrategien kommen wir etwas später in diesem Kapitel zu sprechen. Wenn Sie diese Fragen gern richtig ausdiskutieren möchten, können Sie die CACI-Mailing-Liste (Children Accessing Controversial Information, zu deutsch: Kinder, die auf umstrittene Inhalte zugreifen) abonnieren, indem Sie eine E-Mail an `majordomo@cyngus.com` mit den Worten `subscribe caci` im Textkörper der Mitteilung schikken. (Das Verschicken von E-Mails besprechen wir in Kapitel 11.)

In letzter Zeit ist ein weiteres Problem aufgetaucht, über das sich Eltern Gedanken machen *sollten*, über das aber nur selten geschrieben wird: Die gezielte Ansprache von Kindern durch Marketingorganisationen. Kinder aus Familien mit mittleren und höheren Einkommen gelten als lukrativste Zielgruppe, die sich über das Netz hervorragend ansprechen läßt.

Kinder als Zielgruppe der Werbung ist keine neuartige Erscheinung. Sie kennen sicher auch Joe Camel, die Werbekampagne für Camel-Zigaretten, der viele vorgeworfen haben, daß sie speziell auf Kinder abzielt. Wenn Sie jemals bei Toys«R«Us waren, haben Sie sicher die unmißverständliche Verbindung zwischen Fernsehshows und Spielzeug bemerkt.

Sie sollten wissen, daß clevere Marketingleute bereits kinderfreundliche, faszinierende und fesselnde Programme entwickelt haben, mit denen die Vermarktung an Kinder unterstützt werden soll. Erheiternde und vertraute Comic-Figuren entlocken der Tastatur bei Ihnen zu Hause geschickt strategisch wichtige Marketinginformationen. Sie sollten sich dieser Situation bewußt sein und Ihren Kindern beibringen, wie sie sich verhalten sollen, wenn sie jemand aus dem Web um Informationen bittet.

Wir raten Familien, die das Netz für private Angelegenheiten nutzen (im Unterschied zu Geschäftsleuten, die sich beruflich im Netz aufhalten), nicht ihren vollständigen oder echten Namen zu verwenden und nie Namen, Adressen, Telefonnummern, Sozialversicherungsnummern oder Konteninformationen – wie beispielsweise ein Kennwort – jemandem preiszugeben, der sie online danach fragt. Dieser Ratschlag gilt insbesondere, wenn Sie Anfragen von Leuten erhalten, die sich als Autoritätspersonen ausgeben. So haben Kunden von AOL Mitteilungen von Leuten erhalten, die vorgaben, dem technischen Kundendienst von AOL anzugehören und dringend ihr Kennwort zu benötigen.

Personen mit wirklicher Autorität würden niemals Fragen dieser Art stellen.

Kinder sind heute mehr als je zuvor genötigt, ihre kritische Denkfähigkeit zu entwickeln. Dazu gehört die Einschätzung dessen, was sie lesen und sehen – insbesondere im Web.

Bedauerlicherweise ist zu berichten, daß uns in letzter Zeit jede Menge schundartiger E-Mail begegnet. Dieser Trend wird sich im Laufe der Zeit wahrscheinlich eher noch verschlimmern, es sei denn, jemand hat eine wirksame Idee, wie man sich unerbetene E-Mail vom Hals hält. Auch hier sollten Sie sich einschalten und Ihren Kindern beibringen, wie sie damit umgehen sollen.

Elterliche Führung erwünscht!

Eltern, Erzieher und Verfechter der Meinungsfreiheit stimmen gleichermaßen überein, daß es in bezug auf den Internetzugang keinen Ersatz für die elterliche Führung gibt. Als Elternteil legen Sie sicher Wert darauf, daß Ihre Kinder gute Bücher lesen und vernünftige Filme anschauen – ebenso möchten Sie auch, daß die Sprößlinge im Netz die guten Sachen finden. Wenn Sie sich die Zeit nehmen, diese Sachen gemeinsam mit Ihren Kindern zu entdecken, können Sie an den Erfahrungen teilhaben und ihren Kindern gleichzeitig kritische Werte und ein gesundes Urteilsvermögen vermitteln, auf das Ihre Kinder in allen Lebensbereichen angewiesen sind.

Im Netz gibt es nach wie vor mehr gute Inhalte als schlechte. Fast täglich werden neue Software-Hilfsmittel entwickelt, mit denen Eltern und Erzieher die wertvollen Ressourcen im Netz herausfiltern können, ohne die Büchse der Pandora zu öffnen. Beachten Sie, daß jedes Kind unterschiedlich ist und daß nicht alles, was für andere Kinder angemessen ist, automatisch auch für Ihr Kind das Richtige ist und umgekehrt. Sie müssen das Richtige für sich selbst herausfinden.

Legen Sie in Ihrer Familie Regeln für die Benutzung des Internet fest. Umreißen Sie die Gebiete, die innerhalb oder außerhalb der Grenzen liegen, schränken Sie die Zeit ein, die Ihr

Kind online verbringen darf, und machen Sie ausdrücklich klar, welche Informationen Ihre Kinder im Netz preisgeben dürfen und welche nicht.

Die Benutzung des Internet ist genauso wie das Fernsehen eine eigenständige Beschäftigung. Es bedarf deshalb Ihrer besonderen Anstrengung, Grenzen zu ziehen und gleichzeitig Ihrem Kind die Freiheit zu lassen, die es für die Erforschung der Cyberwelt braucht. Einige Familien ziehen es vor, ihren Computer im gemeinsamen Familienraum anstatt im Kinderzimmer aufzustellen. Doch gleich, wo der Computer steht, schauen Sie immer wieder nach und lassen Sie den Bildschirm nicht zum Babysitter werden.

Kinder brauchen klare Richtlinien, wenn es darum geht, über das Netz andere Leute zu treffen und mit ihnen zu sprechen. Lassen Sie Ihr Kind nie allein einen Freund aus dem Cyberspace treffen, und achten Sie bei Ihrer Telefonrechung auf ungewöhnliche Anrufe.

Grenzen setzen

Auch wenn inzwischen einige Internet-Provider einen Pauschalbetrag für den Internet-Zugang verlangen, stellen die Telefongebühren nach wie vor einen wirtschaftlichen Anreiz dar, die Internet-Benutzung einzuschränken. Doch auch darüber hinaus gibt es gute Gründe, gewisse Grenzen zu setzen. Wenn Sie Ihr Kind nicht uneingeschränkt fernsehen lassen, sollten Sie ihm auch nicht uneingeschränkten Zugang zum Computer gewähren. Nur weil das Ganze auf einem Computer stattfindet, ist es noch lange nicht pädagogisch wertvoll. Uns kommt dabei ein Cartoon in den Sinn, bei dem hoffnungsvolle Eltern Stellenangebote in der Zeitung durchsehen und feststellen müssen, daß Nintendo-Spieler später auf 100.000 Mark Jahresgehalt kommen. Jeder weiß von Kindern, deren Leben sich scheinbar nur vor dem Bildschirm abspielt. Lassen Sie dies nicht auch Ihren Kindern so gehen.

Der Umgang mit Bewertungen

Es gibt Vorschläge für verschiedene Schemata, zu denen die Bewertung von Internet-Inhalten gehört. Aber wer will das Material bewerten, und wessen Bewertungen können Sie vertrauen? Ist der Autor einer Webseite oder anderen Online-Materials die richtige Person, um die Bewertung vorzunehmen? Wahrscheinlich nicht. Die Entwickler von Internet-Software bauen zusätzlich die Möglichkeit von Bewertungen durch Dritte ein, damit Sie, falls gewünscht, nach diesen Bewertungen Material aussuchen oder ausschließen können, auch wenn die Richtlinien der Bewerter vielleicht nicht die sind, für die Sie sich entscheiden würden.

Das World-Wide-Web-Konsortium (W3C) hat versucht, der Sorge um die Zugangskontrolle Rechnung zu tragen, ohne direkt eine Zensur vorzunehmen. Herausgekommen ist dabei ein Standard zur Markierung von Web-Inhalten, nach dem Dritte das Material bewerten können. Näheres zu diesem Standard namens Platform for Internet Content Selection (PICS, zu deutsch: Plattform zur Auswahl von Internet-Inhalten) erfahren Sie unter dieser Web-Adresse:

`http://www.wellesley.edu/CS/JimMillerTalk/9601PICS/slide1.htm`

Sie können sich auch die W3C-Webseite unter folgender Adresse ansehen:

`http://www.w3.org/PICS`

Andere Software, die sich in der Entwicklung befindet, wird Eltern die Möglichkeit bieten, den Zugang nach eigenen Kriterien zu beschränken. Eltern, die Schwierigkeiten mit Warzenschweinen und Spargel haben, können beispielsweise jegliches Material zu diesen beiden Themen ausschließen. Oder – realistischer – sie können fiktive Darstellungen von Gewalttätigkeit ausschließen und trotzdem Zugang zu medizinischen Informationen über Geschlechtskrankheiten zulassen.

Die Wahl des Kunden

Da die Eltern für die Online-Dienste bezahlen, wetteifern diejenigen, die konkurrenzfähig bleiben wollen, mit Funktionen zur familiären Kontrolle des Internet-Zugangs um das elterliche Geld. America Online ermöglicht Ihnen, den Zugang zu Chat-Räumen zu blockieren, die eventuell nicht für Kinder geeignet sind, und den Zugang zu Diskussionsgruppen und Newsgruppen nach Kennwörtern einzuschränken, die Sie aussuchen. Das Blockieren durch die Eltern ist ohne weitere Kosten möglich.

Software-Wächter

Auf dem Markt erscheinen mehr und mehr Produkte, die Eltern helfen, den Zugang einzuschränken oder den Gebrauch mit Hilfe von Aktivitätsberichten zu überwachen. Wenn Sie sich für eines dieser Systeme entscheiden, sollten Sie daran denken, daß sie kein Ersatz für Ihre direkte Beschäftigung mit den Erfahrungen Ihres Kindes im Internet sind; sie filtern auf der Basis von Schlüsselwörtern und festen Listen von Web-Sites, von denen man meint (seitens der Programmautoren), daß sie zweifelhaftes Material enthielten. Sie erfahren von keinem dieser Programme, welche Inhalte im Einzelnen gesperrt werden, und Ihre Vorstellung davon, was angemessen ist und was nicht, mag durchaus verschieden sein von jener der Programmautoren. Da bestimmte Seiten politischer Inhalte, mit denen die Programmautoren nicht übereinstimmen, ebenso gesperrt werden, behaupten einige Leute, die Software-Wächter hätten scheinbar vorgegebene politische Vorstellungen.

Sie können die Wächter-Programme natürlich ausprobieren, bevor Sie sie kaufen, indem Sie Probeversionen, sogenannte Evaluation-Copies, aus dem Netz herunterladen. (Wie das vor sich geht erfahren Sie in den Kapiteln 6 und 7; dort wird erklärt, wie man im Netz navigiert.) Hier sind ein paar Wächter-Programme:

- ✔ Surfwatch von Spyglass

  E-Mail: `info@surfwatch.com`
  URL: `http://www.surfwatch.com/`

  Surfwatch ist sowohl für PC als auch für Macintosh erhältlich und überwacht Newsgruppen, die wahrscheinlich sexuell explizites Material enthalten, und verwehrt einem Computer den Zugang zu angegebenen WWW-, FTP-, Gopher- und Chat-Sites.

- ✔ Net Nanny von Net Nanny Software International, Inc.

  E-Mail: `netnanny@netnanny.com`
  URL: `http://www.netnanny.com/`

  Dieses PC-basierte Produkt, das in Echtzeit alle PC-Aktivitäten überwacht, sowohl online als auch offline. Ein Eltern- (oder Arbeitgeber- oder Lehrer-) definiertes Wörterbuch erlaubt Ihnen zu bestimmen, was für Ihr Heim nicht geeignet ist. Net Nanny erstellt ein Logbuch der Kinderaktivitäten.

- ✔ Cybersitter von Solid Oak Software, Inc.

  E-Mail: `info@solidoak.com`
  URL: `http://www.solidoak.com/cysitter.htm`

  Dieses Windows-basierende Internet-Filterprogramm blockiert WWW-Sites und Newsgruppen und filtert E-Mail. Cybersitter generiert auch einen Report über Site-Besuche.

Eine wirklich ausführliche Beschreibung aller Filterprodukte, die der Menschheit momentan bekannt sind, und zusätzliche nützliche Tips zum Schutz Ihrer Kinder finden Sie unter `http://www.smartparent.com`.

Internet-Ressourcen für Kinder

Wie Sie sicher schon vermutet haben, ist das Internet randvoll mit Ressourcen für Kinder – übrigens auch für Eltern. Nachdem wir dieses Buch in fünf Jahren nun fünfmal geschrieben haben, ist uns eines klar geworden: Nichts ist so vergänglich wie eine Netz-Adresse. Um diese Informationen möglichst auf dem neuesten Stand zu halten, haben wir unsere Ressourcen-Liste auf unserer Web-Site untergebracht – auch, weil sie zu lang ist, um sie hier vollständig aufzuführen. Von hier aus gelangen Sie direkt an die Quelle, und wir tun unser Bestes, um die Angaben auf dem Laufenden zu halten.

Besuchen Sie `http://net.gurus.com/kids`, dort sind Sie nur noch einen Mausklick von den Seiten entfernt, die in diesem Abschnitt besprochen wurden.

Mailing-Listen für Eltern und Kinder

In Kapitel 13 erfahren Sie, wie man Mailing-Listen abonniert. Auf unserer Seite im Web sind viele Mailing-Listen für und über Kinder enthalten.

Web-Sites für Kinder

Na gut, wir geben es zu. Web-Sites sind das Coolste seit der Erfindung von geschnittenem Brot. Auf unserer Web-Site finden sich Links auf Web-Sites aus der ganzen Welt, die besonders für Kinder geeignet sind. Um zu diesen Web-Sites zu gelangen, müssen Sie mit einem Browser umgehen können, wie etwa Netscape Navigator, Microsoft Internet Explorer oder Lynx. Wie das geht, erzählen wir Ihnen in Teil III dieses Buches, »Web-Manie«.

Eine kurze Warnung: Auf der Suche nach Spaß und Unterhaltung denken wir oft, daß gerade Grafiken und Farbe das Entscheidende sind. Wenn Sie sich lange Zeit im Web aufhalten, werden Sie irgendwann nicht mehr mit reiner Text-Darstellung zufrieden sein. Am meisten läßt sich aus dem Web mit einem Farbmonitor und einer grafiktauglichen Netz-Verbindung herausholen. Wenn Ihnen diese Dinge momentan nicht zur Verfügung stehen, sehen Sie sich auf alle Fälle trotzdem im Web um; behalten Sie aber im Hinterkopf, daß Sie in diesem Fall vielleicht mehr von der text-basierten Welt der Mailing-Listen und Newsgruppen haben, in der der Inhalt wichtiger ist als die Form.

Hilfe für Eltern mit Kindern, die Probleme haben

Eine der profundesten und ermutigendsten menschlichen Erfahrungen im Netz hat damit zu tun, wie völlige Fremde sich gegenseitig freigiebig Hilfe bieten. Die unglaublichen Bindungen, die entstehen, wenn Menschen ihre Erfahrungen, Kämpfe, Stärken und Hoffnungen miteinander teilen, bestimmen neu, was es bedeutet, die Hand auszustrecken und jemanden zu berühren. Wir ermutigen jeden mit einem besonderen Anliegen, online nach Leuten zu suchen, die dieses Interesse teilen. Nach unseren Erfahrungen mit Mailing-Listen und Newsgruppen, die mit unseren eigenen Problemen zusammenhängen, können wir Sie nur enthusiastisch dazu zu ermuntern, sich online umzusehen. Sie können das in völliger Anonymität tun. Sie können eine lange Zeit nur beobachten und lernen oder sich direkt ein Herz nehmen und um Hilfe bitten.

Wir warnen Sie allerdings, daß nicht jeder, der einen Rat gibt, ein medizinischer Experte ist. Sie müssen Ihren eigenen Arzt in den Prozeß miteinbeziehen. Viele Menschen haben allerdings enorm viel Hilfe von Leuten bekommen, die schon einen ähnlichen Weg gegangen waren. Für viele von uns ist das ein Riesenunterschied.

Auf unserer Web-Site finden Sie ein paar der verfügbaren Mailing-Listen und Diskussionsgruppen. Es gibt mit Sicherheit eine Mailing-Liste oder spezielle Gruppe für Ihre Bedürfnisse, auch wenn wir sie nicht aufführen, und jeden Tag tauchen neue Gruppen auf. Wenn Sie einen kommerziellen Provider wie America Online, CompuServe oder T-Online benutzen, kann es sein, daß Ihr Provider ebenfalls spezielle Foren anbietet, die Sie interessieren könnten.

Beachten Sie, daß einige Listen Gesprächs-Listen sind, die freie Diskussionen ermöglichen; andere Listen führen gezielte Diskussionen, während wieder andere fast ausschließlich akademischen Hintergrund haben. Die Art der Diskussion geht jedoch aus dem Namen nicht immer eindeutig hervor. Wenn Ihnen eine Liste oder Gruppe interessant erscheint, abonnieren Sie

sie und schauen, welche Art der Diskussion dort geführt wird. Es ist ganz einfach, die Liste wieder abzubestellen, wenn sie Ihnen nicht gefällt.

Das Internet in der Schule

In vielen Schulen wird heftig über den Internet-Zugang für die Schüler debattiert. Lehrer und Eltern drehen sich dabei oft im Kreis, und Ignoranz scheint vorzuherrschen. Finden Sie soviel wie möglich zu dem Thema heraus, und mischen Sie sich ein. Je mehr Sie wissen, desto besser können Sie sich für den geeigneten Zugang einsetzen.

Vertragssache

Viele Kinder sind schlau. Schlaue Kinder wissen, wie man Regeln umgeht, und schlaue Kinder finden Methoden, wie man mit Software-Systemen umgeht, die sie »schützen« sollen. Viele Institutionen verlassen sich erfolgreich auf unterschriebene Verträge mit den Schülern und Studierenden, worin genau festgelegt ist, was als angemessener Gebrauch des Systems gilt und was unzulässig ist. Wer einen dieser Verträge verletzt, verliert die Internet- und Computer-Privilegien.

Wir halten diesen Ansatz für gut. Nach unserer Erfahrung sind Kinder schneller und höher motiviert und haben mehr Zeit zur Verfügung, in Systeme ein- und aus ihnen auszubrechen als die meisten Erwachsenen, die wir kennen, und diese Methode ermutigt sie, etwas Produktiveres als elektronisches Türknacken zu betreiben.

Cyberschutz in Industriestärke

Nicht nur Schulen und Universitäten versuchen, den Zugang zum Internet einzuschränken. Manche Firmen fürchten, daß ihre Angestellten in ihrer Arbeitszeit persönlichen Interessen nachgehen, und benutzen Software-Produkte, die die Benutzer auf das beschränken, was der Arbeitgeber für angebracht hält. Unserer persönlichen Erfahrung nach waren die kreativsten und produktivsten Arbeitsumgebungen diejenigen, in denen es die geringsten Einschränkungen gab, aber das müssen Sie selbst überprüfen.

SmartFilter, ein Software-Produkt für Institutionen, protokolliert den Internet-Zugang und verweigert den Zugriff auf bestimmte Kategorien von Sites. Man erhält es über

Secure Computing Corp.

E-Mail: `info@smartfilter.com`
URL: `http://www.smartfilter.com/`

Teil II

Internet, hier komme ich!

The 5th Wave By Rich Tennant

In diesem Teil...

Jetzt sind Sie soweit, um richtig loszulegen – aber wo fangen Sie an? Das wahrscheinlich Schwierigste am Internet ist es, eine Verbindung ins Internet zu bekommen. Wir helfen Ihnen dabei, herauszufinden, welche Art von Internet-Zugang für Sie der Richtige ist und wie Sie die erste Verbindung herstellen.

Auswahl Ihres Internet-Zugangs

4

In diesem Kapitel

- Zugang ins Netz
- Haben Sie bereits Zugang zum Netz?
- Verschiedene Zugangs-Accounts
- Für welchen Zugangs-Account entscheidet man sich?
- Welche Art von Software benötigen Sie?

»Klasse,« sagen Sie sich jetzt, »wie komme ich jetzt ins Internet?« Die Antwort lautet: »Je nachdem.« Das Internet ist nicht nur ein Netzwerk – es besteht aus 60.000 separaten Netzwerken, die miteinander verbunden sind, jedes mit seinen eigenen Regeln und Vorgehensweisen, und Sie können von jedem dieser Netze ins Internet gelangen. Die Leser früherer Ausgaben flehten darum (naja, ab und zu haben sie auch ein paar andere Dinge getrieben, aber das hier ist ja ein familienorientiertes Buch), schrittweise Anleitungen zu bekommen, wie man ins Netz gelangt. Wir machen im Folgenden die Schritte deshalb so klein wie möglich.

Und das ist die grundlegende Vorgehensweise:

1. **Finden Sie heraus, welche Art von Computer Sie haben oder benutzen können.**
2. **Finden Sie heraus, welche Arten von Internet-Verbindungen Ihnen an Ihrem Standort zur Verfügung stehen.**
3. **Überlegen Sie sich, wieviel Sie zu zahlen bereit sind.**
4. **Richten Sie Ihre Verbindung ein und überlegen Sie, ob Sie Ihnen gefällt.**

Haben Sie einen Computer?

Wir haben bislang immer gesagt: »Um diese Frage kommen Sie nicht herum.« Tatsächlich ist das noch immer wahr. Da das Internet ein Computer-Netzwerk ist, können Sie sich daran nur mit einem Computer anschließen. Computer erscheinen inzwischen aber in allen möglichen Verkleidungen, und es ist gut möglich, daß sich bereits einer bei Ihnen zu Hause befindet, ob Sie davon wissen oder nicht.

Nö!

Wenn Sie keinen Computer haben, bleiben Ihnen immer noch andere Optionen. Wenn Sie einen Computer am Arbeitsplatz haben und er vielleicht sogar dafür eingerichtet ist, mit E-Mail umzugehen, haben Sie vielleicht bereits einen Internet-Anschluß. (Sehen Sie in dem Kasten »Sind Sie bereits im Internet?«)

Wenn Sie keinen Internetzugang am Arbeitsplatz haben, besteht daneben die Möglichkeit, in einer öffentlichen Bibliothek Zugang zum Netz zu bekommen. In einigen Städten gibt es sogenannte *Freenets*, eine Art lokales Bürger-Computersystem, das normalerweise einen Anschluß zum Internet besitzt. Freenets sind in der Regel kostenlos oder erheben nur eine Pauschalgebühr zur Deckung der eigenen Kosten.

Eine weitere Möglichkeit sind Universitäten und Volkshochschulen. Dort gibt es oft kostengünstige, kurze Einführungskurse unter Titeln wie »Einführung ins Internet«. Sie fragen sich an dieser Stelle vielleicht: »Was ist das für ein blödes Buch, das den Leuten empfiehlt, einen Kurs zu belegen?« Es gibt aber zwei Dinge, die Ihnen nur ein Kurs und kein Buch bieten kann: Eine Live-Demonstration, wie das Internet wirklich aussieht und – noch wichtiger – jemand, der sich mit der lokalen Internet-Situation auskennt. Sie können sicher auch ohne einen Kursus ins Netz gelangen (wir haben es auch so gemacht), aber wenn es eine kostengünstige Veranstaltung gibt, sollten Sie sie besuchen.

Mit überraschender Geschwindigkeit tauchen überall *Cybercafés* auf. Dort können Sie durchs Netz surfen, während Sie Ihr Lieblingsgetränk schlürfen, und sich über Ihre Cyber-Erlebnisse unterhalten. Cybercafés oder Internet-Cafés sind großartig geeignet für eine »Probefahrt«, wenn Sie sich das Internet ansehen möchten. Bevor Sie sich ins Cybercafé aufmachen, lesen Sie den Abschnitt zur Cybercafé-Etikette in Kapitel 20.

Jawoll!

Ah, Sie haben einen Computer. (Oder Sie haben vielleicht vor, einen zu kaufen.)

Ein Ansatz (nennen wir Ihn den Spinner- oder Geistesgestörten-Ansatz) wäre, im ganzen Haus Netzwerkkabel – die natürlich mit Isolierband zusammengehalten werden – zu verlegen, aufs Dach zu steigen und Radio-Antennen aufzustellen und den Dachboden mit summenden Kästen voller Router und Breitbandnetzwerkadapter und Kanaldienstgeräten und was sonst noch alles vollzustellen. Dieser Ansatz kann funktionieren (John hat das tatsächlich schon mehr als einmal geschafft), aber wenn Sie zu der Sorte Spinner gehören würden, die so etwas gerne machen, würden sie wahrscheinlich nicht dieses Buch lesen.

Der andere, »normale« Ansatz besteht darin, sich mit einem Computer und einer Telefonleitung bei einem Internet-Dienst einzuwählen, in dem die Spinner bereits alles für Sie eingerichtet haben. Margy zieht diesen Ansatz vor.

Der protzigste Ansatz ist der Kabel-Modem-Ansatz. Leider ist er bislang nur in den USA verfügbar, obwohl es bei der Dichte des deutschen Fernsehkabelnetzes technisch kein großes

Problem wäre, dies auch bei in Deutschland einzurichten. Bei dieser Art des Zugangs kommt Ihre örtliche Kabelgesellschaft mit praktischen Geräten ins Haus und verbindet Ihren Computer mit einer Hochgeschwindigkeits-Anbindung, während Sie sich entspannt zurücklehnen und zuschauen. Carol kann findet diesen Ansatz am besten.

Eine weitere Spielart, die in den USA unter der Bezeichnung *WebTV* bereits Erfolge verbucht, über die man hierzulande jedoch kaum spricht, ist der Glotzkisten-Ansatz. Dieser erfordert den Kauf eines speziellen Kastens, der am Fernsehgerät angeschlossen wird. Wir können uns alle nicht sonderlich für diesen Ansatz erwärmen, obwohl Bekannte, die wir durchaus respektieren, diesen Weg gewählt haben. Da WebTV in Europa nicht erhältlich ist, werden wir nicht weiter darauf eingehen – aber immerhin haben wir Ihnen ein wenig den Mund wäßrig gemacht.

Sind Sie bereits im Internet?

Wenn Sie Zugang zu einem Computer oder einem Computerterminal haben, sind Sie vielleicht bereits im Internet. Hier sind ein paar Methoden, wie Sie das überprüfen können.

Wenn Sie einen Account bei einem Online-Dienst wie CompuServe, America Online (AOL), Microsoft Network (MSN) oder T-Online haben, besitzen Sie bereits eine Verbindung zum Internet. Zumindest können Sie E-Mail versenden, und einige Online-Dienste bieten ziemlich vollständige Internet-Verbindungen.

Wenn Ihre Firma oder Hochschule ein internes E-Mail-System hat, könnte auch eine Verbindung zum Internet bestehen. Fragen Sie Ihren Mail-Experten vor Ort.

Wenn Ihre Firma oder Hochschule über ein lokales Computer-Netzwerk verfügt, kann es direkt oder indirekt mit dem Internet verbunden sein, entweder einfach nur für E-Mail oder auch mit weiterere Diensten. Workstation-Netzwerke funktionieren normalerweise auf die gleiche Art und Weise wie das Internet, und daher ist der Anschluß in technischer Hinsicht einfach. PC- oder Mac-Netzwerke verwenden oft unterschiedliche Netzwerk-Einrichtungen (meistens Novell NetWare oder AppleTalk), so daß es schwieriger, aber nicht unmöglich ist, das Netzwerk ans Internet anzuschließen.

Der Normalfall

Damit der »normale« Ansatz funktioniert, benötigen Sie vier Dinge:

- ✔ Einen Computer
- ✔ Ein Modem, um den Computer an die Telefonleitung anzuschließen

- Einen Account bei einem Internet-Provider, damit Ihr Modem irgendwo anrufen kann
- Software, die auf Ihrem Computer läuft.

Wir sehen uns diese Dinge nacheinander an.

Jeder Computer ist gut genug

Viele Menschen lassen sich weitschweifig über die Vor- und Nachteile der verschiedenen Arten von Computern aus. Wir werden das hier nicht tun (wenn Sie allerdings das Bier kaufen, können wir gern nach der Arbeit darüber diskutieren). So ziemlich jeder PC, der nach 1980 gebaut wurde, ist für zumindest irgendeine Art von Anschluß ans Internet geeignet, obwohl es bei einigen Computern einfacher ist als bei anderen. Wenn Sie wirklich einen Computer kaufen möchten, empfehlen wir Ihnen dringend, bei der Auswahl darauf zu achten, daß er neu oder zumindest nicht älter als ein Jahr ist. Auf neuen Computern ist die Internet-Software oft schon installiert, sie sind bereits für das Neueste in der Web-Technologie vorbereitet. Wenn Sie einen älteren Computer kaufen, verwenden Sie weitaus mehr Zeit, Energie und letztlich auch Geld darauf, das Ding nach Ihren Vorstellungen ans Laufen zu bekommen. Falls Sie so einen Kasten nicht bereits Ihr Eigen nennen, sind Sie unserer Meinung nach besser dran, wenn Sie sich für ein brandneues Exemplar entscheiden. Neue Computer werden immer günstiger; inzwischen gibt es ausgesprochen gute Computer für unter DM 2000,-.

Die populärsten Computer sind IBM-kompatible Computer, auf denen Windows läuft, und Macintoshs. Mit beiden Computer-Typen bekommen Sie die optimalste Art des Internet-Anschlusses (bekannt als PPP-Anschluß), die es ermöglicht, die hübschesten Zeigen-und-Klikken-Programme zu benutzen und sich Bilder, Klänge und sogar Filme aus dem Netz zu holen.

Bei jeder anderen Art von Computer können Sie immer noch eine reine Text-Verbindung mit dem Internet haben, was nicht so cool ist wie die hübschen anderen, aber für weite Bereiche sowohl des Netz-Surfens als auch nützlicher Arbeit immer noch ausreicht.

Modems, hühott!

Ein *Modem* ist das Ding, mit dem man den Computer an die Telefonleitung anschließt. Da man sich normalerweise über das Telefon ins Internet einklinkt, brauchen Sie ein Modem. Modems gibt es in allen möglichen Formen und Größen. Manche sind separate Kästchen, auch als externe Modems bekannt, die den Computer und die Telefonbuchse mit Kabeln verbinden und über ein eigenes Stromkabel verfügen. Andere befinden sich im Computer und haben nur ein Kabel für den Telefonanschluß, und die allerneuesten sind winzige Dinger von der Größe einer Kreditkarte, die man in die Seite des Computers einsteckt. (Sie haben aber immer noch ein Kabel fürs Telefon – einige Dinge ändern sich eben nie.)

Der Vielfalt der physischen Größen entspricht eine ähnlich große Bandbreite an eingebauten Funktionen. Die Übertragungsrate, mit der das Modem arbeitet (das ist die Geschwindigkeit, in der es Computer-Daten in die Telefonleitung stopfen kann), reicht von 2.400 Bits in der Sekunde (bps – allgemein, aber fälschlicherweise auch Baud genannt) bis zu 33.000 bps oder sogar 56.000 bps. (Diese große Zahlen werden üblicherweise als 33K oder 56K abgekürzt, das bps läßt man weg.) Manche Modems können auch als Fax-Geräte arbeiten, andere nicht. Einige verfügen sogar über noch exotischere Funktionen wie eingebaute Anrufbeantworter.

So ziemlich jedes Modem, das in den letzten zehn Jahren hergestellt wurde, ist für einen ersten Vorstoß ins Netz geeignet; und die meisten Computer, die in den letzten paar Jahren verkauft wurden, haben bereits ein Modem eingebaut. Wenn Sie also bereits ein Modem besitzen, benutzen Sie es einfach. Wenn Sie kein Modem haben, kaufen Sie sich das schnellste Ding, das Ihre Brieftasche hergibt, mindestens 14.400 bps. Vergewissern Sie sich, daß Sie ein Kabel erhalten, mit dem Sie Modem und Computer verbinden können, und achten Sie darauf, daß die Anschlüsse zueinander passen – es gibt drei verschiedene Arten von Anschlüssen, die Sie auf der Rückseite des Computers vorfinden können.

Hinweis für Laptop-Besitzer: Wenn Ihr Laptop PCMCIA-Slots in Größe einer Kreditkarte hat, aber über kein eingebautes Modem verfügt, so sollten Sie sich ein PCMCIA-Modem besorgen, das in einen Slot paßt, damit Sie nicht ein separates Modem herumtragen müssen, wenn Sie Ihren Computer mitnehmen. Obwohl es etwas mehr kostet, ist es das Geld durchaus wert.

Ein normales Terminal-Programm: Ist das ansteckend?

Sie werden außer Ihrem Modem auch noch Software benötigen, um die Computer anderer Leute zu benutzen. Die meisten Online-Dienste und viele Internet-Provider verschenken oder verkaufen Software für Windows und den Mac, aber wenn Sie einen anderen Computer haben oder etwas Einfaches haben wollen, können Sie eine einfachere Software benutzen, die normalerweise beim Computer oder beim Modem dabei ist.

Diese einfachere Software heißt *Terminal-Emulation-Software*, weil sie Ihren Computer wie ein Terminal eines weit entfernten Computers aussehen läßt (das heißt wie eine Tastatur und ein Bildschirm nur mit Text).

Benutzer von Windows 95 und 98 steht das im Programmpaket mitgelieferte HyperTerminal zur Verfügung. Windows-3.1-Nutzer können das Windows-Terminal benutzen, einen rudimentären, aber brauchbaren Terminal-Emulator, der Standardbestandteil von Windows 3.1 ist. Mac-Benutzer finden ein Terminal-Programm normalerweise auf der Diskette, die mit dem Modem mitgeliefert wurde.

Auf die Mac- und Windows-User, die beabsichtigen, etwas Hübscheres als einen Terminal-Emulator zu verwenden, werden wir später zurückkommen und uns mit geeigneter Software beschäftigen, nachdem wir uns die möglichen Internet-Provider angesehen haben, da Software und Provider zueinander passen müssen.

Die Provider

Damit ein Provider Ihnen eine Internet-Verbindung einrichtet, müssen Sie ihn bezahlen. Sie benutzen Computer und Modem, um das System des Providers anzurufen, und der Provider kümmert sich um die restlichen Details, wie Sie mit dem Internet verbunden werden.

Sie haben die Wahl zwischen (Moment – wie haben Sie *das* jetzt herausbekommen?) vielen verschiedenen Arten von Internet-Providern mit unterschiedlichen Angeboten hinsichtlich der Benutzerfreundlichkeit, des Funktionsumfangs und des Preises.

Die großen kommerziellen Provider

Sie können sich für einen der großen kommerziellen Online-Dienste wie America Online (AOL), T-Online oder Microsoft Network (MSN) entscheiden. Jeder dieser Dienste verwendet ein eigenes Software-Paket, daß auf Ihrem Computer läuft und mit dem Sie Verbindung zum Dienst aufnehmen. AOL bietet Versionen dieser Pakete für Windows, den Macintosh und sogar für DOS an. Bei AOL müssen Sie mit der mitgelieferten Software arbeiten, und für MSN benötigen Sie Windows 95 oder 98.

Hier sind einige gute Eigenschaften der großen kommerziellen Online-Dienste:

- ✔ Man kann sie relativ leicht anschließen und benutzen.
- ✔ Sie behaupten, jede Menge hilfsbereiter Menschen zu beschäftigen, die man anrufen kann, wenn man nicht weiter kommt. (Unsere Erfahrungen aus erster Hand sprechen nicht unbedingt für diese Behauptung.)
- ✔ Sie bieten hübsche bildschirm- und mausorientierte Programme, die Ihnen beim Gebrauch helfen.
- ✔ Sie bieten eigene Dienste und Informationen, die sonst nirgendwo im Netz verfügbar sind (obwohl ein Großteil des Materials, das früher ausschließlich über diese Dienste zugänglich war, inzwischen in öffentliche Bereiche des Netzes umgezogen ist).
- ✔ Viele geben Ihnen die Möglichkeit, das Material einzuschränken, das Ihre Kinder zu Gesicht bekommen.

Natürlich ist auch hier nicht alles eitel Sonnenschein. Dies sind ein paar Nachteile der großen kommerziellen Online-Dienste:

- ✔ Sie sind auf diejenigen Internet-Dienste beschränkt, die Ihr Online-Dienst anbietet. Wenn Sie etwas anderes möchten, haben Sie Pech.
- ✔ Durch Sie wird der Weg zu den Teilen des Netzes, die als kontrovers gelten, erschwert und teilweise vollständig versperrt. (Manche Leute halten diese Restriktion natürlich für einen Vorteil.)

In Abbildung 4.1 sehen Sie einen typischen Bildschirmausschnitt von AOL.

Abbildung 4.1: AOL ist auf dem Bildschirm.

Das Internet, das ganze Internet und nichts als das Internet, so wahr uns Gott helfe ...

Die nächste Sorte Provider, die wir unter die Lupe nehmen wollen, sind *Internet-Service-Provider*, oft abgekürzt als *ISP*. (Wir Computer-Typen lieben DBAs – Drei-Buchstaben-Abkürzungen.) Ein ISP ist so etwas wie ein kommerzieller Dienst, aber mit dem wichtigen Unterschied, daß es sein hauptsächliches Geschäft ist, Leute ans Internet anzuschließen. Es hat sich herausgestellt, daß nahezu alle ISPs ihre Gerätschaften und Software bei einer Handvoll Hersteller kaufen, und so sind die Funktionen und Dienste, die der eine ISP anbietet, kaum anders als die des nächsten, allerdings mit solch wichtigen Unterschieden wie Preis, Service und Zuverlässigkeit. Stellen Sie sich das vor wie den Unterschied zwischen VW und Opel, wobei der Unterschied zwischen Ihren örtlichen Händlern als Kaufentscheidung mindestens so wichtig ist wie der Unterschied zwischen den Autos.

ISPs gewähren zwei verschiedene Arten von Zugang: *PPP*-Zugang und *Shell*-Zugang. Die meisten ISPs bieten beide Wege an. Manche tun das mit einem einzigen Account, bei anderen muß man sich für das eine oder das andere entscheiden.

Wie teuer ist denn der ganze Spaß?

Sie können viel Geld für Ihren Internet-Anschluß ausgeben. Oder praktisch keins. Hier sind ein paar Dinge, auf die Sie achten müssen:

Provider-Gebühren

Das Preisschema ist sehr unterschiedlich. Manche Provider berechnen Stundengebühren, andere haben eine monatliche Pauschalgebühr. Andere haben »gemischte« Systeme: Für eine Monatsgebühr bekommen Sie eine feste Anzahl von Stunden, und Sie zahlen pro Stunde, wenn Sie dieses Limit überschreiten. Die meisten Internet-Provider haben einen Pauschalpreis von 40 DM oder weniger, den wir Ihnen auch dann empfehlen, wenn der Preis des gemischten Systems niedriger ist. Wenn Sie sich für einen Provider entscheiden, der die Anzahl der Stunden begrenzt, beachten Sie, daß anhand von Studien die durchschnittliche Dauer der Internet-Nutzung mit 18 Stunden monatlich ermittelt wurde.

Ein paar Provider nehmen für den Gebrauch am Tag höhere Gebühren als nachts und am Wochenende, obwohl das mittlerweile nicht mehr so verbreitet ist.

Wenn Sie oder Ihre Kinder sich zu regelmäßigen Online-Benutzern entwickeln, werden Sie herausfinden, daß die Zeit beim Online-Surfen stillzustehen scheint und daß Sie viel mehr Online-Zeit verbrauchen, als Sie denken. Selbst wenn Sie glauben, daß Sie jeden Tag nur ein paar Minuten im Netz sind: Wenn Sie keinen Pauschalpreis zahlen, könnten Sie überrascht sein, wenn am Ende des Monats die Rechnung kommt.

Telefongebühren

Wenn Sie nicht vorsichtig sind, zahlen Sie am Ende mehr für Telefongebühren als für den Internet-Dienst selbst. Wenn Sie sich bei einem Online-Dienst anmelden, zählt zu den Entscheidungskriterien auch die Telefonnummer, unter der Sie sich bei diesem Provider ins Internet einwählen. *Wenn irgend möglich, nehmen Sie eine Nummer im gleichen Ortsnetz*. Lokale oder regionale Internet-Provider bieten meist wenige Telefonnummern im engeren räumlichen Umkreis, und sind daher geeignet, wenn Sie sich hauptsächlich in deren Einzugsgebiet ins Internet einwählen möchten. Die großen Provider wie AOL, CompuServe oder T-Online verfügen dagegen über ein dichtes Netz von bundesweit gestreuten Telefonnummern, so daß man sich von den meisten Standorten zum Ortstarif einwählen kann. T-Online bietet sogar bundesweit eine einheitliche Einwahlnummer zum Ortstarif.

Seit der Freigabe des Telekommunikationsmarktes 1998 hat man zwar die Wahl zwischen zahlreichen neue Telefongesellschaften. Bis auf einige Ausnahmen können über die neuen Anbieter jedoch ausschließlich Ferngespräche abgewickelt werden. Die Ortsgespräche, die entscheidend sind bei der Einwahl ins Internet, bleiben zunächst nach wie vor bei der Telekom, die so am Online-Geschäft kräftig mitverdient. Bedeutende Preissenkungen im Ortsbereich hat die Marktöffnung bislang nicht gebracht. Lediglich der CityPlus-Tarif der Telekom erlaubt es, fünf Rufnummern im Ortsbereich festzulegen (eine davon kann die Nummer Ihres Internet-Providers sein), für die dann die Tarifeinheit mit 6 anstatt 12 Pfennig berechnet wird. Sie müssen hier allerdings jeden Monat pauschal 400 Einheiten bezahlen, gleich ob Sie diese verbrauchen oder nicht.

Bei einigen regionalen Telefongesellschaften ist auch heute schon die Abwicklung der Ortsgespräche möglich. Wenn man die Telefongesellschaft gleichzeitig als Internet-Provider nutzt, zahlt man für alle Verbindungen ins Internet einen besonders günstigen Preis pro Minute.

Von einem Ort zum andern mit PPP

Eine neuere Art der Internet-Verbindung bezeichnet man als *PPP-Zugang*. (Eine frühere Methode namens SLIP funktioniert ähnlich wie PPP, aber heutzutage wird im allgemeinen PPP angeboten, da es zuverlässiger ist.) Wenn Sie sich bei Ihrem Provider mit PPP einwählen, wird Ihr Computer Teil des Internet. Sie geben Ihre Anweisungen direkt in Programme auf Ihrem Computer ein, und diese Programme kommunizieren über das Netz, um alles zu erledigen, was ihnen aufgetragen wurde.

Der größte Vorteil bei dieser Art von Zugang besteht darin, daß die Programme, die auf Ihrem Computer laufen, vollen Gebrauch von seinen Möglichkeiten machen können: Grafiken zeichnen, Fenster anzeigen, Klänge abspielen, auf Mausklicks reagieren und den ganzen anderen netten Kram tun, den moderne Computer-Programme so bieten. Wenn Ihr Computer-System mehr als ein Programm zur gleichen Zeit laufen lassen kann, wie es bei Macs und Windows der Fall ist, können Sie auch verschiedene Internet-Anwendungen zur gleichen Zeit laufen lassen, was ziemlich nützlich sein kann. Sie könnten beispielsweise Ihre E-Mail lesen und dabei eine Nachricht erhalten, die eine coole neue Homepage im World Wide Web beschreibt. Sie können sofort zu Ihrem Web-Programm wechseln (wahrscheinlich Netscape Navigator oder Microsoft Internet Explorer), sich die Seite ansehen und dann zu dem Mail-Programm zurückkehren und weitermachen, wo Sie aufgehört haben. Die meisten neueren E-Mail-Programme heben URLs (Web-Adressen) hervor, so daß Sie mit einem Klick auf die URL in der E-Mail direkt zu Ihrem Browser wechseln können.

Ein weiterer Vorteil des PPP-Zugangs liegt darin, daß Sie nicht auf die Programme angewiesen sind, die Ihnen Ihr Internet-Provider gibt. Sie können eine neue Internet-Anwendung aus dem Netz herunterladen und sie sofort benutzen – Ihr Provider ist dabei lediglich ein Datenleiter zwischen Ihrem Computer und dem Rest des Netzes.

Die Nachteile des PPP-Zugangs liegen darin, daß er etwas schwieriger einzurichten ist, denn Sie müssen ein Internet-Zugangspaket auf Ihren Computer laden und konfigurieren. Wir helfen Ihnen bei den ersten Schritten mit Ihrem PPP-Account in Kapitel 5.

Shell-Zugang

Die ältere Form eines ISP-Accounts ist der UNIX-Shell-Zugang. Obwohl er längst nicht so flexibel wie der PPP-Zugang ist, so ist er doch wesentlich einfacher einzurichten. Die einzige Software, die Sie auf Ihrem Computer für einen Shell-Zugang benötigen, ist ein Terminal-Emulator.

Bei einem Shell-Zugang ist der Computer Ihres Providers ein Teil des Internets, Ihr eigener Computer jedoch nicht. Wenn Sie die Verbindung zu Ihrem Provider herstellen, geben Sie UNIX-Befehle in sein System ein und sagen ihm auf diese Weise, welche Internet- oder sonstigen Funktionen Sie ausführen möchten. Das Programm auf dem Computer des Providers, das die Befehle erhält und ausführt, bezeichnet man als *Shell* (daher der Name des Zugangs). Die Shell und die Programme, die sie für Sie ausführt, schicken Text an Ihren Computer zurück, der auf Ihrem Bildschirm ausgegeben wird.

Die Shell-Zugangsprovider verwenden fast ohne Ausnahme eine Version der UNIX-Systemsoftware, meist Linux, deshalb ist es ganz hilfreich, wenn man sich etwas mit UNIX-Systemen auskennt.

Der Reiz der Bandbreite

Wenn Sie zu den Leuten gehören, die immer ganz vorne dabei sein möchten – zumindest was Technologie anbelangt – möchten Sie auf jeden Fall die schnellstmögliche Internet-Verbindung, damit Sie mit den ganzen tollen Grafiken herumspielen können und Audio- oder Videodateien herunterladen können. Grafiken, Video- und Soundclips bestehen alle aus Informations-Bits – sehr, sehr vielen Informations-Bits – für die meisten Einwählverbindungen zu viele Bits, als daß sie damit klarkämen. Hochgeschwindigkeitsverbindungen erlauben eine größere Bandbreite, die Menge an Daten, die in einem bestimmten Zeitabschnitt übertragen werden kann. Die gute Nachricht ist: Hochgeschwindigkeitsverbindungen werden für Normalsterbliche zunehmend verfügbar und auch erschwinglich.

Kabel-Verbindungen

Die Kabelgesellschaften in Nordamerika bieten ihren Kunden einen festen Anschluß ans Internet über das normale Fernsehkabel, mit dem auch die tägliche Seifenoper auf den Fernseher kommt. Dabei wird das Kabel geteilt und ein Teilstück wird an Ihrem Computer angeschlossen. Dazu benötigen Sie ein spezielles Kabelmodem. Wenn der Anschluß eingerichtet ist, haben Sie eine dauerhafte Hochgeschwindigkeitsverbindung ins Internet.

Die Deutsche Telekom hat von solchen Entwicklungen bislang leider wenig Wind bekommen – als dieses Buch übersetzt wurde, war die Nutzung des Kabelnetzes für Internetverbindung nicht in der Planung. – Kleinere regionale Kabelgesellschaften wie NetCologne in Köln bieten diese Zugangsmöglichkeiten zwar noch nicht an, haben aber in ihrem Kabelnetz entsprechende Kapazitäten für die Zukunft reserviert.

ISDN, ADSL und andere Vier-Buchstaben-Wörter

Die beiden Telefonkabel, die Ihr Haus mit der Telefongesellschaft verbinden, haben sich in ihrem Aufbau seit ungefähr 1900 nicht verändert. Das funktioniert für Sprachanwendungen, wie z.B. beim Pizzaservice anrufen, hervorragend, läßt für die Übertragung von Internet-Daten jedoch einiges zu Wünschen übrig. In den frühen 1980ern hat die amerikanische Firma AT&T etwas entwickelt, das die neue Generation der Telefone einläuten sollte. Das Kind bekam den Namen *ISDN* und wurde im Englischen zunächst als Abkürzung für I Still Don't Know (Ich weiß noch nicht) oder Improvements Subscribers Don't Need (etwa: Verbesserungen, die keiner braucht) verstanden. ISDN verwendet die gleichen Telefonkabel (das ist wichtig, denn die Telefongesellschaften haben bereits mehrere Millionen dieser Kabel verlegt) und setzt an beide Enden der Kabel Kästen, die nun *digitale* Daten anstelle der älteren *analogen* Daten übertragen. Eine ISDN-Leitung kann daher 128 KiloBits pro Sekunde übertragen, eine beachtliche Verbesserung gegenüber den 33k oder 56K, die über eine normale Leitung möglich sind.

Obwohl die Idee gut war, haben die amerikanischen Telefongesellschaften die Einführung von ISDN gründlich verpfuscht. Die Telekom – man höre und staune – hat dagegen den ISDN-Zug ausnahmsweise nicht verschlafen, sondern sich weit vorne an die Spitze gesetzt. Deutschland hat heute eines der am dichtesten geknüpften ISDN-Netze weltweit und ist, was diese Technologie betrifft, den amerikanischen Telefongesellschaften deutlich voraus. Im Gegensatz zu den USA ist der Anschluß an ISDN in Deutschland relativ einfach – die alte Telefonbuchse wird einfach von einem Techniker der Telefongesellschaft gegen eine neue ausgetauscht. Man benötigt allerdings ein neues Telefon oder zumindest einen Adapter, und das alte Modem im Computer tut es für ISDN auch nicht mehr: eine neue ISDN-Karte muß her. Da die Telekom sich ihren Vorsprung natürlich gern versilbern läßt, ist der ganze Spaß nicht gerade günstig. Neben einer fast doppelt so hohen monatlichen Grundgebühr kommt noch eine gepfefferte einmalige Anschlußgebühr hinzu. Auch einige Internet-Provider berechnen für ISDN-Accounts höhere Zugangsgebühren. Bevor Sie sich für oder gegen einen ISDN-Anschluß entscheiden, sollten Sie die zusätzlichen Ausgaben gegen die schnellere Datenübertragungsrate und die anderen Annehmlichkeiten von ISDN abwägen (z.B. zwei Rufnummern, gleichzeitig surfen und telefonieren). Momentan ist ISDN in Deutschland die einzige Möglichkeit, auf dem Weg ins Internet vom Kopfsteinpflaster auf die Datenautobahn zu wechseln.

Moment! ISDN verwendet die Computer-Technologie der 1970er, und seitdem ist einige Zeit verstrichen. Heute gibt es ADSL, SDSL und HDSL (DSL steht für Digital Subscriber Loop, und der erste Buchstabe ist eine kleinere Variation des Themas), wobei auf den gleichen Telefonleitungen die Daten nicht mit belanglosen 128.000 Bits pro Sekunde übertragen werden, sonder mit zwei, drei oder sogar fünf Millionen Bits pro Sekunde – die Technologie der 90er macht's möglich. Über ADSL sollte »Video-auf-Abruf« ermöglicht werden, doch wenn die Kunden ein Verlangen auf Video hatten, konnten Sie dieses Verlangen bisher ganz einfach und zufriedenstellend befriedigen, indem Sie das Kabelfernsehen eingeschaltet oder im nächsten Videoladen einen Film ausgeliehen haben. ADSL wurde nun als eine weitere Hochgeschwindigkeits-Schnittstelle zum Internet wiedergeboren.

Die Telefongesellschaften befinden sich noch in den Frühstadien der langfristigen Planung für Ihre ADSL-Markeinführungs-Strategie. (Oder, auf Deutsch, sie haben noch keine Ahnung, wie oder wann sie ADSL anbieten sollen, deshalb experimentieren sie fleißig herum.) Bleiben Sie dran!

Wenn Sie studieren

Die meisten Hochschulen und Universitäten bieten den Studierenden irgendeine Form des Internet-Zugangs an. Welcher Art dieser Zugang ist, variiert sehr stark. In einigen Fällen gibt es nur ein paar textbasierte Terminals in einem Computerraum irgendwo auf dem Campus.

Andere verfügen über einen vollständigen Internet-Einwähldienst, der vergleichbar mit der Leistung eines kommerziellen Providers ist. Einige Universitäten haben den Sprung schon geschafft und legen einen Internetanschluß direkt in die Wohnheimzimmer.

Der Internetzugang ist in allen Fällen günstig oder kostenlos: Wenn Sie studieren oder auf andere Weise einer Hochschule oder Universität angehören, sollten Sie sich erst mal nach den Möglichkeiten auf dem Campus erkundigen, bevor Sie sich anderswo umsehen.

Einige Institutionen erlauben es sogar ehemaligen Studierenden, das System zu benutzen; wenn Sie in der Nähe Ihrer Alma Mater wohnen, sollten Sie einmal anfragen, ob es eine Art Ehemaligen-Zugang gibt.

Einen ISP auswählen

Wenn Sie beschlossen haben, einen ISP zu nehmen, lautet die nächste Frage: *welchen* ISP? Diese Frage ist relativ kompliziert, da es mehrere tausend ISPs gibt, zwischen denen man sich entscheiden muß. Wenn Sie über einen Freund oder Ihre Bücherei Zugang zum Internet haben, finden Sie einige Provider in Ihrer Nähe auf der Web-Site `http://www.internet-provider.org`.

Es gibt derzeit einige große Firmen, sich als nationale Internet-Provider etabliert haben, wie EUnet, Contrib.Net, Nacamar oder Metro-Net. Da sich der Markt ständig und die Preise je nach Konkurrenzlage ändern, läßt sich keine verbindliche Empfehlung abgeben, die langfristig Bestand haben könnte. Vergleichen Sie die Preise in dem Moment, wo Sie sich entscheiden, daß Sie ins Internet wollen! Ein nationaler ISP hat meist eine Vielzahl von Einwählknoten, die über das ganze Land verteilt sind, was ganz nützlich ist, wenn Sie oft unterwegs sind. Meistens (aber leider nicht immer) steht auch ausreichend Personal zu Ihrer Unterstützung zur Verfügung.

Normalerweise bekommen Sie von einem regionalen oder örtlichen ISP bessere Preise, da hier die Konkurrenz größer ist als bei nationalen Anbietern, und in vielen Fällen bieten sie auch Online-Inhalte an, die sich auf Ihre Region oder Stadt beziehen. Wenn Sie Vergleiche vornehmen, beachten Sie folgende Punkte:

- ✔ **Preis**: Wenn Sie vorhaben, das Netz häufiger zu nutzen, sollte Sie sich nach Preisen für unbegrenzte Online-Stunden umhören. Möchten Sie nur ab und zu ins Netz, fragen Sie nach einem geringeren Gebührensatz für eine begrenzte Anzahl an Stunden.
- ✔ **Support**: Die technische Hilfe – rufen Sie sie an und sprechen Sie mit den Leuten am anderen Ende der Leitung, bevor Sie etwas unterschreiben. Wir sind der Ansicht, daß ein guter Kunden-Support 24 Stunden am Tag erreichbar sein sollte, ohne daß man Ewigkeiten in der Warteschleife verbringen muß. Noch viel wichtiger ist es, daß Support-Mitarbeiter Ihre Fragen nicht für unsinnig halten, sondern vielmehr in der Lage sind, Ihnen vernünftige Auskünfte geben zu können (Das ist keineswegs selbstverständlich).
- ✔ **Auslastung**: Wie lange dauert die Reaktionszeit während der »Hauptverkehrszeiten«, und kommt es vor, daß die Leitung beim Einwählversuch besetzt ist?
- ✔ **Modem-Geschwindigkeit**: Manche Provider haben ihre Gerätschaften schon lange nicht mehr nachgerüstet. Es bringt Ihnen leider überhaupt nichts, ein schnelles Modem zu haben, wenn die Modemgeschwindigkeit Ihres Providers nicht mithalten kann.

Wie man einen lokalen Internet-Provider findet

Ein wichtiger Gesichtspunkt bei der Auswahl Ihres Providers sind die Gebühren der Telefonanrufe, da Anrufe bei Online-Diensten sich meist sehr in die Länge ziehen. Deshalb macht es Sinn, einen lokalen Provider zu finden, der über ein Ortsgespräch erreichbar ist.

Obwohl einige Provider gebührenfreie 0130- oder 0800-Nummern anbieten, müssen deren stündliche Gebühren hoch genug sein, um die Kosten für die 0130-Anrufe zu decken. Den Provider direkt anzurufen und selbst für den Anruf zu zahlen, ist fast immer günstiger als die 0130-Zugangsnummer zu verwenden; irgend jemand muß für den 0130-Anruf bezahlen, und derjenige sind Sie. Der Zugang über eine 0130-Nummer kann für Leute interessant sein, die viel unterwegs sind. (Einige lokale Anbieter haben Rufnummern im Ortsnetz für den täglichen Gebrauch und eine teurere 0130-Nummer, die man von unterwegs aus anrufen kann.)

Im Folgenden finden Sie die besten uns bekannten Möglichkeiten, einen Provider in Ihrer Nähe zu finden:

- ✔ Blättern Sie Ihre Tageszeitung nach Anzeigen lokaler Internet-Provider durch.
- ✔ Fragen Sie den Bibliothekar oder das Online-Personal Ihrer örtlichen Bücherei.
- ✔ Suchen Sie in den Gelben Seiten nach Internet-Service.
- ✔ Nutzen Sie den Internet-Account eines Bekannten oder einen Probe-Account eines kommerziellen Providers, um ins World Wide Web zu gelangen. Dort suchen Sie nach

»Internet-Providern.« Sie werden auf zahlreiche Listen stoßen, die Sie auf der Suche nach einem Provider in Ihrer Nähe durchsehen können.

- ✔ Fragen Sie jemand in ihrem Umfeld, der bereits Internet-Zugang hat, bei welchem Provider er oder sie ist und ob der Provider in Ordnung ist.

In vielen Städten gibt es zusätzlich sogenannte Freenets, eine Art örtliches Computersystem, das meist mit dem Internet verbunden ist. Außer in Los Angeles sind Freenets tatsächlich umsonst (obwohl milde Gaben zu ihrer Unterstützung generell nicht abgelehnt werden). Wenn Sie jemand kennen, der bereits Zugang zum Web hat, können Sie denjenigen vielleicht überreden, mal unter folgender Adresse nachzusehen; dort findet sich eine aktuelle Zusammenstellung von Freenets auf der ganzen Welt:

```
http://www.genealogy.org/NGS/netguide/freenets.html
```

Anmeldung

Viele Einwähldienste geben zwei Rufnummern an: Eine Gesprächsnummer und eine Modemnummer. Wenn Sie noch neu auf diesem Terrain sind (einige von uns bleiben hier jahrelang neu – nehmen Sie das nicht persönlich), glauben wir, daß es hilfreicher ist, erst einmal anzurufen und am anderen Ende der Leitung mit menschlichen Wesen zu reden, um deren hilfreiche Ratschläge entgegenzunehmen. Im Gespräch mit einer anderen Person können Sie Fragen stellen und in vielen Fällen einen Großteil der Unsicherheiten und Zweifel, die oft mit diesem Schritt verbunden sind, ausräumen. Wenn Sie sich für einen PPP-Account anmelden (was die große Mehrzahl neuer Leute tun sollte), besprechen Sie mit Ihrem Provider, welche Software Sie benutzen möchten oder ob er Software zur Verfügung stellen kann. Bekommen Sie keine verständlichen Antworten oder haben Sie das Gefühl, die Person, mit der Sie sprechen, hat Besseres zu tun, als Kundenfragen zu beantworten, sollten Sie sich nach einem anderen Provider umsehen.

Sind Sie schon ein alter Hase und möchten lieber mit einer Maschine reden, dann wählen Sie mit Ihrer Kommunikationsanwendung die Modemnummer und folgen Sie den Anweisungen, die auf dem Bildschirm erscheinen. Wenn Ihr Modem die richtige Nummer wählt, aber auf dem Bildschirm nichts Verwertbares erscheint, sollten Sie unter der Gesprächsnummer anrufen und die Modemeinstellungen überprüfen sowie sonstige nützliche Ratschläge von dem Dienst einholen, für den Sie bald bezahlen werden.

Die Anmeldung erfordert generell Ihren Namen, Ihre Adresse und Telefonnummer zusammen mit weiteren Rechnungsinformationen, meist eine Einzugsermächtigung oder Ihre Kreditkartennummer. Der Zugang wird oft sofort eingerichtet, es sei denn, der Provider ruft Sie telefonisch zurück, um zu überprüfen, ob Sie auch wirklich der sind, für den Sie sich ausgegeben haben.

Zurück zur Software

Der Zugang, den Sie haben, hängt eng mit der Software zusammen, die Sie benötigen.

Kommerzielle Provider

Fast alle kommerziellen Provider (wie T-Online, AOL oder CompuServe) geben Ihnen Programm-Disketten mit Software, die mit ihren jeweiligen Systemen zusammenarbeitet. Ein paar, unter ihnen CompuServe, bieten immer noch den reinen Text-Zugang über eine Terminal-Emulator-Software.

Kapitel 16 beschreibt America Online (AOL) und CompuServe. Wir erklären Ihnen, wie man die populärsten Online-Dienste benutzt und wie man die Software bekommt und installiert, die für den Zugang zu ihm notwendig ist.

PPP-Zugang

Wenn Sie einen ISP mit PPP-Zugang haben, brauchen Sie PPP-Software. Wenn Ihr Provider nicht die notwendige Software zur Verfügung stellt, gibt es dennoch eine Menge an Alternativen:

✔ In Windows 95 und 98 ist ein ausreichender Satz PPP-Software bereits eingebaut. Er heißt DFÜ-Netzwerk, und in Kapitel 5 erhalten Sie Hilfestellung für dessen Einrichtung. Windows 95 und 98 können auch Verbindungen zu SLIP-Accounts herstellen, doch Sie ersparen sich einige graue Haare, wenn Sie Ihren ISP anstattdessen um einen PPP-Account bitten.

✔ Die verbreitetste Zugangssoftware für Windows 3.1 ist Trumpet Winsock. Das ist Shareware, und viele ISPs geben ihren Kunden Disketten mit dieser Software. (Dummerweise vergessen die meisten zu erwähnen, daß man beim Gebrauch der Software auf den Disketten eine Registrierungsgebühr an den Urheber des Programms zahlen muß, der in Tasmanien lebt.)

✔ Es gibt einige kostenlose Zugangssoftware-Pakete, vor allem Chameleon Sampler. Das ist eine ältere, störanfälligere Version des kommerziellen Chameleon-Softwarepakets, für die es auch keinen Support gibt, aber vielen Usern langt das schon. Internet Chameleon findet man als Beigabe in einigen älteren Internet-Büchern, aber Sie fahren besser mit neuerer Software.

✔ Mac-User finden den wesentlichen Teil der notwendigen Internet-Software namens MacTCP als Standardbestandteil von System 7 vor. Die fehlenden Teile sind die Einwählverbindungs-Software und die Anwendungen, die beide von den meisten ISPs erhältlich und ebenfalls bei manchen Büchern als Zugabe zu finden sind.

✔ Wenn Sie Linux benutzen oder eine Workstation, auf der eine Version von UNIX läuft, ist die gesamte notwendige Software Bestandteil des Standardsystems.

Winsock? Socken gewinnen oder was?

Nein, Winsock steht für *Win*dows *Sock*ets. Es geht um folgendes: Damals in den dunklen Zeiten der PC-Netzwerke, so um 1990, schrieben verschiedene Software-Hersteller PC-Internet-Pakete. In jedem Fall dokumentierte der Hersteller die Funktionen, die das Paket bot, damit andere Leute selbst Internet-Anwendungen schreiben konnten, die mit dem Paket zusammenarbeiteten.

Dummerweise unterschieden sich die Funktionen der einzelnen Programmierer in den Details ein wenig, auch wenn sie von den Funktionen her das gleiche taten, und so arbeiteten die Anwendungen, die bei dem einen Paket funktionierten, nicht mit dem anderen zusammen. Ein paar der Hersteller prahlten, daß sie Kompatibilitätsbibliotheken für vier oder fünf andere Hersteller besäßen, so daß Programme, die darauf angewiesen waren, damit laufen könnten. (Das war so ähnlich wie mit dem Strom in Europa: Die Leistung, die aus der Steckdose kommt, ist zwar überall gleich, aber die Stecker unterscheiden sich. Eine Nähmaschine aus England kann man beispielsweise in Frankreich nur einstöpseln, wenn man einen passenden Adapter findet.)

1991 machten sich alle Netzwerk-Verkäufer daran, Windows-Internet-Pakete zu produzieren. Eines Tages kamen ein paar von ihnen auf einer Messe zusammen und machten einen gemeinsamen Standardset von Funktionen für Windows-Internet-Anwendungen aus. Jeder Hersteller von Internet-Software, selbst Microsoft, erklärte sich schnell bereit, diesen sogenannten Windows-Sockets-Standard oder Winsock zu unterstützen. (Er heißt Sockets, weil seine Gestaltung auf einem UNIX-Paket dieses Namens basiert, das allen Herstellern vertraut war.)

In der Praxis sollten daher alle Windows-Internet-Anwendungen, die Winsock verwenden (egal ob sie Shareware, kommerziell oder gratis sind), mit jedem Windows-Internet-Paket zusammenarbeiten. In den Annalen der Software-Entwicklung ist dieser Grad der Kompatibilität beispiellos, also wollen wir hoffen, daß das ein Vorbote künftiger Entwicklungen ist.

Shell-Zugang

Wenn Sie einen ISP benutzen und sich für den Shell-Zugang entschieden haben, benutzen Sie einen *Terminal-Emulator*: Software, dank derer sich Ihr Computer so verhält, als ob er nur eine Tastatur und ein Bildschirm sei, die an den Computer Ihres ISPs angeschlossen sind. Das ist normalerweise nichts, worüber Sie sich Gedanken machen müßten, aber Sie erfahren trotzdem in Kapitel 5 mehr darüber, und zwar im Kasten »Verwendung eines UNIX-Shell-Accounts«.

Auf- und Abfahrten auf dem Informations-Superhighway

Wenn der Computer, den Sie benutzen, an ein Netzwerk angeschlossen ist, sind Ihnen wahrscheinlich Begriffe wie User-ID oder Login-Name geläufig. Falls nicht, bekommen Sie's hier mit.

Es gibt 100 Millionen Menschen im Internet. Sie sind nur einer davon, und so wäre es ganz nett, wenn die anderen 99.999.999 nicht in der Lage wären, in Ihren Dateien zu schnüffeln. Egal, welchen Provider Sie benutzen, Sie müssen eine Sicherheitsüberprüfung durchlaufen, um sicherzustellen, daß Sie sind, wer Sie behaupten zu sein.

Würden Sie bitte Ihren Namen eintragen?

Wie die Ratefüchse beim guten alten »Was bin ich?« möchten auch die Internet-Provider aller Art wissen, wer da im System ist. Um die Nutzung nachverfolgen zu können, erhalten die Benutzer einen Account, so etwas wie ein Bankkonto. Der Account trägt Ihren Namen und ein geheimes Kennwort, das dazu gehört.

Ihre Account-Name kann auch als User-ID oder als Ihr Login- oder Logon-Name bezeichnet werden. Ihr Name muß unter den anderen Namen, die zu den Usern Ihres Providers gehören, einmalig sein.

Ihr Kennwort sollte kein gebräuchliches oder leicht zu erratendes Wort sein – genau wie zum Beispiel beim Telefon-Banking. Vermeiden Sie Namen und Geburtstage, es sei denn, Sie mischen sie. Uns ist zu Ohren gekommen, daß das auf der Welt am weitesten verbreiteste Kennwort der Name Susan ist. Um besonders sicher zu gehen, sollten Sie sowohl Buchstaben als auch Zahlen einbauen, damit jemand mit bösen Absichten Ihr Kennwort nicht im Wörterbuch findet. Sie möchten ganz bestimmt nicht, daß Fremde Ihren Account benuzten, und Ihr Kennwort ist der wirksamste Schutz dagegen. Wir verwenden meist unbekannte medizinische Fachbegriffe, in denen ein paar Buchstaben großgeschrieben sind und ein oder zwei Punkte in der Mitte eingebaut sind.

Bitte nicht den Kristall anfassen

Wenn Sie beginnen, das Internet zu erforschen, können Sie sich in vielen weitentfernten und nicht so weitentfernten Ländern auf vielen seltsamen Computern wiederfinden. Diese Computer verfügen über Informationen für jeden Hans und Franz, aber sie werden normalerweise auch noch für eine Menge anderer Dinge gebraucht. Diese anderen Dinge gehen Sie nichts an (uns übrigens auch nicht).

Um Informationen vor Voyeuren, Ignoranten und Bösewichten zu schützen, setzt man ein ausgeklügeltes System von Berechtigungen ein. Die sogenannten Zugangsberechtigungen bestimmen, wer was womit tun kann. Jeder Datei oder anderen Ressourcen auf Computern im

Netz sind bestimmte Berechtigungen zugeordnet, die beispielsweise bestimmen, daß sich jedermann diese Datei ansehen, daß aber nur ihr Eigentümer sie ändern kann. Bei privateren Daten könnte es sogar bedeuten, daß niemand außer dem Eigentümer sie sehen kann. Wenn Sie im Netz herumwandern, finden Sie vielleicht Ressourcen, deren Namen Sie sehen können, ohne daß Sie sie wirklich ansehen dürfen; das bedeutet, daß die Berechtigungen Ihnen keinen Zugang gewähren.

Wenn Sie selbst Informationen auf einem Netzwerk-System haben, wollen Sie sie wahrscheinlich genauso schützen. Sie können zwar normale Benutzer ausschließen, aber denken Sie daran, daß Systemverwalter und manchmal auch clevere Eindringlinge Berechtigungen umgehen können. Wenn Sie etwas extrem Persönliches haben, das Ihrer Meinung nach auf dem Netz bleiben sollte, lohnt es sich zu lernen, wie man es so verschlüsselt, daß niemand es entziffern kann, wenn er nicht Ihren Verschlüsselungscode hat. Unser inzwischen bekanntes Buch *E-Mail für Dummies* (erschienen bei ITP) informiert Sie und auch Hillary Clinton, wie man Mails verschlüsselt.

Wie man die Ausfahrt nimmt

Wenn Sie es erst einmal ins Internet geschafft haben, werden Sie unweigerlich früher oder später in die Situation geraten, daß Sie wieder herauswollen. Es gibt mehr und weniger elegante Methoden, die Ausfahrt zu nehmen – und je nachdem, wie weit Sie gekommen sind, müssen Sie verschiedene Schichten eines Systems verlassen.

Wenn Sie sich mit einem Modem einwählen, können Sie immer das Telefon vom Terminal-Programm aus auflegen. Eine sauberere und höflichere Methode besteht allerdings darin, daß man jedem »Auf Wiedersehen« sagt, zu dem man »Hallo« gesagt hat. Das Problem ist, daß nicht alle Computer in derselben Sprache »Auf Wiedersehen« sagen.

Hier finden Sie einige gebräuchliche Abschiedssequenzen. Falls davon keine funktioniert, geben Sie **help** ein, um nachzuschauen, ob das System Ihnen irgendwie weiterhelfen kann. Wenn keine Hilfe verfügbar ist, unterbrechen Sie die Leitung mit Ihrem Terminal-Programm und machen Sie sich keine Gedanken deswegen.

Die folgende Liste zeigt einige gebräuchliche Abschiedssequenzen:

- ✔ Klicken Sie im Programm, mit dem Sie die Verbindung hergestellt haben, auf die Schaltfläche TRENNEN.
- ✔ Wählen Sie DATEI – VERBINDUNG trennen aus der Menüleiste.
- ✔ Tippen Sie **exit**, **logout** oder **bye**.
- ✔ Drücken Sie Ctrl+D (verbreitet bei den immer ausgesprochen knappen UNIX-Systemen).

Wenn Sie einen PPP-Account verwenden, laufen möglicherweise eine Reihe von Programmen gleichzeitig, einschließlich Ihres Web-Browsers und E-Mail-Programms. Nur eines dieser Programme ist jedoch für die Verbindung zum Internet zuständig, und genau mit diesem Programm müssen Sie sprechen, wenn Sie die Verbindung trennen.

Feuer an der Wand

Eine Menge PCs bei großen Firmen stecken voller Internet-Software und haben Netzwerkverbindungen mit einem Anschluß ans Internet, so daß Sie, falls Sie damit gesegnet sind, Programme auf Ihrem Computer laufen lassen und sich direkt ins Netz einklinken können. Richtig? Nicht ganz.

Wenn Sie in einer großen Organisation arbeiten, die sich (nicht völlig unverständlich) Gedanken darüber macht, daß vertrauliche Firmengeheimnisse über das Internet nach außen gelangen könnten, kann ein *Firewall*-System (wie eine Feuerschutzwand) zwischen das Firmennetzwerk und die Außenwelt plaziert werden und den äußeren Zugriff auf das interne Netzwerk beschränken.

Der Firewall ist sowohl mit dem internen Netzwerk als auch mit dem Internet verbunden, so daß jeglicher Verkehr zwischen den beiden durch den Firewall muß. Spezielle Programmierungen im Firewall schränken ein, welche Verbindungen zwischen drinnen und draußen hergestellt werden können und von wem.

In der Praxis können Sie jeden Internet-Dienst benutzen, der innerhalb der Firma verfügbar ist, aber bei Diensten außerhalb sind Sie auf das beschränkt, was durch das Firewall-System hineingelangen kann. Die meisten der Standarddienste draußen – wie das Einloggen in entfernte Computer, das Kopieren von Dateien von einem Computer auf den anderen und E-Mail – sollten verfügbar sein, auch wenn das Verfahren etwas komplizierter sein kann, als es hier im Buch beschrieben ist, und etwas dazugehört, was man *Proxy-Server* nennt.

Oft müssen Sie sich zuerst in das Firewall-System einloggen, um von dort nach außen zu gelangen. Es ist für jemanden außerhalb der Firma normalerweise unmöglich, Zugang zu Systemen oder Diensten auf dem internen Netzwerk zu bekommen (dafür ist der Firewall da). Außer in den paranoidesten Organisationen fließen E-Mails ungehindert in beide Richtungen.

Denken Sie daran, daß Sie wahrscheinlich eine Autorisierung benötigen, das Firewall-System zu benutzen, bevor Sie neben der E-Mail *irgendeinen* anderen Dienst außerhalb benutzen können.

Ein paar Telefonnummern

Hier sind die Telefonnummern einiger nationaler Provider, die wir in diesem Kapitel aufgelistet haben.

America Online: 01805 / 31 31 64

CompuServe: 01805 / 25 81 47

T-Online: 0130 / 0190

Der Anschluß ans Internet

5

In diesem Kapitel

- Was ist PPP, und warum ist das wichtig?
- Was man braucht, um den Anschluß ans Internet herzustellen
- Verbinden aus Windows 95 und Windows 98
- Verbinden aus Windows 3.1
- Verbinden von einem Mac
- Verbinden mit AOL und CompuServe
- Verbinden mit T-Online

Um Ihren Computer mit dem Internet zu verbinden, haben Sie zwei Wahlmöglichkeiten:

- ✔ **Möglichkeit 1: Melden Sie sich bei einem Online-Dienst an, wie z.B. AOL.** Online-Dienste sind meist einfach im Gebrauch und bieten Informationen auf überschaubare Art. Ihnen steht jedoch oft nicht die volle Bandbreite der Internet-Dienste zur Verfügung. Falls diese Dienste keinen Pauschalpreis für unbegrenzte Nutzung berechnen, können sie ziemlich teuer werden, wenn Sie mehr als nur ein paar Stunden monatlich online verbringen. Da die Nachfrage schneller steigt, als einige Dienstanbieter hinterherkommen können, sind die Zugriffszeiten manchmal sehr langsam.
- ✔ **Möglichkeit 2: Melden Sie sich bei einem Internet-Provider für einen Internet-Account an.** Heutzutage bieten Ihnen die meisten Provider einen PPP-Account (wir versprechen Ihnen, das ein paar Absätze später genauer zu erklären). Die meisten haben außerdem UNIX-Shell-Accounts oder Shell- und PPP-Accounts im Angebot. Sie benötigen PPP, wenn Sie die ganzen coolen neuen Programme wie Netscape Navigator, Microsoft Internet Explorer und Eudora benutzen möchten. Glücklicherweise haben heute viele Internet-Provider schnittige automatisierte Anmeldeprogramme, die genauso einfach zu handhaben sind wie das von AOL.

Wenn Sie daran interessiert sind, über AOL ins Internet zu gelangen, blättern Sie weiter bis zur Mitte dieses Kapitels. Zunächst beschäftigen wir uns mit dem »einzig Wahren«: einem von Grund auf ehrlichen Internet-Account. Es geht dabei nicht um irgendeinen Account – wir nehmen uns den PPP-Account vor, mit dem Sie die coolen Programme wie Netscape Navigator oder Microsoft Internet Explorer sowie deren Multimedia-Erweiterungen benutzen können. Wir geben Ihnen außerdem ein paar Hinweise, wie Sie einen UNIX-Shell-Account verwenden und erzählen Ihnen, wohin Sie sich wenden können, wenn es Ihnen ernst damit ist.

PPP (und SLIP)

Wir erklären besser zuerst einmal PPP und den veralteten Vorgänger SLIP. Hier sind die drei unverständlichen Abkürzungen, über die Sie Bescheid wissen sollten:

- ✔ *PPP (Point-to-Point Protocol)* erlaubt es Ihrem Computer, die Verbindung zum Internet nicht als ein Terminal, sondern als richtiges Mitglied des Netzes herzustellen, zumindest solange Ihr Computer über das Telefon mit dem Internet-Provider verbunden ist.
- ✔ *SLIP (Serial Line Internet Protocol)* ist eine ältere Version des gleichen Konzeptes.
- ✔ *CSLIP (Compressed SLIP)* ist eine schnellere Version von SLIP.

Da diese drei Protokolle sehr ähnlich sind und Ihnen die gleichen Funktionen bieten, nennen wir sie von nun an alle gemeinsam PPP. Alle drei sind Versionen von IP, des Internet-Protokolls, welches TCP/IP (Transmission Control Protocol/Internet Protocol) zugrunde liegt. Alle Computer im Internet kommunizieren untereinander mit TCP/IP. Nützlich sind alle drei, denn viele Aufgaben im Netzwerk lassen sich viel einfacher erledigen, wenn Ihr eigener Computer Teil des Netzes ist anstatt lediglich das Terminal zum großen Computer eines anderen. Programme, die auf Ihrem eigenen Computer laufen, sind weitaus leistungsfähiger in Sachen Sound, Grafik und Animation als ein Terminal.

Sie stellen die Programme

Sie brauchen zwei Programmtypen, um einen PPP-Account zu verwenden:

- ✔ **Ein Programm, mit dem Sie die Verbindung zu Ihrem Accout herstellen.** Der technische Begriff für diesen Programmtyp ist ein TCP/IP-Stack, obwohl normale sterbliche Wesen das ganze eher als Internet-Einwahlprogramm bezeichnen. In Windows 95 und 98 ist so etwas gleich eingebaut, es heißt DFÜ-Netzwerk. Benutzer von Windows 3.1 müssen sich ein eigenes Einwahlprogramm besorgen; wie das geht, erfahren Sie im Abschnitt »Einwählen für Windows 3.1-Benutzer« in diesem Kapitel. Wenn Sie Windows verwenden, ist bei Ihrem Internet-Einwahlprogramm eine Datei namens WINSOCK.DLL dabei. Macintosh-Computer haben die grundlegende TCP/IP-Ausstattung namens MacTCP ab System 7 bereits eingebaut. Sie brauchen zusätzlich MacPPP, um sich über das Telefon einwählen zu können. (Auf neuen Macintoshs ist bereits ein Internet-Einwahlprogramm installiert.)
- ✔ **Programme, mit denen Sie die verschiedenen Internet-Dienste nutzen können.** Diese Programme eröffnen Ihnen über das Internet den Zugang zu E-Mail, dem Web und zu Informationen. Man bezeichnet sie als *Client-Programme*, denn sie sind Bestandteil einer zweigleisigen Strategie: Ein Teil der Programme laufen auf Ihrem Computer; der andere Teil, die *Server-Programme*, laufen auf dem Computer Ihres Providers und auf anderen Internet-Host-Computern. Sie brauchen ein E-Mail-Programm, um E-Mails zu lesen und zu verschicken, einen Web-Browser, um im Web zu surfen, und einen Newsreader, um die Usenet-Newsgruppen zu lesen. Es gibt natürlich auch Programme wie Netscape Navigator, die alle drei Sachen gleichzeitig können. Wenn Sie mit Windows arbeiten, können Sie

jedes *Winsock-kompatible* Programm verwenden (jedes Programm, daß mit der Datei WINSOCK.DLL zusammenarbeitet, die Teil Ihres Internet-Einwahlprogramms ist). Wenn Sie mit einem Mac arbeiten, können Sie alle *MacTCP-kompatiblen* Programme verwenden.

Coole Programme fürs Internet

Die ganzen coolen Programme, von denen Sie gehört haben, sind entweder Winsock- oder MacTCP-kompatibel, und viele laufen sowohl unter Windows als auch auf Macs. Im Folgenden finden Sie einige bekannte Programme, die es für Windows 95, Windows 3.1 und den Macintosh gibt:

- ✔ **Netscape Navigator und Microsoft Internet Explorer:** Der erste ist der weltweit populärste Web-Browser; der letzere ist Microsofts Antwort auf Netscape (In Kapitel 6 und 7 erfahren Sie, wie man beide verwendet).
- ✔ **RealAudio und Shockwave:** Sie müssen Netscape Navigator oder Microsoft Internet Explorer laufen lassen, um diese und viele andere coole Plug-In-Programme für die beiden Browser zu verwenden (siehe Kapitel 7).
- ✔ **Eudora:** Das ist unser Lieblings-E-Mail-Programm. Pegasus und Microsoft-Internet-Mail sind anderen E-Mail-Programme, die den Vorteil haben, kostenlos zu sein (Kapitel 11 und 12 beschreiben, wie man mit ihnen arbeitet).

Free Agent (für Windows) und Newswatcher (für den Mac): Diese Programme eignen sich hervorragend zum Lesen der Usenet-Newsgruppen. Auf unserer Web-Site finden Sie eine Einführung zu Newsgruppen:

`http://net.gurus.com/usenet`

- ✔ **mIRC (für Windows) und Ircle (für den Mac):** Mit diesen Programmen können Sie am Internet Relay Chat (IRC) teilnehmen und sich online und in Echtzeit an lebhaften Unterhaltungen mit vielen Leuten zur gleichen Zeit beteiligen. Diese Programme werden in Kapitel 14 besprochen.

PPP-Verbindungen sind ganz einfach zu benutzen, doch wenn Ihr Provider kein gutes, automatisiertes Anmeldeprogramm hat, kann sich die Einrichtung etwas knifflig gestalten. Der Verbindungsaufbau kann tatsächlich den schwierigsten Teil Ihrer Internet-Erfahrung darstellen. Die Installation und Einrichtung der TCP/IP-Software verlangt es, daß Sie viele angsteinflößende numerische Internet-Adressen, Host-Namen, Kommunikations-Ports und was sonst noch alles eingeben. Vergewissern Sie sich, daß Ihr Provider Ihnen dabei hilfsbereit zur Seite steht – ist dies nicht der Fall, dann gehen Sie zu einem anderen Provider. Wenn Sie einen Freund oder Verwandten bestechen oder überreden können, Ihnen zu helfen, umso besser. (**Hinweis:** Halten Sie Ausschau nach jemandem aus der Altersgruppe zwischen 12 und 16 Jahren – junge Leute können sehr viel wissen und sehr geduldig sein, nachdem Sie die Phase der Demütigung überstanden haben.)

Da jeder Provider ein bißchen anders ist, können wir nicht in schrittweise Anleitungen für jeden einzelnen einsteigen. Wir zeigen Ihnen die üblichen Schritte, helfen Ihnen beim Verständnis der Begriffe und reden Ihnen beim ganzen Vorgang gut zu. Wenn Sie meinen, Sie können das Ganze auf keinen Fall bewerkstelligen und wenn Sie keine Person haben, der Sie das alles aufdrücken können, oder einfach keine Lust haben, sich damit herumzuärgern, besteht kein Grund zur Verzweiflung. Überlegen Sie, ob Sie nicht lieber AOL, CompuServe oder T-Online verwenden möchten, die ein automatisches Anmeldeprogramm bieten.

Einrichten der Verbindung

In Ordnung, Sie wagen es also. Welchen Schritte müssen Sie beachten? Welche Hardware und Software benötigen Sie?

Haben Sie alles, was man braucht?

Das brauchen Sie hardwaremäßig, um im Netz zu segeln:

- ✔ **Ein Modem, mit dem Ihr Computer an eine Telefonleitung angeschlossen ist:** Je schneller das Modem, desto besser. Sie sollten ein Modem verwenden, daß mit 14.4 Kbps (Bits pro Sekunde), 28.8 Kbps oder sogar 56 Kpbs arbeitet. Andernfalls läuft alles etwas träge ab.
- ✔ **Eine Telefonleitung (darauf sind Sie wohl selbst schon gekommen):** Stellen Sie sicher, daß für Ihren Telefonanschluß der Dienst »Anklopfen« nicht aktiviert ist. Ist Anklopfen aktiviert, so erhalten Sie während eines Gesprächs eine Meldung, wenn jemand weiteres versucht, Sie zur gleichen Zeit anzurufen. Diese Meldung wirkt sich störend auf die Internet-Verbindung aus. Um Anklopfen vorübergehend zu deaktivieren, wählen Sie vor der Anwahl der Internet-Verbindung auf Ihrem Telefon #43#. Möchten Sie Anklopfen nach der Internet-Verbindung wieder aktivieren, so wählen Sie auf Ihrem Telefon *43#.
- ✔ **Einen Computer, auf dem Winsock- oder MacTCP-kompatible Programme ausgeführt werden können:** Jeder Computer, auf dem Windows 3.1, Windows 95 oder Windows 98 läuft, oder jeder Macintosh kommt in Frage. Beachten Sie aber, daß das World Wide Web randvoll mit Bildern ist, die viel Platz auf der Festplatte benötigen. Um den ganzen Effekt genießen zu können, kann es nicht schaden, wenn man etwas mehr als den minimalen Speicherplatz zur Verfügung hat, der bei älteren Rechnern Standard ist, und etwas mehr Platz auf der Festplatte kann auch nicht schaden. Bevor Sie einen älteren Rechner aufrüsten, werfen Sie einen Blick auf die funkelnagelneuen Computer – für den Preis der Aufrüstung können Sie sich wahrscheinlich einen komplett neuen Rechner kaufen.

PPP im Großen und Ganzen

Um Ihren Windows-PC für PPP einzurichten, verfahren Sie wie folgt:

1. **Kümmern Sie sich bei einem lokalen Provider um einen PPP-Account.**

   In Kapitel 4 machen wir Ihnen ein paar Vorschläge, wie Sie einen Provider auswählen können.

2. **Laden Sie irgendwie die grundlegende TCP/IP-Software in Ihrem Computer, entweder von einer Diskette oder über das Telefon.**

   Verwenden Sie die PPP-Software, die Ihnen Ihr Provider gibt, falls er das tut, oder bitten Sie einen Freund, die Programme aus dem Internet für Sie herunterzuladen und sie Ihnen auf Diskette zu geben. Einige Provider schicken Ihnen eine Diskette oder bitten Sie, ein Buch zu kaufen, bei dem eine CD-ROM voller Programme dabei ist.

   In diesem Kapitel folgen Abschnitte zu TCP/IP und Einwählprogrammen für Windows 98, Windows 95, Windows 3.1 und den Mac.

3. **Geben Sie ungefähr tausend Setup-Parameter ein, wenn Sie Pech haben.**

   Ihr Internet-Provider (wenn die Software von ihm kommt) oder der Softwarehändler sollte Ihnen Anweisungen gegeben haben, an welcher Stelle Sie was eintippen müssen. Wenn Sie Glück haben, verfügt Ihre Software über ein automatisches Konfigurationsprogramm, das die meisten oder alle der Setup-Parameter selbständig einrichtet. Im folgenden Abschnitt »Viele mysteriöse Zahlen« erzählen wir Ihnen alles, was wir über die Parameter wissen, auf die Sie stoßen werden.

4. **Kurbeln Sie Ihr TCP/IP-Programm an und spielen Sie solange daran herum, bis es funktioniert.**

   Hey, manchmal funktioniert es auf Anhieb. Tut es das nicht, rufen Sie Ihren Provider an und bitten Sie ihn um Hilfe. Es kann ganz schön schwierig und frustrierend sein, nur eine Telefonleitung zu haben und ständig die Verbindung trennen zu müssen, um wieder den Provider anrufen zu können. Wir können Ihnen nur vollstes Verständnis entgegenbringen und bestätigen: Ja, es ist wirklich furchtbar, es sollte längst nicht so schwierig sein, und eines Tages in ferner Zukunft ist es das auch nicht mehr. Im Moment ist es aber so.

Beim Eröffnen Ihres Accounts sollten Sie Ihren Internet-Provider gleich darum bitten, Ihnen die notwendige Verbindungssoftware mitzugeben. Die meisten Provider geben Ihnen eine Diskette mit ein paar netten Freeware- und Shareware-Programmen für die Verbindung ins Internet und zusätzlich ein paar Anleitungen.

Viele mysteriöse Zahlen

Ihr TCP/IP-Programm benötigt eine ganze Reihe angsteinflößender technischer Informationen, um die Verbindung zu Ihrem PPP-Account herzustellen. Obwohl Sie theoretisch keine dieser Informationen benötigen sollten, nachdem Ihr Account erst einmal eingerichtet ist, denken wir trotzdem, das es ganz nützlich ist, wenn man die Informationen zur Hand hat, vor allem, wenn Sie Ihren Provider um Hilfe bitten. Seien Sie so frei und tragen Sie alles in die Tabelle 5.1 ein (außer Ihrem Kennwort – das merken Sie sich lieber in Ihrem Kopf).

Ihre Eintragung	Beschreibung	Beispiel
Domänen-Name ______________	Der Name der Domäne Ihres Internet-Providers. Er sieht aus wie der letzte Teil einer Internet-Adresse und endet meistens auf .de oder .com (jedenfalls in Deutschland).	gurus.de
Kommunikations-Anschluß ______________	Der Kommunikations-Anschluß an Ihrem eigenen PC, an dem üblicherweise Ihr Modem angeschlossen ist, meist COM1 oder COM2. (Mac-Besitzer müssen sich darüber keine Gedanken machen.) Selbst wenn sich Ihr Modem in Ihrem Computer befindet und gar nicht so aussieht, als ob es an einem Anschluß hängt, tut es das dennoch.	COM1
Modem-Geschwindigkeit ______________	Die schnellste Geschwindigkeit, mit der Ihr Modem und das Modem Ihres Internet-Provider arbeiten können. Wenn Ihr Modem z.B. mit 28.8 Kbps oder 33.6 Kbps arbeiten kann, das Modem Ihres Providers jedoch nur 28.8 Kbps schafft, wählen Sie 28.8 Kbps. Wenn umgekehrt Ihr Modem nur auf 14.4 Kbps kommt (was ganz schön langsam erscheint, wenn Sie verbunden sind), wählen Sie 14.4 Kbps.	28.8 K
Modem ______________	Die Art von Modem, die Sie haben. Die meisten Einwahlprogramme sind sich nur schemenhaft der Unterschieden zwischen den Modemtypen bewußt. Ein normales PC-Modem ist wahrscheinlich einem Hayes-Modem ähnlich genug, als daß es die Programme merken würden.	Hayes
Telefonnummer ______________	Die Nummer, die Sie anrufen, um Verbindung mit Ihrem Internet-Provider aufzunehmen, genauso, als ob Sie sie per Hand wählen würden. Ist der Provider nicht im gleichen Ortsnetz, denken Sie daran, auch die Vorwahl mit anzugeben. Wenn Sie zunächst eine 1 vorwählen müssen, um eine Amtsleitung zu bekommen, setzen Sie **1,,** an den Anfang. (Jedes Komma weist Ihr Modem an, ungefähr eine Sekunde zu pausieren, deshalb fügen Sie soviele Kommas wie nötig ein.) Viele Modems haben eingebaute Lautsprecher, so daß Sie den Wahlvorgang hören können. Der Krach ist hilfreich, um herauszufinden, ob Sie beim Wählen ein Freizeichen bekommen haben.	0221 123 45 67
Benutzername ______________	Der Name des Kontos bei Ihrem Internet-Provider, auch als Login-Name bezeichnet.	Myoung
Benutzerkennwort	Das Kennwort für Ihren Account (Aber tragen Sie das hier nicht ein!)	3butterBrot

Ihre Eintragung	Beschreibung	Beispiel
Startbefehl ______________	Den Befehl, den Ihr Internet-Provider ausführen soll, wenn Sie anrufen. Ihr Internet-Provider kann Ihnen diesen Befehl nennen. Die meisten Provider starten aber sofort nach der Anmeldung mit der PPP-Kommunikation, so daß Sie keinen Startbefehl benötigen; Sie können dieses Feld dann freilassen.	PPP
Adresse des Domain-Name-Servers (DNS) ______________	Die numerische Internet-Adresse des Computers, der die Übersetzung von den regulären Internet-Adressen in ihre numerischen Entsprechungen vornimmt (beispielsweise zwischen net.gurus.net und 205.238.207.74). Diese Adresse sollten Sie von Ihrem Internet-Provider bekommen.	123.45.67.98
Schnittstellentyp ______________	Der exakte Schnittstellentyp, den Ihr Provider verwendet. Die drei Wahlmöglichkeiten sind PPP, SLIP und CSLIP. Einige TCP/IP-Programme kommen mit allen dreien klar. Falls Ihre Software und der Provider beide PPP unterstützen, nehmen Sie das; die nächstbeste Wahl ist CSLIP; die schlechteste Möglichkeit (aber immer noch in Ordnung) ist SLIP.	PPP
Ihre eigene numerische Internet-Adresse ______________	Die numerische Internet-Adresse Ihres eigenen PCs. Obwohl diese Nummer für Ihren Computer bestimmt ist, erhalten Sie sie von Ihrem Internet-Provider. Einige Provider geben bei jedem Anruf eine neue Nummer aus; in diesem Fall haben Sie keine dauerhafte Nummer.	123.45.69.78
Ihr eigener Host-Name ______________	Der Name Ihres Computers. Obwohl die meisten Internet-Provider nicht jedem Computer der Benutzer einen Namen geben: Falls Ihrer das tut, machen Sie den Namen kurz und einfach und vielleicht niedlich.	meg

Tabelle 5.1: Informationen zu Ihrer PPP-Verbindung

Woher kommt die ganze Software?

Ein TCP/IP-Programm, das Ihren Computer über einen PPP-Account mit dem Internet verbindet, können Sie an mehreren Stellen finden:

- ✔ **Es kann in Ihrem Betriebssystem enthalten sein.** Windows 95 und 98 haben bereits alle Programme eingebaut, die Sie zur Verbindung mit Ihrem PPP-Account benötigen. Auch neuere Versionen von MacOS sind so ausgerüstet.
- ✔ **Ihr Internet-Provider gibt Ihnen das Programm auf einer Diskette.** Wenn Sie Software von Ihrem Internet-Provider bekommen, sollten Sie diese verwenden. Auf diese Weise weiß Ihr Provider genau was zu tun ist, wenn Sie ihn um Hilfe bitten (hoffentlich). Beachten Sie, daß die Software von Ihrem Provider möglicherweise Shareware ist – das heißt, wenn Sie sie benutzen, verlangt es die Ehrlichkeit, einen Beitrag an den Autor zu schik-

ken, der sich wahrscheinlich auf der anderen Seite der Welt in Tasmanien befindet (ja, wirklich!).

- **Sie können es kaufen.** Wenn Sie zum Beispiel Netscape Navigator im Geschäft in einer Schachtel kaufen, ist zusätzlich zum Web-Browser ein TCP/IP-Programm und ein Einwahlprogramm enthalten.
- **Sie können jemanden bitten, es für Sie aus dem Internet herunterzuladen.** Falls ein Freund bereits einen Internet-Account hat, überreden Sie ihn, die Programme herunterzuladen, die Sie benötigen, sie dann auf eine oder mehrere Disketten zu kopieren und Ihnen zu geben. Hinterher sollten Sie den- oder diejenige vielleicht zum Essen einladen.

Lesen Sie den Rest dieses Kapitels, um herauszufinden, welche Programme Sie im einzelnen benötigen, je nachdem welche Art von Computersystem Sie verwenden (Windows 3.1, Windows 95, Windows 98 oder Mac).

Ein Heim für Ihre Programme

Bevor Sie loslegen, die Festplatte Ihres Computers mit Netzwerk-Software zu füllen, sollten Sie einen Ordner anlegen, in dem Sie die Programme speichern. (Windows 3.1-Benutzer legen ein Verzeichnis an.) Sie können diesen Ordner für die Programme verwenden, die Sie in diesem Kapitel herunterladen, und auch für andere nützliche Programme, die Sie im Netz finden.

Starten Sie in Windows 95 oder 98 den Arbeitsplatz oder Windows-Explorer, gehen Sie zum Ordner PROGRAMME und wählen Sie DATEI – NEU – ORDNER aus dem Menü.

Unter Windows 3.1 öffnen Sie den Datei-Manager, gehen Sie zum Verzeichnis, in dem Sie das neue Verzeichnis erstellen möchten (wahrscheinlich das Hauptverzeichnis oder C:\), und wählen Sie DATEI – VERZEICHNIS ERSTELLEN.

Auf einem Macintosh wählen Sie NEUER ORDNER aus dem Datei-Menü.

Wenn Sie noch keinen Ordner oder kein Verzeichnis haben, in dem Sie Dinge vorübergehend ablegen, sollten Sie so etwas anlegen. Sie brauchen es bei der Installation der Software, die Sie aus dem Internet herunterladen. Auf einem PC empfehlen wir die Bezeichnung C:\temp.

Einwählen für Windows 98-Benutzer

Gute Nachrichten! Bei Windows 98 ist sämtliche Software, die Sie zur Verbindung mit einem PPP-Account benötigen, bereits im mitgelieferten Programm DFÜ-Netzwerk enthalten. Windows 98 wird außerdem mit automatisierten Anmeldeprogrammen für verschiedene Internet-Dienste wie AOL, CompuServe und MSN ausgeliefert. Um sich für einen Account anzumelden oder einen bestehenden Account bei diesen Diensten zu nutzen, klicken Sie auf die Schaltfläche START und wählen PROGRAMME – ONLINE-DIENSTE und wählen dann den entsprechenden Dienst.

Sie können natürlich auch einen anderen Account als solche mit automatisierten Anmeldeprogrammen verwenden. Falls Ihnen Ihr Internet-Provider keine automatisierte Anmelde-CD-ROM geschickt hat, können Sie den Assistent für den Internet-Zugang aktivieren, um das DFÜ-Netzwerk für Ihren Account einzurichten. Starten Sie den Assistenten, indem Sie auf die Schaltfläche Start klicken und Programme – Internet-Explorer – Verbindungs-Assistent wählen. Nachdem Sie fertig sind, sehen Sie ein DFÜ-Netzwerk-Symbol (und eine Auswahl im Programm-Menü) für die Verbindung zu Ihrem Internet-Provider. Um Ihren Account anzurufen, starten Sie das DFÜ-Netzwerk und klicken Sie auf die Schaltfläche Verbinden.

Windows 98 enthält wahrscheinlich den Microsoft Internet Explorer, einen hervorragenden Web-Browser (in Kapitel 6 wird erklärt, wie man mit ihm umgeht). Windows 98 enthält außerdem ein gutes E-Mail-Programm namens Outlook Express. In Kapitel 11 finden Sie dazu genauere Hinweise.

Obwohl Windows 98 mit Internet Explorer und Outlook Express ausgeliefert wird, können Sie selbstverständlich auch Netscape Navigator, Eudora oder andere Winsock-Programme verwenden, wenn Sie lieber mit diesen arbeiten.

Einwählen für Windows 95-Benutzer

Windows 95 enthält das DFÜ-Netzwerk und, außer bei den ersten Windows-95-Versionen, die ausgeliefert wurden, den Internet-Setupassistenten, der Sie bei der Einrichtung des DFÜ-Netzwerks für Ihren Account unterstützt. Sie können den Assistenten starten, indem Sie auf die Schaltfläche Start klicken und Programme – Zubehör – Internetprogramme – Verbindung mit dem Internet wählen. (Wenn Sie den Assistenten dort nicht sehen, schauen Sie sich in den anderen Menüs unter Programme um.) Der Assistent bittet Sie bei der Einrichtung nach und nach um die Informationen, die Sie in Tabelle 5.1 aufgeschrieben haben. Nachdem Sie fertig sind, sehen Sie ein DFÜ-Netzwerk-Symbol (und eine Auswahl im Programm-Menü) für die Verbindung zu Ihrem Internet-Provider. Um Ihren Account anzurufen, starten Sie das DFÜ-Netzwerk und klicken Sie auf die Schaltfläche Verbinden.

Mit Windows 95 wird der Microsoft Internet Explorer mitgeliefert (siehe Kapitel 7). Außerdem ist ein E-Mail-Programm namens Microsoft Exchange dabei, das wir aber eher verwirrend finden. Wenn Sie den Internet Explorer 3.0 haben, sollten Sie vielleicht eine aktuellere Version herunterladen. Wir empfehlen Ihnen außerdem, ein besseres E-Mail-Programm wie z.B. Eudora Light herunterzuladen; in Kapitel 15 erfahren Sie, wie man Programme herunterlädt und installiert, und in Kapitel 11, wie man mit Eudora Light arbeitet.

Zur Anmeldung für einen Account können sie natürlich jederzeit die automatisierten Anmelde-CD-ROMs verwenden, die Sie von AOL, CompuServe oder T-Online erhalten.

Einwählen für Windows 3.1-Benutzer

In Windows 3.1 ist die Software, die Sie zur Verbindung mit Ihrem PPP-Account benötigen, nicht enthalten. Die meisten Internet-Provider geben Ihnen ein Exemplar des Shareware-Pakets Trumpet Winsock in die Hand, oder andernfalls das Shiva-TCP/IP-Paket, das bei Netscape enthalten ist. Trumpet Winsock ist deshalb beliebt, weil das Programm frei verfügbare Shareware ist (wir dachten uns schon, daß Ihnen das gefällt). Manchmal erhalten Sie auch Eudora Light, die Freeware-Version des populären Eudora-E-Mail-Programms, und möglicherweise auch Netscape Navigator.

Einige Internet-Provider haben ein automatisiertes Anmeldeprogramm, so z.B. AOL, CompuServe oder T-Online, wodurch die Einrichtung Ihres Accounts vereinfacht wird. Andernfalls sollte Ihnen Ihr Internet-Provider detaillierte Installations- und Konfigurationsanweisungen geben. In letzterem Fall können Sie sich darauf einstellen, einige Zeit am Telefon zu verbringen, bis Ihre Software richtig eingerichtet ist.

Nachdem Sie Trumpet Winsock vollständig eingerichtet haben, finden Sie ein Trompetensymbol in einer der Programmgruppen. Doppelklicken Sie auf das Trompetensymbol und folgen Sie den Anweisungen Ihres Internet-Providers, um die Verbindung herzustellen.

Ihr Provider sollte Ihnen außerdem mindestens ein E-Mail-Programm und einen Web-Browser mitgegeben haben. Falls Sie von Ihrem Provider Netscape Navigator (Version 2.0 oder später) bekommen haben, sind Sie stolzer Besitzer eines hervorragenden Web-Browsers und akzeptablen E-Mail- und Newsreader-Programms. Da der Microsoft Internet Explorer auch unter Windows 3.1 läuft und umsonst ist, erhalten Sie das Programm vielleicht auch von Ihrem Provider, zusammen mit Outlook Express, einem E-Mail-Programm. Die Teile III und IV des Buches beschäftigen sich mit der Benutzung dieser Programme.

Ein paar Worte zum Microsoft Network

Zeitgleich zur Einführung von Windows 95 hat Microsoft auch das Microsoft Network (MSN) aus der Taufe gehoben, den neuen Online-Dienst, der AOL und CompuServe ein großes Stück des Kuchens klauen sollte. Einige Jahre später liegt MSN immer noch in den Geburtswehen, hat das ursprünglich geschützte Design aufgegeben und wird nun zum Internet-Provider mit besonderen Webseiten, die man nur als MSN-Abonnent ansehen kann. Die Anmeldung bei MSN geht mit Windows 95 oder Windows 98 ganz einfach, da sich ein MSN-Symbol direkt auf Ihrem Desktop befindet. MSN steht nicht zur Verfügung, wenn Sie irgendein anderes Betriebssystem verwenden – Benutzer von Windows 3.1 oder Mac haben Pech gehabt (oder Glück, je nach Ihrem Standpunkt). Weitere Informationen finden Sie auf der MSN-Webseite unter `http://www.msn.com`.

Verwendung eines UNIX-Shell-Accounts

In den frühen Tagen des Internet, vor Netscape, vor AOL, vor dem World Wide Web selbst (können Sie so weit zurückdenken? – wir reden von 1989), haben unerschrockene Internet-Entdecker das Internet über UNIX-Accounts erkundet. UNIX ist ein Betriebssystem, das von Ihnen in seiner reinsten Form die Eingabe kurzer, kryptischer und absolut nicht zu merkender Befehle verlangt, damit irgendetwas vor sich geht. Obwohl UNIX ein leistungsstarkes System und bei Programmierern sehr beliebt ist, geht Normalsterblichen die Benutzung ziemlich auf den Wecker. Da jedoch auf den meisten Computern im Internet UNIX läuft, hatten die frühen Internet-Benutzer keine große Wahl. UNIX-Accounts werden auch als *Shell-Accounts* bezeichnet, denn so heißt der Teil von UNIX, der auf die Befehle hört, die Sie eingeben.

UNIX-Accounts waren weitverbreitet, bevor die PPP-Accounts die Welt im Sturm erobert haben. Die meisten Internet-Provider können Ihnen immer noch einen UNIX-Account geben, wenn Sie extra danach fragen. Einige geben Ihnen auch umsonst einen dazu, wenn Sie sich für einen PPP-Account anmelden.

Ein großer Vorteil der UNIX-Accounts ist, daß Sie keine schicken Programme auf Ihrem Computer brauchen, um eine Verbindung herzustellen. Sie benötigen lediglich einen Terminal-Emulator, der das Telefon wählt und vorgibt, ein Terminal am UNIX-Computer zu sein, welches sich am anderen Ende der Telefonleitung befindet. Fast auf jedem Computer findet sich ein Terminal-Programm; Windows 3.1 hat das Windows-Terminal, Windows 95 und Windows 98 enthalten HyperTerminal, und auf Macs gibt es das MacTerminal.

Wenn Sie einen UNIX-Account verwenden, laufen alle Programme, die Sie ausführen (außer dem Terminal-Programm) auf dem Computer des Internet-Providers, nicht auf Ihrem Computer.

Um Ihre E-Mail zu lesen, brauchen Sie ein UNIX-E-Mail-Programm auf dem Computer Ihres Internet-Providers; das populärste E-Mail-Programm für UNIX heißt Pine und wird in Kapitel 11 erklärt. Um im Web zu surfen, benötigen Sie einen UNIX-Browser, in den meisten Fällen Lynx, den wir in Kapitel 6 behandeln. Zum Lesen der Usenet-Newsgruppen brauchen Sie einen UNIX-Newsreader wie trn oder tin. Da diese Programme keine Grafiken anzeigen und Sie Ihre Maus nicht verwenden können, werden Sie jede Menge Ein-Buchstaben-Befehle lernen.

Einwählen für Mac-Benutzer

Mac-Benutzer haben bereits Zugang zu einem Großteil der zur Einwahl notwendigen Software, da System 8 mit MacTCP ausgeliefert wird. Rüsten Sie auf System 8 auf, um es zu bekommen. Sie benötigen außerdem ein Mac-TCP/IP-Modemprogramm wie MacSLIP, MacPPP oder InterSLIP, das Sie von Ihrem Internet-Provider bekommen sollten. (Falls nicht, sollten Sie vielleicht einen anderen Provider suchen, der sich mit Macs besser auskennt, denn sonst stehen Sie bei Problemen immer allein da.) Bei den meisten neueren Macs ist die Modemsoftware bereits installiert.

Verbindung mit AOL

America Online oder, wie man in Deutschland sagt, AOL ist der weltgrößte Onlinedienst und bietet Zugang sowohl zum Internet als auch zu den eigenen geschützten Diensten. AOL hat mehr als 8 Millionen Abonnenten und wächst weiter. Zur Benutzung von AOL verwendet man deren eigene Software. (Es gibt Versionen für Windows 98, Windows 95, Windows 3.1 und den Mac, und sogar DOS-Versionen sind noch verfügbar.) Sie können mit Ihrem AOL-Account auch andere Programme wie Netscape Navigator oder Microsoft Internet Explorer verwenden. Dieses Kapitel beschreibt die Internet-bezogenen Fähigkeiten von AOL einschließlich E-Mail und World Wide Web.

Diesem Abschnitt liegt die Version 3.0 der AOL-Software zugrunde. Da AOL die Software und die Grafiken, die in den Dialogfeldern erscheinen, ständig aktualisiert, sieht Ihr Bildschirm unter Umständen nicht genauso aus wie die Abbildungen in diesem Kapitel.

Anmelden bei AOL

Fertig zur Unterschrift? Kein Problem. Unter Windows 98 klicken Sie einfach auf START und wählen PROGRAMME – ONLINE-DIENSTE – AOL. Ansonsten, im unwahrscheinlichen Fall, daß Sie nicht bereits einen ganzen Stapel AOL-Disketten oder CD-ROMs zu Hause herumliegen haben, rufen Sie unter 0180 – 5 31 31 64 an und bitten um eine Probemitgliedschaft. Geben Sie an, ob Sie die CD-ROM oder Disketten mit der Windows-Version (Windows 3.1, Windows 95 oder Windows 98), der Mac-Version oder der DOS-Version möchten. Das Einführungspaket enthält Anweisungen und eine Diskette, auf der sich das AOL-Zugangsprogramm befindet. Nachdem Sie das Einführungspaket haben, folgen Sie den Anweisungen auf der Hülle und melden Sie sich für einen Account an. Zur Anmeldung benötigen Sie eine Kreditkarte.

Das Installationsprogramm erstellt ein Dreiecks-Symbol mit dem Namen AOL. Wenn Sie Probleme bei der Installation der AOL-Software haben, rufen Sie bei AOL unter der Nummer 0180 – 5 31 31 64 an.

Die Pros und Contras für AOL

AOL ist einfacher zu benutzen als die meisten anderen kommerziellen Online-Dienste und Internet-Accounts, da ein großes AOL-Zugangsprogramm die ganze Arbeit für Sie erledigt. AOL bekommt es außerdem ganz gut hin, seine Kunden mit Online-Software-Updates zu versorgen – Ihre AOL-Zugangssoftware kann direkt über das Telefon aktualisiert werden, und die Verbindungszeit ist meistens umsonst, wenn die Aktualisierung vonstatten geht.

Die Anmeldung für einen AOL-Account ist ebenso einfach – viele Magazine enthalten kostenlose AOL-Anmeldedisketten. Es gibt außerdem viele Diskussionsgruppen und Informationen, die nur AOL-Abonnenten zur Verfügung stehen.

Die AOL-Gebühr von 9,90 DM monatlich mit 2 Online-Freistunden (Stand April 1998) ist konkurrenzfähig mit regulären Internet-PPP-Accounts und bietet sowohl AOL-spezifische Inhalte als auch einen angemessenen Internet-Zugang; jede weitere Online-Minute kostet jedoch 10 Pfennige. AOL plant in Deutschland die Einführung einer Pauschalgebühr mit unbegrenztem monatlichem Zugang.

Auf der anderen Seite kann der Verbindungsaufbau ziemlich auf die Nerven gehen, da viele AOL-Telefonleitungen permanent besetzt sind. Technische Unterstützung ist nicht gerade einfach zu bekommen – man wartet Ewigkeiten auf telefonischen Support, und die Online-Hilfe in den Techniksupport-Chatrooms kann nervtötend langsam und nicht immer informativ sein. Nach der Anmeldung bei AOL kann die Kündigung Ihres Accounts Schwierigkeiten bereiten – Sie müssen entschieden durchgreifen.

Die Arbeit mit AOL unter Windows und auf dem Mac ist sehr ähnlich. Obwohl wir die Bilder mit der Windows-Version gemacht haben, glauben wir nicht, daß da ein großer Unterschied ist. Sie können immer erkennen, ob Sie auf dem richtigen Mac-Bildschirm sind.

Einrichten Ihres AOL-Accounts

Nachdem Sie die AOL-Software installiert haben, können Sie sich mit ihr für einen Account anmelden. Bei der Anmeldung müssen Sie angeben, welchen AOL-Namen Sie verwenden möchten und wie AOL die Gebühren abrechnen soll, nachdem Sie Ihre freien Stunden verbraucht haben.

Zur Einrichtung Ihres Accounts folgen Sie diesen Schritten:

1. **Doppelklicken Sie auf das AOL-Symbol.**

2. **Folgen Sie den Anweisungen auf dem Bildschirm.**

   Zunächst müssen Sie aus einer Liste den nächstgelegenen Einwahlknoten finden. Klicken Sie auf Einstellungen, und eine Liste möglicher Einwahlknoten erscheint.

3. **Wählen Sie einen Namen für Ihr Konto (bei AOL heißt das AOL-Name – hört sich toll an, oder?) und ein Kennwort.**

   Ihr AOL-Name kann bis zu zehn Zeichen lang sein und auch Leerzeichen enthalten. Sie können eine Kombination aus großen und kleinen Buchstaben wählen, wie MargyL oder SuperAOL. Nach der Eingabe Ihres Namens überprüft AOL, ob dieser Name schon vergeben wurde. Wenn jemand anderes diesen Namen bereits trägt (z.B. Peter Müller), müssen Sie einen anderen Namen erfinden. Inzwischen sind viele der naheliegenden Namen schon vergeben, so daß Sie kreativ sein müssen. Wenn der gewünschte AOL-Name bereits vergeben ist, versuchen Sie, eine Nummer ans Ende anzuhängen, um ihn eindeutig zu machen. Wenn NetHead schon vergeben wurde (und wir sind sicher, daß das der Fall ist), können Sie immer noch NetHead326 sein.

4. **Wählen Sie eine Zahlungsweise.**

   Sie können wählen zwischen der Zahlung im Lastschriftverfahren und der Belastung Ihrer Kreditkarte. Geben Sie jeweils die entsprechenden Informationen ein.

Wenn Sie fertig sind, sehen Sie im AOL-Fenster das Anmeldefenster wie in Abbildung 5.1. Jetzt kann's los gehen!

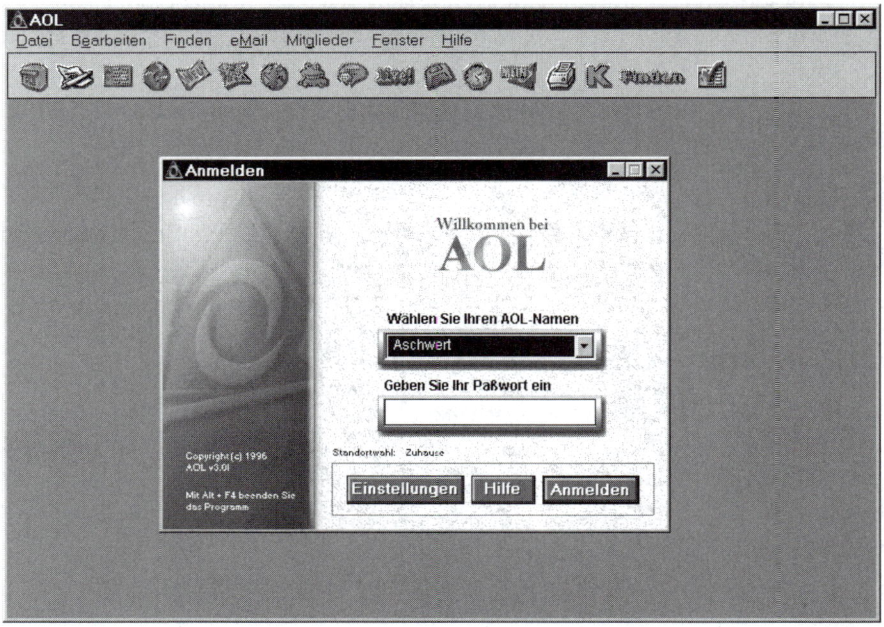

Abbildung 5.1: Das Willkommens-Fenster von AOL schlägt vor, daß Sie sich gleich anmelden.

Wir rufen in Amerika an!

Um Ihren Computer mit AOL zu verbinden, gehen Sie wie folgt vor:

1. **Geben Sie im Feld Kennwort eingeben Ihr Kennwort ein.**
2. **Klicken Sie auf die Schaltfläche Anmelden.**

   Es erscheint ein Fenster, in dem der Sie den Aufbau der Verbindung verfolgen können. Die Bilder ändern sich, während das AOL-Programm wählt, eine Verbindung mit dem großen AOL-Computer im Himmel aufbaut und Sie anmeldet.

   Sie sehen das Online-Willkommensfenster. Hinter diesem Fenster verbirgt sich das Hauptmenü (Die Ecken schauen schon hinter dem Willkommensfenster hervor).

   Jetzt sind Sie mit AOL verbunden. Sie können auf die Schaltflächen klicken, um die neuesten Geschichten des Tages zu lesen. Wenn E-Mail auf Sie wartet, können Sie auf die Schaltfläche Sie haben Post klicken.
3. **Minimieren Sie das Willkommen-Fenster, indem Sie auf die Minimieren-Schaltfläche klicken (in der rechten, oberen Ecke des Fensters).**

   Sie sehen das Übersichts-Fenster mit Schaltflächen für die Hauptthemengebiete von AOL.

Wenn Ihr PC über eine Soundkarte verfügt oder Sie einen Mac benutzen, seien Sie nicht überrascht, wenn Ihr Computer bei der Anmeldung plötzlich »Willkommen!« sagt. Wenn Sie E-Mail haben, sagt er »Sie haben Post!« Versuchen Sie, nicht gleich aus dem Sessel zu fallen, wenn Sie diese Mitteilung hören.

Weiter Informationen zur Verwendung Ihres AOL-Accounts finden Sie in Kapitel 16.

Nix wie raus hier!

Um AOL zu verlassen, wählen Sie aus dem Menü Finden – Abmelden. Das AOL-Programm trennt die Verbindung mit dem großen AOL-Computer im Himmel. Verlassen Sie das Programm, wenn Sie fertig sind.

Wenn Sie AOL das nächste Mal benutzen möchten, doppelklicken Sie das AOL-Symbol, geben Sie Ihren AOL-Namen und Ihr Kennwort ein und klicken Sie auf die Schaltfläche Anmelden oder drücken Sie einfach Eingabe. Sie können im Netz surfen, sobald Sie das Online-Willkommensfenster sehen.

Anmelden bei CompuServe

Um sich für einen CompuServe-Account anzumelden, besorgen Sie sich ein Diskettenpaket. (Rufen Sie unter 0130/3732 an und lassen Sie sich Ihr Paket nach Hause schicken.) Es enthält eine Diskette und Anweisungen zur Installation des Programms. Gehen Sie sicher, daß Sie auch die richtige Diskette für Ihren Computer erhalten (Windows oder Mac). Es gibt sowohl

Disketten- als auch CD-ROM-Versionen. Wenn Sie ohnehin gerade mit CompuServe telefonieren, fragen Sie auch gleich nach den aktuellen Gebühren, denn diese ändern sich in der Online-Welt recht häufig. Die Diskette enthält sowohl die CompuServe-Software, mit der Sie die Verbindung zu CompuServe herstellen und anschließend arbeiten, und ein automatisiertes Anmeldeprogramm, mit dem Sie sich über die Telefonleitung für einen neuen CompuServe-Account anmelden können.

Wenn Sie Windows 98 verwenden, ist die Anmeldesoftware bereits auf Ihrem Rechner – klicken Sie einfach auf die Schaltfläche Start und wählen Sie Programme – Online-Dienste – CompuServe.

Zur Anmeldung für einen neuen Account benötigen Sie eine Kreditkarte. Da Sie bei der Anmeldung zunächst ein paar kostenlose Online-Stunden erhalten, können Sie herausfinden, ob CompuServe für Sie in Frage kommt, bevor Sie zuviel Geld loswerden.

Wie war doch gleich meine User-ID?

Anders als die meisten Online-Dienste und Internet-Provider weist CompuServe jedem Benutzer eine Nummer zu, die ungefähr so aussieht:

77777,7777

Die genaue Zahl der Ziffern variiert, aber Ihre User-ID ist immer eine Nummer mit einer Menge Zahlen und einem Komma irgendwo in der Mitte. Benutzer in Europa haben in der Regel Nummern, die mit 1 beginnen; in den USA und Kananda fängt die Zahl mit einer 7 an. (Dieses Numerierungsschema geht auf die Steinzeit des Computers zurück, die späten 60er Jahre. Die Nummern fußen übrigens auf der 8.)

Ihre Internet-E-Mail-Adresse ist nicht dieselbe wie Ihre CompuServe-ID – Sie müssen die ID verändern, um in ihr die Information unterzubringen, daß es sich um eine CompuServe-Account-Nummer handelt. Wenn Sie Ihre E-Mail-Adresse herausbekommen wollen, müssen Sie das Komma in der User-ID in einen Punkt verwandeln und am Ende `@compuserve.com` hinzufügen. Wenn Ihre CompuServe-ID beispielsweise 77777,7777 ist, lautet Ihre E-Mail-Adresse:

`77777.7777@compuserve.com`

CompuServe erlaubt seinen Mitgliedern neuerdings auch, sich für Namen registrieren zu lassen, die beim Senden und Empfangen von E-Mails verwendet werden. Um sich für einen Namen registrieren zu lassen, klicken Sie Go und geben **register** ein. Nachdem Sie sich für einen Namen angemeldet haben, können Sie diesen gefolgt von `@compuserve.com` anstatt der langen Zahlenreihe als Ihre E-Mail-Adresse verwenden.

Zur Installation der CompuServe-Software folgen Sie den Anweisungen auf dem Software-Paket. Installieren Sie die Software, rufen Sie CompuServe an, um den nächsten Einwahlknoten zu finden, und rufen Sie CompuServe anschließend mit der neuen Telefonnummer noch mal an. Nachdem Sie das alles hinter sich haben, sind Sie stolzer Besitzer eines neuen CompuServe-Accounts einschließlich der richtig eingerichteten Software.

Nach der gelungenen Anmeldung für Ihren CompuServe-Account kann es richtig losgehen! Entfernen Sie die CompuServe-Diskette aus dem Laufwerk und heben Sie sie auf, falls Sie CompuServe später neu installieren müssen. Bei Problemen oder Fragen zu Ihrer Rechnung steht Ihnen die Technical-Support-Hotline unter der Nummer 01805-258146 zur Verfügung. Ihre Rechnung können Sie auch mit dem Befehl Go rechnung einsehen.

Sie können nun Ihren CompuServe-Account mit der CompuServe-3.0-Software für Windows 95 nutzen (CompuServe 3.0 für den Mac funktioniert ähnlich):

1. **Klicken Sie auf die Schaltfläche Start und wählen Sie aus dem Menü Programme – CompuServe – CompuServe.**

   Sie sehen wie in Abbildung 5.2 das Hauptfenster mit Schaltflächen am seitlichen Rand und Registerkarten für die Ordner am oberen Rand.

Abbildung 5.2: Das CompuServe-Fenster sieht nach dem Programmstart in etwa so aus.

2. **Um CompuServe anzurufen und loszulegen, klicken Sie auf die Schaltfläche, die für das steht, was Sie tun möchten.**

   Sobald Sie auf eine der Schaltflächen klicken, erfährt das CompuServe-Programm, was Sie tun wollen, ruft CompuServe über die Telefonleitung an, loggt Sie ein und zeigt die gewünschte Information.

3. **Wenn Sie alles mit Ihrem CompuServe-Account erledigt haben, klicken Sie in der Werkzeugleiste auf die Schaltfläche Auflegen (die Schaltfläche ganz rechts mit den beiden Händen, die sich schütteln). Sie können auch aus dem Menü Gehe zu die Option Trennen wählen oder die Tasten Strg+K drücken.**

   Da Sie für jede Minute, die Sie mit CompuServe verbunden sind, zahlen müssen, sollten Sie auf jeden Fall die Verbindung trennen, bevor Sie z.B. einen Happen essen gehen. (CompuServe blendet rücksichtsvollerweise in der Statuszeile rechts neben dem großen gelben Fragezeichen die Zeitdauer ein, die Sie online verbracht haben.)

4. **Um das CompuServe-Programm zu verlassen, wählen Sie Datei – Beenden aus dem Menü oder klicken auf die Schaltfläche Schliessen des Fensters.**

Klicken Sie auf die Schaltfläche Hauptmenü, um zu dem Menü zurückzukehren, von dem aus Sie gestartet sind.

Weitere Informationen zur Arbeit mit CompuServe finden Sie in Kapitel 16.

Teil III

Web-Manie

The 5th Wave By Rich Tennant

In diesem Teil...

Es besteht kein Zweifel daran: Im Web geht die Post ab. Viele Leute sehen das Web als *das* Internet. Wir erklären, was das Web ist und wie man sich darin zurechtfindet. Wir geben Ihnen hilfreiche Tips, wie Sie genau das finden, was Sie suchen. Wir haben ein neues Kapitel über Einkaufen im Web angefügt, so daß Sie Ihr Geld guten Mutes online ausgeben können. Außerdem ist noch ein Kapitel zur Gestaltung einer eigenen Home-Page hinzugekommen, so daß auch Sie im Web präsent sein können.

Das wilde, wunderbare, wahnsinnige Web

6

In diesem Kapitel

- Hyper wer?
- Das Konzept der URLs
- Eine Einführung in Netscape Navigator und Microsoft Internet Explorer
- Die Grundlagen fürs Web-Surfen
- Web-Surfen für Phantasievolle – das Leben mit Lynx

Die Leute reden heutzutage mindestens genauso oft über das Web, wie sie über das Netz reden. Obwohl das World Wide Web und das Internet nicht das gleiche sind, so sind beide doch verwandt. Das World Wide Web (wir nennen es einfach das Web, da wir zu faul zum tippen sind) sitzt auf dem Internet drauf. Im Kern des Webs liegt das Netzwerk des Internet, obwohl das Web an sich etwas anderes ist.

Ok, ok, aber was ist das Web denn nun? Das Web ist gewissermaßen eine Kreuzung aus Bibliotheken, dem Fernsehen, Computernetzwerken und Telefonen – es ist gleichzeitig alles und nichts der eben Genannten.

Das Web ist ein Bündel von Seiten, die Informationen enthalten und die über den ganzen Globus hinweg miteinander verbunden sind. Jede Seite kann aus einer Mischung von Text, Bildern, Audio-Clips, Video-Clips, Animationen und anderem Zeug bestehen. (Wir halten uns lieber zurück, das andere Zeug genauer zu beschreiben, denn täglich kommt irgendwas neues hinzu.) So richtig interessant werden Webseiten durch die *Hyperlinks*, die meist nur *Links* genannt werden, denn hyper ist das Netz ohnehin. Jeder Link verweist auf eine andere Webseite, und wenn Sie auf einen Link klicken, holt Ihr *Browser* die Seite, auf die der Link zeigt, in Ihren Computer. (Ganz ruhig bleiben – noch ein paar Seiten, dann kommen wir zu den Browsern. Im Moment können Sie sich den Browser einfach als das Programm vorstellen, das mit dem Web spricht.)

Jede Seite, die Ihr Browser für Sie auf den Computer holt, kann wiederum andere Links enthalten, die Sie an neue Orte führen. Die Seiten können mit anderen Seiten irgendwo auf der Welt verbunden sein, deshalb wundern Sie sich nicht, wenn Sie im Web plötzlich auf Seiten von Singapur bis Calgary, von Buenos Aires bis Syndey blicken, und das manchmal schneller, als Sie »Kurt ist mein Onkel« sagen können. Wie schnell Sie letztendlich von einer Seite zur nächsten gelangen, hängt von einer Reihe verschiedener Faktoren ab, über die wir im nächsten Kapitel sprechen werden. In der Theorie jedenfalls, und in vielen Teilen der Welt auch bald in der Realität, sind Sie nur Sekunden von jeder Site überall in der Welt entfernt.

Woher kam das Web?

Das World Wide Web wurde 1989 am Europäischen Forschungszentrum für Teilchenphysik (CERN) in Genf erfunden – eine ungewöhnliche Keimzelle für eine Revolution des Computerzeitalters. Der Erfinder ist ein britischer Forscher namens Tim Berners-Lee, der heute Vorsitzender des World-Wide-Web-Konsortiums (W3C) ist. Diese Organisation setzt Standards und beeinflußt die weitere Entwicklung des Webs. Tim ist unglaublich clever und ein echtes Arbeitstier – er zählt zu den netten Kerlen, die man schon immer einmal kennenlernen wollte. (Margy hat ihn auf einer Fortbildung kennengelernt – wie praktisch, nicht?)

Tim hat HTTP (HyperText Transport Protocol) erfunden, über das Web-Browser mit Web-Servern kommunizieren; außerdem HTML (Hypertext Markup Language), die Sprache, in der Webseiten geschrieben werden. Auch die URLs (Uniform Resource Locator) gehen auf sein Konto, die Codes, anhand derer Webseiten und die meisten anderen Informationen im Netz identifiziert werden. Er hat sich das Web als einen Weg vorgestellt, der allen offen steht, um über das Netz Informationen sowohl zu verbreiten als auch abzurufen. In den ersten Web-Browsern waren Editoren integriert, mit denen man Webseiten fast genauso schnell erstellen konnte, wie man sie lesen konnte.

Weitere Informationen über die Entwicklung des Webs und die Arbeit des World-Wide-Web-Konsortiums finden Sie auf dessen Web-Site unter `http://www.w3.org`.

Dieses System untereinander verknüpfter Dokumente nennt man *Hypertext*. In Abbildung 6.1 sehen Sie eine Webseite: Jeder unterstrichene Ausdruck ist ein Link zu einer anderen Webseite. Hypertext, das Modewort, das das Netz lebendig macht, ist eines dieser einfachen Konzepte, die eine viel tiefgehendere Wirkung haben, als Sie vielleicht glauben.

Hyper für Anfänger

Wenn Sie die grundlegende Struktur des Webs überblicken, können Sie es viel besser nutzen und sich über alle anderen möglichen Einsatzbereiche Gedanken machen. *Hypertext* ist eine Methode, Informationen derart zu verknüpfen, daß sie leicht zu finden sind – zumindest theoretisch. In traditionellen Bibliotheken (sowohl die mit den Büchern als auch die in Computern) sind Informationen relativ willkürlich organisiert, z.B. alphabetisch oder in besonderen Ordnungssystemen der Bibliotheken. Diese Reihenfolge spiegelt in keiner Weise die Beziehungen zwischen verschiedenen Informationen innerhalb der Bibliothek wider. In der Hypertext-Welt sind Informationen in Relation zu anderen Informationen organisiert. Die Beziehungen zwischen den unterschiedlichen Informationen sind tatsächlich oft viel wertvoller als die Informationen selbst.

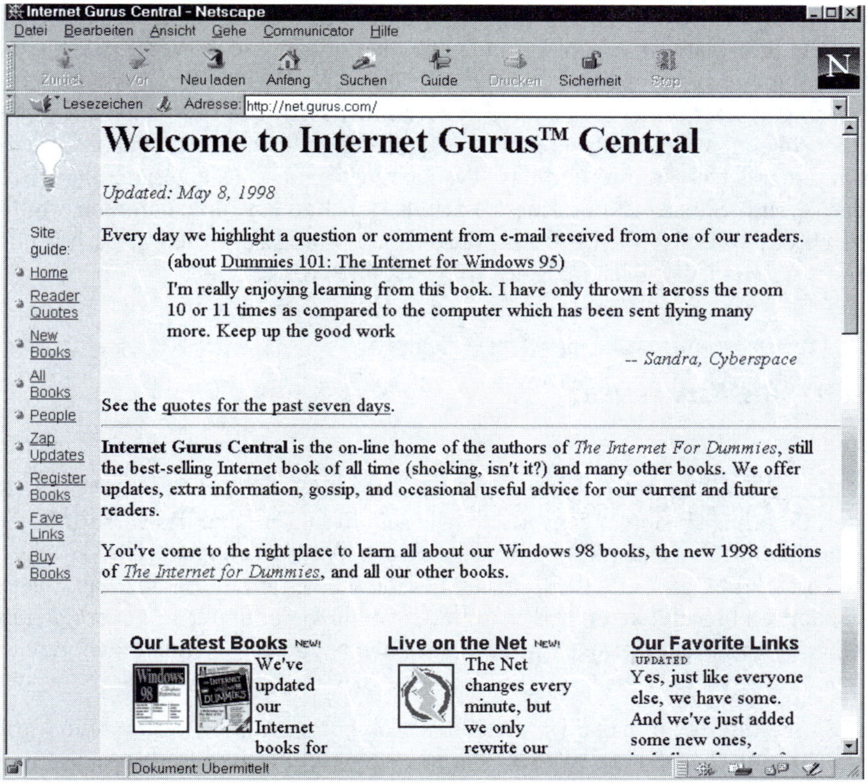

Abbildung 6.1: Auf Webseiten stellen unterstrichene Worte Links zu anderen Seiten dar.

Hypertext ermöglicht außerdem, daß eine bestimmte Reihe von Informationen sich gleichzeitig an mehreren Stellen befinden kann. In einer herkömmlichen Bibliothek kann ein Buch nur jeweils in einem Regal stehen; ein Buch zu Geisteskrankheiten ist beispielsweise entweder unter Medizin oder unter Psychologie im Regal eingeordnet, aber kann sich nicht an beiden Standorten gleichzeitig befinden. Hypertext kennt diese Einschränkungen nicht. Es ist kein Problem, Links zu ein und demselben Element z.B. sowohl aus Seiten mit medizinischen als auch aus solchen mit psychologischen Themen zu legen.

Nehmen wir einmal an, Sie möchten wissen, wodurch eine bestimmte Person der Geschichte beeinflußt wurde. Zunächst können Sie sich die allgemeine Biographie dieser Person vornehmen: Wo und wann sie geboren wurde, die Namen ihrer Eltern, ihre Religion und andere grundlegende Dinge wie diese. Darauf aufbauend können Sie das bisher Gefundene weiter vertiefen und herausfinden, was sonst noch während jener Zeit in ihrem Teil und in den übrigen Teilen der Welt passiert ist oder welchen Einfluß die Religion auf die Person ausgeübt hat. Indem Sie all diese Aspekte zusammenziehen und ihre Verbindungen begreifen, machen Sie sich ein detailliertes Bild von der Person, das allein aus Aufstellungen mit Namen und Daten so kaum möglich wäre.

Ein Hypertext-System erlaubt es, Verknüpfungen zu Informationen herzustellen, mit denen Sie verwandte Informationen leicht auffinden können. Indem Sie die Verbindungen zwischen den Informationen herstellen, gewinnen Sie allmählich ein Bild des Webs, wie es sich aus den Links zwischen den einzelnen Bestandteilen zusammensetzt. Das Besondere am Web ist, daß es Infos von überall auf dem Planeten, auf verschiedenen Rechnern und zahlreichen Datenbanken miteinander verknüpft, und das alles ziemlich nahtlos (Sie gerieten ganz schön ins Schleudern, wenn Sie sowas mit einem Karteikarten-Katalog hinbekommen wollten). Sie können sich das Web als einen extrem großen, aber wohlgesonnenen außerirdischen Tausendfüßler vorstellen, der vollständig aus Informationen besteht.

Hypertext: Eine Reminiszenz

John schreibt:

Der Begriff und das Konzept Hypertext wurden etwa 1969 von Ted Nelson erfunden, einem berühmten Computer-Visionär, der mittlerweile seit 25 Jahren über das Verhältnis von Computern und Literatur nachdenkt – er hat damit schon damals angefangen, als die meisten Leute die Vorstellung für dumm hielten, daß es eine solche Beziehung überhaupt geben könne. Vor 20 Jahren behauptete er, daß man in der Zukunft Computer in Lederköfferchen mit Rennstreifen mit sich herumtragen würde. (Ich habe noch keine Rennstreifen gesehen, aber ansonsten hatte er völlig recht.)

Schon 1970 erzählte Ted mir, daß wir alle kleine Computer mit preiswerten Bildschirmen auf unseren Schreibtischen haben würden, die supertolle grafische Hypertextsysteme hätten. »Nee,« sagte ich, »für Hypertext braucht man einen Mainframe mit einem Haufen Arbeitsspeicher und einen hochauflösenden Bildschirm.« Wir hatten natürlich beide recht, denn 1998 stehen auf unserem Schreibtisch kleine Computer, die schneller als die Mainframes von 1970 sind und außerdem mehr Speicherplatz und einen besseren Bildschirm haben.

Verschiedene Hypertext-Projekte sind im Laufe der Jahre gekommen und gegangen, einschließlich eines an der Brown University (zu dem Ted gehörte) und eines am Stanford Research Institute (das vielleicht das einflußreichste Projekt in der Geschichte des Computers war, weil dort Bildschirmfenster und die Maus erfunden wurden).

Teds eigenes Hypertextsystem, Project Xanadu, ist seit ungefähr 15 Jahren in Arbeit, mit wechselnder Finanzierung und Management, aber so ziemlich mit denselben Leuten, die daran werkeln und es am Laufen halten. Das Projekt kümmert sich um viele Themen, die andere vernachlässigen. Ted hat insbesondere eine Methode gefunden, wie die Autoren in einem Hypertextsystem bezahlt werden können, selbst wenn ein Dokument Teile hat, die von anderen her verlinkt sind, und wenn das Dokument, das sich daraus ergibt, fast völlig ein Kompendium von Teilen anderer Dokumente ist. Ein Jahrzehnt lang habe ich jedes Jahr gehört, daß Xanadu – und mittlerweile ein kleineres Xanadu Light, das von einem Großteil bereits existierender Software profitieren soll – im nächsten Jahr auf den Markt käme. Ich hoffe, daß das dieses Jahr stimmt.

Margy fügt hinzu:

Da das World Wide Web mittlerweile dem Massenmarkt eine eingeschränkte Version von Hypertext gebracht hat, hofft Ted, daß er ein Xanadu-ähnliches System im Web aufbauen kann. Halten Sie die Augen auf, was diese Entwicklung angeht!

Eine andere wichtige Eigenschaft des Webs ist, daß die in ihm enthaltenen Informationen durchsuchbar sind. Sie haben z.B. innerhalb von zehn Sekunden eine Aufstellung aller Webseiten auf dem Bildschirm, in denen die Worte »heimisches Geflügel« vorkommen, oder Ihr Name, oder der Titel eines Buches, das Sie interessiert. Sie können den Links folgen und sich die Webseiten des Suchergebnisses ansehen, um herauszufinden, welche Seiten die gewünschten Informationen enthalten.

Gib dem Kind einen Namen

Hypertext ist gut und schön – vertrauen Sie uns. Bevor Sie ins Web eintauchen, müssen Sie allerdings noch ein weiteres wichtiges Konzept kennenlernen. Jede Seite im Web hat eine Adresse, den Code, anhand dessen die Seite aufzufinden ist, und einen damit verbundenen Namen, mit dem der Browser die Seite finden kann. Bedeutende Köpfe aus der Welt der Softwareentwicklung haben diesem Namen die Bezeichnung »URL« verpaßt (Uniform Resource Locator) Jede Webseite hat eine URL. Zeichenketten, die mit http:// oder www. beginnen, sind URLs. Einige sprechen jeden Buchstaben einzeln aus (»U-R-L«), andere sehen es als ein Wort (»URL«) – Sie haben die Wahl. Jetzt wissen Sie genug, um mit dem Browsen loslegen zu können.

Und ab geht's

Jetzt, wo Sie alles über das Web wissen, möchten Sie es zweifelsohne endlich selbst ausprobieren. Um dies tun zu können, benötigen Sie einen *Browser*, das Programm, das loszieht, um die Webseiten herbeizuschaffen und sie auf Ihrem Bildschirm darzustellen. Wenn Sie bereits über einen Internet-Zugang verfügen, haben Sie wahrscheinlich schon einen Browser. Meist erhält man einen vom Internet-Provider; Sie haben ihn vermutlich zusammen mit der anderen Internet-Software installiert. Wenn Sie keinen Browser haben oder Netscape Navigator bzw. Microsoft Internet Explorer installieren möchten (wahrscheinlich haben Sie den einen und möchten den anderen ausprobieren), schauen Sie sich den Abschnitt »Netscape Navigator oder Microsoft Internet Explorer beschaffen und installieren« am Ende des Kapitels an.

Dem Web wird inzwischen mehr Beachtung geschenkt als dem ganzen Rest des Internets zusammen, und alle möglichen Leute möchten einen Web-Browser auf den Markt bringen. Wir besprechen drei der populärsten: Netscape Navigator, der bekannteste graphische Browser weltweit; Internet Explorer, Microsofts Antwort auf Netscape; und Lynx, der Browser mit Textoberfläche für die Fraktion mit den Unix-Accounts.

Falls Sie einen anderen Browser haben, der an Bildschirmfenstern orientiert ist, oder AOL- bzw. CompuServe-Software verwenden, trifft so ziemlich alles, was wir zu Netscape Navigator oder Microsoft Internet Explorer sagen, auch auf solche Browser zu. Wenn Sie möchten, können Sie auch erst Kapitel 16 lesen, um zu erfahren, woher man Netscape Navigator und Microsoft Internet Explorer bekommt und wie man sie für diese Online-Dienste installiert, bevor Sie zurückblättern und hier weiterlesen.

Browser-Krieg

Sind Sie es auch leid, ständig vom »Krieg« zu hören, der zwischen Netscape, der »Killer-Anwendung« fürs Internet, und Internet Explorer, mit dem Microsoft die Konkurrenz ausstechen möchte, ausgefochten wird? In diesem Kapitel erfahren Sie, wie man mit beiden umgeht. Wir schlagen uns hier bewußt auf keine Seite, da beide ganz ordentlich arbeiten und so ähnlich sind, daß alle Kritikpunkte an dem einen Browser wahrscheinlich genauso für den anderen zutreffen würden.

Wenn Sie bereits einen PPP-Account haben oder einen Online-Dienst (wie AOL) benutzen, können Sie die coolen, modernen Web-Browser wie Netscape Navigator oder Microsoft Internet Explorer benutzen.

URLKönig

Ein Teil der Zielsetzung für das World Wide Web ist es, alle Informationen im bekannten Universum miteinander zu verbinden, angefangen mit dem Zeug im Internet und dann weiter nach oben gehend (Diese Behauptung mag wie eine leichte Übertreibung klingen, wir sind da aber anderer Meinung).

Ein Schlüssel zur globalen Vorherrschaft besteht darin, allem (zumindest allem, das als Web-Ressource in Frage kommt) einen Namen zu geben, und zwar einen einheitlichen Namen. Auf diese Weise ist es gleichgültig, auf was ein Hypertext-Link verweist, jeder Web-Browser kann dem Link folgen und weiß, was er mit dem Gefundenen anstellen soll.

Schauen Sie sich diese typische URL an:

```
http://net.gurus.com/index.phtml
```

Der erste Bestandteil einer URL, das Wort vor dem Doppelpunkt, ist das *Schema,* das den Weg angibt, wie ein Browser zur Ressource gelangt. Es sind zehn verschiedene Schemata festgelegt, und das weitaus bekannteste ist *HTTP (Hypertext Transfer Protocol),* die ursprüngliche Übertragungstechnik des Web. (Verwechseln Sie HTTP, die Art, wie Seiten über das Netz geschickt werden, nicht mit HTML, der Art, wie die Seiten intern codiert sind. Dazu kommen wir in Kapitel 7.)

Obwohl die restlichen Details der URL vom jeweiligen Schema abhängen, gebrauchen die meisten Schemata doch meist eine einheitliche Syntax. Auf den Doppelpunkt folgen zwei Schrägstriche (immer vorwärts gerichtete Schrägstriche (/), nie rückwärts gerichtete) und der Name des Host-Computers, auf dem sich die Ressource befindet; in diesem Fall `net.gurus.com`. Darauf folgt ein weiterer Schrägstrich und ein *Pfad*, der den Namen der Ressource auf diesem Host angibt, in diesem Fall eine Datei namens index.phtml.

Web-URLs erlauben eine Reihe anderer optionaler Bestandteile. Sie können eine *Port-Nummer* enthalten, die grob gesagt angibt, welches der verschiedenen Programme, die auf dem Host laufen, die Anfrage bearbeiten soll. Die Port-Nummer steht hinter einem Doppelpunkt nach dem Host-Namen, wie hier:

```
http://net.gurus.com:80/index.phtml
```

Da die Port-Nummer unter `http` standardmäßig 80 ist, können Sie die Nummer weglassen, wenn das der gewünschte Port ist (meistens ist er das). Eine Web-URL kann schließlich am Ende einen Suchteil enthalten, der auf ein Fragezeichen folgt, wie hier:

```
http://net.gurus.com:80/index.phtml?plugh
```

Nicht alle Seiten können Suchteile enthalten, aber wenn das der Fall ist, dann teilen Sie dem Host mit, wonach er suchen soll. (Sie geben selten einen Suchteil selbst ein – meistens wird er für Sie aus Formularfeldern in Webseiten konstruiert.

Drei weitere nützliche URL-Schemata sind `mailto`, `ftp` und `file`. Eine `mailto`-URL sieht folgendermaßen aus:

```
mailto:internet5@gurus.com
```

Das sieht fast aus wie eine E-Mail-Adresse. Wenn Sie unter Netscape Navigator auf eine `mailto`-URL klicken, wird ein Fenster eingeblendet, in dem Sie eine E-Mail an die in der URL angegebene Adresse schicken können. Unter Microsoft Internet Explorer wird nach einem Klick auf eine `mailto`-URL das Programm Outlook Express oder Ihr Standard-Mailprogramm gestartet. (Outlook Express wird in Kapitel 11 behandelt). `Mailto`-URLs dienen meist dazu, Kommentare an die Eigentümer einer Webseite zu schicken.

Eine URL, die mit `ftp` beginnt, erlaubt das Herunterladen von Dateien von einem FTP-Server im Internet (Informationen zu FTP-Servern finden Sie in Kapitel 12). Eine `ftp`-URL sieht so aus:

```
ftp://ftp.netscape5.com/navigator/3.0/mac/README.TXT
```

Der Teil nach den zwei Schrägstrichen ist der Name des FTP-Servers (in diesem Fall `ftp.netscape5.com`). Der Rest der URL gibt den Pfadnamen der Datei an, die Sie herunterladen möchten.

Die `file`-URL gibt eine Datei auf Ihrem Computer an. Sie sieht so aus:

```
file:///C|/www/index.htm
```

Auf einem Windows- oder DOS-Computer zeigt diese Zeile auf eine Webseite, die in der Datei C:\www\index.htm gespeichert ist. Der Doppelpunkt wird zu einem vertikalen Balken (da Doppelpunkte in URLs etwas anderes bedeuten), und die rückwärtigen Schrägstriche werden zu vorwärts gerichteten Schrägstrichen. File-URLs verwendet man hauptsächlich, um sich Grafikdateien mit den Dateinamenerweiterungen .gif und .jpg anzuschauen, oder um sich eine Web-Page anzusehen, die Sie gerade geschrieben haben und in einer Datei auf Ihrer Festplatte gespeichert haben.

Falls Sie einen UNIX-Shell-Account haben, schließen Sie am besten Ihre Augen und vergessen Sie all die schönen Bilder. Viele andere Programme tun glücklicherweise ungefähr das Gleiche wie Netscape, so etwa ein Programm namens Lynx, das über eine textbasierte Einwählverbindung hervorragende Dienste leistet. Lesen Sie den Abschnitt »Leben mit Lynx« etwas weiter hinten in diesem Kapitel, oder ziehen Sie los und besorgen Sie sich einen PPP-Account.

Surfen mit Netscape Navigator und Microsoft Internet Explorer

Nach dem Start von Netscape Navigator sehen Sie einen Bildschirmaufbau, der Ähnlichkeit mit dem aus Abbildung 6.1 hat. Das Fenster des Microsoft Internet Explorer sieht aus wie das in Abbildung 6.2. Welche Seite Ihr Browser anzeigt, hängt davon ab, wie er eingestellt ist. Viele Provider richten die Browser so ein, daß ihre eigene Homepage angezeigt wird.

Im oberen Bereich des Fensters befinden sich eine Reihe von Schaltflächen und das Feld Adresse, in dem die *URL (Uniform Resource Locator)* für die aktuelle Seite steht. (Netscape nennt dieses Feld aus Gründen, die uns verborgen bleiben, manchmal Netsite. Microsoft nennt es ab und zu Shortcut.) Denken Sie daran, daß URLs ein wichtiger Bestandteil der Web-Sage sind, denn sie sind der geheime Code, der alle Seiten im Web benennt. Genaueres dazu entnehmen Sie dem vorhergehenden Kasten »URLKönig.«

Wir wandern durch das Web

Die erste Fertigkeit, die Sie brauchen (wenn man etwas so Einfaches wie ein einzelnes Mausklicken als Fertigkeit bezeichnen will), besteht darin zu lernen, wie man sich im Web von Seite zu Seite bewegt.

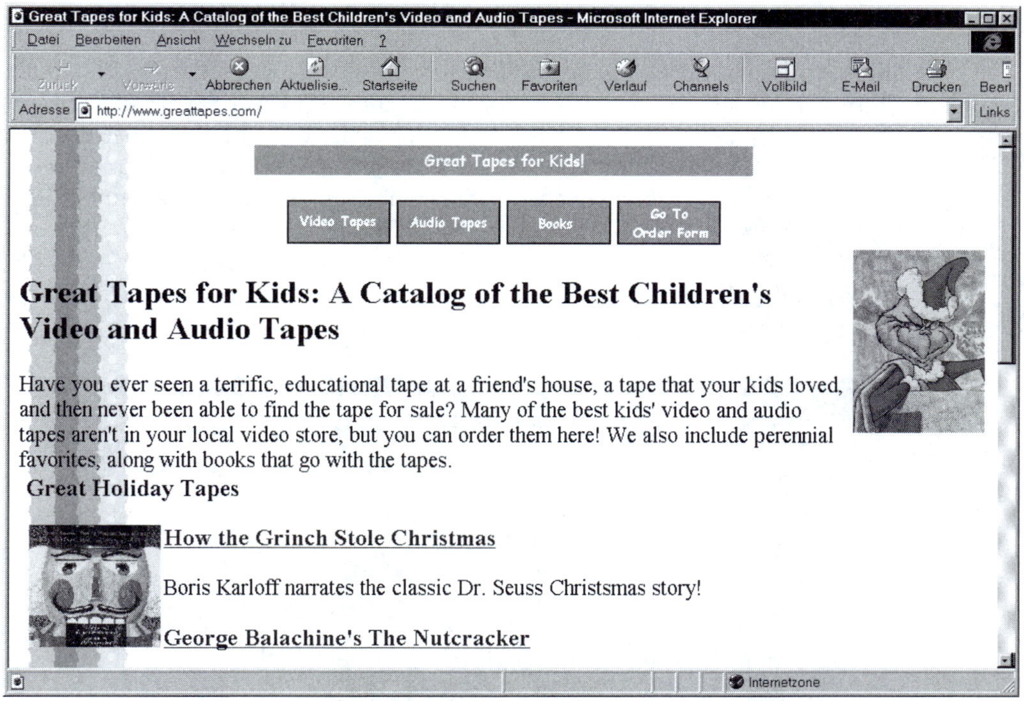

Abbildung 6.2: Eine typische Webseite mit dem Microsoft Internet Explorer

Das ist einfach: Sie klicken einfach auf jeden Link, der interessant aussieht. Unterstrichener blauer Text und Bilder mit blauem Rand sind Links. (Obwohl Links auch in einer anderen Farbe als blau dargestellt werden, ganz abhängig davon, wie sich der Designer der Web-Site die Gestaltung vorstellt, so sind Links doch immer unterstrichen, es sei denn, die Seite ist Opfer eines besonders furchtbaren Designers geworden.) Ob Sie sich auf einem Link befinden, erkennen Sie daran, daß der Mauszeiger zu einer kleinen Hand wird. Wenn Sie nicht sicher sind, ob etwas ein Link ist, klicken Sie trotzdem drauf, denn wenn es keiner ist, wird es auch nicht schaden. (Wenn Sie außerhalb eines Links klicken, wird der Text markiert, auf den Sie klicken, wie in jedem anderen Windows-Programm.)

Stop, zurück!

Web-Browser erinnern sich an die letzten paar Seiten, die Sie besucht haben. Sie können daher leicht zur vorhergehenden Seite zurückkehren, wenn Sie auf einen Link geklickt haben und Sie die neue Seite nicht gerade vom Hocker reißt. Um zurückzugehen, klicken Sie auf die Zurück-Schaltfläche (das ist das Symbol mit dem nach links zeigenden Pfeil) oder drücken Sie Alt+←.

Quer über die Landkarte

Einige Bilderlinks sind *Image-Maps* (Bild-Landkarten), wie das große Bild in der Mitte von Abbildung 6.3. Bei einem normalen Link ist es egal, wo Sie klicken, aber bei einer Map ist das wichtig. Die Map hier ist typisch und besitzt einige deutlich zu erkennende Bereiche, auf die Sie klicken können, wenn Sie Informationen unterschiedlicher Art haben wollen. (Sie finden übrigens alle Daten aus dem US-Zensus von 1990 mit Ausnahme der persönlichen auf dem Netz unter `http://www.census.gov`.) Einige Image-Maps sind wirklich Landkarten – die US-Volkszählungsbehörde zeigt beispielsweise eine Karte der Vereinigten Staaten, auf der Sie Informationen zu den Staaten erhalten, die Sie anklicken.

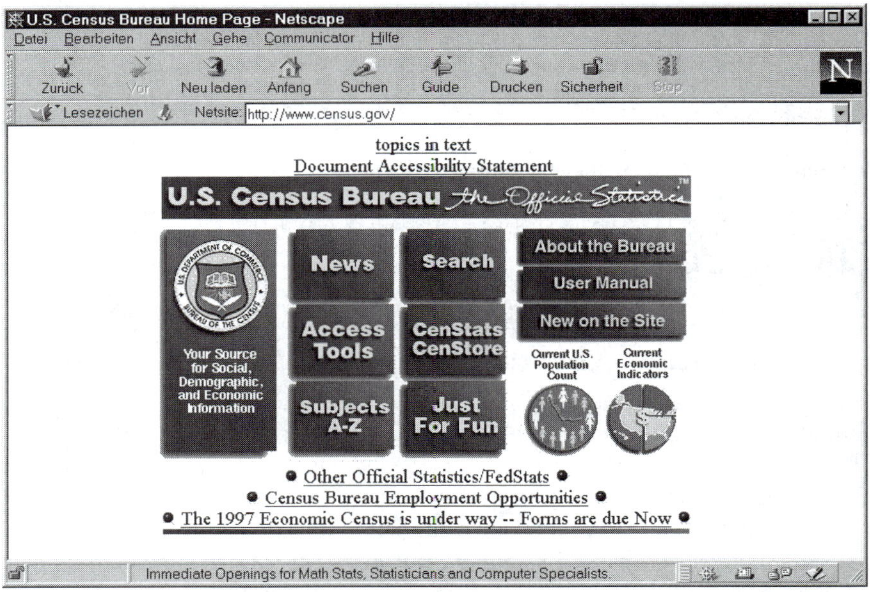

Abbildung 6.3: Hier kann sich das amerikanische Volk zählen lassen.

Wenn Sie den Maus-Cursor über die Netscape-Seite bewegen und auf einen Link zeigen, erscheint jedesmal der Ort, auf den der Link verweist, in kleiner Schrift unten auf dem Bildschirm. Netscape Navigator zeigt die URL der Seite an, während Microsoft Internet Explorer den Namen des Computers anzeigt, auf dem die Webseite gespeichert ist, und den Namen der Datei, die die Webseite enthält. Ist der Link eine Image-Map, so folgen ihm bei Netscape Navigator ein Fragezeichen und zwei Zahlen, die die X- und Y-Position der Stelle auf der Map angeben, wo Sie sich befinden. Die Zahlen können Ihnen egal sein (der Web-Server muß etwas sinnvolles damit anstellen), aber wenn Sie ein Zahlenpaar sehen, das größer und kleiner wird, während Sie die Maus bewegen, wissen Sie, daß Sie sich auf einer Image-Map befinden.

Wir schauen uns um

Heutzutage hat jeder Fritz und sein Nachbar eine Homepage. Eine Homepage ist die Haupt-Webseite einer Person oder Organisation. In Kapitel 10 zeigen wir, wie Sie für sich und Ihre Katze eine eigene Homepage erstellen. (Sehen Sie sich beispielsweise `http://users.aim-net.com/~carver/ciny.html` an.) Unternehmen geben in der Werbung oft ihre Homepages an, andere Leute verschicken E-Mails und erzählen von coolen Sites. Wenn Sie auf eine URL stoßen, die Sie sich ansehen möchten, gehen Sie folgendermaßen vor:

1. **Klicken Sie in das Feld Adresse im oberen Bereich des Browser-Fensters.**
2. **Geben Sie die URL in das Feld ein.**

   Die URL sieht in etwa aus wie `http://net.gurus.com/`.
3. **Drücken Sie Eingabe.**

Wenn Sie URLs per E-Mail, Usenet-Nachricht oder sonstwoher auf Ihren Windows-PC bekommen haben, können Sie die Windows-Standardtechnik zum Ausschneiden und Einfügen benutzen und sich das Neutippen sparen:

1. **Markieren Sie die URL, in welchem Programm auch immer sie gezeigt wird.**
2. **Drücken Sie Strg+C, um sie in die Windows-Zwischenablage zu kopieren.**
3. **Klicken Sie im Netscape Navigator oder im Microsoft Internet Explorer in das Feld Adresse.**
4. **Drücken Sie Strg+V, um die URL einzufügen, und drücken Sie dann die Eingabetaste.**

Neuere Versionen von Eudora und vielen anderen Mail-Programmen markieren alle URLs, die in E-Mails vorkommen. Sie müssen nur noch auf den markierten Link klicken, um die Webseite zu öffnen.

Sie können den Teil http:// am Anfang der URLs weglassen, wenn Sie sie im Feld Adresse eingeben. Wenn Sie Netscape verwenden, können Sie auch das `www` am Anfang und das `com` am Ende weglassen, d.h. Sie können anstatt `http://www.yahoo.com` auch einfach nur `yahoo` eingeben.

Wo beginnen?

In Kapitel 8 gehen wir ausführlich darauf ein, wie man im Netz findet, was man sucht; im Moment geben wir Ihnen erst mal eine gute Adresse zum Warmwerden: Gehen Sie zur Yahoo!-Seite. (Ja, der Name der Webseite umfaßt ein Ausrufezeichen – die Seite ist sehr aufregend. Für den Rest des Buches lassen wir das aber weg, denn wir finden es etwas lästig.) Zum deutschsprachigen Yahoo gelangen Sie, indem Sie folgende URL im Feld Adresse eingeben und anschließend Eingabe drücken:

`http://www.yahoo.de`

Yahoo besteht aus einem Verzeichnis mit Millionen von Webseiten, die nach Thema sortiert sind. Schnüffeln Sie einfach ein wenig herum, und Sie finden sicher etwas Interessantes.

Netscape Navigator und Microsoft Internet Explorer sind nicht gerade die Schnellsten

Als Netscape die Version 3.0 des Navigators angekündigt hat, wurden von Netscape Tests veröffentlicht, die zeigten, daß dieses Programm 200% schneller war als sein Rivale Microsoft Internet Explorer. Microsoft schlug mit eigenen Studien und Statistiken zurück. Die Versionen 4.0 beider Programme sind immer noch langsam. Die Situation erinnert an einen Wettkampf, wer den Titel des schlankesten Nilpferds der Welt für sich beanspruchen kann – beide sind groß und träge.

Es gibt zwei verschiedenen Probleme mit der Langsamkeit. Zum einen benötigen diese hübschen Multimedia-Spielereien eine Menge Daten, was bedeutet, daß sie außer in den allerschnellsten Netzwerken eine lange Übertragungszeit benötigen. Zum anderen sind beide, um mal einen technischen Computer-Begriff zu benutzen, Schweine. (Sie sind nicht so schweinisch wie einige andere Netz-Browser, aber immer noch ziemlich schlimm.) Die Standard-Faustregel besagt, daß Sie einen 486/33MHz-Computer mit 8 Megabyte RAM benötigen, um eine vernünftige Leistung zu haben, und aus eigener Erfahrung wissen wir, daß beide Programme auch bei einem Computer dieser Größe immer noch eine Menge Zeit damit verbringen, Teile der Programme auf der Festplatte hin- und herzuschaufeln. Wenn Sie einen Pentium und 32 Megabyte RAM haben, sind beide einigermaßen, aber immer noch nicht atemberaubend schnell.

Sie können ein paar Dinge tun, um Netscape Navigator und Microsoft Internet Explorer zu beschleunigen, was wir in Kapitel 7 erklären. (Das ist ein Trick, damit Sie weiterlesen.)

Diese Seite sieht seltsam aus

Manchmal gerät eine Webseite auf dem Weg zu Ihnen durcheinander, oder Sie unterbrechen sie (mit einem Klick auf die Schaltfläche STOP in der Werkzeugleiste). Sie können Ihrem Browser sagen, daß er die Seite noch einmal laden soll: Unter Netscape Navigator klicken Sie dazu die Schaltfläche NEU LADEN oder drücken Strg+R; unter Microsoft Internet Explorer klikken Sie die Schaltfläche AKTUALISIEREN oder drücken die Taste F5.

Schon genug

Früher oder später muß selbst der überzeugteste Web-Surfer eine Pause einlegen, um zu essen oder sich anderen körperlichen Bedürfnissen zu widmen. Sie verlassen Netscape Navigator oder Microsoft Internet Explorer genauso wie jedes andere Windows-Programm: Nehmen Sie den Befehl DATEI – BEENDEN (DATEI – SCHLIESSEN für den Microsoft Internet Explorer, wie wir überraschenderweise feststellten). In Windows 95 oder Windows 98 können Sie auch auf die Schaltfläche SCHLIESSEN in der rechten oberen Ecke des Fensters klicken.

Netscape Navigator oder Microsoft Internet Explorer beschaffen und installieren

Mit etwas Glück sind Netscape Navigator oder Microsoft Internet Explorer bereits auf Ihrem Computer installiert. Die beiden Programme sind sich so ähnlich, daß wir Ihnen raten, einfach bei dem Programm zu bleiben, das Sie schon haben (zumindest für's erste). Wenn Sie kein Glück haben und sich keines der beiden Programme auf Ihrem Rechner befindet, ist das auch nicht weiter schlimm. Die Programme sind leicht zu bekommen und zu installieren.

Netscape Navigator gibt es in verschiedenen Ausführungen: für Windows 3.1 (die 16-Bit-Version), Windows 95 (die 32-Bit-Version), Mac und verschiedene Versionen für eine Reihe von UNIX-Workstations. Netscape Navigator ist Teil eines Programmpakets namens Netscape Communicator (über das E-Mail-Programm reden wir in Kapitel 11). In Netscape Navigator 4.0 ist außerdem ein Editor für Webseiten enthalten, falls Sie Ihre eigenen Webseiten erstellen möchten. (Wie das geht, erfahren Sie in Kapitel 10).

Obwohl es den Internet Explorer ursprünglich nur für Windows 95 gab, hat Microsoft inzwischen auch Versionen für Windows 3.1, den Mac und einige UNIX-Versionen herausgebracht.

Selbst wenn Sie Netscape Navigator oder Microsoft Internet Explorer bereits haben: ungefähr alle 20 Minuten kommen neue Versionen heraus, und es empfiehlt sich zu wissen, wie man ältere Versionen aktualisiert, denn meistens reparieren die neuen Versionen ein paar Fehler der älteren und sind daher besser. Die Schritte sind relativ einfach:

1. **Holen Sie sich ein Exemplar des Installationspakets von Netscape Navigator oder Microsoft Internet Explorer auf Ihren Computer.**

2. **Packen Sie das Installationspaket aus.**

3. **Installieren Sie die Software.**

Da an diesem Vorgang Computer beteiligt sind, ist jeder dieser Schritte natürlich etwas schwieriger als es notwendig wäre.

Wie man das Paket bekommt

Vielleicht hat Ihr Provider Ihnen Netscape Navigator oder Microsoft Internet Explorer auf einer Diskette gegeben. Das Installationspaket der meisten Internet-Provider enthält eine lizenzierte Version des Netscape Navigator oder Microsoft Internet Explorer direkt auf der CD-ROM.

Da der Internet Explorer Teil von Windows 95 und Windows 98 ist, haben Sie ihn vielleicht schon, aber nicht unbedingt in der aktuellsten Version. Microsoft verschenkt den Internet Explorer, deshalb können Sie Ihre ältere Version auf den neuesten Stand bringen. (Man kann sich über vieles am Internet Explorer beschweren, aber nicht über seinen Preis, es sei denn, Sie machen sich Gedanken über Software-Monopole.)

Sie können Netscape Navigator oder Microsoft Internet Explorer auch aus dem Netz herunterladen. Wenn Sie Zugang zu einem Web-Browser haben, versuchen Sie es bei einer der folgenden Web-Sites:

- ✔ **TUCOWS (The Ultimate Collection of Internet Software):** Die *ultimative* Internet-Softwaresammlung finden Sie unter `http://www.tucows.com`.
- ✔ **Die vollständige Seite der WinSock-Anwendungen:** `http://cws.internet.com`.
- ✔ **Die Homepage von Netscape (für Netscape Navigator):** `http://www.netscape.com`.
- ✔ **Die Homepage von Microsoft (für Internet Explorer):** `http://www.microsoft.com`.

Gehen Sie mit Ihrem Web-Browser zu einer dieser Seiten und folgen Sie dann den Anweisungen, um die richtige Version zu finden und herunterzuladen. Sie können auch in Kapitel 15 nachschauen, wie man Dateien aus dem Internet herunterlädt.

Eine weitere Möglichkeit ist, einfach in einem Software-Geschäft vorbeizuschauen und Netscape Navigator zu kaufen – Sie erhalten eine Lizenz, eine Bedienungsanleitung und die Telefonnummer für den technischen Support; all das haben Sie nicht, wenn Sie Netscape aus dem Netz herunterladen.

Wir sind wieder zu Hause – jetzt packen wir aus und installieren

Wenn Sie das Programm haben, müssen Sie es auspacken, bevor Sie es installieren können. Wenn Sie Netscape Navigator oder Microsoft Internet Explorer auf Disketten oder CD-ROM erhalten haben, folgen Sie den mitgelieferten Anweisungen. Haben Sie die Dateien von Netscape Navigator oder Microsoft Internet Explorer auf Ihrer Festplatte, gehen Sie wie im Folgenden beschrieben vor (vorausgesetzt, Sie arbeiten mit Windows 3.1 oder Windows 95). Macintosh-Benutzer finden ein paar Tips am Ende dieses Abschnitts – die Installation auf dem Mac ist noch einfacher.

Damit es die Benutzer nicht allzu leicht haben, heißt das, was Microsoft unter MS-DOS und Windows 3.1 als Verzeichnis bezeichnet hat, in Windows 95 und Windows 98 nun Ordner. Wir verwenden den offiziell neusten Begriff; wenn Sie Benutzer von Windows 3.1 sind, tun Sie, wenn Sie *Ordner* lesen, einfach so, als ob wir *Verzeichnis* gesagt hätten.

1. **Erstellen Sie ein Verzeichnis namens \Inst.**

   Dieses Verzeichnis dient nur zur Installation des Programms – es ist nicht der Ort, wo sich Netscape Navigator oder Microsoft Internet Explorer dauerhaft befinden werden. Wählen Sie im Datei-Manager von Windows Datei – Verzeichnis erstellen. In Windows 95 oder 98 benutzen Sie den Arbeitsplatz oder den Explorer und wählen Datei – Neu – Ordner.

2. **Stecken Sie die Datei von Netscape Navigator oder Microsoft Internet Explorer in dieses Verzeichnis.**

   Der Dateiname von Netscape Navigator beginnt wahrscheinlich mit N16 oder N32. Bei Microsoft Internet Explorer beginnt der Dateiname meistens mit MSIE, obwohl wir gerade eine Datei namens DLMIN30.EXE heruntergeladen haben – man kann es also nie genau wissen. Ziehen Sie die Datei im Datei-Manager, Arbeitsplatz oder Explorer einfach in das neue Verzeichnis.

3. **Die Datei enthält ein Programm – lassen Sie es laufen.**

   Ein Haufen Dateien sollte aus der ursprünglichen Datei heraussprudeln, was etwas an den Film *Alien* erinnert. (In der Fachsprache nennt man so etwas ein *selbstextrahierendes Archiv*.) Man kann das Programm auf mehrere Arten ausführen, die einfachste ist aber, im Datei-Manager, Arbeitsplatz oder Explorer auf den Dateinamen doppelzuklicken.

   Neuere Versionen beider Programme legen direkt los mit der Installation des Programms – wenn Sie ein Fenster mit Anweisungen zur Installation von Netscape Navigator oder Microsoft Internet Explorer sehen, springen Sie zu Schritt 5.

   Ansonsten finden Sie nun einige Dutzend Dateien im Ordner /Inst, einschließlich einer Datei namens Setup.exe.

4. **Lassen Sie das Setupprogramm (setup.exe) laufen, um das Programm zu installieren.**

   Das Programm beginnt mit der Installation von Netscape Navigator oder Microsoft Internet Explorer.

5. **Folgen Sie den Anweisungen auf dem Bildschirm.**

   Das Installationsprogramm stellt Ihnen eine Reihe von Fragen, die Sie gewöhnlich alle mit OK beantworten können. Wenn Sie das Installationsprogramm des Microsoft Internet Explorer fragt, ob Sie zusätzliche Komponenten installieren möchten, wählen Sie Ja und markieren Sie die Programme, die Sie zusätzlich installieren möchten. (Dazu könnte Outlook Express zählen, das E-Mail-Programm von Microsoft; in Kapitel 11 erfahren Sie, wie man damit umgeht.)

Das Installationsprogramm des Microsoft Internet Explorers ist im Grunde nur ein »Bleistiftstummel«, der bei Ausführung des Programms eine aktive Verbindung zum Netz erfordert, da der Rest des Programms aus dem Netz geholt wird. Das Installationsprogramm umfaßt ca. 400 Kilobytes, so daß Sie es in zwei, drei Minuten herunterladen können; nach dem Start der Installation müssen jedoch weitere 13 Megabytes heruntergeladen werden, was einige Stunden in Anspruch nimmt. Überlegen Sie sich vielleicht, das Installationsprogramm zu starten und dann eine Pizza essen zu gehen (jede Menge Pizza).

Nachdem die Installation von Microsoft Internet Explorer abgeschlossen ist, müssen Sie Ihren Computer eventuell neu starten; ist dies der Fall, so erscheint eine Mitteilung, die einen Neustart anbietet. Wenn Sie nicht gerade mitten in der Arbeit stecken, klicken Sie auf Ja – ansonsten schließen Sie erst Ihre Arbeit ab und starten dann den Computer neu.

6. **Stellen Sie eine Verbindung zu Ihrem Internet-Provider oder Online-Dienst her, wenn Sie nicht bereits online sind.**

   Ihr neuer Browser will zuallererst eine Webseite anzeigen, deshalb tun Sie gut daran, die Verbindung zum Internet herzustellen.

7. **Probieren Sie Netscape Navigator oder Microsoft Internet Explorer aus.**

   Klicken Sie auf das attraktive neue Symbol (das abhängig vom Ihrem Browser-Programm »Netscape Navigator« beziehungsweise »Internet« benannt ist).

   Nach dem ersten Start von Netscape Navigator erscheint eine Meldung mit einem Haufen juristischen Unfugs, der die Lizenzbedingungen für Netscape beschreibt. Wenn Sie die ertragen können (die meisten Menschen schaffen es), klicken Sie, um Ihr Einverständnis zu signalisieren. Sie möchten vielleicht Verbindung zur Webseite von Netscape herstellen, um Ihr Exemplar des Netscape Navigator registrieren zu lassen – folgen Sie den Anweisungen.

   Beim ersten Start des Microsoft Internet Explorer wird wahrscheinlich der Assistent für die Internet-Verbindung gestartet, der Sie beim Einrichten der Internetverbindung unterstützt. Ist dies der Fall, so folgen Sie den Anweisungen auf dem Bildschirm. Wenn Sie bereits eine funktionierende Verbindung zum Internet eingerichtet haben, können Sie das angeben.

8. **Wenn Sie mit dem Programm glücklich sind, löschen Sie das Verzeichnis \Inst.**

   Sie brauchen die Installationsdateien nicht mehr, und sie nehmen einigen Platz auf der Festplatte ein.

Mac-Benutzer aufgepaßt: Die Tips zur Installation auf dem Mac sind fast exakt die gleichen. Wenn Sie Ihren Browser aus dem Netz herunterladen und etwas Glück haben, sollte der Browser als ausführbares Programm in dem Ordner erscheinen, in dem Sie ihn abgelegt haben. Klicken Sie ihn an und folgen Sie den Anweisungen, um ihn zu installieren. Das Programm kann als StuffIt-Datei ankommen, die sich selbst extrahiert, wenn Sie StuffIt installiert haben.

Wenn Sie von einer älteren Version des Netscape Navigator auf eine neuere umrüsten, können Sie die neue Version installieren, und sie ersetzt die alte. Wenn das Installationsprogramm fragt, ob es NETSCAPE.INI ersetzen soll, antworten Sie mit NEIN, um die existierenden Netscape-Einstellungen beizubehalten.

Leben mit Lynx

Netscape Navigator und Microsoft Internet Explorer erfordern PPP-Verbindungen. Doch was, wenn Sie nur einen UNIX-Shell-Account haben? Diejenigen von Ihnen, die eine mausfreie Existenz führen, können mit Lynx trotzdem ernsthaft im Web surfen.

Da Lynx ein textbasierter Browser ist, sind einige Sachen nicht möglich, so z.B. Bilder anzeigen, Audio- oder Video-Clips spielen oder durchlaufende Mitteilungen im Stil eines Nachrichten-Tickers am Fuße Ihres Bildschirm (ein echter Vorteil in diesem letzten Fall). Innerhalb dieser Einschränkungen ist es jedoch ein gutes Programm.

Da Lynx nur Text verarbeitet, ist es viel schneller als die grafikorientierten Browser, so daß Sie sich zumindest aus diesem Grund überlegen fühlen dürfen. Wenn Sie sehbehindert sind, ist Lynx auf jeden Fall genau das Richtige für Sie, denn besondere Programme können den Text aus Webseiten stark vergrößern oder laut vorlesen.

Alle UNIX-Shell-Provider sollten über Lynx verfügen, da es gratis ist. Um es zu starten, geben Sie am UNIX-Shell-Prompt **lynx** ein. Das Programm startet und zeigt auf dem Bildschirm eine Homepage, wie sie in Abbildung 6.4 zu sehen ist. Es ist die gleiche Seite wie die in Abbildung 6.1.

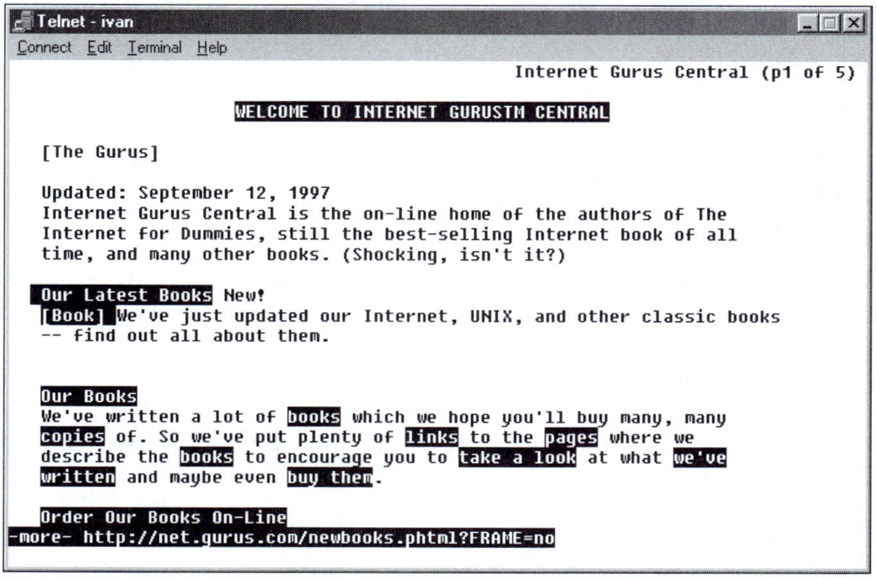

Abbildung 6.4: Schau mal, Mama, keine Bilder!

Da die meisten Textbildschirme nicht unterstreichen können, werden die Links als Negative gezeigt. Text in Klammern oder das Wort `[IMAGE]` erscheinen, wenn ein Bild vorgesehen ist. Ein Link auf dem Bildschirm ist der *aktuelle* und daher in einer anderen Farbe markiert. (Auf unserem Bildschirm ist der Text eher gelb als weiß, was man auf einer Schwarz/Weiß-Seite nicht sieht. Benutzen Sie Ihre Phantasie, oder besorgen Sie sich einen gelben Text-Maker.) Lynx packt aufmerksamerweise einige Hilfe-Informationen in die beiden unteren Zeilen, wodurch es besser zu benutzen ist.

Das Herumwandern

Fast alle Lynx-Befehle sind ein einfacher Tastendruck. Mit den Tasten ↑ und ↓ bewegt man sich von Link zu Link auf der aktuellen Seite. Wenn die Seite größer ist als ein Bildschirm, kann man sie weiterblättern. Wollen Sie sich auf der Seite um eine Bildschirmlänge bewegen, drücken Sie die Leertaste oder drücken Sie + und –, um sich einen Bildschirm vor oder zurück zu bewegen.

Sie können die Tasten ↑ und ↓ auch benutzen, um sich von Link zu Link zu bewegen, selbst wenn sich die Links auf einer Zeile nebeneinander befinden. Sie können beispielsweise ein paar Zeilen wie diese sehen:

```
Berühmte Philosophen

[Stan Laurel] [Oliver Hardy] [Marx] [Sokrates]
```

Wenn sich die Markierung auf Oliver Hardy befindet, drücken Sie die Taste ↑, um zu Stan Laurel zu kommen, und die Taste ↓, um zu Marx zu kommen. Die Tasten ← und → bedeuten etwas anderes, was wir gleich erklären.

Wenn Sie einen Link gefunden haben, der Ihnen gefällt, drücken Sie die Taste → oder die Eingabetaste, um diesem Link zu folgen. (Das Drücken von → entspricht in Lynx dem Anklicken eines Links.) Nachdem Lynx die neue Seite geholt hat, können Sie die Pfeiltasten drükken, um sich auf der neuen Seite herumzubewegen. Die Taste ← bringt Sie zur vorhergehenden Seite zurück. Sie können die Taste ← mehrmals drücken, um mehrere Seiten weit zurückzugehen.

Es gibt ein paar Dinge, die Lynx einfach nicht tun kann; vor allem kann es nicht mit Image-Maps umgehen. Es teilt Ihnen zwar mit, daß sich dort ein Bild befindet, aber da Sie das Bild nicht sehen und keine Maus benutzen können, können Sie nicht darauf klicken. Zum Glück bietet jede vernünftige Webseite mit einer Image-Map auch eine andere Methode, wie man zu den Orten gelangt, zu denen die Map führen würde. Entweder gibt es unter dem Bild Text-Links oder einen Link, der in etwa besagt »Hier klicken, um eine Textversion der Seite zu bekommen.« Lynx bietet Ihnen eine schöne, saubere, bilderfreie Seite, mit der Sie arbeiten können.

Wollen Sie zu einer bestimmten URL gehen, drücken Sie **g** für *Gehe zu* und geben dann die URL in die Zeile ein, die Lynx anbietet; Sie schließen den Vorgang mit dem Drücken der Eingabetaste ab.

Lynx verlassen

Wenn Sie mit Lynx fertig sind, drücken Sie **q**, um das Programm zu verlassen. Lynx fragt dann, ob Sie sicher sind, daß Sie das Programm beenden wollen; drücken Sie **y**.

Ist das alles?

Natürlich nicht. Lynx knistert vor lauter Funktionen, wie jedes moderne Computer-Programm. So ziemlich jeder mögliche Tastendruck bedeutet etwas für Lynx (Wie erörtern das in Kapitel 7 ausführlicher). Aber die Pfeiltasten und `g` und `q` sind alles, was Sie kennen müssen um loszulegen.

Das Gerangel mit dem Web

7

In diesem Kapitel

- Wie Sie sich über Ihre Lieblingsseiten auf dem Laufenden halten
- Beschleunigung Ihrer Streifzüge durchs Web
- Wie Sie sich etwas Platz auf Ihrem Bildschirm verschaffen
- Ausfüllen von Formularen im Web
- Seiten für die Nachwelt aufheben
- Mehr als eine Sache gleichzeitig tun
- Ausdrucken von Seiten aus dem Web
- Einstöpseln von Plug-Ins

Wenn Sie wissen, wie Sie sich im Web zurechtfinden, sind Sie reif für einige vergleichsweise fortgeschrittene Funktionen, mit denen Sie sich in kurzer Zeit wie ein Web-Profi fühlen. Denken Sie daran, daß Netscape Navigator, Microsoft Internet Explorer und Lynx nicht die einzigen Browser sind. Wenn Sie etwas anderes verwenden, stehen Ihnen die meisten Funktionen, die wir hier behandeln, wahrscheinlich ebenso zur Verfügung. Probieren Sie es einfach aus, so finden Sie am ehesten heraus, was Sie alles tun können. Wenn Sie ein Handbuch oder eine Online-Hilfe haben, können Sie natürlich auch auf darauf zurückgreifen, aber, hey, warum nehmen Sie sich den ganzen Spaß?

Meine Lieblingssachen

Im Web kann man wirklich coole Orte besuchen. Einige davon werden Sie immer wieder besuchen wollen. Die ganzen Hersteller toller Browser haben glücklicherweise einen praktischen Weg eingebaut, wie Sie sich diese Stellen behalten können, ohne die schrecklichen URLs aufzuschreiben, um sie hinterher wieder einzutippen.

Hinter verschiedenen Namen steckt immer die gleiche, einfache Idee: Sie können mit Ihrem Browser eine Stelle markieren, und er setzt die URL auf eine Liste. Wenn Sie später wieder zurückkehren möchten, gehen Sie einfach in Ihre Liste und wählen die entsprechende Stelle aus. Netscape Navigator nennt diese magischen Stellen *Lesezeichen*, bei Microsoft Internet Explorer heißen Sie *Favoriten*.

Lesezeichen können auf zwei allgemeine Arten verwaltet werden. Die eine Art sieht Lesezeichen als ein Menü, so daß Sie die einzelnen Lesezeichen aus der Menüleiste Ihres Browsers wählen können. Der andere Weg sieht sie als selbstgebaute Seite mit Links, zur der Sie gehen und den gewünschten Link anklicken. Lynx wählt den letzteren Ansatz der maßgeschneiderten Webseite. Netscape Navigator als gutes Beispiel für den Ansatz der riesigen, aufblasbaren Seifenblase in Sachen Softwareentwicklung hat beide Arten eingebaut. Microsoft Internet Explorer nimmt eine noch andere Wendung: Das Programm fügt Ihre Webseiten einem Ordner Ihrer Favoriten hinzu, zu dem Sie später zurückkehren können.

Lesezeichen setzen mit Netscape Navigator

Die Lesezeichen verbergen sich bei Netscape Navigator im Menü Lesezeichen. Um im Netscape Navigator 3.0 ein Lesezeichen für eine angezeigte Webseite anzulegen, wählen Sie Lesezeichen – Lesezeichen hinzufügen oder drücken Strg+D. Unter Navigator 4.0 wählen Sie Communicator – Lesezeichen – Lesezeichen hinzufügen, oder drücken Strg+D. Die Lesezeichen erscheinen als Einträge im Lesezeichen-Menü (im Navigator 3.0) oder im Menü, das eingeblendet wird, wenn Sie links des Adressfelds auf die Schaltfläche Lesezeichen-Quick-File klikken (im Navigator 4.0). Um zu den Seiten Ihrer Lesezeichenliste zu gelangen, wählen Sie einfach einen Eintrag aus diesem Menü.

Wenn es Ihnen wie den meisten anderen Web-Benutzern geht, wird Ihr Lesezeichen-Menü schnell größer und größer, läuft langsam den Bildschirm hinunter und plumpst irgendwann auf den Boden, was sowohl unattraktiv als auch unhygienisch ist. Glücklicherweise können Sie Ihr Menü in eine leichter zu handhabende Form zurechtstutzen. Wählen Sie Lesezeichen – Gehe zu Lesezeichen (in Navigator 3.0) oder Communicator – Lesezeichen – Lesezeichen bearbeiten (in Navigator 4.0), oder drücken Sie in beiden Versionen die Tasten Strg+B, um das Lesezeichenfenster wie in Abbildung 7.1 anzuzeigen.

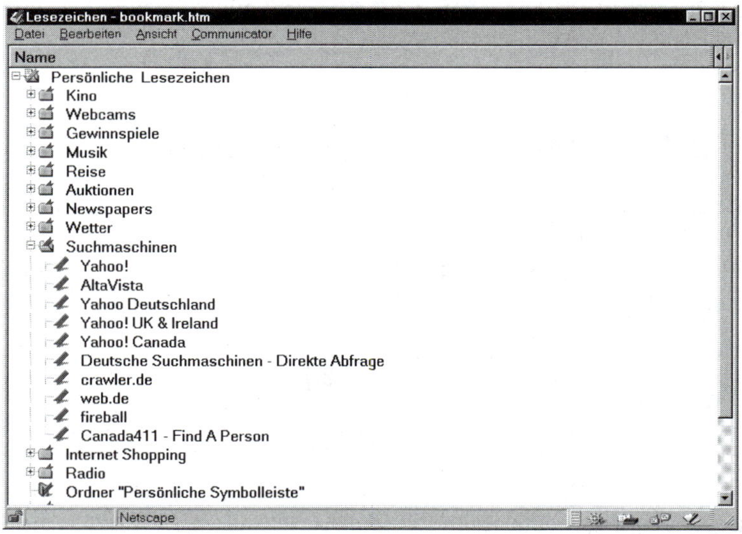

Abbildung 7.1: Das Lesezeichenfenster des Netscape Navigator enthält die Webseiten, die Sie nochmals aufsuchen möchten.

Da alle Lesezeichen »lebendig« sind, können Sie alle mit einem einfachen Klick aufsuchen. (Sie können dieses Fenster geöffnet lassen, während Sie sich im Hauptfenster des Browsers im Web bewegen.) Sie können zur Organisation Ihrer Lesezeichen außerdem Trennlinien und Untermenüs einfügen, so daß die einzelnen Menüs weniger sperrig erscheinen. Untermenüs sehen im Lesezeichen-Fenster wie Ordner aus.

Um eine Trennlinie im Lesezeichenfenster des Navigator 4.0 einzufügen, wählen Sie DATEI – NEUE TRENNLINIE; ein neues Untermenü fügen Sie mit DATEI – NEUER ORDNER ein (Das Programm bittet Sie, zuerst den Namen des Untermenüs einzutragen, bevor es den Ordner erstellt). Sie können die Lesezeichen, Trennlinien und Ordner nach oben oder unten ziehen, je nachdem, wo Sie Ihrer Meinung nach stehen sollen. Ziehen Sie ein Lesezeichen auf einen Ordner, um es im Untermenü dieses Ordners abzulegen, und doppelklicken Sie einen Ordner, um das Untermenü ein- oder auszublenden. Alle Änderungen, die Sie im Lesezeichenfenster vornehmen, werden sofort im Lesezeichenmenü übernommen. Es ist daher ziemlich einfach, solange mit den Lesezeichen herumzuspielen, bis das herauskommt, was Sie sich vorgestellt haben.

Wenn Sie genug mit Ihren Lesezeichen herumgealbert haben, wählen Sie DATEI – SCHLIESSEN oder drücken Sie Strg+W, um das Lesezeichenfenster zu schließen.

Favoriten sammeln mit Microsoft Internet Explorer

Microsoft Internet Explorer verwendet ein ähnliches System wie Netscape Navigator: Sie können die aktuelle Seite zum Ordner FAVORITEN hinzufügen und dann den Ordner ansehen und organisieren. Wenn Sie Windows 95 oder 98 verwenden, wird dieser Ordner jedoch mit anderen Programmen auf Ihrem Computer geteilt. Auch andere Anwendungen können Dinge im Favoriten-Ordner ablegen, der so aus einem Durcheinander (finden wir) aus Webseiten, Dateien und anderem Zeug besteht.

Um die aktuelle Seite im Favoriten-Ordner abzulegen, wählen Sie aus dem Menü FAVORITEN – ZU FAVORITEN HINZUFÜGEN. Über FAVORITEN – FAVORITEN VERWALTEN läßt sich der Ordner einsehen und bearbeiten. Der Microsoft Internet Explorer 4.0 verfügt außerdem über eine Favoriten-Schaltfläche in der Werkzeugleiste, die die Liste der Favoriten im linken Fensterteil des Internet Explorers einblendet.

Wie der Favoriten-Ordner im einzelnen funktioniert, hängt davon ab, welche Version des Microsoft Internet Explorer Sie haben. Die Version für den Internet Explorer 4.0 für Windows 95 oder Windows 98 sehen Sie in Abbildung 7.2. Sie können im Favoriten-Ordner auch Unterordner erstellen, mit denen Sie unterschiedliche Dateitypen in verschiedenen Ordnern ablegen können. (In der Version für Windows 3.1 können Sie die Favoriten-Liste nur ansehen, aber nicht verwalten.) Um einen Ordner zu erstellen, klicken Sie auf die Schaltfläche NEUEN ORDNER ERSTELLEN (die Schaltfläche mit dem gelben Ordner und einem kleinen Stern im rechten oberen Bereich des Fensters). Um ein Element im Favoritenfenster in einen Ordner zu verschieben, klicken Sie auf das Element, klicken dann auf die Schaltfläche VERSCHIEBEN und wählen den Ordner, in den das Element verschoben werden soll. Den Inhalt eines Ordners können Sie einsehen, indem Sie ihn doppelklicken. Nachdem Sie Ihre Favoriten organisiert haben, klicken Sie auf die Schaltfläche SCHLIESSEN.

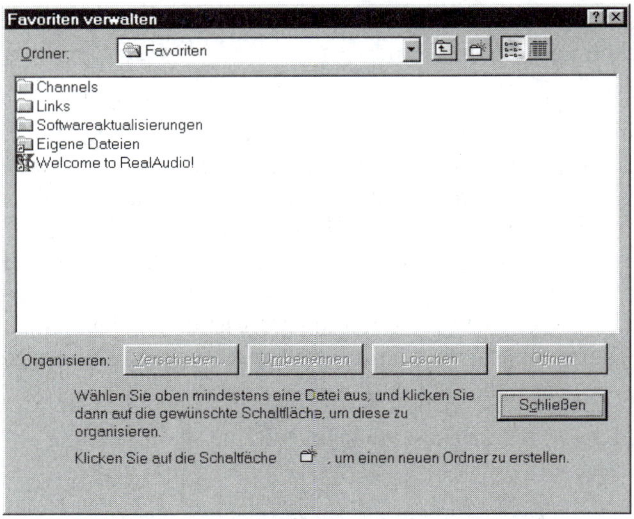

Abbildung 7.2: Ihre beliebtesten Webseiten, Textverarbeitsungdokumente und anderen Elemente erscheinen alle im Fenster FAVORITEN VERWALTEN.

Die Ordner, die Sie im Fenster FAVORITEN VERWALTEN erstellen, erscheinen im Favoriten-Menü, die Elemente, die Sie in den Ordnern ablegen, erscheinen in den Unterverzeichnissen. Um zu einer Webseite zurückzukehren, die Sie in Ihrem Favoriten-Ordner abgelegt haben, wählen Sie diese einfach aus dem Favoriten-Menü.

Unter Windows 95 und Windows 98 erscheint der Favoriten-Ordner meist auf Ihrem Desktop. Sie können den Ordner mit einem Doppelklick öffnen und ein Element doppelklicken, um zu ihm zurückzukehren. Wenn das Element eine Webseite ist, wird Ihr Browser angeworfen und (falls er mit dem Internet verbunden ist) die Webseite angezeigt.

Lesezeichen markieren mit Lynx

Das Lynx-Schema für Lesezeichen ist im Vergleich mit Netscape eine totale Antiklimax. Es wird von zwei (zählen Sie nach – zwei) Buchstaben gesteuert.

Wollen Sie die aktuelle Seite zu Ihrer Lesezeichen-Liste hinzufügen, drücken Sie **a**. Lynx bietet Ihnen die Wahl, einen Link auf die Seite auf dem Bildschirm hinzuzufügen (**d** für Dokument) oder den markierten Link zu kopieren (**c** für Kopieren).

Wollen Sie sich Ihre aktuelle Lesezeichen-Liste ansehen, drücken Sie **v**. Wenn Sie sich die Lesezeichen-Liste ansehen, bewegen Sie sich durch sie hindurch und wählen die Links genauso aus, als seien Sie auf irgendeiner anderen Webseite. Mit **r** können Sie Links von der Lesezeichen-Seite entfernen.

Wenn Sie Lynx auf Ihrem eigenen UNIX-Account benutzen, werden Ihre Lesezeichen zwischen den UNIX-Sitzungen in einer Datei gespeichert. Wenn Sie dagegen Telnet als Anschluß zu einem Lynx-System irgendwo anders benutzen, existieren die Lesezeichen nur während einer einzigen Lynx-Sitzung und werden gelöscht, wenn Sie die Sitzung beenden.

Das geht auch schneller

Falls Sie nicht gerade eine Hochgeschwindigkeitsverbindung über eine Standleitung, sondern nur eine einfach Einwahlverbindung haben, verbringen Sie wahrscheinlich viel Zeit mit dem dringenden Wunsch, daß es doch viel schneller gehen sollte, Sachen aus dem Netz zu holen. (John hat eine schnelle Standleitung, und auch er verbringt eine Menge Zeit damit, auf das Web zu warten.) Im Folgenden geben wir Ihnen eine handvoll Tips, wie Sie die ganze Sache etwas beschleunigen können.

Wo fangen wir an?

Bei Netscape Navigator: Wenn Netscape startet, lädt es standardmäßig die große, attraktive Netscape-Homepage. Nach den ersten ein, zwei Malen werden Sie wahrscheinlich herausfinden, daß Sie auch ohne die Homepage auskommen, egal wie hübsch sie ist. Sie können dem Programm sagen, daß es beim Starten keine Webseite laden soll:

1. **Wählen Sie Optionen – Allgemeine Einstellungen (in Navigator 3.0) oder Bearbeiten – Einstellungen (in Navigator 4.0).**

   Sie sehen das Dialogfeld Einstellungen.

2. **Klicken Sie auf die Registerkarte Gesamtbild (in Navigator 3.0) oder die Kategorie Navigator (in Navigator 4.0).**

   Bei Navigator 3.0 finden Sie unter Start eine Einstellung namens Browser startet mit. Bei Navigator 4.0 heißt diese Einstellung Navigator wird aufgerufen mit.

3. **Wenn Sie mit keiner Webseite starten möchten, klicken Sie auf Leere Seite. Wenn Sie mit einer von Ihnen angegebenen Seite starten möchten, klicken Sie auf Anfangsseite, klicken in das Feld darunter und geben den Namen einer Seite ein, die Sie lieber sehen möchten (z.B. die Homepage Ihres Providers).**

   Bei Navigator 4.0 haben Sie außerdem die Möglichkeit, mit der Seite zu starten, die Sie zuletzt aufgerufen haben, indem Sie auf die Option Zuletzt aufgerufene Seite klicken.

4. **Klicken Sie auf OK.**

Bei Microsoft Internet Explorer: Der Internet Explorer 4.0 startet mit der Anzeige der Microsoft-Homepage oder einer Webseite, die auf Ihrer Festplatte gespeichert ist, je nachdem, welche Version des Internet Explorers Sie haben. Sie können die Start-Seite ändern, aber es ist nicht möglich, keine Seite zu laden. (Das Laden einer Home-Page von Ihrer Festplatte geht glücklicherweise ziemlich schnell.) Folgen Sie diesen Schritten, um Ihre Anfangsseite zu ändern:

1. **Holen Sie die Webseite, die Sie als Anfangsseite verwenden möchten, auf Ihren Bildschirm.**

   Sie könnten beispielsweise auf der Yahoo-Seite anfangen, die in Kapitel 8 beschrieben wird.

2. **Wählen Sie Ansicht – Optionen aus dem Menü.**

   Sie sehen das Dialogfeld Optionen.

3. **Suchen Sie im oberen Bereich des Dialogfelds die Registerkarte Allgemein und klicken Sie sie an.**

   Sie können die Adressen verschiedener Webseiten angeben.

4. **Klicken Sie im Abschnitt Startseite des Dialogfelds auf die Schaltfläche Aktuelle verwenden.**

   Die URL der aktuellen Seite erscheint im Adreßfeld.

5. **Klicken Sie OK.**

Wählen Sie eine Startseite, die nicht viele Bilder enthält: Wenn Sie mit einer schnell zu ladenden Webseite oder gar keiner Startseite anfangen, müssen Sie nicht so lange warten, bevor Sie loslegen können.

Wechseln in den Häßlich-Modus

Sie können bei Ihren Reisen im Netz viel Zeit sparen, wenn Sie die Bilder überspringen. Natürlich sehen die Seiten dann nicht ganz so schick aus, aber dafür werden Sie geladen wie der Wind. Wenn Sie die fehlenden Bilder doch sehen möchten, können Sie das immer noch tun.

Bei Netscape Navigator: Im Menü Optionen (Navigator 3.0) oder im Dialogfeld Einstellungen (Für Navigator 4.0 wählen Sie Bearbeiten – Einstellungen und klicken Sie dann auf die Kategorie Erweitert) sollten Sie das Häkchen von Grafiken automatisch laden entfernen. (Für Navigator 3.0 wählen Sie dazu das Menü Optionen und sehen nach, ob links neben Grafiken automatisch laden ein Häkchen steht. Falls ja, wählen Sie den Befehl – damit wird das Häkchen entfernt. Wenn es kein Häkchen gibt, nehmen Sie diesen Befehl *nicht*, sondern drücken statt dessen auf Esc.) Wenn Sie Grafiken automatisch laden ausschalten, bekommt das Programm die Anweisung, den Textteil der Webseiten zu laden, der klein ist, sich aber von den größeren Bildern fernzuhalten. Es zeigt dann an jeder Stelle, an der eigentlich ein Bild erscheinen sollte, einen Kasten mit drei farbigen Formen. Um ein bestimmtes Bild zu sehen, klicken Sie mit der *rechten* Maustaste auf den Kasten und wählen aus dem erscheinenden Menü Diese Grafik anzeigen.

Bei Microsoft Internet Explorer: Sie können Internet Explorer 4.0, daß er die Bilder nicht laden soll, indem Sie Ansicht – Optionen wählen und auf die Registerkarte Erweitert klicken. Wenn im Bereich Multimedia ein Häkchen oder X neben dem Feld Bilder anzeigen erscheint, klicken Sie in das Feld, um das Häkchen oder X zu entfernen. Klicken Sie dann OK. Wo normalerweise Bilder erscheinen würden, sehen Sie nun einen kleinen Kasten mit drei Formen. Wenn Sie ein bestimmtes Bild sehen möchten, rechtsklicken Sie den kleinen Kasten und wählen Sie aus dem erscheinenden Menü Grafik anzeigen.

Geheime Lagerstätten

Wenn Netscape Navigator oder Microsoft Internet Explorer eine Seite gefunden hat, die Sie sehen wollten, speichert es sie auf der Festplatte. Wenn Sie fünf Minuten später noch einmal nach der Seite fragen, muß das Programm die Seite nicht noch einmal suchen – es verwendet einfach das bereits gespeicherte Exemplar. Wenn Sie dem Programm sagen, es soll die Bilder nicht laden, erscheinen trotzdem eine ganze Reihe Grafiken auf dem Bildschirm, da sie bereits zuvor heruntergeladen wurden.

Der Platz, den Ihr Browser benutzt, um Seiten zu speichern, heißt *Cache* (ausgesprochen »Kasch«, da das Wort französisch ist). Je Mehr Platz Sie dem Programm für den Cache zuweisen, desto schneller erscheinen die Seiten, wenn Sie sie das zweite Mal ansehen.

Bei Netscape Navigator: Um die Größe des Navigator-Caches einzurichten, verfahren Sie wie folgt:

1. **Wählen Sie Optionen – Netzwerk-Einstellungen (in Navigator 3.0) oder Bearbeiten – Einstellungen aus dem Menü.**

   Sie sehen das Dialogfeld Einstellungen.

2. **Klicken Sie im oberen Bereich des Dialogfelds auf die Registerkarte Cache (in Navigator 3.0) oder doppelklicken Sie auf die Kategorie Erweitert und klicken Sie auf die Kategorie Cache (in Navigator 4.0).**

   Das Feld Festplatten-Cache zeigt die maximale Größe des Caches in Kilobytes (K): Wir setzen den Festplatten-Cache gern auf mindestens 1024K (das ist 1MB). Legen Sie einen höheren Wert fest, wenn Sie eine große Festplatte mit viel freiem Speicher haben – je mehr Ihr Cache aufnehmen kann, desto öfter können Sie eine Webseite schnell aus dem Cache anstatt langsam aus dem Netz laden.

3. **Klicken Sie OK.**

Bei Microsoft Internet Explorer: Um die Größe des Internet-Explorer-Caches einzurichten, verfahren Sie wie folgt:

1. **Wählen Sie Ansicht – Optionen aus dem Menü.**

   Sie sehen das Dialogfeld Optionen.

2. **Klicken auf die Registerkarte Allgemein.**

3. **Klicken Sie auf die Schaltfläche Einstellungen im Feld Temporäre Internet-Dateien.**

   Sie sehen das Dialogfeld Einstellungen mit Informationen zum Cache (Viele Versionen des Internet Explorer bezeichnen ihn nie als Cache – wahrscheinlich sprechen sie kein Französisch).

4. **Klicken Sie auf den Regler Zu belegender Speicherplatz oder Maximale Grösse und verschieben Sie ihn auf ca. 10%.**

   Wenn Sie tonnenweise freien Festplattenspeicher haben, können Sie ihn weiter nach rechts auf 20% verschieben. Ist nur wenig Platz übrig, verschieben Sie ihn nach links auf 1 oder 2 Prozent.

5. **Klicken Sie zweimal OK.**

Einige unter uns verlassen ihren Browser fast nie, was sicherlich nicht zu einer dauerhaften mentalen Stabilität beiträgt. Wenn Sie jedoch auch zu dieser Gruppe gehören, denken Sie daran, daß die Webseiten, die Ihr Browser im Cache gespeichert hat, solange nicht neu aus dem Web geladen werden (sie kommen von Ihrer Festplatte), bis Sie sie ausdrücklich neu laden. Möchten Sie sicherstellen, daß Sie eine frische Seite bekommen, so sollten Sie Seiten neu laden, die sich seit Ihrem letzten Besuch möglicherweise geändert haben. Ihr Browser soll eigentlich überprüfen, ob eine Änderung an der gespeicherten Seite vorgenommen wurde, aber da diese Überprüfung nicht immer reibungslos funktioniert, empfiehlt sich ab und zu ein Befehl zum Neuladen für Seiten, die sich häufig ändern (wie Aktienkurse oder Wettervorhersagen).

Das Web im Kinoformat

Netscape Navigator und Microsoft Internet Explorer verfügen im oberen Fensterbereich über derart viele Schaltflächen, Symbole und Kästen, daß nicht mehr viel Platz für die Anzeige der Webseite bleibt.

Bei Netscape Navigator: Mit den Befehlen aus den Menüs Optionen oder Ansicht können Sie etwas mehr Platz im Navigator-Fenster schaffen:

- ✔ Um die Verzeichnis-Schaltflächen zu entfernen (die unterste Reihe der Schaltflächen direkt über dem Webseiten-Bereich mit »What's Cool?« und »What's New?«), wählen Sie

OPTIONEN – VERZEICHNIS-SCHALTFLÄCHEN AUSBLENDEN. Navigator 4.0 entfernt diese Schaltfläche dauerhaft (ein guter Zug, wie wir finden).

- ✔ Um das Adreßfeld verschwinden zu lassen, wählen Sie OPTIONEN – ADRESSE ANZEIGEN (in Navigator 3.0) oder ANSICHT – ADRESSEN-SYMBOLLEISTE AUSBLENDEN (in Navigator 4.0). Diese Aktion aber ist meistens keine ganz so gute Idee, denn im Adreßfeld wird die URL der Seite angezeigt, die Sie gerade ansehen, und dort können Sie eine neue URL eingeben, zu der Sie gehen möchten.
- ✔ Auch der Werkzeugleiste (die Reihe der Schaltfläche direkt unter dem Menü) können Sie galant Sayonara sagen, indem Sie OPTIONEN – NAVIGATIONSLEISTE ANZEIGEN (in Navigator 3.0) oder ANSICHT – NAVIGATIONS-SYMBOLLEISTE AUSBLENDEN (in Navigator 4.0) wählen. Die meisten Leute verwenden ständig die Schaltfläche ZURÜCK, aber Sie werden sie nicht vermissen, wenn Sie daran denken, daß die Tasten Alt+← den gleichen Effekt haben.

Um irgendetwas von dem wiederherzustellen, dem Sie eben den Laufpaß gegeben haben, wählen Sie einfach den gleichen Befehl nochmals. Wir verwenden die Verzeichnis-Schaltflächen nie, würden aber die Werkzeugleiste und das Adreßfeld eher beibehalten.

Bei Microsoft Internet Explorer: Sie können wertvolle Flächen auf Ihrem Bildschirm zurückgewinnen, indem Sie Internet Explorer 4.0 folgende Befehle erteilen:

- ✔ Um sich der Werkzeugleiste zu entledigen (der Reihe von Schaltfläche direkt unterhalb des Menüs), wählen Sie ANSICHT – WERKZEUGLEISTEN – STANDARDSCHALTFLÄCHEN. Die meisten Schaltflächen auf der Werkzeugleiste haben entsprechende Tastenkombinationen, von denen wir einige später in diesem Kapitel beschreiben.
- ✔ Die Adreßleiste und das Adreßfeld können Sie eliminieren, indem Sie ANSICHT – WERKZEUGLEISTEN – ADRESSLEISTE wählen. Diese Aktion ist aber nicht so hilfreich, da Sie das Adreßfeld zur Eingabe von URLs benötigen.
- ✔ Die Statusleiste (die graue Leiste am Fuß des Internet-Explorer-Fensters) können Sie entfernen, indem Sie ANSICHT – STATUSLEISTE wählen.

Führen Sie die gleichen Befehle nochmals aus, um Elemente wiederherzustellen, die Sie zuvor beseitigt haben. Wir ziehen es vor, diese Elemente die meiste Zeit über auf dem Bildschirm zu haben, aber Ihr Geschmack kann durchaus unterschiedlich sein, und wir haben ziemlich große Bildschirme.

Formulare ausfüllen

Damals in den dunklen Zeitaltern des Webs (1993) waren Webseiten einfach etwas, was man sich anschaute. Aber das war bei weitem nicht spaßig oder kompliziert genug, und so erfand man Web-Formulare. Ein *Formular* ist etwas ähnliches wie ein Papierformular, mit Feldern zum Ausfüllen, das dann eingeschickt wird. Abbildung 7.3 zeigt ein typisches Formular.

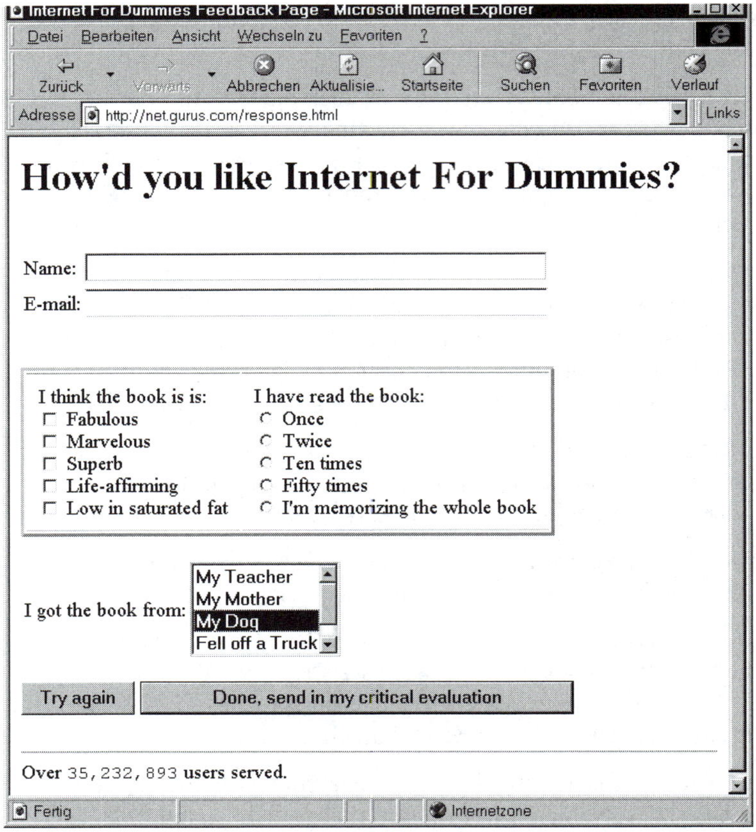

Abbildung 7.3: Quicklebendige Formulare

Die beiden Zeilen oben in dem Formular sind Textkästen zum Ausfüllen, in die Sie in diesem Fall Ihren Namen und Ihre E-Mail-Adresse eingeben. Darunter befinden sich mehrere *Kontrollkästchen* zum Ankreuzen, in denen Sie alle ankreuzen, die zutreffen (alle, wie wir hoffen), und *Optionsfelder*, von denen jedoch nur eines angekreuzt werden kann. Darunter ist ein *Listenfeld*, in der Sie eine der Möglichkeiten auswählen können. In den meisten Fällen gibt es mehr Einträge, als in den Kasten passen, und so blättern Sie nach oben und unten. Normalerweise können Sie sich nur für einen Eintrag entscheiden, aber in manchen Kästen können Sie sich für mehrere entscheiden.

Unten auf dem Formular sind zwei Schaltflächen. Die linke löscht die Eintragungen in die Formularfelder, stellt den ursprünglichen Zustand wieder her und verschickt nichts. Die rechte, oft als *Abschicken*-Schaltfläche bezeichnet, schickt das ausgefüllte Formular zur Bearbeitung zurück an den Web-Server.

Nachdem die Daten aus dem Formular an den Web-Server zurückgeschickt worden sind, liegt es ganz am Server, wie er sie interpretiert.

Lynx behandelt Formulare genauso wie Netscape Navigator und Microsoft Internet Explorer (eine der besten Funktionen von Lynx), wie in Abbildung 7.4 zu sehen ist. Sie bewegen sich in Lynx von Feld zu Feld, indem Sie die Tasten ↑ und ↓ drücken, so wie immer. Wollen Sie ein Formular abschicken, gehen Sie zur entsprechenden Schaltfläche und drücken die Eingabetaste.

Auf manchen Webseiten gibt es *Suchfelder*, vereinfachte Online-Formulare, in die Sie Text eingeben können, der immer als Stichwort für eine Suche interpretiert wird. Je nach Browser wird eine Schaltfläche zum Abschicken rechts neben dem Textfeld gezeigt, oder Sie drücken einfach die Eingabetaste, um die Suchwörter an den Server zu schicken.

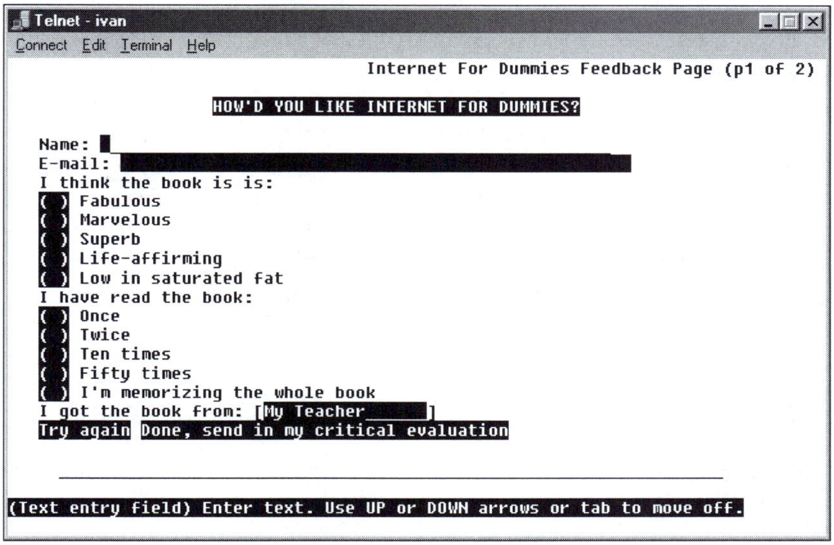

Abbildung 7.4: Ein Formular in Lynx

Rette mich!

Oft sieht man auf einer Webseite etwas, das man für später aubewahren möchte. Manchmal ist es eine Webseite voller wertvoller Informationen, manchmal ein Bild oder eine andere Art von Datei. Zum Glück ist es einfach, Dinge zu speichern.

Wenn Sie eine Webseite speichern, müssen Sie sich entscheiden, ob Sie nur den angezeigten Text speichern möchten oder die gesamte HTML-Version der Seite mit den Formatierungs-Codes. (Einen Einblick in HTML bekommen Sie in Kapitel 10.) Sie können auch die Bilder speichern, die Bestandteil von Webseiten sind.

Sowohl unter Netscape Navigator als auch Microsoft Internet Explorer wählen Sie DATEI – SPEICHERN UNTER, um die aktuelle Webseite in einer Datei zu speichern. Sie sehen das übliche Dialogfeld SPEICHERN UNTER, in dem Sie den Namen angeben, unter dem die Datei gespeichert werden soll. Klicken Sie im Feld DATEITYP, um anzugeben, wie die Seite gespeichert werden soll: Wählen Sie NORMALTEXT, um nur den Text der Seite mit kleinen Anmerkungen, wo die Bilder erscheinen, zu speichern. Wählen Sie HTML-DATEIEN, um die gesamte HTML-Datei zu speichern. Klicken Sie dann die Schaltfläche SPEICHERN oder OK.

Um ein Bild zu speichern, daß Sie auf einer Webseite sehen, rechtsklicken Sie das Bild (klikken Sie auf das Bild mit der rechten Maustaste). Wählen Sie BILD SPEICHERN UNTER oder GRAFIK SPEICHERN UNTER aus dem erscheinenden Kontextmenü. Nachdem das Dialogfeld SPEICHERN UNTER erscheint, gehen Sie zu dem Ordner oder Verzeichnis, in dem Sie die Grafikdatei speichern möchten, geben im Feld Dateinamen eine Dateibezeichnung ein und klicken auf die Schaltfläche SPEICHERN oder OK.

Ein Hinweis zum Urheberrecht: Entgegen der landläufigen Meinung sind fast alle Webseiten zusammen mit fast allem sonst im Internet von ihren Autoren urheberrechtlich geschützt. Wenn Sie eine Webseite oder ein Bild von einer Webseite speichern, haben Sie nicht unbedingt die Erlaubnis, alles damit zu tun, was Sie möchten. Bevor Sie den Text oder die Bilder in irgendeiner Form wiederverwenden, schicken Sie dem Eigentümer der Site eine E-Mail. Falls auf der Seite keine Adresse erscheint, schreiben Sie an `webmaster@`*`domain.com`*, wobei Sie *`domain.com`* mit dem Domänennamen-Teil der URL der Webseite ersetzen. Um beispielsweise Erlaubnis zur Verwendung von Informationen auf der Seite `http://net.gurus.com/books.html` einzuholen, schreiben Sie an `webmaster@gurus.com`.

Lynx-Seiten speichern

In Lynx ist das Speichern von Seiten etwas komplizierter, aber auch nicht zu schwierig. Wie Sie das machen, hängt davon ab, ob Sie eine Seite speichern wollen, von der Lynx weiß, wie es sie darstellt, oder ob Sie etwas anderes tun wollen.

Immer, wenn Lynx etwas auf die Festplatte speichert, geht es auf die Festplatte Ihres *Providers*. Wenn Sie es auf Ihrem eigenen PC haben wollen, müssen Sie es selbst herunterladen.

Wollen Sie eine Seite speichern, die Lynx darstellen kann, gehen Sie als erstes zu der Seite, so daß sie auf Ihrem Bildschirm gezeigt wird. Dann drücken Sie `d` für Download (Herunterladen). Lynx präsentiert Ihnen die verschiedenen Methoden, die es kennt, um die Seite zu speichern; normalerweise besteht die einzige Option darin, auf die Festplatte zu speichern, womit Sie einen Dateinamen auf dem System Ihres Providers bestimmen können, unter dem gespeichert wird. Alternativ dazu können Sie `p` für Print (Drucken) drücken, wodurch Ihnen drei Optionen offen stehen:

- ✔ Auf die Festplatte speichern, wie bei `d`.
- ✔ Sich selbst eine Mail schicken, oft die bequemste Option.
- ✔ Auf den Bildschirm drucken. Schalten Sie im Terminal-Programm auf Ihrem PC die Funktion für die »Bildschirmaufzeichnung« ein, woduch die Inhalte der Seite gespeichert werden, wie sie auf dem Bildschirm durchlaufen.

Etwas anderes in Lynx speichern

Das Speichern ist der leichteste Teil. Wenn Sie einen Link wählen, der zu einem Bild, Programm oder einer anderen Art von Dokument führt, mit dem Lynx nicht umgehen kann, stoppt es und teilt Ihnen mit, daß es diesen Link nicht darstellen kann. Sie drücken `d`, um ihn in eine lokale Datei herunterzuladen, für die Sie einen Namen angeben, oder Sie drücken `c` für Cancel (Abbrechen) und vergessen die Sache.

Zwei zwei Sachen Sachen gleichzeitig gleichzeitig tun tun

Netscape Navigator und Microsoft Internet Explorer werden in der Fachsprache als *Multithread-Programme* geführt. In der Praxis bedeutet das, daß Sie mehrere Sachen auf einmal tun können.

Wenn Sie unter Netscape Navigator oder Microsoft Internet Explorer mit dem Herunterladen einer großen Datei beginnen, blendet das Programm ein sehr nützliches kleines Fenster in der Ecke Ihres Bildschirms ein. Die Netscape-Version dieses Fensters zeigt ein »Thermometer«, das den Fortschritt beim Herunterladen wiedergibt; unter Internet Explorer sehen Sie kleine Papierseiten, die von einem Ordner in einen anderen fliegen. Obwohl für einige Leute das wachsende Thermometer oder die fliegenden Seiten genügend Unterhaltungswert haben (so z.B. für uns, wenn wir nur müde genug sind), können Sie während dieser Zeit auch in das Hauptfenster Ihres Programmes zurückklicken und weitersurfen. Es ist außerdem möglich, mehrere Browser-Fenster gleichzeitig geöffnet zu haben. Um ein neues Fenster zu öffnen, drücken Sie die Tasten Strg+N oder wählen DATEI – NEUER BROWSER (Navigator 3.0) oder DATEI – NEU – NAVIGATOR-FENSTER (Navigator 4.0) oder DATEI – NEU – FENSTER (Internet Explorer 4.0). Wir halten diese Technik für den sinnvollsten Weg, sich zwei verwandte Seiten nebeneinander (oder überlappend) auf dem Bildschirm anzusehen.

Zwei oder drei Sachen gleichzeitig in Ihrem Browser zu tun, wenn Sie eine Einwählverbindung zum Netz haben, ist so etwas ähnliches, wie Saft aus einer Zitrone zu pressen – es ist nur eine bestimmte Menge vorhanden. In diesem Fall entspricht dem Saft die Menge der Daten, die durch Ihr Modem gepumpt werden kann. Eine einzelne Download-Aufgabe kann Ihr Modem zu fast 100 Prozent auslasten, und alles andere, was Sie tun, muß sich das Modem mit dem Herunterladen teilen. Wenn Sie zwei Dinge gleichzeitig tun, geschieht daher jedes langsamer, als wenn es als einziges geschehen würde.

Falls eine Aufgabe ein großer Download ist und die andere das Durchsehen von Webseiten, funktioniert das normalerweise ganz gut, weil man normalerweise eine Menge Zeit damit verbringt, sich anzuschauen, was der Web-Browser anzeigt; der Download kann laufen, während Sie nachdenken. Andererseits können Sie zwar mit Netscape Navigator oder Microsoft

Internet Explorer zwei Downloads gleichzeitig starten (oder ein Dutzend, wenn Sie dazu neigen), aber es ist sinnlos, mehr als einen auf einmal vorzunehmen, denn parallel geht das nicht schneller als nacheinander, und außerdem kann es verwirrend werden.

Lynx-Benutzer befinden sich in einer etwas anderen Situation, weil Lynx nur ein Fenster auf einmal zeigt. Theoretisch kann man Lynx zweimal laufen lassen und hin und her wechseln, aber in der Praxis ist das die Mühe nicht wert. Da Lynx auf dem System Ihres Providers läuft, kann es von der Hochgeschwindigkeits-Netzverbindung Ihres Providers profitieren, und selbst große Dateien werden schnell geladen.

Die Sache mit dem toten Baum (Drucken)

Im ersten Jahr, als es Web-Browser gab, hatten sie alle Druckbefehle, die nicht funktionierten. Schließlich fand man heraus, wie man Webseiten druckt, und jetzt können es alle Browser.

Um eine Seite mit Netscape Navigator oder Microsoft Internet Explorer zu drucken, klicken Sie einfach auf die Schaltfläche Drucken, drücken Sie Strg+P oder nehmen den Befehl DATEI – DRUCKEN. Es kann eine Weile dauern, die Seite zum Ausdruck umzuformatieren, daher ist Geduld eine Tugend. Zum Glück blenden Netscape Navigator und Microsoft Internet Explorer ein Fenster ein, in dem der Fortschritt dokumentiert wird, damit auch Sie wissen, wie die Sache vorangeht.

Das Drucken in Lynx ist im Prinzip einfach: Sie drücken **p**. Wenn Sie sich jedoch beim Provider eingewählt haben, bringt es Ihnen nicht viel, wenn auf den Computer Ihres Providers gedruckt wird. Lynx bietet Ihnen daher einige Optionen, wobei das Speichern auf die Festplatte (damit Sie die Seite herunterladen und lokal drucken können) oder das Schicken einer E-Mail an sich selbst (damit Sie die Seite herunterladen und lokal drucken können) die Nützlichsten sind. Entdecken Sie hier etwa ein Muster?

Schluß mit Unplugged: Singen, Tanzen und Quatschen mit Ihrem Browser

Bei seiner Entwicklung vom unbekannten Newcomer im Web-Geschäft zum großen Gorilla im Viertel hat Netscape Navigator ein paar neue Funktionen dazugewonnen. Eine ganze Menge Funktionen. Netscape Navigator allein hat schon so viele Funktionen, wie ein normaler Sterblicher gerade so verstehen kann, aber nur für den Fall, daß irgendwo irgend jemand die ganze Geschichte begreifen sollte, kann man nun die Fähigkeiten von Netscape Navigator mit sogenannten Plug-Ins zusätzlich erweitern. Diese Zusatzprogramme heften sich gewissermaßen an Netscape Navigator an und erweitern das Programm nochmals um einige Funktionen.

Um auf keinen Fall übertroffen zu werden, versucht jede neue Version von Microsoft Internet Explorer mit den Funktionen von Netscape Navigator gleichzuziehen. Zusätzlich zur Verwendung von Plug-Ins können Sie die bereits umfangreiche Funktionspalette von Microsoft

Internet Explorer mit sogenannten ActiveX-Steuerelementen erweitern (die früher OCX-Elemente genannt wurden, aber sie haben den Namen geändert, da sich die Leute gefragt haben, was das wohl sein soll). ActiveX-Steuerelemente sind eine weitere Art von Zusatzprogrammen.

Webseiten mit Bildern sind ein alter Hut. Heute müssen Webseiten Bilder haben, die singen und tanzen, oder Mitteilungen in Laufschrift, die quer über den Bildschirm ziehen, oder auch Video-Clips. Jeden Monat erscheinen im Web neue Darstellungsarten.

Was soll ein Web-Browser mit all diesen neuen Datenbündeln anfangen? Beschaffen Sie ein Plug-In-Programm, das diese Datenbündel verarbeitet, und kleben Sie es an Netscape Navigator oder Microsoft Internet Explorer. Die Star-Trek-Fans können sich Plug-Ins als parasitäre Lebensformen vorstellen, die sich selbständig an Ihren Browser anheften und seine Intelligenz steigern.

Coole Plug-Ins

Hier sind ein paar nützliche Plug-Ins:

- ✔ **RealPlayer:** Spielt Audio-Dateien schon während des Herunterladens ab (bei anderen Programmen müssen Sie warten, bis die gesamte Audio-Datei heruntergeladen ist, bevor sie abgespielt wird).
- ✔ **QuickTime:** Spielt Video-Dateien ab, und **VDOLive**, womit Video-Dateien schon während des Herunterladens abgespielt werden.
- ✔ **Shockwave:** Spielt sowohl Audio- und Videodateien als auch andere Arten von Animationen ab.
- ✔ **ichat:** Ermöglicht die Verwendung Ihres Web-Brwosers zur Teilnahme an Online-Chats.
- ✔ **Netscape Live3D, WIRL, Liquid Reality und andere VR-Plug-Ins:** Mit diesen Plug-Ins können Sie sich innerhalb von 3D-«Virtual-Reality«-Welten auf Webseiten bewegen.

Verwendung von Plug-Ins mit Ihrem Browser

Sie finden Plug-Ins für Netscape Navigator und ActiveX-Steuerelemente für Microsoft Internet Explorer bei TUCOWS (`http://www.tucows.com`), der Netscape-Web-Site (`http://home.netscape.com`) und anderen Software-Bezugsquellen im Web.

Nachdem Sie ein Plug-In aus dem Netz heruntergeladen haben, führen Sie es aus (doppelklicken Sie in Arbeitsplatz, Windows-Explorer oder Datei-Manager auf den Dateinamen), um es zu installieren. Abhängig davon, wofür das Plug-In taugt, folgen Sie verschiedenen Schritten, um es auszuprobieren. Hier sind einige Beispiele:

- ✔ **RealPlayer:** Gehen Sie zur Webseite `http://www.realaudio.com`. Dort finden Sie eine Liste von Sites, die RealAudio-Sounddateien enthalten. Unsere Lieblingsseite ist die Web-Site des National Public Radio (`http://www.npr.org`), auf der Sie aktuelle Radioberichte des nationalen amerikanischen Radios hören können, und John's Site unter `http://iecc.com`, wo Sie seiner Radiosendung lauschen können.

- ✔ **ichat:** Gehen Sie zur Web-Site von ichat unter `http://www.ichat.com`, um in Chats mit anderen ichat-Teilnehmern einzusteigen oder sich an Internet-Relay-Chat-Unterhaltungen (IRC) zu beteiligen. (Siehe Kapitel 14 zu weiteren Informationen über IRC).

Nadeln im Heuhafen: Wie man im Netz nach Zeug sucht

8

In diesem Kapitel

- Grundlegende Suchstrategien
- Wie man Zeug im Web sucht
- Wie man Unternehmen im Web sucht
- Wie man Leute im Web sucht
- Wie man Zeug per E-Mail sucht

»OK, dieses ganze tolle Zeug ist da draußen im Netz. Wie finde ich es?« Das ist eine ausgezeichnete Frage. Danke, daß Sie sie gestellt haben, denn Fragen wie diese machen das Land stark und lebendig. Wir danken Ihnen und sagen »Stellen Sie weiterhin Fragen!« Die nächste Frage, bitte.

Oh, Sie wollen eine *Antwort* auf Ihre Frage. Zum Glück gibt im Netz eine ganze Menge (technischer Begriff folgt) Zeug zum Zeugfinden. Genauer gesagt, es gibt Indizes und Verzeichnisse für den Großteil des interessanten Materials, das im Netz vorhanden ist.

Es gibt verschiedene Arten von Indizes und Verzeichnissen für verschiedene Arten von Material. Dummerweise neigen sie dazu, eher nach der Art des Internet-Dienstes organisiert zu sein, der sie anbietet, als nach der Art des Materials, und so finden Sie an einer Stelle Web-Ressourcen, an der anderen E-Mail-Ressourcen und so weiter. Ihnen stehen für die Suche hunderte von verschiedenen Wegen offen, je nachdem, wonach Sie suchen und welche Art der Suche Sie bevorzugen. (John hat angemerkt, daß sein ideales Restaurant zwar nur ein Gericht auf dem Menü hat, aber eben genau das, was er gern hätte. Das Internet ist so weit von diesem Ideal entfernt, wie Sie es sich nur vorstellen können.)

Um wenigstens ein klitzeklein wenig Struktur in diese Diskussion zu bringen, beschreiben wir verschiedene Sorten der Suche:

- **Themen:** Plätze, Dinge, Ideen – alles, worüber Sie mehr herausfinden möchten.
- **Unternehmen:** Organisationen, von denen Sie annehmen, daß Sie eine Web-Site oder andere Form der Netz-Präsenz haben.
- **Leute:** Echte menschliche Geschöpfe, die Sie kontaktieren oder ausspionieren möchten.
- **Güter und Dienstleistungen:** Zeug zum kaufen, von Darlehen bis Duschköpfen.

Um Themen zu finden, verwenden wir verschiedene Online-Indizes und Verzeichnisse wie Yahoo und AltaVista. Auf der Suche nach Unternehmen nutzen wir außerdem WHOIS, das Hauptverzeichnis der Internet-Domänen. Wollen wir jedoch Leute finden, so verwenden wir Verzeichnisse von Personen, die glücklicherweise andere sind als die Verzeichnisse von Webseiten. Sie fragen sich, worüber wir eigentlich reden? Lesen Sie weiter, und Sie bekommen eine Erklärung!

Index, Verzeichnis, was ist der Unterschied?

Wenn wir von einem *Verzeichnis* reden, meinen wir eine Auflistung, die in benannte Kategorien aufgeteilt ist, wobei den Kategorien die Einträge zum Teil oder ganz von Menschen zugewiesen werden. Sie finden Dinge, indem Sie die gewünschte Kategorie suchen und nachschauen, was sie enthält. Bei diesem Buch würden wir das Inhaltsverzeichnis als ein Verzeichnis bezeichnen.

Ein Index sammelt dagegen alle Einträge, zieht Stichwörter aus ihnen heraus (oft werden alle Wörter bis auf *der, die, das, und* und ähnliches genommen) und erstellt eine große Liste. Sie durchsuchen den Index, indem Sie ein paar Wörter nennen, die wahrscheinlich passen, und der Index sucht alle Einträge, die diese Wörter enthalten. Der Index hinten in diesem Buch funktioniert in etwa so wie dieser Index.

Beides hat Vor- und Nachteile. Verzeichnisse sind so organisiert, daß alle Einträge in einer Kategorie, die Sie interessiert, mit dem Gewünschten zusammenhängen. Da ein Index andererseits nicht weiß, was ein Wort bedeutet, findet er beispielsweise auf der Suche nach dem Wort *Programm* Computerprogramme, Bildungsprogramme, Theaterprogramme und alles andere, was dieses Wort enthält. Da ein Index zu großen Teilen oder vollständig automatisch erstellt werden kann, enthält ein Index im Netz viel mehr Einträge und wird öfter auf den neuesten Stand gebracht als Verzeichnisse, die menschliche Katalogisierer benötigen.

Es gibt Überschneidungen zwischen beidem – Yahoo, das bekannteste Webseitenverzeichnis, bietet Ihnen die Suche nach Stichwort, und viele Indizes unterteilen ihre Einträge in allgemeine Kategorien, mit denen Sie die Suche einschränken können.

Ihre grundlegende Suchstrategie

Auf der Suche nach Zeug im Netz beginnen wir immer mit einem der Web-Führer (Indizes und Verzeichnisse), die in diesem Abschnitt erläutert werden.

Sie benutzen sie alle mehr oder weniger gleich:

1. **Starten Sie Ihren Web-Browser wie zum Beispiel Netscape Navigator oder Microsoft Internet Explorer.**

2. **Wählen Sie ein Verzeichnis oder einen Index, und befehlen Sie Ihrem Browser, zur Homepage des Verzeichnisses oder Indexes zu gehen.**

   Wir listen die URLs (Seitennamen) der Homepages weiter hinten in diesem Abschnitt auf.

   Wenn Sie dort sind, können Sie sich zwischen zwei Ansätzen entscheiden.

3. **a. Wenn es dort einen Kasten namens SUCHE gibt, geben Sie dort ein paar Suchwörter ein und klicken auf SUCHE.**

   Das ist der »Index«-Ansatz, mit dem nach Themengebieten gesucht wird, die auf Ihre Suchwörter passen.

   Vielleicht nach längerer Pause (das Web ist ziemlich groß) wird eine Index-Seite zurückgeschickt, die Links zu Seiten enthält, die zu Ihren Suchwörtern passen. Die Liste der Links kann manchmal viel zu groß sein, als daß man etwas damit anfangen könnte – mit 300.000 Links verliert man die Übersicht.

3. **b. Wenn es eine Liste mit Links zu thematischen Gebieten gibt, klicken Sie auf ein interessantes Themengebiet.**

   Mit dem »Verzeichnis«-Ansatz beginnen Sie mit einem allgemeinen Thema und werden immer spezifischer. Jede Seite hat Links zu weiteren Seiten, die immer mehr in die Tiefe gehen, bis Sie auf die eigentlichen Seiten verweisen, die von Interesse sein könnten.

Wenn Sie etwas herumgeklickt haben, um es richtig herauszubekommen, werden Sie alles mögliche gute Zeug finden.

Die Suchseite der faulen Sucher

Sie fühlen sich vielleicht ein klein wenig überwältigt von den all den Suchverzeichnissen und Indizes, die wir in diesem Kapitel besprechen. Vielleicht tröstet es Sie ja: Uns geht es genauso.

Um dem ganzen Zeug etwas Sinnvolles abzugewinnen, haben wir uns eine Suchseite gebastelt, die zu all den Verzeichnissen und Indizes führen, so daß wir alles an einer Stelle finden. Sie können die Seite auch verwenden. Probieren Sie sie aus, unter `http://net.gurus.com/search`.

Viele Gespräche rund um das Web drehen sich um Suchmaschinen. Suchmaschine ist nichts weiter als eine phantasievolle Umschreibung von Zeug zum Zeugfinden. Alle Verzeichnisse und Indizes, die wir gleich beschreiben, fallen in die breite Kategorie der Suchmaschinen, deshalb lassen Sie sich nicht von irgendwelchen abgehobenen Begriffen irritieren.

Die Suche geht los

Soviel zur Theorie von der Suche nach Zeug im Netz. Jetzt kommen wir zur Praxis. (Theorie und Praxis sind in der Praxis viel weiter auseinander als in der Theorie.) Wir nehmen unsere beiden Lieblings-Suchsysteme als Beispiele: Yahoo als Verzeichnis und AltaVista als Index.

Yahoo-di-Duu

Sie können mit Yahoo! Zeug auf zwei Wegen finden. (Ja, man schreibt es mit einem Ausrufezeichen. Letztes Jahr war seltsame gROß- uNd klEINschreIBuNg die Modeerscheinung, dieses Jahr ist es scheinbar !seltsame? ¿Inter@@punktion! Doch von nun an lassen wir das ! weg, damit wir uns nicht gar zu sehr aufregen.) Sie können zur Suche einerseits ein Suchwort eingeben und damit die Kategorien durchsuchen. Der andere, einfachere Weg ist, einfach solange von Kategorie zu Kategorie zu klicken, bis Sie etwas finden, was Sie interessiert.

Wir starten unseren Besuch bei Yahoo zunächst auf deren deutscher Homepage unter `http://www.yahoo.de` (zumindest der Name der Seite hat kein Ausrufezeichen), die so aussieht wie in Abbildung 8.1. Es sind eine ganze Reihe Kategorien und Unterkategorien aufgelistet. Sie können jede einzelne anklicken und erhalten eine weitere Seite, die noch mehr Unterkategorien und Links zu den eigentlichen Webseiten enthält. Sie können auf den Link zu einer Seite klicken, wenn Sie einen interessanten gefunden haben, oder auf eine Unterkategorie und so weiter.

Am Kopf jeder Yahoo-Seite befindet sich die Liste der Kategorien, Unterkategorien usw, die jeweils mit Doppelpunkten getrennt sind, die zu dieser Seite führen. Wenn Sie ein paar Stufen zurückspringen möchten und sich verschiedene Unterkategorien ansehen möchten, klicken Sie an die Stelle auf der Liste, zu der Sie zurückspringen möchten. Nachdem Sie sich ein wenig nach oben und unten durchgeklickt haben, geht das bald wie von selbst. Viele Seiten erscheinen im Verzeichnis an mehr als einer Stelle, da sie in mehr als eine Kategorie fallen. Ein Vorteil eines Verzeichnisses von Webseiten gegenüber einen Karteikartenkatalog in einer Bücherei ist, daß während ein Buch nur an einer Stelle im Regal stehen kann, es für Webseiten beliebig viele Links geben kann, die auf die Seiten verweisen.

Viele Inhalte im Web finden sich inzwischen in deutscher Sprache. Sie haben deshalb bei einer Suche gute Chancen, für Sie interessante Seiten in Deutsch zu finden. Doch nicht immer ist die Suche im deutschsprachigen Yahoo so ergiebig, wie man sich das wünscht. Daher sollten

Sie wissen, daß es neben der deutschen Homepage von Yahoo auch eine internationale Yahoo-Homepage gibt, natürlich in englischer Sprache. Diese finden Sie unter `http://www.yahoo.com`. Die Seite sieht vom Aufbau her recht ähnlich aus, und tatsächlich sind die Kategorien genauso organisiert wie im deutschen Verzeichnis, nur eben auf Englisch. Der Unterschied besteht darin, daß im internationalen Yahoo bei der Suche eine größere Anzahl von Webseiten berücksichtigt wird. Während sich das deutsche Yahoo auf deutschsprachige Webseiten beschränkt (ebenso wie das dänische Yahoo auf Webseiten in Dänisch), kommen im internationalen Yahoo sämtliche Webseiten auf Englisch und darüber hinaus noch Webseiten in anderen Sprachen für die Suche in Frage. Da weltweit der überwiegende Teil der Webseiten nach wie vor in Englisch vorliegt, haben Sie im internationalen Yahoo eine größere Auswahl.

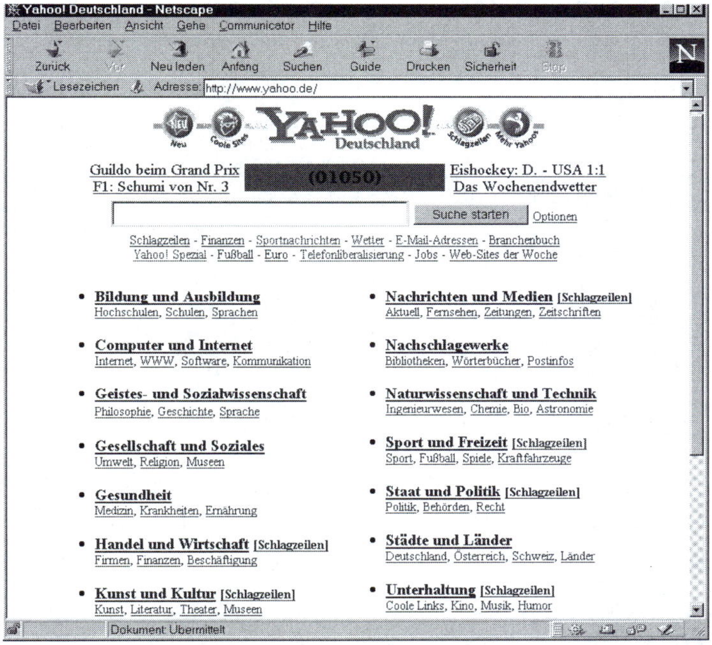

Abbildung 8.1: Fertig für Yahoo

Obwohl alle Kategorien in der Yahoo-Liste zahlreiche Unterkategorien vorweisen können, haben manche Kategorien doch wesentlich mehr als andere. Wenn Sie nach einer geschäftlich orientierten Seite suchen, ist es hilfreich zu wissen, daß Yahoo so ziemlich alles Kommerzielle in die Kategorie Handel und Wirtschaft steckt, wie in Abbildung 8.2 zu sehen ist. Wenn wir beispielsweise nach der Homepage von Internet für Dummies suchen würden (wonach die Leute unserer Meinung nach mehrmals täglich suchen sollten, wenn nicht noch häufiger), würden wir unseren Weg von der deutschen Yahoo-Homepage durchklicken über Handel und Wirtschaft, dann auf dieser Seite Firmen, dann Bücher, dann Titel und dann Internet. Sie sehen hier keinen Link zu Internet für Dummies? Klicken Sie auf den Link Gleiche Kategorie im internationalen Verzeichnis, und schon erscheinen einige englischsprachige Links zu Internet-Büchern, darunter auch unseres. Sie sehen: Die Anordnung der Kategorien ist im deutschen wie im internationalen Verzeichnis die Gleiche.

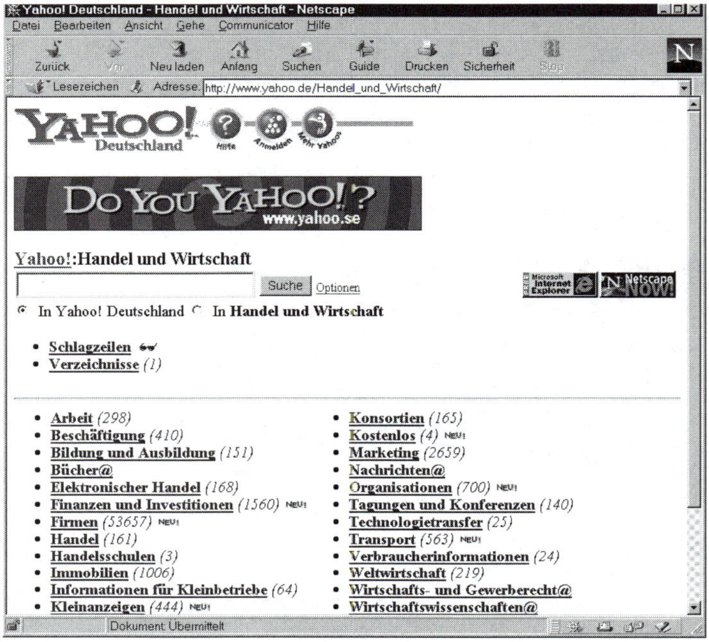

Abbildung 8.2: Eine Fundgrube kommerzieller Informationen bei Yahoo

Wenn Sie zwar im Groben, nicht aber im Detail wissen, wonach Sie suchen, läßt sich Ihre Suche durch das Klicken in den Yahoo-Verzeichnisseiten gut einschränken, so daß Sie die Seiten finden, die Sie interessieren.

Yahoo-di-Duu, Teil II

»Klicken Sie auf Handel und Wirtschaft, dann auf dieser Seite Firmen, dann Bücher, dann Titel und dann Internet!« »Woher wußten die verflixt nochmal welche Kategorien geklickt werden mußten?«, fragen Sie sich zweifelsohne. Wir geben es zu. Wir haben geschummelt.

Bei Yahoo kann man auch den Index per Stichwort durchsuchen, was sich besonders dann empfiehlt, wenn Sie eine ungefähre Ahnung haben, wie der Titel der gesuchten Seite lauten könnte. Auf jedem Yahoo-Bildschirm findet sich ein Suchfeld im oberen Bereich, in dem Sie Worte eingeben können, nach denen Sie in den Yahoo-Seiten suchen möchten. So haben wir zum Beispiel Internet Dummies Books eingegeben, auf die Schaltfläche SUCHEN neben dem Eingabefeld geklickt und die Antwort erhalten, die Sie in Abbildung 8.3 sehen, mit einem Eintrag für unsere Web-Site und ein Buch von Dan Gookin, der auch das eine oder andere ...für-Dummies-Buch geschrieben hat.

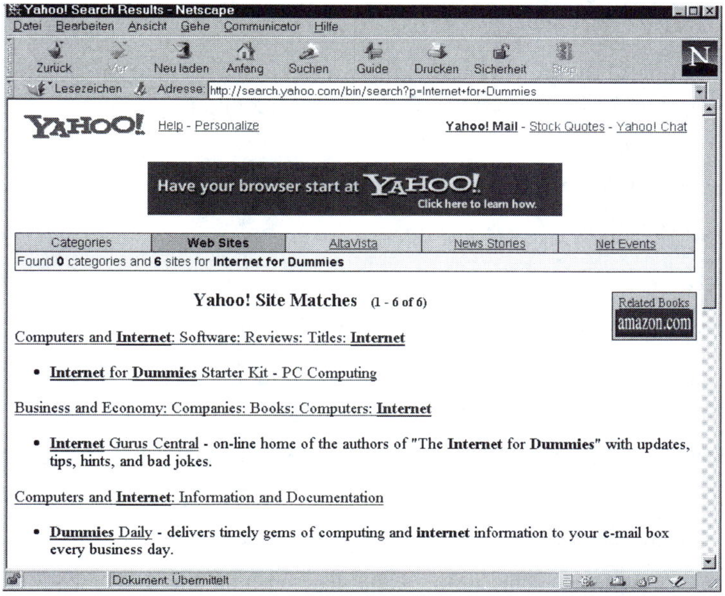

Abbildung 8.3: Wir konzentrieren uns auf gute Literatur

Über jedem von Yahoo gefundenen Eintrag wird die Kategorie angegeben, unter der der Eintrag gefunden wurde. Selbst wenn der Eintrag nicht richtig paßt, finden Sie mit einem Klick auf die Kategorie andere verwandte Titel, und einige von diesen sind vielleicht genau die Richtigen.

Wenn Yahoo hunderte Seiten oder Kategorien findet, sollten Sie Ihre Suche verfeinern. Eine Möglichkeit besteht darin, zusätzliche Worte anzugeben und so einzuschränken, wonach Sie suchen. Wenn Sie nach einem Rezept für Zitronenkuchen suchen (John hat vor zehn Jahren ein gutes Rezept ins Netz gestellt) und im internationalen Yahoo den Begriff `baking` eingeben, erhalten Sie 71 durcheinandergewürfelte Seiten; wenn Sie dagegen `lime pie` eingeben, kommen als Suchergebnis vier Seiten zurück, und eine davon ist die Seite Entertainment:Food and Eating:Recipes:Desserts:Pie Page, die Links zu vielen leckeren Kuchenrezepten bietet.

Sie können neben der Schaltfläche Suchen auf OPTIONEN klicken, um zur etwas anspruchsvolleren Yahoo-Suchseite zu gelangen. Hier können Sie festlegen, aus welchem Zeitraum die gesuchten Seiten stammen sollen (drei Jahre zurück ist die Standardeinstellung), und Sie können angeben, ob entweder nach allen eingegebenen Worten zusammen gesucht werden soll oder nach auch jedem Wort einzeln.

Yahoo-di-dudel-di-dei

Obwohl Yahoo hauptsächlich ein Verzeichnis von Ressourcen im Web darstellt, sind auf diesem Weg auch andere Datenbanken verfügbar, jede einzelne mit einem Link, den Sie direkt unter dem Feld klicken können, wo Sie normalerweise die Suchwörter eingeben:

- ✔ **Schlagzeilen:** Bringt die neusten Nachrichten von Reuters.
- ✔ **Aktienkurse:** Der direkte Draht zur Börse.
- ✔ **Wetter:** Wettervorhersage online für Ihre Region
- ✔ **E-Mail-Adressen:** Sucht die E-Mail-Adressen wie in einem Telefonbuch.
- ✔ **Branchenbuch:** Bringt Sie zu einem Firmenverzeichnis (aber nicht unser bevorzugtes – siehe den Abschnitt »Firmen suchen« später in diesem Kapitel).
- ✔ **Yahoo Spezial:** Bietet Ihnen eine Startseite mit Schlagzeilen, Sportergebnisse und anderen interessanten Neuigkeiten.

Das internationale Yahoo bietet darüber hinaus noch weitere Dienste:

- ✔ **White Pages / People Search:** Sucht nach Adressen und Telefonnummern (mehr dazu im Abschnitt »Leute suchen«).
- ✔ **Chat:** Öffnet Ihnen den Weg zum Online-Chat über das Web.
- ✔ **Email:** Ein kostenloser, Web-basierter E-Mail-Dienst.
- ✔ **Shopping:** Adressen für den Online-Einkauf.

Hasta-la-AltaVista

Wenn Sie sich Abbilung 8.3 einmal genauer anschauen, bemerken Sie sicher den Link zu AltaVista am Fuß der Seite. Yahoo und wir sind uns einig, daß AltaVista der beste Index im Web ist.

AltaVista besitzt einen kleinen Roboter namens Scooter, der seine Zeit damit verbringt, lustig und beschwingt Webseiten im ganzen Netz zu besuchen und zu berichten, was er sah. AltaVista legt einen ausführlichen Index darüber an, welche Worte in welchen Seiten vorkamen; wenn Sie mit AltaVista suchen, nimmt es die Seiten aus dem Index, die die Worte enthalten, nach denen Sie gefragt haben.

AltaVista ist ein Index, kein Verzeichnis. Die gute Nachricht ist, daß sich dort zehnmal soviele Seiten finden als bei Yahoo; die schlechte Nachricht ist, daß es schwierig sein kann, die Seite zu finden, die Sie suchen. Gleich wonach Sie suchen, Sie erhalten bei Ihrem ersten Versuch wahrscheinlich 15.000 Seiten. Nachdem Sie Ihre Anfrage jedoch etwas verfeinert haben, läßt sich die Zahl der gefundenen Seiten meist auf eine etwas handlichere Zahl reduzieren.

Die Benutzung von AltaVista oder jedes anderen Indexes ist im Grunde eine Übung im Fernbedienungs-Gedankenlesen, da Sie Worte erraten müssen, die auf der gesuchten Seiten erscheinen könnten. Manchmal ist das einfach – wenn Sie nach Rezepten für Zitronenkuchen suchen, ist `Zitronenkuchen` ein gutes Suchwort, denn Sie kennen den Namen dessen, wonach Sie suchen. Wenn Sie jedoch vergessen haben, daß Washington D.C. die Hauptstadt der USA ist, wird es schwer, eine nützliche Seite aus AltaVista herauszubekommen, denn Sie wissen nicht, nach welchen Worten Sie suchen sollen. Wenn Sie `USA` und `capital` (für Hauptstadt) eingeben, finden Sie wahrscheinlich Zeug zu Investment-Banking.

Da wir Sie nun alle entmutigt haben, probieren Sie ein paar Suchvorgänge mit AltaVista. Setzen Sie Ihren Browser auf `http://altavista.digital.com` (beachten Sie das `digital` im Namen, denn der Suchdienst wird Ihnen von Digital, einem großen Computerhersteller, zur Verfügung gestellt.) Sie sehen einen Bildschirm wie in Abbildung 8.4.

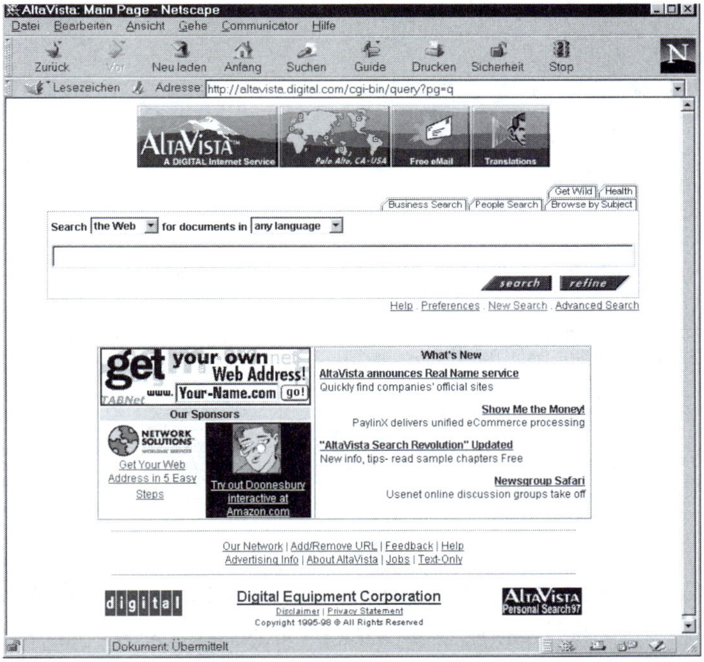

Abbildung 8.4: AltaVista fertig zum Start

Geben Sie ein paar Suchbegriffe ein, und AltaVista findet die Seiten, die am besten auf die Suchbegriffe passen. Dabei geht es tatsächlich um »am besten passen« und nicht um »hundertprozentig passen« – wenn nicht alle Suchbegriffe getroffen werden können, findet AltaVista die Seiten, die noch am ehesten passen. AltaVista ignoriert Worte, die zu oft vorkommen, als daß man sie als Begriffe in einem Index verwenden könnte, sowohl die offensichtlichen wie `und, die, der, das` als auch Begriffe wie `Internet` und `E-Mail`. Diese Regeln können durchaus etwas entmutigend erscheinen, aber es dennoch nicht schwer, mit AltaVista sinnvolle Ergebnisse zu erzielen. Sie müssen sich lediglich gute Suchbegriffe einfallen lassen. Versuchen Sie einfach mal unser Zitronenkuchen-Beispiel, indem Sie `Zitronenkuchen` eingeben und auf die Schaltfläche SUCHEN klicken. Sie erhalten ein Ergebnis wie in Abbildung 8.5.

Ihre Ergebnisse sehen wahrscheinlich nicht exakt genau so aus wie in Abbildung 8.5, da wir AltaVista befohlen haben, die Ergebnisse in kompakter Form anstelle der Standardform auszugeben (indem wir die Schaltfläche PREFERENCES vor der Suche geklickt haben), damit das Beispiel auf die Seite paßt. Alle gefundenen Seiten haben tatsächlich etwas mit Zitronenkuchen zu tun. Oft werden vor allem mit englischsprachigen Suchbegriffen jeweils mehrere tausend Seiten gefunden. Obwohl das wahrscheinlich mehr Seiten sind, als Sie sich anschauen möchten, sollten Sie zumindest die ersten paar Bildschirmseiten durchsehen, wenn auf der ersten Seite nicht sofort das erscheint, was Sie suchen. Am Fuß des AltaVista-Bildschirm finden Sie Seitennummern; klicken Sie auf NEXT, um zur nächsten Seite zu gelangen.

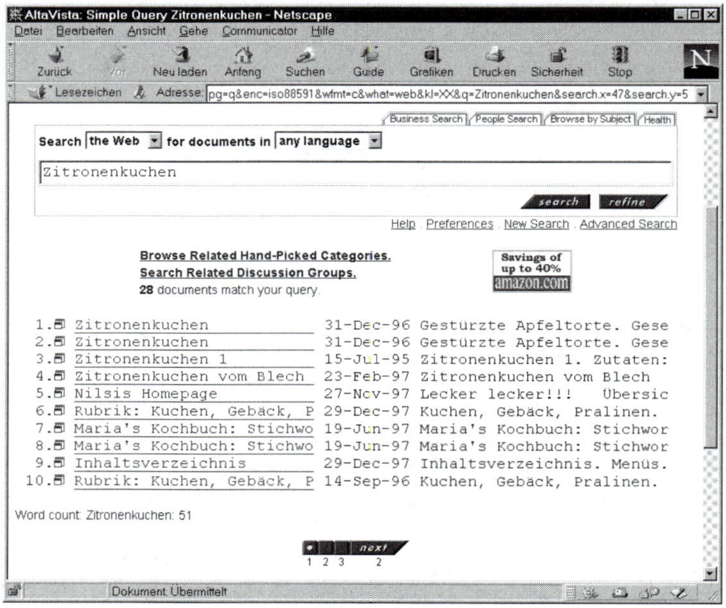

Abbildung 8.5: Eine Vielzahl von Zitronenkuchen

Nützliche AltaVista-Tips

Mit AltaVista ist es im Gegensatz zu Yahoo recht einfach, Ihre Suche zu verfeinern und genau die Seiten zu finden, die Sie suchen. Nach jeder Suche erscheinen Ihre Suchbegriffe in einem Kasten im oberen Bildschirmbereich, so daß Sie diese ändern und einen neuen Versuch starten können. Hier ein paar Tips, wie Sie die Suchbegriffe abändern könnten:

- ✔ Schreiben Sie die meisten Suchbegriffe klein. Eigennamen geben Sie mit einem großen Anfangsbuchstaben ein, wie z.B. `Elvis`. Schreiben Sie nicht alle Buchstaben groß.

- ✔ Wenn zwei oder mehrere Worte gleichzeitig vorkommen sollen, setzen Sie sie in Anführungszeichen, wie z.B. »`Elvis Presley`«. Damit können Sie die Anzahl der gefundenen Treffer deutlich reduzieren und überschaubarer machen.
- ✔ Verwenden Sie + und –, um Worte anzugeben, die entweder erscheinen oder explizit nicht erscheinen sollen, wie z.B. `+Elvis + Costello -Presley`, wenn Sie nach dem modernen und nicht dem klassischen suchen.

Der häufigste Grund, warum Ihre Suchen nichts ergeben

Naja, das ist vielleicht bei *Ihnen* nicht der häufigste Grund, aber auf jeden Fall bei *uns*: Eines der Suchworte ist falsch geschrieben. Überprüfen Sie die Schreibweise sorgfältig. John meint, daß seine Finger hartnäckig darauf bestehen, »Interent« einzugeben, womit man nicht viel mehr als Webseiten von Leuten findet, die ebenfalls nicht richtig schreiben können.

Yahoo und AltaVista glücklich vereint

Uns erscheint eine ziemlich effektive Vorgehensweise bei der Suche im Web folgende: Schauen Sie erst im Yahoo-Verzeichnis, und wenn Sie dort nicht das Gesuchte finden, versuchen Sie es mit AltaVista. Da großartige Köpfe (oder vielleicht auch winzige Köpfe) ähnlich denken, haben sich die Leute von Yahoo und AltaVista zusammengesetzt, um genau das zu vereinfachen.

Wenn Sie Abbildung 8.3 noch einmal genau mustern (dort sehen Sie das Ergebnis der Yahoo-Suche), beachten Sie – sowohl oben als auch unten auf der Seite – die Links zu AltaVista, die wir vor ein paar Seiten erwähnt haben. (Die Leute bei Yahoo sind nicht gerade unaufdringlich. Wenn man jedoch in Betracht zieht, wie sie sich selbst nennen, wen wundert's?) Klicken Sie auf einen dieser Links, und schon landen Sie auf einer AltaVista-in-Yahoo-Seite, die die Ergebnisse der AltaVista-Suche mit den gleichen Suchbegriffen der vorherigen Yahoo-Suche anzeigt. Obwohl die Seiten mit den Links etwas anders aussehen als die »richtigen« AltaVista-Seiten, da sie ja im ästhetischen Erscheinungsbild zu den Yahoo-Seiten passen sollen, stößt die Suche in beiden Fällen auf die gleichen Ergebnisse.

Der 404-Blues

Öfter als es uns lieb ist klickt man auf einen von Yahoo oder der Konkurrenz gefundenen Link und erhält anstatt der versprochenen Seite eine Mitteilung wie 404 Not Found. Was haben Sie falsch gemacht? Nichts. Webseiten kommen und gehen und wandern häufig quer durch das Netz, und die verschiedenen Suchsysteme leisten ehrlich gesagt lausige Arbeit bei der Entfernung alter Links, die auf alte, längst verschwundene Seiten verweisen.

Die automatisierten Indizes wie AltaVista und Lycos sind in dieser Hinsicht besser als die manuellen Verzeichnisse wie Yahoo. Die automatisierten verfügen über Software-Roboter, die alle indizierten Seiten von Zeit zu Zeit besuchen und feststellen, ob sie noch existieren; doch auch so können zwischen den Besuchen der Roboter viele einsame Monate vergehen, in denen eine Seite viel zustoßen kann.

Das ist einfach Teil des Lebens an der Online-Front – das High-Tech-Äquivalent zum einsamen Reiter im wilden Westen, der mit seinem Pferd dem Pfad folgt und die vielen ausgebleichten Kuhskelette bemerkt, die in der Gegend herumliegen.

AltaVista kann noch mehr

AltaVista verfügt über noch ein paar weitere nützliche Optionen:

- ✔ **Anstatt Webseiten können Sie auch das Usenet durchsuchen, die riesige Sammlung der Internet-Newsgruppen (Online-Diskussionsgruppen).** Klicken Sie einfach auf das Feld, in dem steht `Search the Web` und ändern Sie es in `Search Usenet`. Wenn ein Thema in letzter Zeit im Usenet diskutiert wurde, ist dieses Verfahren das beste, um die Mitteilungen zum Thema zu finden.

- ✔ **Auf der Seite Preferences (Vorgaben) können Sie wählen, wie detailliert der Suchbericht ausfallen soll, z.B. eine kompakte oder detaillierte Form.** Die Option COMPACT bewirkt, daß pro Suchtreffer eine Zeile ausgegeben wird; mit der Option DETAILED erscheinen drei Zeilen pro Element. AltaVista verwendet normalerweise die Standardform, mit der beim Suchen im Usenet die kompakte Form und beim Suchen im Web die detaillierte Form gewählt wird.

  Da der kompakte Bericht viel kleiner ausfällt, wird er weitaus schneller geladen. Wenn Sie sich mit einer langsamen Einwählverbindung ins Netz quälen, macht die kompakte Form die Suche viel fixer, natürlich auf Kosten der Tatsache, daß man nicht so leicht einschätzen kann, was sich hinter einem gefundenen Element verbirgt. Wenn Sie nach einer bestimmten Seite oder einem Element im Usenet suchen, das Sie beim ersten Anblick sofort erkennen, ist die kompakte Form eindeutig schneller.

- ✔ **Sie können Ihre Suche auf Dokumente in einer bestimmten Sprache beschränken.** Auf diese Weise können Sie das internationale AltaVista auf die Suche nach deutschen Inhalten beschränken.

Wer zahlt für all das Zeug?

Wer bezahlt all diese wundervollen Suchdienste? Alle außer einem werden von Werbung getragen. Auf jeder Seite von Yahoo, Lycos und den meisten anderen Suchdiensten finden Sie jede Menge Anzeigen. Theoretisch tragen diese Anzeigen die Kosten. In der Realität haben die unabhängigen, werbungsfinanzierten Suchdienste Excite, Infoseek, Lycos und Yahoo sämtlich eimerweise Geld verloren. (In diesem Fall passen in einen Eimer eine Million Dollar.) Glücklicherweise haben alle auf der Höhe des Internet-Investment-Booms 1996 Aktien an die Öffentlichkeit ausgegeben, so daß sie momentan noch ausreichend Bargeld verbraten können, während sie herauszufinden versuchen, wie man damit Gewinn machen kann. WebCrawler gehört zur Firma AOL, die 1996-97 500 Eimer Verlust eingefahren hat, auch wenn nicht ganz klar ist, wie.

Die Ausnahme ist AltaVista, ursprünglich ein Forschungsprojekt, um herauszufinden, wie schnell die Serie der Alpha-Workstations von Ditigal (DEC) arbeitet. Die neue Produktreihe hat sich als extrem schnell herausgestellt und dem Großteil der Konkurrenz die Socken ausgezogen. Digital war klar, daß sie sich einen dicken Fisch an Land gezogen hatten, deshalb wurde AltaVista zu einer Produktreihe gemacht, für die an andere Suchsysteme (wie Yahoo und CNET, Inc.) Lizenzen vergeben werden und die Unternehmen zur Erstellung interner Indizes verwenden können. Einige Leute erwarteten, daß Digital ebenfalls Aktien für die AltaVista-Internet-Software-Abteilung ausgeben würde (wenn die Jungs bei Excite, Infoseek, Lycos und Yahoo das ganze Geld lockermachen können, kann man ja durchaus auf den Zug aufspringen); bis Anfang 1998 ist das jedoch noch nicht geschehen, dafür wurde aber die Popularität von AltaVista mit Werbeanzeigen in bare Münze umgesetzt.

Einige Leute sind der Ansicht, daß sich im Suchdienstgeschäft eine dicke Seifenblase einschleicht und daß einigen Suchdiensten das Geld ausgeht, so daß sie aufhören oder mit anderen zusammengehen müssen.

Die üblichen Verdächtigen

Nachdem Sie eine Weile bei Yahoo und AltaVista herumgesurft sind, möchten Sie vielleicht auch einen Blick auf die Konkurrenz werfen.

WebCrawler

`http://www.webcrawler.com`

WebCrawler ist ein automatisierter Index, der durchs Web kriecht und jede Seite, die ihm begegnet, katalogisiert und in den Index steckt – wieder so ähnlich wie AltaVista. Er gehört America Online (AOL), aber Sie benötigen keinen AOL-Account, um WebCrawler zu benutzen. Er stellt eine vernünftige Alternative zu AltaVista dar.

Infoseek

`http://www.infoseek.com`

InfoSeek ist eher ein Index wie AltaVista als ein Verzeichnis: Sie geben ihm ein paar Suchwörter, nach denen es schauen soll, und es findet die Seiten, die am besten passen. Außerdem gibt es dort ein Verzeichnis nützlicher Webseiten. Es können das Web, das Usenet, Reuters Nachrichten und anderer Krimskrams durchsucht werden.

Excite

`http://www.excite.com`

Excite ist vorwiegend ein Index wie AltaVista mit einer »Konzeptsuche«, die relevante Seiten auch dann finden soll, selbst wenn Sie nicht die genau gleichen Begriffe eingeben, die in der Seite verwendet werden. Wir können nicht bestätigen, daß die Excite-Konzeptsuche besonders hilfreich wäre, aber vielleicht haben wir von vornherein zuviele Worte verwendet. Excite verfügt außerdem über Abschnitte mit Besprechungen zu Webseiten, Städteverzeichnisse, Telefonbücher und mehr.

HotBot

`http://www.hotbot.com`

HotBot ist ein weiterer Index nach dem Muster von AltaVista. Er steht in Verbindung mit dem Internet-Magazin Wired und verwendet – im typsichen Wired-Stil – helle, sich beißende Farben, die Kopfweh bereiten. Wenn Sie damit klarkommen (probieren Sie es mit einer Sonnenbrille), ist das kein schlechter Index.

Lycos

`http://www.lycos.com`

Lycos ist ein größtenteils automatisierter Index, ähnlich wie AltaVista. Begonnen hat er als Projekt an der Universität Carnegie-Mellon und ist nun kommerzialisiert. Neben dem Index ist ein Webseiten-Verzeichnis namens Top5% enthalten. Obwohl Lycos einer der ersten Web-Suchdienste war, hat heute ehrlich gesagt AltaVista einen besseren Index und Yahoo ein besseres Verzeichnis. Lycos verfügt außerdem über einen Schlagzeilen-Dienst und lokale Seiten zu Städten in den Vereinigten Staaten.

Fireball

`http://www.fireball.de`

Fireball ist ein Index, hinter dem die Technik von AltaVista steckt und der entsprechend ähnlich funktioniert. Der Schwerpunkt liegt auf deutschsprachigen Webseiten, wobei jedoch eine direkte Verbindung zu AltaVista besteht und so auch internationale Suchen möglich sind. Neben verschiedenen Suchoptionen bietet Fireball einige Kategorien wie Wirtschaft, Computer, Sport und Tips zum Surfen an.

Web.de

`http://www.web.de`

Web.de ist ein deutschsprachiges Verzeichnis von Webseiten, daß ähnlich wie Yahoo in Kategorien unterteilt ist.

Weitere Web-Führer

Es gibt viele weitere Web-Führer, einschließlich vieler spezialisierter Führer für besondere Interessen. (Es gibt beispielsweise Femina, einen feministischen Führer, unter `http:www.femina.com`.)

Yahoo hat ein Verzeichnis der anderen Führer: Starten Sie auf der Yahoo-Seite (`http://www.yahoo.com`), wählen Sie WWW (das erscheint unter Computers), und nehmen Sie dann SEARCHING THE WEB.

Firmen suchen

Die erste Möglichkeit bei der Suche nach einer Firma ist die Eingabe des Firmennamens als Suchwort. Wenn Sie beispielsweise nach der Molkerei Egg Farm Dairy irgendwo in den USA suchen, geben Sie in Yahoo, AltaVista oder einem der anderen Suchdienste `Egg Farm Dairy` ein. (Sie werden sie finden. Wir mögen besonders Muscoot-Käse.)

Nachdem Sie dies getan haben, gibt es noch ein paar andere Orte, an denen es sich die Suche nach handelsbezogenen Informationen lohnt.

WHOIS – Wer ist das?

`http://www.internic.net/wp/whois.html`

Jede registrierte Internet-Domäne hat einen eingetragenen Besitzer und eine Kontaktperson. Mit der Einrichtung WHOIS können Sie nach Domänen und Kontaktpersonen suchen. Obwohl es einige andere WHOIS-Programme gibt, ist für die meisten Zwecke ein Besuch der Webseite von InterNIC-WHOIS sehr hilfreich.

Auf dieser Seite können Sie auswählen, welchen WHOIS-Server Sie verwenden möchten und wonach Sie suchen möchten. WHOIS verfügt über zwei Server, einen für Adressen des U.S.-Militärs und einen für alle anderen. Standardmäßig werden beide verwendet, was normalerweise gut funktioniert.

Geben Sie im Feld Search Strings den Namen der Firma, der Kontaktperson oder des Netzwerks ein, an der oder dem Sie interessiert sind. Mit etwas Glück bekommen Sie einen genau passenden Eintrag zurück. Wahrscheinlicher ist aber, daß Sie eine Liste aller Treffer erhalten. Bei unserer Suche nach IBM.COM haben wir folgendes Ergebnis erhalten:

```
International Business Machines (IBM-DOM) IBM.COM
International Business Machines (IBM4-HST) IBM.COM
129.34.139.30
To single out one record, look it up with "!xxx", where xxx is the handle,
shown in parentheses following the name, which comes first.
```

Zwei mögliche Treffer werden aufgelistet: Die Domäne IBM.COM und der einzelne Computer, der zufällig IBM.COM heißt. Jeder besitzt einen Code in Klammern, der einen Link mit weiteren Informationen zu diesem Treffer darstellt. Das *DOM* in *IBM-DOM* deutet darauf hin, daß dies die offizielle IBM-Domäne sein könnte. Deshalb klicken Sie darauf, um eine konkretere Antwort mit dem vollen Namen der Firma und der E-Mail-Adresse der Person zu erhalten, die für die Domäne verantwortlich ist.

In einer so großen Firma wie IBM ist die Kontaktperson zweifelsohne ein technischer Netzwerkspezialist; in kleinen Firmen verbirgt sich dahinter jedoch meist jemand, der kurze, höfliche Fragen beantworten kann, so z.B. »Wie lautet die E-Mail-Adresse Ihrer Verkaufsabteilung?« oder »Arbeitet Manfred Schmidt eigentlich noch bei Ihnen?«

Hoovers weiß alles

http://www.hoovers.com

Obgleich Sie über WHOIS etwas zur Verbindung einer Firma ins Internet herausbekommen, erfahren Sie nicht viel über die Firma an sich. Hoovers ist ein Wirtschaftsinformationsdienst, der schon recht lange Branchenverzeichnisse im Papierformat herausgegeben hat. Jetzt befindet er sich auch im Netz. Auf der Web-Site von Hoovers finden Sie kostenlose Firmenprofile, Aktienkurse und anderen Unternehmensinformationen. Wenn Sie sich für den kostenpflichtigen Dienst anmelden, stehen Ihnen noch beträchtlich mehr Informationen zur Verfügung. Doch selbst das kostenlose Zeug ist schon sehr nützlich.

Fragen Sie EDGAR

http://edgar.sec.gov (Regierung)

http://www.edgar-online.com (Privat)

Die US-Regierungsbehörde Security and Exchange Commission (SEC) ist für die Regulierung des Aktien- und Obligationsmarktes zuständig. Sie hat ein System namens EDGAR eingerichtet, in dem alle Finanzinformationen, die öffentlich gehandelte Unternehmen bei der Regierung hinterlegen müssen, zusammengetragen werden. Der Großteil dieses Zeugs ist zwar trocken und finanziell, doch wenn Sie Bilanzen lesen können, finden Sie allerhand interessante Informationen, so z.B. das Gehalt von Bill Gates.

Die Regierungs-Site von EDGAR wird direkt von der SEC betrieben, während die private Site EDGAR ONLINE von einer unabhängigen Firma (Cybernet Data Systems, Inc.) angeboten wird. Obwohl sich auf beiden Seiten so ziemlich die gleichen Informationen finden, bietet die private Site kostenlosen, eingeschränkten Zugang und berechnet für vollständigeren Zugriff eine bescheidene Gebühr (ca. US$ 5 im Monat), in der auch eine automatische E-Mail-Benachrichtigung enthalten ist, wenn eine Firma, für die Sie sich interessieren, neue EDGAR-Dokumente ablegt. EDGAR ONLINE ist mit mehreren Firmen einschließlich Hoovers Partnervereinbarungen eingegangen. Daher können Sie bei einer Suche in Hoovers auf den Link zu EDGAR klicken und dann bei EDGAR ONLINE oftmals an Dokumente gelangen, die von der EDGAR-ONLINE-Homepage nicht direkt verfügbar sind. Wenn Sie EDGAR-Online jedoch häufiger verwenden, zahlen Sie die fünf Dollar.

Jede Menge anderer Branchenverzeichnisse

Im Netz finden sich haufenweise Informationen zu Handel und Unternehmen. Hier sind ein paar Ansatzpunkte.

Companies Online

http://www.ComaniesOnline.com

Companies Online ist ein gemeinsames Projekt zwischen Dun & Bradstreet und Lycos. Sie geben den Namen der Firma ein, für die Sie sich interessieren, und diese Site erzählt Ihnen etwas über die Firma.

Unternehmensinformationen für Deutschland

http://www.nati.de/links/uinfo/brd.htm

Hier finden sich eine Reihe von Links zu kommerziellen Informationsdienstleistern, die Geschäftsberichte und andere Infos zu Firmen im deutschsprachigen Raum anbieten.

Gelbe Seiten

http://www.branchenbuch.com
http://www.europages.com/home-de.html
http://www.wlwonline.de
htto://www.bigyellow.com
http://branchenbuch.yahoo.de/

Es gbt im Netz eingie Branchenbücher, sowohl national als auch international. Die aufgeführten Verzeichnisse sind vorwiegend nationale für Deutschland, mit der Ausnahme von Big Yellow, einem amerikanischen Branchenverzeichnis von Bell Atlantic (obwohl diese Firma nicht gerade zu unseren bevorzugten Telefongesellschaften gehört).

Leute suchen

Es ist erstaunlicherweise relativ einfach, Leute im Netz zu finden. Vor allem in den USA ist es derart einfach, daß es schon unheimlich wird. In Europa macht sich dagegen gerade hier der Datenschutz deutlich bemerkbar, denn es gelingt keineswegs immer, die gewünschte Person zu finden.

Es gibt bei den Suchdiensten für Leute zwei überlappende Kategorien: solche, die nach Leuten im Netz mit E-Mail- oder Web-Adressen suchen, und solche die nach Leuten im richtigen Leben mit Telefonnummern und Adressen suchen.

Im richtigen Leben

Die Verzeichnisse aus dem echten Leben setzen sich vorwiegend aus Telefonverzeichnissen zusammen. Wenn Sie in den letzten Jahren in keinem Telefonbuch eingetragen waren, finden Sie sich wahrscheinlich in keinem dieser Verzeichnisse.

Im Netz

Die Suche nach E-Mail- und Web-Adressen geschieht zu einem Großteil auf gut Glück. Es gab im Web nie ein Verzeichnis, daß mit den offiziellen Telefonbüchern vergleichbar war, die die Telefongesellschaften herausgegeben haben. Verzeichnisse der E-Mail-Adressen werden daher aus Adressen erstellt, die in Usenet-Mitteilungen, Mailing-Listen und anderen mehr oder weniger öffentlichen Orten im Netz auftauchen. Da die verschiedenen Verzeichnisse verschiedene Quellen verwenden, können Sie bei erfolgloser Suche in dem einen Verzeichnis immer noch ein anderes Verzeichnis probieren. Da die E-Mail-Verzeichnisse unvollständig sind, gibt es keinen Ersatz dafür, jemanden einfach anzurufen und zu fragen »Wie lautet Ihre E-Mail-Adresse?«

Wenn Sie sich fragen, ob jemand eine Webseite hat, suchen Sie einfach unter AltaVista nach dem Namen der Person. Möchten Sie Ihren eigenen Bekanntheitsgrad feststellen, suchen Sie in AltaVista nach Ihrem Namen und sehen Sie, von wievielen Leuten Sie oder Ihre Webseite erwähnt werden.

Yahoo People Search

`http://www.yahoo.com/search/people`

Yahoo bietet ein nützliches Verzeichnis, daß Leute nach Ihrem Namen und optional nach Ihrer Adresse sucht und die volle Adresse und Telefonnummer ausgibt. Dieses System funktioniert ähnlich wie Four11 (wird im folgenden Abschnitt beschrieben), ist jedoch Yahoo-tpyisch gestaltet.

Yahoo-Deutschland E-Mail-Adressen

`http://www.yahoo.de/adressen/email/email.html`

Die deutsche Version von Yahoo bietet nicht ganz den Service Ihrer amerikanischen Kollegen, man kann jedoch immerhin anhand des Namens und der Domäne nach E-Mail-Adressen suchen. Oftmals ist jedoch selbst für Adressen in Deutschland die Suche im amerikanischen Yahoo erfolgreicher.

Four11

http://www.four11.com

Sie können bei Four11 nach E-Mail-Adressen, Straßenadressen und Telefonnummern suchen (genau wie bei Yahoo People Search). Wenn Ihnen Ihr eigener Eintrag nicht gefällt, können Sie ihn erweitern, aktualisieren oder löschen.

Elektronisches Telefonbuch

http://www.etv.de

Ein auf Deutschland zugeschnittenes Online-Telefonbuch, mit dem man anhand von Namen die Telefonnummer und Adresse herausbekommen kann.

WhoWhere

http://www.whowhere.com

WhoWhere ist ein weiteres E-Mail-Verzeichnis. Obwohl man mit Four11 meistens bessere Ergebnisse erzielt, finden sich einige Leute bei WhoWhere, die in keinem anderen Dienst eingetragen sind.

Canada 411

http://www.canada411.sympatico.ca

Canada 411 ist ein kanadisches Telefonbuch, daß alle außer den eigenbrötlerischen Provinzen Alberta und Saskatchewan enthält und von den meisten größeren kanadischen Telefongesellschaften finanziert wird. *Aussi disponsible en français!*

Bigfoot

http://www.bigfoot.com

Bigfoot bietet eine Möglichkeit, nach Leuten zu suchen, und außerdem lebenslang dauerhafte, kostenlose E-Mail-Adressen (es wird versprochen, daß Mail von Ihrer Bigfoot-Adresse für immer kostenlos an Ihren Internet-Account weitergeleitet wird).

Und nochmal Mail

Mailing-Listen sind eine weitere wichtige Quelle. Die meisten Listen (aber nicht alle – überprüfen Sie es, bevor Sie nachfragen) heißen konkrete, höflich formulierte Anfragen in bezug auf die Themen der Liste ausdrücklich willkommen. In Kapitel 13 finden Sie weitere Informationen zu Mailing-Listen, einschließlich wie man Listen mit bestimmten Themen findet.

Die Zehn-Minuten-Herausforderung

Unser Freund Doug Hacker behauptet, innerhalb von weniger als zehn Minuten die Antwort auf jede sachliche Frage im Netz zu finden. Carol hat ihn herausgefordert: Er sollte ein Zitat finden, an daß sie sich vage aus einer Notiz in einem Duke-Ellington-Album erinnnern konnte; den Titel des Albums hatte sie vergessen. Er hatte das vollständige Zitat in ungefähr einer Stunde, hat aber selbst weniger als fünf Minuten Zeit hineingesteckt. Wie? Er hat eine Mailing-Liste zu Duke Ellington gefunden, hat diese abonniert und die Frage gestellt. Einige Mitglieder haben kurz darauf geantwortet. Je mehr Zeit Sie damit verbringen, sich im Netz zurechtzufinden, desto eher wissen Sie, woher Sie die gewünschten Informationen bekommen können.

Waren im Netz

Die ganzen ernsthaften Verzeichnisse und Indizes bringen heutzutage auch irgendwo Einkaufsinformationen auf ihre Homepage, damit Ihre Kreditkarte schneller und näher ans Web rückt. Einige werden sogar von VISA gesponsort. Sie finden Kaufhäuser und Kataloge aus allen Bereichen, die jede nur vorstellbare Ware anbieten (und auch einige unvorstellbare Waren). Wir erzählen Ihnen alles, was Sie tun und lassen sollen und wie es geht, in Kapitel 9.

Das Web – ein großes Kaufhaus

9

In diesem Kapitel

- Warum online einkaufen?
- Mit der Kreditkarte ins Internet?
- Einkaufen Schritt für Schritt
- Wo man Karten, Fonds, Bücher, Kleidung, Computer und Lebensmittel online findet

Falls Sie aus Gründen wie beispielsweise Schlaflosigkeit die Computer-Presse verfolgen, haben Sie schon viel zu viel über den elektronischen Handel gehört. Erstaunlicherweise stellt sich ein Großteil der ganzen Publicity als wahr heraus, da man über das Netz alles Mögliche an Zeug ganz vernünftig einkaufen kann. Wir haben in den USA schon alles Mögliche online gekauft, von Büchern über Hosen, Flugtickets, Aktien, Fondspapiere, Computer-Ersatzteile bis zu, äh, besonderen persönlichen Produkten (lesen Sie da mal jetzt nicht zu viel hinein), um zu wissen, wovon wir reden. In Deutschland sieht der Online-Markt dagegen noch richtig dürftig aus. Einzelne mutige Anbieter haben zwar schon die ersten Geschäfte im Web eröffnet, doch die Leute kaufen noch längst nicht so selbstverständlich im Netz ein, wie dies in den USA der Fall ist.

Warum sollte ich online einkaufen?

Sie kaufen aus den gleichen Gründen online ein, aus denen Sie auch etwas aus einem Versandkatalog bestellen würden. Sie können Dinge online finden, die es in einem Geschäft vor Ort nicht gibt, wenn es überhaupt ein Geschäft gibt. Die Online-Auswahl kann besser sein, die Preise sind oft günstiger, und Online-Geschäfte haben rund um die Uhr geöffnet. Einige Dinge, die man über Online-Shops in den USA bekommt, sind hierzulande im herkömmlichen Handel gar nicht erhältlich.

Online-Geschäfte sind so vielfältig wie Versandhausgeschäfte, und genauso wie es gute und schlechte Kataloge gibt, finden sich auch gute und schlechte Web-Geschäfte. Wenn Sie jedoch einen einigermaßen vernünftig aussehenden Laden im Web entdecken, der etwas, was Sie kaufen möchten, zu einem guten Preis anbietet, versuchen Sie es einfach.

Die Kreditkartenfrage

Wie bezahlt man das Zeug, das man online kauft? Meistens mit einer Kreditkarte, genauso wie man für vieles andere bezahlt. Aber ist es nicht unheimlich riskant und gefährlich, die Kreditkartennummer online preiszugeben? Eigentlich nicht.

Viele Leute machen sich Gedanken, daß böse Jungs mit Paket-Aufspürern und Netzwerkanalysiergeräten und wer weiß was sonst noch für High-Tech-Schnüffelwerkzeug ihre Kreditkartennummer bei der Reise durch's Netz stehlen könnten. Wir haben jetzt schon einige Jahre ganz wachsam die Ohren gespitzt, ob irgendwas in dieser Richtung vorgekommen ist, aber soweit wir wissen, ist diese Situation bis jetzt nicht eingetreten. Und es wird auch nicht passieren. Zum einen sorgen die meisten Online-Geschäfte dafür, daß die Mitteilung zwischen Ihrem Computer und dem Server des Geschäfts verschlüsselt wird (in Netscape Navigator wird das durch ein Schlüsselsymbol in der linken unteren Ecke des Bildschirms angezeigt); zum anderen wäre es selbst ohne Verschlüsselung extrem schwierig, eine einzelne Kreditkartennummer aus den Gigabytes an Datenverkehr herauszufischen, die ständig durch das Netz fließen.

Wenn Sie damit leben können, Ihre Plastikkarte im Restaurant zu verwenden, wo Sie Ihre physische Karte mit Ihrer physischen Unterschrift der Bedienung anvertrauen, die sie dann mit zur Kasse nimmt und außerhalb Ihres Blickfelds irgendetwas damit anstellt, sollten Sie auch das Risiko akzeptieren können, Ihre Nummer an ein Online-Geschäft zu schicken. Wir haben schon oft gesagt: Wenn wir Kreditkartennummer stehlen wollten, würden wir unsere Zeit nicht online vertrödeln, sondern lieber gleich die Altpapiercontainer durchwühlen.

Wenn Sie nach dieser Predigt Ihre Plastikkarte dennoch nicht über das Netz schicken möchten, oder wenn Sie zu den Leuten zählen, die Kreditkarten prinzipiell ablehnen, freuen sich die meisten Online-Geschäfte auch, wenn Sie per Telefon anrufen und Ihre Kreditkartennummer durchgeben, oder wenn Sie einen Scheck schicken. Einige Online-Läden in Deutschland bieten Ihnen auch das Lastschriftverfahren von Ihrem Giro-Konto zum Begleichen von Online-Rechnungen an.

Gehen wir einkaufen

Geschäfte im Web funktionieren auf zwei unterschiedliche Weisen: Einmal mit und einmal ohne virtuelle Einkaufswagen. Bei Läden ohne Einkaufswagen bestellen Sie jeweils nur einen einzelnen Artikel oder füllen einen großen Bestellzettel aus, in dem für jeden Artikel im Laden ein Kästchen vorhanden ist. Bei Läden mit Einkaufswagen können Sie die Artikel durchsehen, die es im Laden zu kaufen gibt, die gewünschten Artikel in Ihren Einkaufswagen legen und wenn Sie fertig sind zur virtuellen Kasse gehen. Dort geben Sie dann die notwendigen Informationen zur Bezahlung und Lieferung an. Bevor Sie zur Kasse gehen, können Sie Artikel beliebig oft in Ihren Einkaufswagen hineinlegen oder es wieder herausnehmen, wie im wirklichen Leben – mit dem einzigen Unterschied, daß Sie etwas, das Sie herausnehmen, nicht wieder an seinen Platz im Regal zurückstellen müssen.

Einkaufen auf die einfache Tour

Als einfaches Beispiel führen wir Sie durch einen Einkaufsrundgang auf der Web-Site Great Tapes for Kids, einem kleinen Online-Laden, indem man Videos, Kassetten und Bücher für

Kinder kaufen kann und der von einem von uns Autoren geführt wird. (Wir? Käuflich? Nee.) Sie beginnen auf der Homepage, `http://www.greattapes.com`, wie in Abbildung 9.1. Dort sehen Sie einen gesondert vorgestellten Artikel und finden außerdem Links zu den Seiten, auf denen alle erhältlichen anderen Bücher und Kassetten aufgeführt sind.

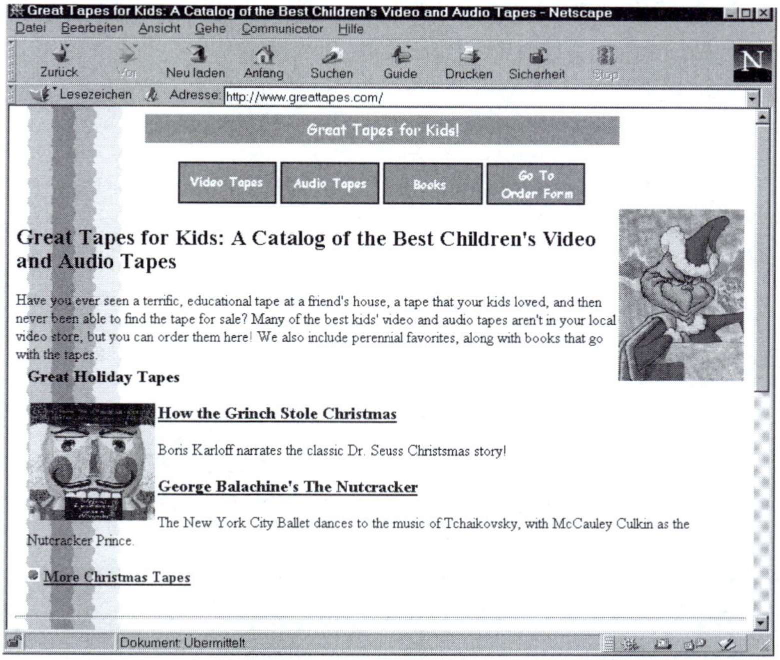

Abbildung 9.1: Willkommen bei Great Tapes for Kids

Nachdem Sie sich entschieden haben, was Sie kaufen möchten, klicken Sie auf einer der Webseiten auf das Symbol ORDER FORM. Daraufhin erscheint ein riesiges Bestellformular, auf dem für alles, was Sie irgendwie bestellen könnten, ein Kästchen vorgesehen ist, wie in Abbildung 9.2. (Bei großen Online-Geschäften gerät diese Methode etwas unhandlich.) Während Sie das Bestellformular durch Drücken der Cursor-Tasten oder Klicken der Bildlaufleiste durchsehen, markieren Sie alle Artikel, die Sie kaufen möchten. Am Fuß des Formulars, wie in Abbildung 9.3, tragen Sie das Gleiche ein wie auf einem Papierformular. Auf den meisten Bestellformularen ist ein Feld zur Eingabe der Kreditkartennummer vorgesehen; wenn Sie kein gutes Gefühl haben, Ihre Nummer dort einzutragen (uns geht es manchmal so, wie im Abschnitt »Die Kreditkartenfrage« beschrieben wurde), lassen Sie das Feld einfach leer – der Laden sieht in den meisten Fällen eine Möglichkeit vor, die Kreditkartennummer telefonisch zu übermitteln. Klicken Sie auf die Schaltfläche Send, und Ihre Bestellung ist auf dem Weg.

Sie erhalten im allgemeinen eine E-Mail, mit der die Einzelheiten Ihrer Bestellung bestätigt werden, und häufig auch Benachrichtungen per E-Mail, wenn Probleme oder Verzögerungen auftauchen.

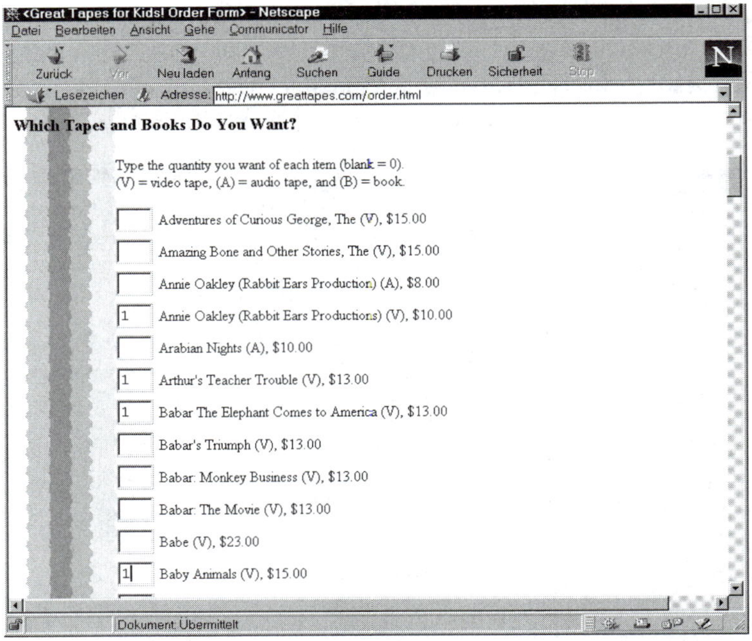

Abbildung 9.2: Wir bestellen Tierfilme

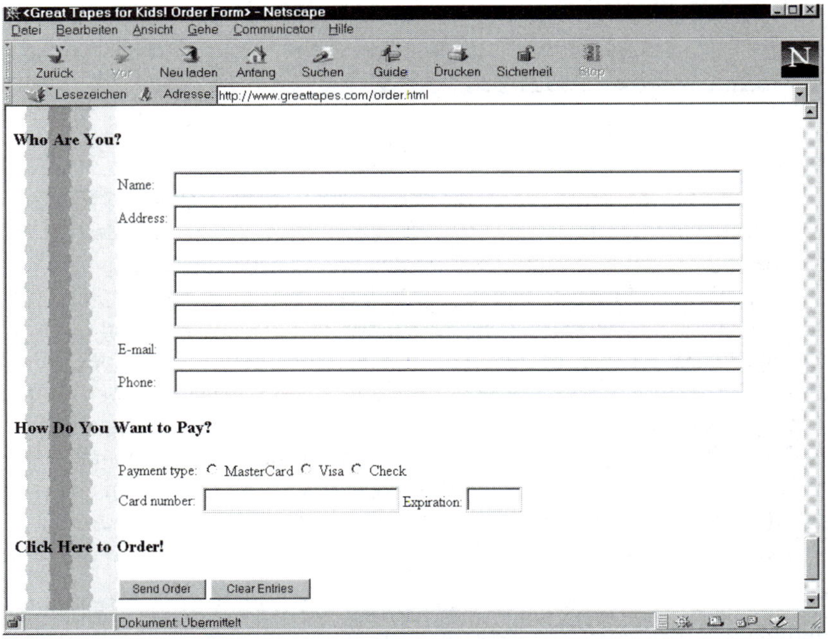

Abbildung 9.3: Die verflixten letzten Angaben

Cookie-Alarm

Sie haben vielleicht schreckliche Geschichten über Erscheinungen namens Cookies gehört, die Web-Sites angeblich verwenden, um Sie auszuspionieren, Ihre Daten zu stehlen, Ihren Computer zu verwüsten, Zellulitis in Ihre Hüften einzuspritzen, während Sie schlafen, und Ihnen anderweitig das Leben zu vermiesen. Nach eingehenden Untersuchungen haben wir herausgefunden, daß die meisten Cookies nicht ganz so schlimm sind; wenn Sie online einkaufen, können sie sogar recht hilfreich sein.

Ein *Cookie* ist nichts weiter als ein kleines Stückchen Text, den eine Web-Site an einen PC senden mit der Bitte (keinem Befehl), den Cookie bei zukünftigen Besuchen der Web-Site an diese zurückzuschicken. Das ist alles. Sie können sich die in Ihrem PC vorhandenen Cookies in einer Datei ansehen, die in etwa Cookie.txt heißt. Beim Online-Einkauf erlauben Cookies dem Web-Server, Ihren Einkaufswagen mit Artikeln, die Sie bereits ausgewählt, aber noch nicht gekauft haben, für mehr als eine Web-Sitzung zu verfolgen, selbst wenn Sie sich in der Zwischenzeit abmelden und Ihren Computer ausschalten.

Einkaufen auf die komfortable Tour

Ein einfacher Laden mit riesigen Bestellformularen funktioniert ganz gut, wenn im Katalog nicht sehr viele Artikel enthalten sind. Bei allem, was darüber hinausgeht, ist diese Methode hoffnungslos. Während wir dieses Kapitel schrieben, ist uns aufgefallen, daß das Bestellformular von Great Tapes inzwischen hoffnungslos groß geraten war, so daß wir die Web-Site umprogrammiert haben und nun einen »Einkaufswagen« anbieten, der manchmal auch als Warenkorb oder mit einer Reihe anderer Metaphern bezeichnet wird. Auf diese Weise können wir die Bestellungen der Leute leichter nachvollziehen. (Wir würden praktisch alles tun, um bloß nichts aufschreiben zu müssen. Das ist eine Autoren-Macke.)

Wenn Sie sich durch die Seite klicken, können Sie Artikel in Ihren Einkaufswagen legen, sie nach Belieben herausnehmen und wieder hineinlegen, indem Sie auf eine Schaltfläche klikken, auf der »Add Item to Your Shopping Cart« steht. Wenn Sie dann alle Artikel zusammenhaben, die Sie mitnehmen möchten, gehen Sie zur virtuellen Kasse und kaufen die Artikel in Ihrem Einkaufswagen. Bevor Sie an die Kasse gehen, können Sie die Artikel in Ihrem Einkaufswagen jederzeit zurückstellen, wenn Sie sie nicht mehr möchten.

Die Einkaufswagen-Version von Great Tapes for Kids sieht genauso aus wie die alte Version, bis Sie auf die Schaltfläche Order auf einer der Seiten klicken. Das riesige Bestellformular ist jetzt verschwunden, und an seiner Stelle findet sich die Seite *Book and Tape Bag*, von der Sie den interessanten Teil in Abbildung 9.4 sehen. Es werden nur die Artikel angezeigt, die wir ausgewählt haben.

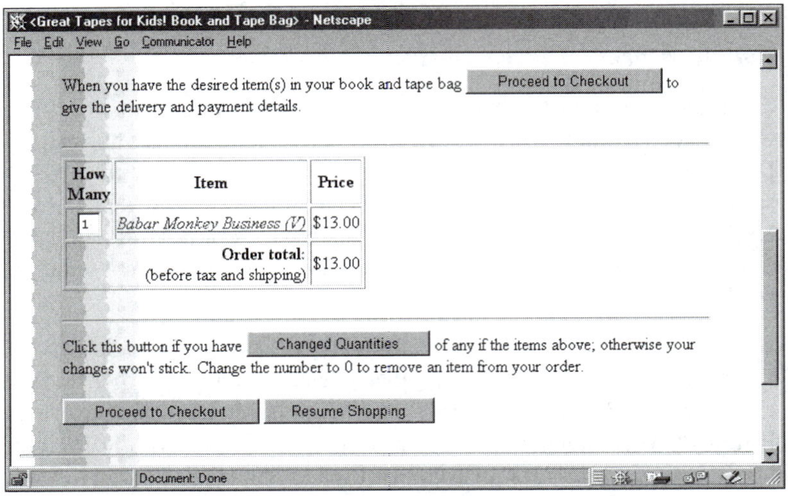

Abbildung 9.4: Ein Elefant im Einkaufswagen

Nehmen wir an, daß Ihnen eine Kassette noch nicht langt, da Sie zwei Neffen haben. Klicken Sie deshalb auf die Schaltfläche Resume Shopping und setzen Sie Ihren Einkauf fort, indem Sie eine weitere Kassette suchen und wieder auf die Schaltfläche Order klicken. Jetzt befinden sich beide Artikel in Ihrem Einkaufswagen, wie Sie in Abbildung 9.5 sehen können. (Obwohl dieser Vorgang ziemlich einfach aussieht, ist die erforderliche Programmierung, damit das Ganze auf einem Web-Server sauber läuft, ziemlich verzwickt. So gern wir auch mit Ihnen die technischen Einzelheiten teilen würden, unser Herausgeber teilt uns bedauerlicherweise mit, daß wir dafür keinen Platz haben. Schade.)

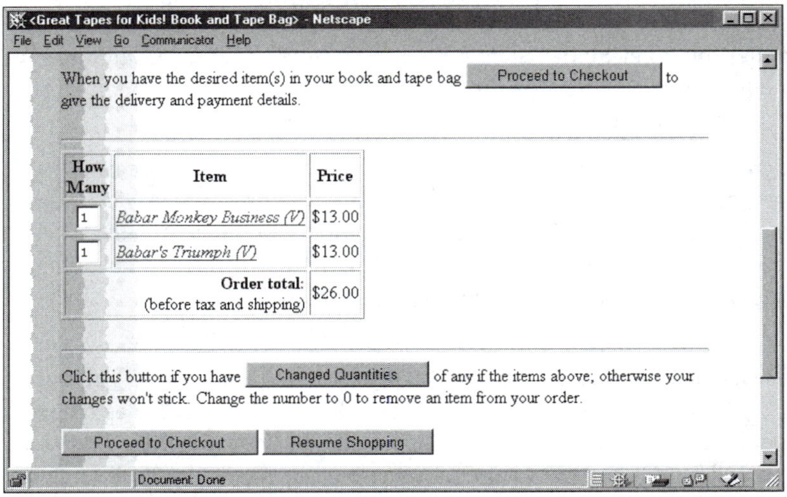

Abbildung 9.5: Zwei Elefanten im Einkaufswagen

An dieser Stelle können Sie den Einkauf fortsetzen, die Stückzahlen ändern (und auch auf null setzen, wenn Sie etwas nicht möchten), oder zur Kasse (Checkout) gehen, um Ihre Bestellung abzuschließen. Das Beispiel ist jetzt schon zu lang, deshalb gehen Sie einfach zur Kasse. Sie sieht genauso aus wie die Seite, die Sie in Abbildung 9.3 gesehen haben, mit den gleichen Feldern für Ihren Namen, Ihre Adresse und Bezahlungsinformationen sowie einer Schaltfläche zur Bestätigung Ihrer Bestellung.

Die meisten virtuellen Geschäfte verwenden einen Cookie (wir sprechen über sie im Kasten »Cookie-Alarm« ein Stück weiter vorn in diesem Kapitel), um Ihren persönlichen Einkaufswagen zu identifizieren. Das Cookie-Prinzip erlaubt, daß Sie sich aus dem Internet abmelden, ein oder zwei Tage später zur Great Tapes Web-Site zurückkommen und Ihren Einkaufswagen immer noch mit allen Artikeln darin vorfinden. Wir finden dieses Prinzip vor allem beim Buchkauf praktisch – alle paar Tage hören wir von einem interessanten Buch, daß wir kaufen möchten, und werfen es virtuell in unseren Einkaufswagen. (Werfen ist in Ordnung, denn im Cyberspace wird nichts abgenutzt.) Wenn wir genug Bücher für eine vernünftige Bestellung zusammenhaben, schicken wir den Auftrag ab und zahlen nur eine einzige Versandgebühr für das ganze Bündel, anstatt jedes Buch einzeln zu bestellen.

Einkaufen rund um die Welt

Der Rest dieses Kapitels beschäftigt sich mit ein paar unserer Lieblingsdinge, die man online einkaufen kann, einschließlich Fluglinien-Tickets, Geldanlangen und (Vorsicht!) Bücher.

Einsteigen und losfliegen

Wir kaufen eine ganze Menge Flugtickets online. Obwohl die Online-Reiseanbieter längst nicht so gut wie wirklich gute Reisebüros sind, haben sie dennoch einen Vorteil gegenüber schlechten Reisebüros. Selbst wenn Sie ein gutes Reisebüro haben, können Sie sich mit der Online-Methode erst einmal nach den Wahlmöglichkeiten umsehen, bevor Sie zum Telefonhörer greifen. Wir haben außerdem ein paar gute Reisebüros gefunden, die mit Web-Sites und E-Mail arbeiten.

Während man in Amerika als Web-Benutzer direkten Zugang zu den vier Computer-Reservierungssystemen erhält und inneramerikanische Flüge bei den Fluggesellschaften buchen kann, sind in Europa in den meisten Fällen Reisebüros zwischengeschaltet. Inzwischen gibt es im Internet eine Vielzahl von Anbietern, auf deren Web-Sites man schnell und unkompliziert die Preise für nationale und internationale Flugstrecken herausbekommen kann. Bei manchen können Sie direkt die gewünschten Flugdaten in ein Formular eintragen und dieses abschikken, bei anderen müssen Sie sich zunächst als Benutzer registrieren lassen, bevor Sie die Angebote nutzen können. Manchmal finden Sie auf diese Weise wirklich günstige Tickets. Vor einer Buchung empfiehlt es sich aber auf jeden Fall, noch einmal bei einem Reisebüro anzurufen und nachzufragen, ob der Flugpreis aus dem Web wirklich der günstigste ist oder ob irgendwelche unmöglichen Bedingungen an ihn geknüpft sind.

Viele Fluggesellschaften bieten inzwischen eine direkte Buchung ihrer Flüge via Internet an. Wenn Sie sich bei einer bestimmten Fluggesellschaft nach Flugpreisen erkundigen, haben Sie bei den Preisen natürlich nicht die Vergleichsmöglichkeiten mit anderen Fluggesellschaften, die eine Buchung bei Reiseagenturen bieten würde. Allen voran präsentiert sich in Deutschland die Lufthansa im Internet, unter

`http://www.lufthansa.com/dhome.htm.`

Nachdem Sie als Kunde registriert sind, können Sie die Flugpläne der Lufthansa sowie aller Airlines einsehen, mit denen die Lufthansa kooperiert. Haben Sie einen passenden Flug mit einer der Fluggesellschaften gefunden, können Sie den Flug direkt buchen und zahlen wie üblich per Kreditkarte. In regelmäßigen Abständen veranstaltet die Lufthansa außerdem Online-Auktionen, bei der weltweite Flüge für zwei Personen oft weit unter der Hälfte des normalen Preises weggehen.

Der Last-Minute-Anbieter L'Tur gibt im Web eine Übersicht zu aktuellen Reiseangeboten, die auf dem neuesten Stand gehalten werden. Unter `http://www.ltur.de` haben Kunden von AOL oder T-Online sogar die Möglichkeit, die Reisen direkt zu buchen und per Kreditkarte zu bezahlen. Diejenigen unter Ihnen, die über einen anderen Internet-Provider ins Web gelangen, müssen zur Buchung auf das gute alte Telefon zurückgreifen.

Hier sind unsere gesammelten Weisheiten zum Flugticketkauf online:

- ✔ Überprüfen Sie die Online-Systeme, um herauszufinden, welche Flüge es gibt und zu welchen Preisen sie zu haben sind.
- ✔ Nachdem Sie eine Fluggesellschaft gefunden haben, die in Frage kommt, schauen Sie auf der Site der Fluggesellschaft nach, ob dort spezielle Web-Sonderangebote verfügbar sind.
- ✔ Rufen Sie bei einem Reisebüro an und finden Sie heraus, ob es den Online-Preis unterbieten kann. Kaufen Sie Ihre Tickets im Reisebüro, es sei denn, der Online-Preis ist günstiger. Einige Reisebüros gewähren Ihnen einen kleinen Rabatt, wenn Sie die Reservierung selbst durchführen, denn dann muß das Reisebüro nur noch das Ticket ausdrucken und Ihnen schicken.

Einsteigen und Türen schließen!

Nicht jeder möchte von München nach Hamburg fliegen, und von Köln nach Bonn ist das schon fast unmöglich. In Deutschland kommt man auf Schienen in die entlegensten Winkel des Landes – und kann schon von zu Hause aus die Reise detailliert planen. Die Deutsche Bundesbahn AG bietet Ihnen dazu im Internet einen richtig guten Service, und zwar unter folgender Adresse:

`http://www.bahn.de`

Hier steht Ihnen ein Großteil der Angebotspalette der Datenbank online zur Verfügung. Über die Reiseplanung können Sie sich nach Belieben verschiedene Strecken zusammenstellen, die

Sie an das gewünschte Ziel bringen, oder Ihre Reise auf bestimmte Zugarten festlegen (wenn Sie beispielsweise mit dem Schönes-Wochenende-Ticket fahren möchten). Im Online-Fahrplan unter `http://bahn.hafas.de` sind sämtliche Züge vom Vorort-Bummelzug in Ihrer Nähe bis zum quer durch Europa brausenden Hochgeschwindigkeitszug enthalten. Auch die Reiseplanung für andere Bahnreisen durch Europa läßt sich bequem auf der Web-Site der DB erledigen.

Haben Sie die gewünschte Zugverbindung gefunden, so können Sie direkt den gewünschten Fahrschein bestellen. Voraussetzung: Bis zum Antritt Ihrer Reise müssen noch mindestens drei Werktage Zeit zur Zustellung der Fahrscheine verbleiben. Sie können Platzwünsche angeben (z.B. Großraumwagen oder Nichtraucher) und die Fahrscheine entweder im Lastschriftverfahren oder per Kreditkarte bezahlen.

Auf der Hauptseite der Deutschen Bahn AG finden Sie jede Menge anderer Informationen zur Bahn und natürlich auch eine Gelegenheit, Ihre eigene Meinung loszuwerden.

Geldgeschäfte

Wenn Sie sich im Aktiengeschäft betätigen (das läßt sich ja heutzutage kaum noch vermeiden, es sei denn, Sie möchten sich schon früh ins Grab legen), finden Sie im Web eine bemerkenswerte Vielfalt an Ressourcen, vor allem aus den Vereinigten Staaten. Doch auch aktuelle Börsenkurse deutscher Handelsplätze sind durchaus im Netz zu finden. Heute stehen Netzbenutzern Informationsquellen in einer Bandbreite zur Verfügung, zu der vor ein paar Jahren nur professionelle Börsenmakler Zugang hatten.

Der Schwerpunkt der Anlagemöglichkeiten über das Internet liegt noch ganz klar in den USA. Zwar erscheinen mit dem jünsten Börsenboom auch in Deutschland vereinzelte Broker und Börseninformationsdienste im Netz. Von der Selbstverständlichkeit, mit der in den USA Börsengeschäfte von Privatanlegern über das Internet abgewickelt werden, ist man hierzulande jedoch noch weit entfernt. Lediglich einzelne Direktbanken bieten ihren Kunden die Online-Verwaltung ihres Wertpapierdepots und weitere Finanzdienstleistungen im Web an. Wenn Sie jedoch von hier aus in den amerikanischen Aktienmarkt einsteigen möchten, ist das Internet der ideale Weg für Sie.

Bei allen Finanz-Ressourcen im Netz ist an vorderster Stelle zu beachten, daß jeder seine eigennützigen Zwecke verfolgt und irgendwie bezahlt werden möchte. In den meisten Fällen ist die Situation klar: Die Managerin eines Investmentfonds möchte, daß Sie in ihre Fondspapiere investieren, und ein Börsenmakler möchte, daß Sie durch ihn Aktien kaufen und verkaufen. Bei anderen Sites ist die Absicht weniger offensichtlich: Einige werden von Werbung unterstützt, andere vermarkten besondere Anlagepapiere. Behalten Sie einfach die Interessen eines Anbieters im Auge, wenn Sie seinen Ratschlag beherzigen.

Investmentfonds

Investmentfonds sind die entscheidende Investitionsform der 1990er. Inzwischen gibt es auf der Welt mehr Investmentfonds als Aktien, die die Fonds kaufen können. (Da kann man sich nur wundern, oder?) Die meisten Fondsmanager haben zumindest Beschreibungen der Fonds und Prospekte im Netz verfügbar, und viele bieten inzwischen auch Online-Zugang zu Ihrem Depot, so daß Sie innerhalb einer Fondsgruppe Geld von einem Fonds zum anderen verschieben können.

Zu den bekannten Fondsgruppen in den USA zählen:

- ✔ **Fidelity Investments:** Spezialisiert in aktiv verwalteten Fonds (`http://www.fid-inv.com`).
- ✔ **Vanguard Group:** Spezialisiert in Low-Cost-Fonds und Index-Fonds (`http://www.vanguard.com`).
- ✔ **American Century:** Eine weitere breite Fondsgruppe (`http://www.americancentury.com`).

Viele der Online-Broker, die im folgenden Abschnitt aufgeführt werden, bieten Ihnen auch den Handel mit Investmentfonds an, obwohl es fast immer günstiger ist, wenn Sie direkt über einen Fonds-Manager handeln. Bei Yahoo findet sich eine lange Liste von Fonds und Fondsgruppen; klicken Sie im internationalen Yahoo (`http://www.yahoo.com`) auf die Option Business and Economy, dann Finance and Investment und dann Mutual Funds.

Börsenmakler

Die meisten der bekannten US-amerikanischen Broker-Firmen sind inzwischen aufs Web gehüpft, dazu hat sich eine neue Generation von Billig-Online-Brokern gesellt, die einen erstaunlich günstigen Aktienhandel anbieten. Während eine Transaktion mit einer der großen, gut betreuten Firmen bis zu US$ 100 kostet, verlangt ein Billig-Broker für das gleiche nur US$ 8. Der Hauptunterschied besteht darin, daß die günstigen Firmen keine Investment-Tips geben und Sie keinem bestimmten Broker zugewiesen sind. Bei Leuten, die selbst den Markt beobachten und keine Ratschläge von Brokern brauchen, sind die Billig-Firmen gut geeignet. Leute, die auf Betreuung und Ratschläge angewiesen sind, bieten die großen Firmen mit Service oftmals günstigere Konditionen für Online-Transaktionen, und Sie haben jederzeit vollen Einblick in Ihr Depot. Die zusätzlichen Dienstleistungen, die die einzelnen Broker anbieten, variieren stark. Wie bereits erwähnt, spielt sich der Online-Handel vorwiegend in den USA ab; in Deutschland bieten Ihnen lediglich einige Banken den Gang an die Börse über das Internet an.

Zu den Online-Brokern zählen:

- ✔ **Charles Schwab:** Einer der ältesten Discount-Broker (`http://www.schwab.com`).
- ✔ **Discover Brokerage Direct:** Ein günstiger Broker ohne Betreuung.(`http://www.lombard.com`).

- ✔ **Ameritrade:** Ein sehr günstiger Broker ohne Betreuung (`http://www.ameritrade.com`).
- ✔ **Discover Brokerage Direct:** Ein Broker mit vollständiger Betreuung, der Online-Zugang zu Depots und Wirtschaftsinformationen bietet (`http://www.smithbarney.com`).
- ✔ **Bank24:** Bietet Ihren Kunden Brokerage-Dienste für deutsche Börsen über das Internet an (`http://www.bank24.de`).

Viele der Fondsgruppen wie Fidelity und Vanguard haben zusätzliche Brokerage-Abteilungen, die eine gute Wahl darstellen, falls Sie sowohl in einzelne Aktien als auch in Fonds investieren möchten.

Wie geht es Ihrem Portfolio?

Mit verschiedenen Dienste können Sie Ihr Portfolio online verfolgen. Sie geben die Anzahl der Aktien oder Fondspapiere ein, die Ihnen gehören, und erfahren dann jederzeit ihren genauen Wert und wieviel Geld Sie heute verloren haben. Einige schicken Ihnen auf Wunsch per E-Mail einen täglichen Portfolio-Bericht. Diese Berichte sind praktisch, wenn Sie Investmentfonds von mehr als einer Gruppe oder sowohl Investmentpapiere als auch Aktien haben. Diese Dienstleistungen werden aus Werbung oder von einer Brokerage finanziert, die Sie auf diese Weise als Kunden zu gewinnen hofft.

- ✔ **My Yahoo:** (`http://my.yahoo.com`) Sie geben verschiedene Portfolios ein und passen Ihren Bildschirm mit entsprechenden Nachrichten zu den Unternehmen und allgemeinen Themen an. Sie erhalten auch eine Vielzahl von Unternehmens- und Brancheninfos einschließlich den Zugang zu Sites, die anderfalls kostenpflichtige Abonnements verlangen. Anzeigenfinanziert und leicht verständlich in der Benutzung.
- ✔ **Reuters Moneynet:** (`http://www.moneynet.com`) Sie können Portfolios verfolgen und Reuters-Nachrichten lesen. Obwohl eine Reihe von Premium-Diensten wie Aktienkurse in Echtzeit Geld kosten, ist die kostenlose Portfolio-Übersicht nicht schlecht.
- ✔ **Microsoft Investor:** (`http://investor.msn.com`) Dieser Dienst bietet ebenfalls Portfolios und eine Vielzahl von Informationen. Sie können zwar auch ein klein wenig im kostenlosen Bereich anstellen, aber die Site möchte unbedingt, daß Sie für monatlich US$ 9.95 die anspruchsvolleren Funktionen abonnieren. Wenn Sie das Extrakosten-Zeug nicht möchten, geht das Genörgel für ein Abonnement bald auf die Nerven.

Noch mehr Gelegenheiten zum Einkaufen

Hier sind noch ein paar andere Einkaufsmöglichkeiten, die wir im Web besucht haben. Bei einigen haben wir sogar etwas gekauft.

Bücher und Ähnliches

Sie können in einem Online-Buchladen zwar (noch) nicht die Seiten durchblättern, wenn Sie aber wissen, was Sie möchten, bekommen Sie gute Preise.

Amazon.com

`http://www.amazon.com`

Amazon.com ist eine der größten Erfolgsgeschichten des elektronischen Handels. Wie aus dem Nichts entstanden (wenn man mehrere Millionen Dollar Startkapital als Nichts bezeichnen will), ist die Firma heute einer der größten Online-Läden im Netz. Amazon bietet einen enorm großen Katalog voll mit Büchern, von denen manche schon in wenigen Tage bei Ihnen in Deutschland ankommen. Es gibt außerdem ein Tochterprogramm, über das Sie von anderen Webseiten auf deren bevorzugte Bücher verwiesen werden können, die man bei Amazon kaufen kann – ein Art virtueller virtueller Buchladen. Als Beispiel sehen Sie sich unsere WebSite unter `http://net.gurus.com` an, wo wir ganz uneigennützig für jedes von uns geschriebene Buch Links zu Amazon haben, für den Fall, daß Sie aus Versehen noch nicht alle unsere Bücher haben. Amazon verkauft die meisten Bücher unter dem Listenpreis, so daß die Preise selbst für Benutzer außerhalb der Vereinigten Staaten so günstig sind, daß es sogar mit den Versandkosten noch billiger ist, als die Bücher vor Ort zu kaufen. Das gilt vor allem für englischsprachige Fach- und sonstige Literatur, die in Deutschland oft um einiges teurer angeboten wird.

Blackwell's

`http://www.blackwells.co.uk`

Blackwell's ist eine traditionsreiche Universitätsbuchhandlung in Oxford, die die Zeichen der Zeit erkannt hat und heute ihre Bücher weltweit im Internet verkauft. Aufgrund der Nähe zu einer der weltweit bekanntesten Universitäten finden sich hier vor allem Fach- und Sachbücher aller Art, jedoch auch eine große Auswahl an englischsprachiger Belletristik. Die Preise werden in englischen Pfund abgerechnet und sind nicht in jedem Fall günstiger, als wenn man das Buch in Deutschland kaufen würde. Viele englischsprachige Titel bekommt man jedoch schneller als über die normalen Bestellwege des Buchhandels, so daß es sich auf jeden Fall lohnt, hier vorbeizuschauen.

Telebuch

`http://www.telebuch.de`

Telebuch ist eine der größten Online-Buchhandlungen in Deutschland und bietet Ihnen ein breites Angebot sowohl deutschsprachiger als auch internationaler Literatur. Lieferungen innerhalb Deutschlands sind versandkostenfrei. Die Preisbindung im deutschen Buchhandel gilt jedoch auch für das Internet, so daß Sie bei den Buchpreisen keine Sonderangebote erwarten dürfen.

BSB

`http://www.bsb.de`

Ein weitere Anbieter im deutschen Online-Buchgeschäft ist der 1991 gegründete BSB. Sie können in Bestseller-Listen stöbern, sich von Buchtips zum Tage verführen lassen oder nach Herzenslust die Buchdatenbank nach den exotischsten Titeln befragen. Wenn Sie etwas gefunden haben, erfahren Sie direkt Verfügbarkeit oder voraussichtliche Lieferzeit. Bei der Lieferung haben Sie die Wahl, Ihre Bücher bei einer Partnerbuchhandlung abzuholen; in diesem Fall entstehen Ihnen keine Portokosten. Werden die Bücher dagegen direkt zu Ihnen nach Hause geschickt, fallen bis zu einem bestimmten Auftragswert Portokosten an.

Kleidung

Dieser Abschnitt stellt ein paar bekannte Kleidungs-Hersteller mit Online-Läden heraus. In Verzeichnissen wie Yahoo finden sich hunderte weiterer bekannter und auch seltsamer Geschäfte.

Land's End

`http://www.landsend.com`

Ein Großteil des Katalogs befindet sich online, und Sie können alles bestellen, was in einem der einzelnen Kataloge enthalten ist. Es findet sich außerdem viel volkstümliches Gelaber, daß Ihnen die Firma als ein paar Jungs in den Kornfeldern von Wisconsin anstelle eines riesigen Versandhausunternehmens vorgaukeln soll (in Wahrheit ist sie beides).

L.L.Bean

`http://www.llbean.com`

Die Heimat typisch amerikanischer häßlicher, aber wasserbeständiger Bean-Schuhe und anderer unabdingbarer Ausstattung für das harten Leben draußen. Genau wie ihr Laden in Freeport, Maine, ist auch der Web-Laden die ganze Nacht geöffnet.

The Gap

`http://www.gap.com`

Obwohl diese Site noch nicht die ganze Auswahl aus den Geschäften enthält, finden sich für diejenigen unter uns mit ungewöhnlichen vertikalen oder horizontalen Dimensionen Jeans in Größen, die im Laden nicht erhältlich sind.

REI

http://www.rei.com

Dieser große Outdoor-Ausrüster sitzt in Seattle. Da es sich dabei um eine Kooperative handelt, erhalten Mitglieder einen kleinen Rabatt. Der gesamte Katalog befindet sich online.

Computer

Wenn Sie Computer-Hardware online einkaufen, sollten Sie sich vergewissern, daß der in Betracht kommende Händler gute Rückgabekonditionen anbietet, falls Ihnen der Computer nach dem Auspacken nicht gefällt, sowie eine lange Garantie.

Während die großen Computerhersteller in Nordamerika ihre Produkte im Hardwarebereich direkt über das Internet vertreiben, sind es in Deutschland vorwiegend kleinere Händler, die mit Angeboten im Internet präsent sind. Unter der Yahoo-Kategorie Handel und Wirtschaft: Firmen: Computer: Hardware: Personal Computer finden Sie einige Einkaufsgelegenheiten für Computer-Hardware.

Dell Computer

http://www.euro.dell.com/intl/euro/countries/de/index.htm

Auf dieser Seite findet sich ein ausführlicher Katalog mit Online-Bestellmöglichkeiten. Dabei können Sie sich eine individuelle Systemkonfiguration zusammenstellen, die Ihnen anschließend nach Hause geliefert wird.

IBM

http://www.de.pc.ibm.com/destkop.html

Der weltgrößte Computerhersteller hat die scheinbar weltgrößte Web-Site mit unzähligen Informationen zu IBM-Produkten und allgemeineren Computerthemen. Leider kann man nur in den USA seinen Lieblings-IBM-Computer direkt im Internet bestellen. In Deutschland bietet IBM auf der Web-Site http://direct.mainz.ibm.com/direct/direct.nsf eine Übersicht über hierzulande erhältliche Produkte; die Bestellung Ihres Computers erfolgt anschließend per Telefon.

Auktionen

http://www.zuschlag.de
http://www.auktionen.com

Sie können im Netz auf einigen Seiten an Online-Auktionen teilnehmen, auf denen Sie alles Mögliche von Computern über Antiquitäten bis zu Flugreisen ersteigern können. Online-Auktionen haben zumindest eines mit allen anderen Auktionen gemeinsam: Wenn Sie wissen, wonach Sie suchen und was es wert ist, können Sie ein paar gute Schnäppchen machen; wenn Sie das nicht wissen, bezahlen Sie schnell zu viel für wertloses Zeug.

Bei vielen Auktionen können Sie auch Ihr eigenes Zeug zum Verkauf anbieten und auf diese Weise Ihren Haushalt diskret von etwas Gerümpel erleichtern.

Essen und Trinken

Noch nicht jeder Supermarkt um die Ecke bietet Ihnen den Online-Einkauf an, aber das Lebensmittel-Angebot im deutschen Teil des Web wird allmählich größer.

Cybermarkt

`http://cybermarkt.com`

Bietet eine etwas gehobenere Auswahl an Delikatessen und Spezialitäten. Sie können mit Ihrem Einkaufswagen durch die Gänge schlendern, am Ende bezahlen, und in ein- bis zwei Tagen kommt ein leckeres Paket nach Hause.

Weinhandlungen

`http://www.koelner-weinkeller.de`
`http://www.findyourwine.de`

Zwei von vielen Gelegenheiten, eine gute Flasche Wein im Netz zu finden. Sie können Weine aus internationalen Anbaugebieten bis hin zum einzelnen Weingut aussuchen, online bestellen und sich nach Hause schicken lassen. Prost!

Die Checkliste für den Online-Einkauf

Hier sind ein paar Fragen, die Sie beim Online-Einkauf im Hinterkopf behalten sollten. Ein scharfsinniger Käufer wird bemerken, daß sich diese Fragen nicht großartig von denen unterscheiden, die Sie auch beim Einkaufen anderswo im Kopf haben.

- ✔ Sind die Beschreibungen eindeutig genug, so daß Sie genau wissen, was Sie bestellen?
- ✔ Sind die Preise konkurrenzfähig, sowohl zu anderen Online-Geschäften als auch mit Versandhandel und normalem Einzelhandel?
- ✔ Hat das Geschäft die Artikel auf Lager, und wenn nicht, wird ein fester Liefertermin angegeben?
- ✔ Hat das Geschäft einen guten Ruf?
- ✔ Kann man fehlerhafte Waren zurückgeben?

Meine erste Homepage

10

In diesem Kapitel

- Web-Page-Grundlagen
- Wie man die Homepage ans Laufen bekommt
- Veröffentlichen oder Wegschmeißen

Nach einer Weile denkt so ziemlich jeder Web-Benutzer daran, sich eine eigene, persönliche Webseite einzurichten. Eine Web-Site kann aus vielen einzelnen Webseiten bestehen; die Hauptseite einer Site wird jedoch im Allgemeinen als die *Homepage* bezeichnet. Leute haben Homepages, Firmen haben Homepages, und auch Gruppen hochtalentierter Autoren und Redner haben Homepages. (Sie können sich Carols Homepage ansehen, unter `http://iecc.com/carol`, Johns unter `http://iecc.com/johnl` und Margys unter `http://iecc.com/margy`.) Wenn Sie gern Ihre eigene Homepage hätten, dann lesen Sie weiter.

Obwohl das Erstellen einer Homepage nicht sonderlich schwierig ist, mag es einem neuen Computer-Benutzer kompliziert erscheinen. Sie haben Glück, denn es gibt neue Werkzeuge, einige sogar leicht verfügbar (sowohl technisch als auch ökonomisch), die Ihnen bei Ihrer ersten Homepage helfen, ohne daß Sie HTML überhaupt nur buchstabieren müssen.

Nur damit Sie wissen, was HTML ist, falls jemand fragt: Es steht für *Hypertext Markup Language* und ist die Muttersprache des World Wide Web. Webseiten bestehen aus Text und Bildern, die von HTML-Code zusammengehalten und formatiert werden. Als Demonstration Ihres unschlagbar guten Timings haben Sie mit Ihrer Homepage bis zum heutigen Tage gewartet, denn heute stehen Ihnen schlaue Programme zur Verfügung, mit denen Sie Ihre eigenen Seite erstellen können, ohne HTML-Befehle verwenden oder verstehen zu müssen. Sie können sich um Wichtigeres kümmern, z.B. Schokoladenkekse backen. Wenn Sie sich dazu entschließen, in den Bereich der Webseiten-Gestaltung einzusteigen, finden Sie ganze Bücher dazu, wie das geht. Wir empfehlen Ihnen jedoch, daß Sie sich an jüngere Titel halten, da ältere Titel die Dinge schwieriger darstellen, als sie eigentlich sind. Nur um zu beweisen, wie einfach das alles geht, führen wir Sie durch den Vorgang der Erstellung Ihrer ersten Homepage und der Veröffentlichung im Web.

Gestaltung einer Webseite

Alle Homepages sind Webseiten, aber nicht alle Webseiten sind Homepages. Wir erklären Ihnen, wie man eine Webseite erstellt – ob es eine Homepage wird, überlassen wir Ihnen.

Der richtige Stift

Bei der Gestaltung einer Webseite haben Sie, wie Sie sich inzwischen sicher denken können, viele Möglichkeiten. Ähnlich wie die Spinner- und Normal-Ansätze für den Internet-Zugang, die wir am Anfang dieses Buches beschreiben, können Sie mehr oder weniger abgedrehte Ansätze zur Erstellung einer Webseite verfolgen. Wir erhalten die Erstellung einer Webseite durch die Eingabe von HTML-Befehlen für den Spinner-Ansatz, und wir werden ihn auch nicht besprechen. Der normalere Ansatz besteht in der Verwendung eines WYSIWYG-Webseiteneditors.

WYSIWYG steht im Englischen für »What you see is what you get« und bedeutet, daß Sie auf dem Bildschirm schon sehen, was am Ende herauskommt. Bei Webseiteneditoren heißt das, daß Sie bei der Erstellung Ihrer Webseite keine unattraktiven HTML-Befehle sehen, sondern auf dem Bildschirm die Seite in ihrem späteren Aussehen erscheint. Glauben Sie uns – Ihnen wird das viel besser gefallen. HTML-Puristen merken an, daß WYSIWYG-Editoren recht unelganten HTML-Code produzieren, aber die so erstellten Seiten sehen meistens gut aus. Wenn Sie vorhaben, eine große, komplexe Web-Site zu erstellen, sind WYSIWYG-Editoren nicht das geeignete Werkzeug, aber für eine oder drei Seiten sind sie hervorragend.

Hier sind einige der bekannteren Webseiteneditoren (wir haben auch dazugeschrieben, wo Sie sie finden können):

- **Claris Home Page:** `http://www.claris.com`
- **Netscape Composer, ist Teil von Netscape Communicator:** `http://www.netscape.com`
- **Microsoft FrontPage und FrontPage Express (FrontPage Express ist Teil von Windows 98):** `http://www.microsoft.com`

Ein vielleicht weniger bekanntes, aber genauso hübsch-und-nützliches Shareware-Programm names AOLpress gibt es unter `http://www.AOLpress.com`. Entgegen seines Namens ist AOLpress nicht nur für AOL-Benutzer gedacht. AOLpress hat auch *Vorlagen*, das sind bereits eingerichtete Seiten, in die Sie nur noch Ihre Informationen eintragen müssen; *Lehrgänge*, zusätzliche schrittweise Anleitungen, falls unsere nicht ausreichend sind; und *Clip-Art*, coole Bilder, die Sie in Ihre Seite einbauen können.

Der vielleicht bequemste Webseiteneditor ist Ihr eigenes Textverarbeitungsprogramm. Sowohl Microsoft Word 97 als auch WordPerfect 8 haben fähige Web-Bearbeitungsfunktionen direkt eingebaut!

Wir fangen an

Zunächst müssen Sie wissen, daß eine Webseite eine Datei ist – genau wie jedes Textverarbeitungsdokument oder jede Kalkulationstabelle. Sie fangen an, indem Sie Ihre Webseite direkt auf Ihrer Festplatte anlegen. Sie können sehen, wie Sie aussieht, indem Sie Ihrem Browser sagen, er soll sie von Ihrer Festplatte laden. Bearbeiten Sie die Seite solange, bis sie Ihnen gefällt.

Nachdem Sie die Seite soweit haben, daß andere Leute Ihren Blick darauf richten können, können Sie sie zu dem Bereich des Web-Servers verschieben, den Ihnen Ihr Internet-Provider zugeteilt hat. Wenn Ihre Webseite immer weiter wächst, müssen Sie am Ende vielleicht extra bezahlen für den Platz, den sie belegt. Wenn Ihre Webseite extrem populär wird, kann es sein, daß Sie für den Datenverkehr, den Sie verursachen, eine Gebühr bezahlen müssen. (Wir wünschen Ihnen, daß Sie so bekannt werden.)

Hier sind unsere schrittweisen Anleitungen zur Verwendung von AOLpress (wenn Sie lieber WordPerfect 8 oder Microsoft Word 97 verwenden möchten, tun Sie das; die Befehle sind jedoch ein klein wenig anders):

1. **Besorgen Sie sich AOLpress. Wenn Sie lieber Ihr eigenes Textverarbeitungsprogramm verwenden, überspringen Sie diesen Schritt.)**

   Gehen Sie mit Ihrem Browser zu `http://www.AOLpress.com`. Sie sehen die AOLpress-Homepage. AOLpress teilt sich die Homepage mit AOLserver, deshalb achten Sie darauf, daß Sie sich auf den rechten Teil der Seite (den Teil in blau) konzentrieren. Klicken Sie auf DOWNLOAD. Suchen Sie den Abschnitt, der zu dem von Ihnen verwendeten System paßt (Windows 3.1, Windows 95, Windows 98, Windows NT oder Macintosh). Wenn Sie AOL verwenden, klicken Sie das AOL-Stichwort AOLPRESS; andernfalls klicken Sie Web und warten Sie, bis AOLpress heruntergeladen ist. Nachdem der Download abgeschlossen ist, doppelklicken Sie das AOLpress-Installationsprogramm.

2. **Starten Sie AOLpress oder Ihr Textverarbeitungsprogramm.**

   AOLpress zeigt einen großen Willkommensbildschirm an. Eigentlich ist dieser Bildschirm eine Willkommensseite. Da AOLpress nicht nur ein Webseiten-Werkzeug, sondern auch ein Browser ist, besuchen Sie beim Bewegen in AOLpress dennoch Sites im Web, wodurch es einfach ist, verschiedene Sites zu besuchen und interessante Seitenelemente auszuschneiden. Aber wir kommen vom Thema ab.

   Am oberen Bildschirmrand befindet sich die AOLpress-Werkzeugleiste. Wenn Sie mit der Maus auf ein Symbol fahren, sagt Ihnen AOLpress, wofür man es verwendet. Falls Ihnen das alles nicht intuitiv vertraut scheint, nachdem Sie sich ein wenig umgesehen haben, schlagen wir Ihnen vor, daß Sie auf das AOLpress-Tutorial klicken und zum Vertrautwerden das Online-Arbeitsbuch verwenden. Wenn Sie stur sind, bleiben Sie einfach bei uns, wir bringen Sie auf den Weg, wenn auch vielleicht nicht ganz so elegant.

3. **Um eine neue Webseite in AOLpress zu erstellen, wählen Sie aus der Menüleiste FILE – NEW – NEW PAGE. Unter Word 97 wählen Sie DATEI – NEU aus der Menüleiste, klicken Sie im erscheinenden Dialogfeld die Registerkarte WEBSEITEN und wählen eine Vorlage. (Wenn Sie Spaß bei der Sache haben möchten, wählen Sie den Webseiten-Assistent, der Sie durch die Anlage einer Webseite in Word 97 führt.) Unter WordPerfect 8 erstellen Sie ein neues Dokument, wählen Sie aus dem Menü ANSICHT – WEBSEITE und speichern das Dokument.**

   Sie sehen sich einer großen, leeren Seite gegenüber. Schreiben Sie etwas hinein. Legen Sie los – gestalten Sie Ihre eigene Seite. Keine Ideen, wie Sie herangehen sollen? Wenn

Sie AOLpress verwenden, gehen Sie zur Willkommensseite von AOLpress, klicken Sie auf TEMPLATES und sehen Sie sich die Formulare zum Ausfüllen und zurückhaltend-kreativen Seiten von AOLpress an, mit denen Sie Ihre Seite so einrichten können, daß sie klasse aussieht.

4. **Speichern Sie Ihre Arbeit.**

   Sie stecken wahrscheinlich so viel Arbeit in die Seite, daß Sie nicht unbedingt von vorne anfangen wollten, wenn Ihr Computer plötzlich abstürzt. Speichern Sie daher Ihre Seite, indem Sie aus der Menüleiste FILE – SAVE wählen. Im Prinzip speichern Sie Ihre Seite erst dann, wenn Sie fertig ist. Unserer Erfahrung nach macht man sich aber nur Ärger, wenn man mit dem Speichern der Seite wartet, bis sie fertig ist. Speichern Sie früh und regelmäßig.

Ihre erste Webseite haben Sie im Nullkommanix erstellt. Viel schwieriger ist jedoch die Überlegung, was alles auf die Seite drauf soll. Fragen Sie sich, welchen Zweck die Seite erfüllen soll und wer sie sich ansehen soll. Ist sie für Sie, Ihre Familie, Freunde und potentiellen Freunde auf der ganzen Welt gedacht, oder machen Sie online Werbung für Ihr Geschäft?

Wenn Ihre Seite eine persönliche Seite ist, empfehlen wir Ihnen, daß Sie nicht Ihre Adresse oder Telefonnummer mit aufnehmen. Ist es dagegen eine Geschäftsseite, führen Sie auf alle Fälle Ihre Adresse und Telefonnummer auf. Wir glauben nicht, daß der Inhalt Ihrer ersten Seite so furchtbar wichtig ist – wir möchten nur, daß Sie ein Gefühl dafür bekommen, wie man sie ins Netz stellt. Sie können jederzeit etwas hinzufügen oder sie verschönern. Sie müssen ja niemandem von Ihrer Site erzählen, bevor Sie nicht zufrieden sind damit.

Bilder zum Mitnehmen

Die meisten Webseiten enthalten in irgendeiner Form Grafiken. Jedes Bild auf einer Webseite wird in einer eigenen Datei gespeichert. Mit AOLpress, Word und WordPerfect können Sie Bilder einbauen, und AOLpress liefert sogar gleich eine beträchtliche Anzahl von Bildern mit, die Sie leicht hinzufügen können. Falls Sie Ihre Phantasie etwas spielen lassen wollen, erfahren Sie in diesem Kapitel noch ein paar Dinge, die Sie wissen sollten.

Grafikformate

Bilder gibt es in Dutzenden verschiedener Formate. Glücklicherweise werden im Web im allgemeinen nur zwei Grafikformate verwendet. Diese Formate bezeichnet man als GIF und JPEG. Im Netz sind schon viele ermüdende... äh, *offene* und *ehrliche*... Diskussionen bezüglich der relativen Vorzüge der beiden Formate geführt worden. Da John aufgrund der Tatsache, daß er bereits zwei ansonsten ehrenwerte Verleger dazu überredet hat, seine Bücher zu diesem Thema zu veröffentlichen, ein offizieller Grafikformat-Experte ist, sind in Tabelle 10.1 seine Meinungen zum Thema aufgeführt.

JPEG	GIF
Bestes Format für gescannte Fotos	Bestes Format für Cartoons und Symbole, die mit einem Computer gezeichnet wurden
Geht besser mit »Echtfarben« um	Erlaubt transparenten Hintergrund (wird am Ende dieses Kapitels besprochen)
Dateien sind meist kleiner	Dateien sind meist größer
Kann nicht gut mit großen Flächen der gleichen Farbe oder tiefen Schärfen umgehen	Kann gut mit großen Flächen gleicher Farbe umgehen
Einige ältere Browser unterstützen JPEG nicht	Alle graphischen Browser unterstützen GIF
Langsamer zu decodieren	Schneller zu decodieren

Tabelle 10.1: JPEG und GIF im Duell

Wenn Sie ein Bild in einem anderen Format wie BMP oder PCX haben, müssen Sie es erst in GIF oder JPEG konvertieren, bevor Sie es auf einer Webseite verwenden können. Es gibt viele Programme, mit denen man alles mögliche mit Grafiken anstellen kann; ein paar Anregungen finden Sie auf der Consummate-WinSock-Applications-Seite unter `http://cws.internet.com`.

Woher kommen die Bilder?

Das ist eine gute Frage. Sie können Sie natürlich jederzeit selbst mit einem Zeichenprogramm malen oder Fotos einscannen; falls Sie nicht gerade ein recht begabter Künstler oder Fotograf sind, sehen Ihre Grafiken jedoch nicht immer so schön aus, wie Sie es sich wünschen.

Erfreulicherweise finden sich im Netz viele Quellen, die grafisches Material bieten; einige sind im Folgenden genannt:

- ✔ Es gibt jede Menge Freeware, Shareware und kommerzielle Ware in Sachen Clip-Art im Netz. Yahoo führt eine lange Liste von Clip-Art-Sites unter `http://www.yahoo.com/Computers_and_Internet/Multimedia/Pictures/Clip_Art/`. Versuchen Sie auch, in jedem anderen Web-Verzeichnis oder -Index nach *Clip-Art* zu suchen.
- ✔ Wenn Sie ein Bild auf einer Webseite sehen, das Sie verwenden möchten, können Sie dem Eigentümer der Seite schreiben und um Erlaubnis bitten. In den meisten Fällen wird Ihnen der Eigentümer die Verwendung des Bildes gestatten.
- ✔ Viele reguläre alte Programme, die überhaupt nichts mit dem Internet zu tun haben, wie beispielsweise Mal- und Zeichenprogramme, Präsentationsprogramme und sogar Textverarbeitungsprogramme enthalten Clip-Art-Sammlungen.
- ✔ Sie können ganze CD-ROMs mit Clip-Art kaufen, die oft von besserer Qualtität sind als das kostenlose Zeug. Diese Artikel sind gewöhnlich nicht allzu teuer, vor allem wenn man bedenkt, wieviele Bilder auf eine CD-ROM passen.

Clip-Art ist wie jede andere Kunstform urheberrechtlich geschützt. Dabei ist es gleichgültig, ob das Clip-Art-Element schon auf einer Webseite verwendet wurde oder ob ein Urheberrechtshinweis auf oder am Bild erscheint. Es ist in jedem Fall urheberrechtlich geschützt.

Wenn Sie die geschützten Bilder eines anderen verwenden, müssen Sie dazu vorher die Erlaubnis einholen. Es spielt keine Rolle, ob der Verwendungszweck erzieherisch, persönlich oder unkommerziell ist. Wenn Sie es versäumen, sich die Genehmigung zu sichern, nehmen Sie das Risiko in Kauf, in irgendwas zwischen einem bösen Anruf vom Rechtsanwalt des Eigentümers bis hin zu einem für Sie düster aussehenden Gerichtsverfahren hineingezogen zu werden.

Die meisten Leute reagieren ganz vernünftig, wenn Sie sie um Einwilligung bitten, um etwas verwenden zu dürfen. Wenn ein Bild, das Sie verwenden möchten, keinen Freibrief zur freien Verfügung mit sich trägt, stimmen Sie sich einfach vorher mit dem Eigentümer ab, bevor Sie es in Ihre Webseite einbauen.

Links zu anderen Seiten

Das *Hyper* in Hypertext ist es, weshalb das Web so cool ist. Ein *Hyperlink* (oder einfach nur *Link*) ist das Ding auf der Seite, mit dem Sie durch's Web »surfen« können – sich von Seite zu Seite bewegen, indem Sie einfach den Link anklicken. Eine Webseite ist kaum eine richtige Seite, wenn Sie nicht irgendwelche Links enthält.

Der unheimliche Reichtum des Web rührt aus den Links, die die Konstrukteure von Webseiten auf ihren eigenen Seiten plaziert haben. Sie können zu diesem Reichtum beitragen, indem Sie so viele Links zu Ihnen bekannten Orten einfügen, an denen die Besucher Ihrer Seite vielleicht auch interessiert sein könnten. Vermeiden Sie Links an Orte, die schon jeder kennt und in den Adreßbüchern stehen hat. Zum Beispiel sind die geläufigen Internet-Suchmaschinen und Indizes bereits gut dokumentiert, so daß Sie diese weglassen können. Wenn auf Ihrer Homepage das Interesse für eines Ihrer Hobbies zur Sprache kommt, wie Kanufahren, Volleyball, Vogelbeobachtung oder Ihre Alma Mater, dann sollten Sie ein paar Links zu entsprechenden interessanten Sites einbauen, die Sie kennen.

AOLpress, Word und WordPerfect erlauben Ihnen die Eingabe einer URL und erstellen dann für Sie den Link.

Gute Seitengestaltung

Nachdem Sie eine einfache Webseite zusammengestellt haben, können Sie anhand der Tips in diesem Abschnitt bei der Gestaltung ein paar Fehler vermeiden, die neue Webhasen oft machen.

Schriften und Schriftstile

Überladen Sie Ihren Text nicht mit zu vielen Schriften, übermäßiger Verwendung von Schriftfarben oder Hervorhebungen mit **fett**, *kursiv*, unterstrichen oder ***kombiniert*** geschriebenem Text. Erfahrene Designer bezeichnen so etwas als »Erpresserbrief«-Text. Blinkender Text stört ausnahmslos alle Leser.

Hintergrundbilder

Gekachelte Hintergrundbilder können cool sein, wenn sie unauffällig bleiben. Doch oftmals machen sie den Text darüber schwer lesbar. Schwarzer Text auf einem einfarbig weißen Hintergrund (wie die Seiten dieses Buches) ist schon seit Tausenden von Jahren mit zuverlässig guten Ergebnissen verwendet worden.

Große Bilder

Viele Webseiten sind zentnerschwer mit Bildern beladen, die zwar schön sind, aber lange Zeit zum Laden benötigen – so lange, daß viele Benutzer schon aufgeben, bevor die ganze Seite vollständig geladen ist. Denken Sie daran, daß nicht jeder einen Computer oder einen Internet-Zugang hat, der ähnlich schnell ist wie Ihrer.

Sie können ein paar Vorkehrungen treffen, damit Ihre Webseite schneller geladen wird. Das Entscheidende ist natürlich, die Größe der verwendeten Bilder einzuschränken. Ein Bild mit 20K (20.000 Bytes groß) braucht doppelt so lange wie ein Bild mit 10K, welches wiederum doppelt so lange braucht wie ein Bild mit 5K. Sie können davon ausgehen, daß Bilder mit 1K pro Sekunde geladen werden (bei Einwählverbindungen), so daß ein Bild mit 5K in 5 Sekunden geladen wird, was recht schnell ist; ein Bild mit 120K benötigt dagegen zwei Minuten Ladezeit, deshalb muß das Bild die Wartezeit wirklich wert sein.

Sie können sich überlegen, ob Sie auf Ihrer Seite vielleicht ein kleines Bild einbauen und den Besuchern über einen Link die Möglichkeit geben, daß Bild in voller Größe zu laden. Wir wissen, daß Sie stolz auf Ihren Hund sind, und er hat auch einen Ehrenplatz auf Ihrer Homepage verdient, doch nicht jeder Besucher Ihrer Homepage wird ganz aufgeregt warten, bis das Bild Ihres Welpen heruntergeladen ist.

Für Grafiken im GIF-Format gilt, daß Bilder mit weniger Farben schneller geladen werden als Bilder mit mehr Farben. In vielen Fällen bringt es viel, die mit einem Grafikeditor die Farbanzahl eines gescannten GIFs von 256 auf 32 oder sogar 16 Farben zu reduzieren. Das Aussehen des Bildes verändert sich dadurch kaum, doch die Datei wird erheblich kleiner. Sie können Ihr Grafikprogramm so einstellen, daß es die GIF-Datei im *Interlaced*-Format speichert. Auf diese Weise stellen Browser das Bild schon beim Herunterladen in einer unscharfen Annäherung dar, so daß man wenigstens eine Ahnung hat, was kommt.

Liegen Ihre Bilder im JPEG-Format vor, können Sie die »Qualitätsstufe« im JPEG verändern, wobei geringere Qualität zu kleineren Dateien führt. Unserer Erfahrung nach haben die meisten Computerbildschirme ohnehin eine begrenzte Auflösung, so daß Sie die Qualität recht niedrig ansetzen können, ohne daß es auf den Bildschirmen der Benutzer große Auswirkungen hat.

Sie können sich auch den *Cache* zunutze machen, den Browser verwenden. Im Cache werden werden Kopien bereits angesehener Seiten und Bilder aufbewahrt. Befindet sich irgendein Bild auf einer heruntergeladenen Seite bereits im Cache, muß dieses Bild nicht nochmals heruntergeladen werden. Wenn Sie an mehreren Stellen auf einer Seite oder mehreren nacheinander besuchten Seiten das gleiche Symbol verwenden, kommt für alle Stellen die gleiche Kopie im Cache zum Einsatz. Bei der Gestaltung Ihrer Webseiten sollten Sie darauf achten, auf den verschiedenen Seiten die gleichen Symbole zu verwenden, um Ihren Seiten einerseits einen einheitlichen Stil zu verpassen und andererseits die Ladegeschwindigkeit der Bilder zu erhöhen.

Man lernt nie aus

Wenn Sie sich die Webseiten anderer Leute ansehen und dabei auf ein besonders tolles Exemplar stoßen, können Sie sich die HTML-Befehle für diese Seite ansehen und herausfinden, wie Sie aufgebaut ist. Unter Netscape Navigator 4.0 wählen Sie dazu ANSICHT – SEITENQUELLTEXT; unter Netscape Navigator 3.0 wählen Sie ANSICHT – DOKUMENTQUELLTEXT; und unter Microsoft Internet Explorer wählen Sie ANSICHT – QUELLE.

Die Seite geht ins Web

Nachdem Sie mit Ihrer Seite glücklich sind (zumindest einigermaßen glücklich) und sie nun auch von anderen Leuten bewundert werden soll, müssen Sie sie irgendwo hinstellen, wo sie andere Leute finden können. Wie machen Sie Ihre Seite dem Rest der Welt zugänglich? Im Prinzip ist es ganz einfach, mit Ihrer Seite zu protzen; in der Praxis kann es jedoch zu ein klein wenig Verwirrung kommen.

Damit andere Leute Ihre Webseite anschauen können, müssen Sie Ihre Handarbeit auf einen Rechner bei einem öffentlichen Web-Server laden. Obwohl fast jeder Internet-Provider über diese Art von Server verfügt, gibt es keine zwei Provider, bei denen dieser Hochladevorgang auf die gleiche Weise abläuft.

Obwohl Sie die Einzelheiten mit Ihrem Provider absprechen müssen, gibt es folgende allgemeine Strategie zum Laden Ihrer Webseite:

1. **Starten Sie Ihr FTP-Programm.**

   Wir verwenden WS_FTP (wird in Kapitel 15 beschrieben), obwohl es jedes andere FTP-Programm oder Netscape Navigator auch tun würde.

2. **Melden Sie sich mit Ihrer eigenen Benutzerkennung und Kennwort am Web-Server Ihres Providers an.**

   Der Name des Servers ist meist etwas in der Art von `www.gorgonzola.net`, obwohl sich die Provider auch hier unterscheiden. Bei TIAC, einem unserer Provider, melden Sie sich bei `ftp.www.tiac.net` an, wenn Sie Webseiten hochladen. In Netscape Navigator geben Sie die Adresse `ftp://Benutzername@gorgonzola.net/` im Adreßfeld ein (und passen Ihren Benutzernamen und den Servernamen entsprechend an) und geben nach Aufforderung Ihr Kennwort ein. Microsoft Internet Explorer kann keine Dateien hochladen.

3. **Wechseln Sie zu dem Verzeichnis (Ordner), in das Ihre Web-Homepage hineingehört.**

   Der Name lautet meist so ähnlich wie /pub/elvis, /pub/www/elvis, oder /pub/elvis/www (vorausgesetzt, Ihr Benutzername ist *Elvis*). Sie erfahren von Ihrem Provider, welches Verzeichnis Sie verwenden sollen. Klicken Sie sich im Web-Browser einfach bis zum passenden Verzeichnis durch.

4. **Laden Sie Ihre Webseite hoch.**

   Verwenden Sie für die eigentliche Webseite den ASCII-Modus, nicht den Binärmodus, da Ihre Webseite eine Textdatei ist. Den Binärmodus verwenden Sie zum Hochladen von Grafikdateien. Wenn Sie Netscape Navigator verwenden, ziehen Sie die Datei vom Windows-Explorer oder Datei-Manager ins Navigator-Fenster oder wählen Sie DATEI – SEITE ÜBERTRAGEN.

Eine Seite, die auf dem Server beispielsweise den Namen MeineSeite.htm hat, lautet die URL in etwa so:

```
http://www.gorgonzola.net/~elvis/meineseite.htm
```

Auch hier sind URLs von einem Povider zum anderen verschieden. Einige Provider folgen nicht der Konvention, eine Tilde (~) vor den Namen zu setzen. Andere nennen die Seiten Ihrer Kunden `/user/elvis` anstatt `~elvis`. Sie erfahren von Ihrem Provider, welche Konventionen bei der Namensgebung üblich sind.

Sie sollten Ihrer Homepage, also der Seite, die die Leute zuerst sehen sollen, generell den Namen `index.html` geben. Wenn jemand zu Ihrem Web-Verzeichnis geht, ohne einen Dateinamen anzugeben, z.B. http://www.gorgonzola.net/~elvis, besteht die fast allgemeingültige Konvention, immer die Seite mit dem Namen `index.html` anzuzeigen. Wenn Sie keine Seite mit diesem Namen haben, konstruieren die meisten Web-Server eine Seite mit einer Übersicht aller Seiten in Ihrem Web-Verzeichnis. Obwohl diese Liste ihre Funktion erfüllt, da die Leute mit einem Klick zu jeder Ihrer Seiten gelangen können, ist sie alles andere als cool.

Überprüfen Sie auf jeden Fall, wie Ihre Seite aussieht, nachdem sie im Web ist. Kontrollieren Sie sie vom Computer einer anderen Person aus, um sicherzustellen, daß nicht aus Versehen Verweise auf Grafikdateien auf Ihrer eigenen Festplatte enthalten sind. Wenn Sie ganz genau sein wollen, schauen Sie sich Ihre Seite mit verschiedenen Browsern an – Netscape Navigator, Microsoft Internet Explorer und Lynx, um nur ein paar zu nennen.

Um Ihre Seite zu aktualisieren, bearbeiten Sie die Version auf Ihrem eigenen Computer und übertragen Sie sie dann zu Ihrem Internet-Provider, wodurch die vorherige Version der Seite ersetzt wird.

Hängen Sie es an die große Glocke!

Nachdem Ihre Seite online ist, möchten Sie sicher, daß die Leute sie auch besuchen. Hier sind ein paar Möglichkeiten, Ihre Seite publik zu machen:

- ✔ Besuchen Sie Ihre bevorzugten Web-Verzeichnisse und Indizes wie Yahoo (`http://www.yahoo.com`) und AltaVista (`http://altavista.digital.com`) und reichen Sie dort Ihre URL (der Name Ihrer Seite) ein, damit sie in die Datenbank aufgenommen wird. Bei allen Suchdiensten gibt es auf der Homepage eine Option, mit der man eine neue Seite hinzufügen kann.

Besuchen Sie `http://www.submit-it.com`, eine Site, die Ihnen bei der Eintragung Ihrer URL in einer Reihe von Verzeichnissen und Indizes hilft. Sie können Ihre Site kostenlos bei 20 bekannten Suchdiensten eintragen lassen oder Geld bezahlen, wenn Ihre URL bei einer weitaus größeren Anzahl eingetragen werden soll.

- ✔ Finden und besuchen Sie andere ähnliche oder verwandte Sites und bieten Sie an, zwischen Ihrer und deren Site Links auszutauschen.

Es braucht Zeit, bis Ihre Site viele Besucher anzieht. Wenn Ihre Site etwas Besonderes anbietet, das die anderen Leute wirklich interessiert, kann das Ganze eine richtige Eigendynamik entwickeln. Ein paar hausgemachte Sites, die ständig an Popularität gewinnen, sind Arnold Reinholds Seite »Math in the Movies« unter `http://www.world.std.com/~reinhold/mathmovies.html`, Margys Site »Great Tapes for Kids« unter `http://www.great-tapes.com`, und Johns Site »Airline Information On-Line« unter `http://www.iecc.com/airline`. Lassen Sie sich etwas Gutes einfallen!

Teil IV

Internet-Grundlagen

»Schnell, Kinder! Eure Mutter flamt gerade jemanden im Internet!«

In diesem Teil...

Wenn Sie das Internet richtig nutzen möchten, müssen Sie mit den Grundlagen vertraut sein. Wir erzählen Ihnen alles über elektronischer Post – wie man sie verschickt und empfängt. Sie erfahren alles zu elektronischen Mailing-Listen, über die Sie Leute auf der ganzen Welt kennenlernen können. Wir haben ein neues Kapitel zum Chatten eingefügt, so daß Sie mit Leuten rund um den Globus quatschen können. Das Kapitel über das Herunterladen von Dateien haben wir neu geschrieben, so daß Sie Dinge leichter aus dem Netz holen können. Zusätzlich zu den traditionellen Internet-Providern behandeln wir AOL, CompuServe und T-Online, um das oben Genannte alles machen zu können.

Mit E-Mail in 80 Sekunden um die Welt

11

In diesem Kapitel

- E-Mail-Adressen
- E-Mail verschicken
- E-Mail empfangen
- Die richtige Post-Etikette

Elektronische Post, E-Mail, ist zweifellos der populärste Internet-Dienst, auch wenn er zu den ältesten und (für einige) langweiligsten Diensten zählt. Obwohl E-Mail in der Presse kein so großes Echo findet wie das World Wide Web, wird der Dienst von mehr Leuten benutzt. Jedes System im Netz unterstützt irgendeine Form von Postdienst, was bedeutet, daß Sie mit jedem Computer, der ans Internet angeschlossen ist, Post empfangen und verschicken können, ganz egal, was für eine Art von Computer es auch sein mag.

Weil E-Mail weitaus öfter als andere Internet-Dienste mit Internet-fremden Systemen verbunden ist, können Sie auch mit einer Menge von Leuten Post austauschen, die ansonsten keinen Zugang zum Internet haben – zusätzlich zu allen, die sich im Netz befinden (in Kapitel 18 bekommen Sie Hilfe bei der Suche nach E-Mail-Adressen).

Welche Adresse habe ich?

Jeder mit E-Mail-Zugang zum Netz hat eine *E-Mail-Adresse*, das Cyberspace-Äquivalent zu einer Postadresse oder einer Telefonnummer. Wenn Sie eine E-Mail-Nachricht verschicken, geben Sie die Adresse oder Adressen der Empfänger ein, damit der Compter weiß, an wen er sie schicken soll.

Bevor Sie mit dem Verschicken von E-Mail loslegen, müssen Sie Ihre eigene E-Mail-Adresse herausfinden, damit Sie sie an Menschen weitergeben können, die mit Ihnen in Kontakt treten wollen. Außerdem müssen Sie ein paar von deren Adressen herausbekommen, damit Sie ihnen schreiben können. (Wenn Sie keine Freunde haben oder nur anonyme Schmähbriefe verschicken wollen, können Sie diesen Abschnitt überspringen.)

Internet-Mail-Adressen bestehen aus zwei Teilen, die von einem @ getrennt werden (das steht für *at*, deutsch: *bei*). Der Teil vor dem @ ist die *Mailbox*, die (grob gesagt) Ihrem persönlichen Namen entspricht; der Teil danach ist die *Domäne*, normalerweise der Name Ihres Internet-Providers, so wie `aol.com` oder `sover.net`.

Der Benutzername-Teil

Die Mailbox trägt normalerweise Ihren *Benutzernamen*, den Namen, den Ihr Provider Ihrem Account zuweist. Wenn Sie Glück haben, können Sie ihn sich aussuchen; ansonsten haben die Provider die Namenskonventionen standardisiert, und Sie müssen nehmen, was Sie bekommen. Einige Benutzernamen bestehen nur aus Vorname, Nachname, Initialen, Vorname und Initial des Nachnamens oder irgendetwas anderes einschließlich *Pseudonyme*. John hatte beispielsweise über Jahre hinweg Benutzernamen wie `john`, `johnl`, `jrl`, `jlevine`, `jlevine3` (da gab es mindestens drei `jlevines`) und sogar `q0246`; Carol war `carol`, `carolb`, `cbaroudi` und `caroll377` (der Provider hängte eine willkürliche Zahl an), und Margy versucht, bei `margy` zu bleiben, hat aber auch schon `margyl` oder `73727,2305` verpaßt bekommen. Ein paar Systeme vergeben immer noch Namen wie `usd31516`. Bäh.

Sie können beispielsweise dem US-Präsidenten unter der Adresse `president@whitehouse.gov` schreiben. Die Mailbox des Präsidenten ist `president`, und die Domäne, in der sich die Mailbox befindet, ist `whitehouse.gov`. Der deutsche Bundeskanzler versteckt sich zur Zeit noch hinter einer Webseite, er hat keine E-Mail-Adresse, mit der Sie direkt zu ihm vordringen könnten.

Damals, als es noch wenige E-Mail-Benutzer gab und man sich innerhalb eines bestimmten Systems direkt kannte, war es nicht so schwierig herauszufinden, wer welchen Benutzernamen hatte. Heutzutage ist das ein viel größeres Problem, und viele Organisationen vergeben für alle Benutzer konsistente Mailbox-Namen, wobei sie meistens Vor- und Nachnamen verwenden, die mit einem Punkt getrennt werden. Bei diesem Schema würde Ihr Name etwa so aussehen wie `elvis.presley@bluesuede.org`, auch wenn Ihr Benutzername anders sein kann. (Falls Sie nicht Elvis Presley heißen, passen Sie dieses Beispiel bitte entsprechend an. Wenn Ihr Name allerdings Elvis Presley *sein sollte*, nehmen Sie bitte umgehend Kontakt mit uns auf. Wir kennen ein paar Leute, die nach Ihnen suchen.)

Man kann auch problemlos mehrere Namen für dieselbe Mailbox haben, und so werden die neuen, längeren, konsistenten Benutzernamen stets zusätzlich zu den traditionellen kurzen Spitznamen verwendet und nicht als Ersatz.

Der Domänenname-Teil

Die Domäne für Provider in den USA und oft auch in Deutschland endet normalerweise mit drei Buchstaben (die *Zone* genannt werden), die Ihnen einen Hinweis darauf geben, um was für einen Ort es sich handelt. *Kommerzielle* Organisationen enden mit `.com`, wozu nicht nur Provider wie America Online (AOL) oder CompuServe gehören, sondern auch viele Firmen, die keine öffentlichen Provider, sondern kommerzielle Einrichtungen sind, wie `amrcomp.com` (American Airlines), `creamery.com` (Die Egg-Farm-Molkerei in New York State, wo wirklich guter Weichkäse wie in Frankreich gemacht wird) und `iecc.com` (die Invincible Electric Calculator Company). Bildungseinrichtungen enden mit `.edu`, Netzwerkorganisationen mit `.net`, Sites der US-Regierung mit `.gov`, militärische Sites mit `.mil` und Organisationen, die zu keiner dieser Kategorien gehören, mit `.org`. Außerhalb der USA enden Domänen oft auch mit einem Ländercode wie `.de` für Deutschland, `.fr` für Frankreich oder `.zm` für Sambia. Auf unserer Web-Site (unter `http://net.gurus.com/countries`) finden Sie eine Aufstellung der Ländercodes.

Neue Domänen werden mit rasant steigender Rate registriert, mehrere Tausend pro Monat. 1998 sollen außerdem neue Zonen hinzukommen, wie in Tabelle 11.1 aufgeführt, um die Schwemme bewältigen zu können.

Zone	Beschreibung
.firm	Unternehmen
.store	Firma, die Waren zum Erwerb anbietet
.web	Organisationen, deren Schwerpunkt auf Aktivitäten im Zusammenhang mit dem World Wide Web liegt
.arts	Organisationen, deren Schwerpunkt im Kultur- und Unterhaltungsbereich liegt
.rec	Organisationen, deren Schwerpunkt im Erholungs- und Unterhaltungsbereich liegt
.info	Organisationen, die Informationsdienste anbieten
.nom	Individuelle oder persönliche Namen

Tabelle 11.1: Neue globale Zonen

Wie sich alles zusammensetzt

Tragen Sie Ihre E-Mail-Adresse in Tabelle 11.2 und auf dem Spickzettel vorne im Buch ein (und reißen Sie dann den Spickzettel heraus und kleben ihn neben Ihrem Computer an die Wand). Die Groß- und Kleinschreibung spielt bei Domänennamen keine Rolle und bei Mailboxnamen nur ganz selten. Damit es Ihre Augen leichter haben, sind die meisten Namen von Domänen und Mailboxen in diesem Buch kleingeschrieben.

Information	**Beschreibung**	**Beispiel**
Ihre E-Mail-Adresse ______________	Ihr Benutzername gefolgt von einem @ und dem Domänennamen.	internet5@gurus.com
Ihr E-Mail-Kennwort	Das Kennwort für Ihre E-Mail-Mailbox (meistens das gleiche wie für Ihren Account). Schreiben Sie das nicht hier hinein! Das ist ein Geheimnis!	dum3my
Ihr Server für eingehende Mail (POP3) ______________	Der Name des Computers, der Ihre E-Mail empfängt (diesen Namen bekommen Sie von Ihrem Internet-Provider).	mail.gurus.com
Ihr Server für ausgehende Mail (SMTP) ______________	Der Name des Computers, der Ihre ausgehenden Mails an den Rest des Internet verteilt (oftmals der gleiche wie der POP3-Server.	mail.gurus.com

Tabelle 11.2: Informationen, die Ihr E-Mail-Programm braucht

Wenn Sie einem anderen Benutzer in Ihrer Domäne (auf derselben Maschine oder im selben System) eine Nachricht schicken, können Sie den Domänen-Teil weglassen, wenn Sie die Adresse tippen. Wenn Sie beispielsweise gemeinsam mit einem Freund AOL benutzen, können Sie `@aol.com` in der Adresse weglassen, wenn Sie sich schreiben.

Wenn Sie Ihre E-Mail-Adresse nicht kennen, sollten Sie probieren, sich selbst eine Nachricht zu schicken und dabei Ihren Login-Namen als Mailbox-Namen zu verwenden. Anschließend sehen Sie sich auf der Nachricht die Rücksende-Adresse an. Sie können auch eine Nachricht an die *Internet für Dummies*-Postzentrale schicken (`internet5@gurus.com`), und ein freundlicher Roboter schickt Ihnen eine Nachricht mit Ihrer Adresse zurück. (Wo Sie gerade dabei sind, können Sie uns auch mitteilen, wie Sie das Buch finden, denn wir Autoren sehen die Post auch.) Kapitel 18 beinhaltet weitere Tips, wie man eine E-Mail-Adresse findet.

Meine E-Mail ist wo?

Sie haben Ihre E-Mail-Adresse. Cool. Als nächstes erklären wir Ihnen, wie man E-Mail verschickt und empfängt – und was Sie damit tun können. Aber zuerst einmal das winzige Detail, wo Ihre Post gelagert ist. Wenn die Post ankommt, wird sie nicht automatisch an Ihren Computer geliefert, es sei denn, Sie sind einer der wenigen glücklichen (oder reichen) Computer-Besitzer, die eine permanente Internet-Verbindung haben. Die Post wird statt dessen an einen *eingehenden Mail-Server* (auch POP3-Server genannt; POP steht für Post Office Protocol) geliefert, eine Art lokales Postamt. Um Ihre Post tatsächlich zu bekommen, müssen Sie sie abholen; genauer gesagt nicht Sie persönlich, sondern Ihr *Mail*-Programm. Und um Post zu verschicken, muß Ihr *Mail*-Programm sie zum Postamt bringen – Ihrem *ausgehenden Mail-Server* (oder SMTP-Server, das steht für Simple Mail Transfer Protocol). Das ist ungefähr so, wie wenn man ein Postfach bei der Post anstatt eines Briefkastens zu Hause hat – Sie müssen Ihre Post im Postamt abholen und die ausgehende Post natürlich dort abgeben. (Seltsam, aber wahr: Margy und Carol, als ganz normale Menschen, gelangen an Ihre E-Mail über einen Mail-Server und bekommen Ihre Papier-«Snail-Mail« (Schneckenpost) nach Hause gebracht; John, der nicht ganz normal ist, bekommt seine E-Mail direkt auf seinen Computer nach Hause geliefert, aber läuft jeden Tag zum Postamt, um seine reguläre Post abzuholen, und das oftmals im eiskalten Regen.)

Wenn Sie einen PPP-Account benutzen, müssen Sie Ihrem E-Mail-Programm den Namen der Server für eingehende und ausgehende Mail mitteilen. Beim Abholen der Mails saugt Ihr Mail-Programm Ihre Post vom Provider mit Hochgeschwindigkeit auf Ihren PC oder Mac.

Wenn Sie die Post auf dem lokalen Computer haben, können Sie die Verbindung trennen, was bei nach Stunden berechneten Provider-Gebühren ziemlich clever ist. Dann können Sie in aller Ruhe Ihre Post lesen und beantworten, ohne daß die Gebührenuhr läuft – Sie sind *offline*. Nachdem Sie Ihre Antworten oder neuen Nachrichten geschrieben haben, können Sie die Verbindung wieder herstellen und Ihre ausgehenden Mails auf den Server für ausgehende Mail übertragen, wiederum mit höchster Netzgeschwindigkeit.

Tragen Sie die Namen Ihrer Server für eingehende (POP3) und ausgehende (SMTP) Mail in Tabelle 11.2 und auf dem Spickzettel ein (er hängt schon an Ihrer Wand, stimmt's?). Wenn Sie keine Ahnung haben, was Sie eintragen sollen, fragen Sie Ihren Provider.

Wenn Sie einen kommerziellen Online-Dienst oder einen UNIX-Shell-Account benutzen, ist der Mail-Server derselbe Computer, an den Sie sich anschließen, wenn Sie sich einwählen (das ist jetzt eine grobe Vereinfachung, die aber hinhaut), und daher können Sie ihre Post direkt lesen, wenn Sie das Mail-Programm Ihres Providers laufen lassen, und Sie können zu versendende Post direkt in den virtuellen Ausgangskorb werfen.

Viel zu viele Mail-Programme

Es wird Zeit für ein paar handgreifliche Auseinandersetzungen mit Ihrem E-Mail-System. Die schlechte Nachricht lautet: Es gibt unzählige E-Mail-Programme – Programme, die E-Mail-Nachrichten lesen und schreiben können. (Es gibt so viele, daß niemand von uns Lust hatte, sie zu zählen.) Sie stehen vor einem Berg an Freeware, Shareware und kommerziellem Kram, und wahrscheinlich wurde sogar schon etwas in dieser Richtung mit Ihrem Computer geliefert. Die Programme tun alle mehr oder weniger das gleiche, da sie schließlich alle Mail-Programme sind.

Hier ist ein kurzer Überblick der E-Mail-Programme:

✔ **Windows-PC oder Mac mit einem PPP-Internet-Account:** Die am weitesten verbreiteten E-Mail-Programme für diesen Account-Typ sind Eudora (wird hinten in diesem Kapitel im Abschnitt »Mail verschicken mit Eudora« beschrieben) und Netscape Navigator (ab Version 2.0 ist ein Mail-Programm enthalten). Eudora funktioniert ganz gut, und eine Version (Eudora Light) ist gratis. Microsoft bietet Internet-Mail an, ein weiteres kostenloses Mail-Programm, das Sie vielleicht zusammen mit Internet Explorer 3.0 erhalten haben. In Windows 98 und Internet Explorer 4.0 ist Outlook Express enthalten, das über viel zu viele aufgemotzte Funktionen verfügt, aber brauchbar ist. Ein weiteres exzellentes und kostenloses E-Mail-Programm für diesen Account-Typ ist Pegasus, das man sich aus dem Netz herunterladen kann. Auf unserer Web-Site unter `http://net.gurus.com/mail` finden Sie heraus, wie Sie an Eudora, Pegasus, Netscape Navigator, Outlook Express und Internet-Mail gelangen.

✔ **UNIX-Shell-Account:** Sie können höchstwahrscheinlich Pine verwenden (wird ebenfalls weiter hinten in diesem Kapitel im Abschnitt »Mails verschicken mit Pine« beschrieben). Wenn Ihr Internet-Provider das Programm nicht hat, verlangen Sie, daß er es einrichtet.

✔ **AOL, CompuServe oder T-Online:** Die Zugangssoftware, mit der Sie Ihren Account verwenden, enthält ein E-Mail-Programm. Nachdem Sie dieses Kapitel gelesen haben, können Benutzer von AOL, CompuServe oder T-Online in Kapitel 16 weiterlesen, um Genaueres zu erfahren.

- **Microsoft Network (MSN):** Benutzer von MSN verwenden Microsoft Exchange, das bei Windows 95 dabei ist, Microsoft Outlook 97, das bei Microsoft Office 97 dabei ist, oder Microsoft Outlook Express, das bei Internet Explorer 4.0 und Windows 98 dabei ist.
- **Web-basierte E-Mail-Accounts:** Ein paar Systeme bieten kostenlose E-Mail-Accounts an, auf die Sie über das Web zugreifen können. Die bekanntesten sind Hotmail unter `http://www.hotmail.com` und Yahoo unter `http://mail.yahoo.com`.

Wenn Sie auf andere Art und Weise angeschlossen sind, besitzen Sie wahrscheinlich ein anderes Mail-Programm. Sie könnten zum Beispiel einen PC im Netzwerk Ihrer Firma haben, der cc:Mail, Lotus Notes oder Microsoft Mail verwendet und eine reine Mail-Verbindung zur Außenwelt hat. Wir beschreiben Mail-Programme für lokale Netzwerke hier nicht, aber hören Sie deshalb nicht auf zu lesen.

Gleich, welche Art von Mail Sie verwenden, die Grundlagen des Lesens, Verschickens, Adressierens und Speicherns von Post sind immer ziemlich ähnlich; daher lohnt es sich, dieses Kapitel durchzulesen, selbst wenn Sie keines der Mail-Programme verwenden, die wir hier beschreiben.

Vier beliebte E-Mail-Programme

Wenn Sie begriffen haben, was ein Mail-Programm tun soll, ist es viel einfacher herauszufinden, wie man ein bestimmtes Programm dazu bringt zu tun, was es tun soll. Daher haben wir uns die vier populärsten Programme vorgenommen, um Sie schnell einzuarbeiten. Für PPP-Benutzer haben wir Eudora, Netscape und Microsoft Outlook Express ausgesucht. Benutzer von AOL, CompuServe und T-Online sollten einen Blick in Kapitel 16 werfen. Für UNIX-Account-Benutzer haben wir Pine ausgewählt.

- **Eudora:** Dieses populäre E-Mail-Programm läuft unter Microsoft Windows (3.1, 95 und 98) und auf Macs. Eudora lädt Ihre Post auf Ihren Mail-Server herauf und von ihm herunter und ist aus zwei Gründen populär: Es ist einfach einzusetzen, und es ist wirklich billig. Eine eingeschränkte Version (Eudora Light) gibt es kostenlos, und eine erweiterte kommerzielle Version (Eudora Pro) kostet etwa 50 Mark. Die Beispiele in diesem Buch beziehen sich auf Eudora Light, und die professionelle Version sieht noch besser aus. Beide Versionen gibt es im Web auf der Seite `http://www.eudora.com`.
- **Netscape Mail:** Ja, dasselbe Netscape, das Ihnen schon in Kapitel 6 beim Surfen im World Wide Web begegnet ist. Alle Netscape-Versionen außer 1.1 verfügen neben einem Web-Browser auch über ein brauchbares, wenn nicht sogar ausgezeichnetes Mail-Programm. Es läuft auf Ihrem eigenen Computer und lädt Post auf Ihren Mail-Server herauf und von ihm herunter. Wir selbst ziehen Eudora eindeutig vor, aber weil manche Leute an Netscape kleben, erwähnen wir es hier.
- **Outlook Express:** Als Netscape damit begann, seinem Browser ein E-Mail-Programm dazuzupacken, fühlte sich Microsoft genötigt, dem nachzuziehen. Windows 95 enthielt

Microsoft Exchange; mit Windows 98 stellt Microsoft jedoch ein neues E-Mail-Programm vor – Outlook Express. Wenn Sie den Microsoft Web-Browser Internet Explorer 4.0 bekommen können, nehmen Sie auch gleich Outlook Express mit dazu.

✔ **Pine:** Dieses ziemlich nette Mail-Programm wird über eine Vollbild-Terminaloberfläche bedient. Es ist bei den meisten UNIX-Shell-Providern allgemein verfügbar, da es (Nein! Warte! Sie haben es erraten!) kostenlos ist. Wenn Sie ein UNIX-Shell-System verwenden, läuft Pine auf dem Computer Ihres Providers, und Sie geben dem Programm Befehle, indem Sie sie in ein Terminal-Programm auf Ihrem Computer eintippen.

Wenn Sie Eudora, Netscape oder Outlook Express installieren, müssen Sie dem Programm die Informationen aus Tabelle 11.2 mitteilen. Bei der ersten Ausführung des Programms werden Ihnen verschiedene Fragen zur Konfiguration gestellt. Um das Programm hinterher über Ihre E-Mail-Accounts zu informieren oder um die Einstellungen zu ändern, wählen Sie SPECIAL – SETTINGS oder TOOLS – OPTIONS (in Eudora), BEARBEITEN – EINSTELLUNGEN (in Netscpae) oder EXTRAS – KONTEN (in Outlook Express).

E-Mail verschicken ist einfach

E-Mail verschicken ist so einfach, daß wir Ihnen lieber ein paar Beispiele zeigen, als Zeit damit verschwenden, Ihnen die Theorie zu erklären.

Mail verschicken mit Eudora

In diesem Abschnitt erfahren Sie, wie man Eudora laufen läßt und Post verschickt:

1. **Starten Sie Eudora auf Ihrem PC oder Mac.**

   Unter Windows 3.1 doppelklicken Sie auf das Symbol im Programm-Manager, das wie ein Briefumschlag aussieht. Unter Windows 95 und 98 befindet sich das Symbol auf dem Desktop oder in Menü START – PROGRAMME. Mac-Benutzer klicken auf das Eudora-Symbol. Auf Ihrem Bildschirm sollte für ein paar Sekunden ein Begrüßungsfenster aufblinken und anschließend ein Fenster wie das in Abbildung 11.1 gezeigte erscheinen. Wie das Fenster im einzelnen aussieht, hängt davon ab, wie Sie Eudora das letzte Mal verlassen haben.

2. **Um eine Nachricht zu verschicken, klicken Sie in der Werkzeugleiste auf die Schaltfläche NEW MESSAGE (die Schaltfläche mit dem Papier und dem Stift). Oder wählen Sie im Menü MESSAGE – NEW MESSAGE. (Falls Sie sich an die Shortcut-Tasten erinnern können, drücken Sie Strg+N.)**

   Eudora blendet ein neues Nachrichten-Fenster mit freiem Raum ein, in den Sie die Adresse, den Betreff und den Text der Mitteilung eingeben.

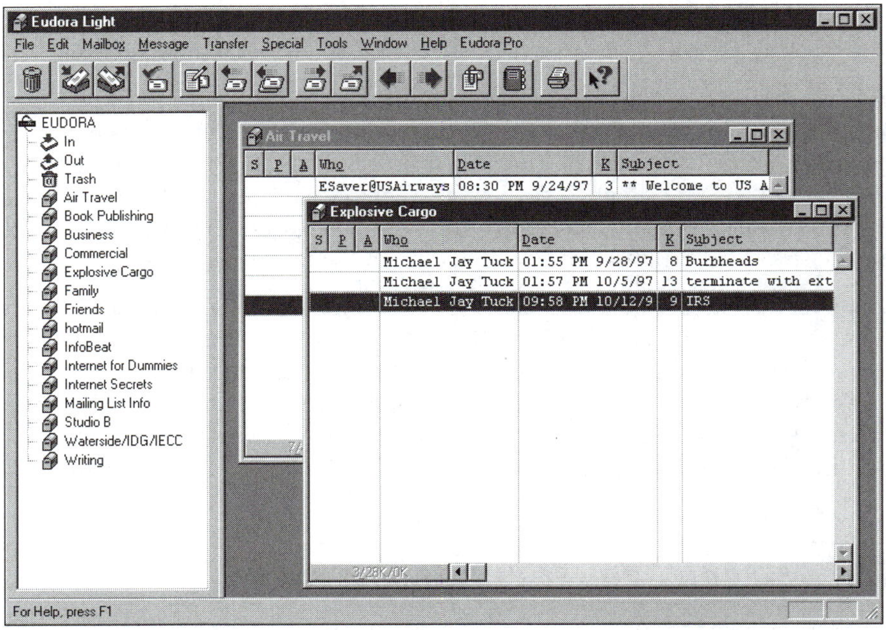

Abbildung 11.1: Eudora (in diesem Fall Eudora Light) sagt Hallo.

3. **Geben Sie in der Zeile To die Adresse des Empfängers ein (beispielsweise** `internet5@gurus.com`**).**

   Ihre erste E-Mail-Nachricht können Sie an uns schicken (da wir Ihnen eine Nachricht zurückschicken, aus der Sie Ihre eigene E-Mail-Adresse entnehmen können) oder an sich selbst (falls Sie wissen, wie Ihre E-Mail lautet).

4. **Drücken Sie die Tabulatortaste, um die Zeile From zu überspringen (die ist bereits ausgefüllt) und zur Zeile Subject (Betreff) zu gelangen. Geben Sie einen Betreff ein.**

   Machen Sie die Betreff-Zeile kurz und prägnant.

5. **Drücken Sie noch ein paarmal die Tabulatortaste, um die Felder Cc: und Bcc: zu überspringen (oder geben Sie dort die Adressen von Leuten ein, die Kopien erhalten sollen).**

   Cc steht für »carbon copy« – *Karbonkopie* – und sollte noch allen vertraut sein, die vor 1960 geboren wurden und sich an die antiquierte Praxis erinnern können, Durchschlagpapier zwischen normale Papierseiten zu legen, um auf der Schreibmaschine weitere Kopien zu erstellen. (Fragen Sie uns bitte nicht, was eine Schreibmaschine ist.) Bei E-Mail-Systemen ist die Karbonkopie einfach eine Kopie der Nachricht, die Sie versenden. Alle Empfänger in den Zeilen To: und Cc: sehen, wer die Mitteilung erhält. *Blinde* Karbonkopien (Bcc:) sind Kopien, an Leute, ohne daß deren Name auf der Nachricht erscheint. *Sie* wissen, weshalb Sie jemand eine Kopie schicken, wollen aber nicht, daß alle anderen davon erfahren.

6. **Drücken Sie die Tabulatortaste, um zu dem großen Bereich zu kommen, wo Sie Ihre Nachricht eingeben können.**

7. **Um die Nachricht abzuschicken, klicken Sie auf die Schaltfläche Send oder Queue in der oberen rechten Ecke des Nachrichten-Fensters (wie die Schaltfläche heißt, hängt davon ab, wie Eudora eingerichtet ist).**

   Wenn die Schaltfläche *Send* heißt, versucht Eudora, die Nachricht zu versenden, wenn Sie darauf klicken, und holt ein kleines Statusfenster hervor, das unverständliche Status-Botschaften enthält. Heißt die Schaltfläche dagegen *Queue*, wird Ihre Nachricht in den Ausgangskorb gepackt und später verschickt.

   Normalerweise gibt es eine Queue-Schaltfläche, wenn man eine PPP-Einwählverbindung hat und der Computer nicht die ganze Zeit mit dem Netz verbunden ist. Nachdem Sie ein paar Nachrichten beisammen haben, können Sie sie alle gleichzeitig verschicken.

8. **Wenn Ihr Computer nicht bereits verbunden ist, wählen Sie die Anschlußnummer zu Ihrem Provider.**

   Sie können diesen Schritt eventuell überspringen. Eudora versucht automatisch, eine Verbindung herzustellen, wenn Sie Mitteilungen abschicken (weiter bei Schritt 9).

9. **Wechseln Sie dann zu Eudora zurück und wählen Sie im Menü File – Send Queued Messages (Strg+F9 für Faule), um alle Botschaften zu übertragen, die Sie aufgereiht haben.**

Selbst wenn Ihr Computer beim Schreiben der Post verbunden ist, ist es keine schlechte Idee, Eudora die Mails stapeln zu lassen, und sie erst zu versenden, wenn Sie es sagen. (Wählen Sie im Eudora-Menü Special – Settings, gehen Sie zur Kategorie Sending Mail, und achten Sie darauf, daß Immediate Send nicht aktiviert ist.) So haben Sie ein paar Minuten Bedenkzeit, um zu überlegen, ob Sie die Nachricht wirklich verschicken wollen. Obwohl wir schon seit 20 Jahren E-Mail benutzen, werfen wir immer noch viele Nachrichten weg, bevor wir sie versenden.

Wenn Sie eine E-Mail verschickt haben, können Sie sie nicht mehr stoppen!

Dieselbe Idee mit Netscape

Die Schritte zum Versenden von Post mit Netscape sind fast identisch mit denen bei Eudora (immerhin tun Sie ja auch dasselbe):

1. **Starten Sie Netscape.**

   Die Anweisungen hängen von nun an davon ab, ob Sie die Netscape-Navigator-Version 3.0 oder 4.0 verwenden.

2. **Wählen Sie Fenster – Netscape Mail (in Netscape 3.0) oder Communicator – Messenger-Briefkasten (in Netscape 4.0).**

   Dieser Schritt öffnet das Mailfenster von Netscape. Wenn Sie diesen Befehl zum ersten Mal geben, fragt Netscape Sie nach dem Kennwort für Ihre Mailbox, das normalerweise dasselbe ist wie für Ihren Internet-Account (siehe Tabelle 11.2).

   Wenn Sie eine Fehlermeldung bezüglich einer POP3-Mailbox sehen, beschwert sich Netscape, daß es den Namen des Computers, auf dem Ihre Mail gespeichert ist, nicht kennt. Klicken Sie OK, damit die Fehlermeldung verschwindet. Nachdem Sie wieder das Mailfenster sehen, wählen Sie unter Netscape 3.0 Optionen – Mail- und News-Einstellungen oder unter Netscape 4.0 Bearbeiten – Einstellungen. Klicken Sie dann im oberen Bereich des erscheinenden Einstellungs-Fensters auf die Registerkarte Server (Netscape 3.0) oder klicken Sie aus der linken Liste auf Mail-Server (Netscape 4.0) und füllen Sie die ersten drei Felder aus. Geben Sie den Namen des Mail-Servers Ihres Internet-Providers ein (die meisten uns bekannten Internet-Provider verwenden den gleichen Server für ein- und ausgehende Mail – siehe Tabelle 11.2) und Ihren Benutzernamen. Klicken Sie auf OK.

   Netscape versucht vielleicht, wartende E-Mails zu finden; klicken Sie auf Cancel oder das rote Stop-Zeichen, wenn es sich diese Mühe sparen kann. Wenn Sie Netscape 3.0 verwenden, sehen Sie das Netscape-Mail-Fenster wie in Abbildung 11.2; Benutzer von Netscape 4.0 sehen das Inbox-Fenster, das ähnlich aussieht.

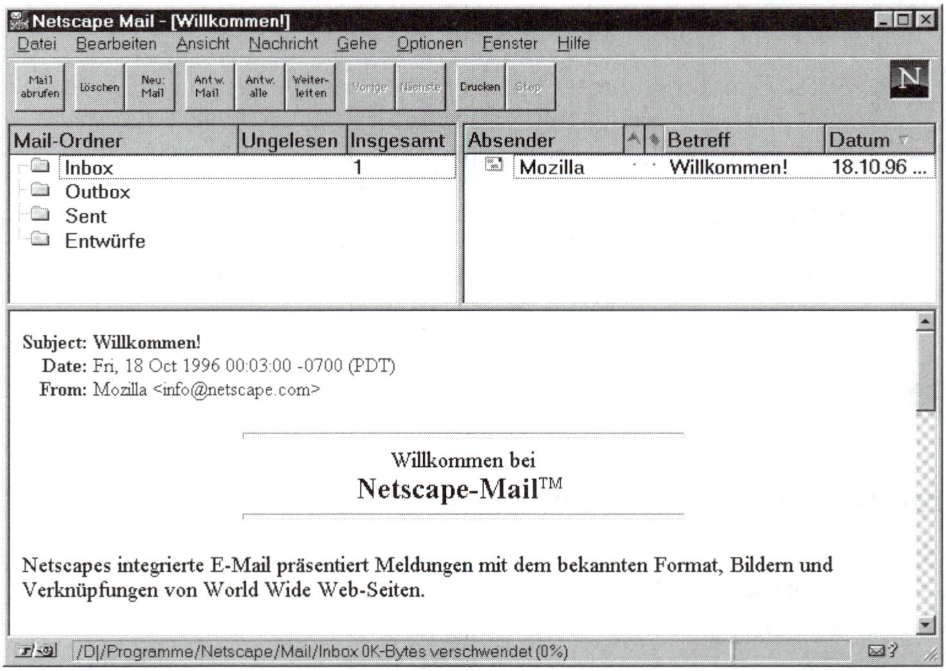

Abbildung 11.2: Netscape zeigt Ihnen Ihre E-Mail.

3. **Klicken Sie in der Symbolleiste auf die Schaltfläche NEU: MAIL (Netscape 3.0) oder NEU (in Netscape 4.0).**

   Ein weiteres Fenster, das Verfassen-Fenster, wird mit einer leeren Mitteilungsvorlage geöffnet.

   Wenn sich Netscape beschwert, daß es Ihre E-Mail-Adresse nicht kennt, klicken Sie OK, wählen Sie OPTIONEN – MAIL- UND NEWS-EINSTELLUNGEN (in Netscape 3.0) oder BEARBEITEN – EINSTELLUNGEN (in Netscape 4.0), klicken Sie auf die Registerkarte Identität, füllen Sie die ersten drei Felder aus und klicken Sie OK. Dann klicken Sie noch einmal auf die Schaltfläche NEU: MAIL oder NEU.

4. **Geben Sie im Feld SENDEN AN oder AN die Adresse (oder Adressen) des Empfängers ein, geben Sie einen Betreff ein, und tippen Sie die Nachricht.**

5. **Klicken Sie auf SENDEN, um die Nachricht zu verschicken.**

   Die Nachricht findet den Weg zu Ihrem Internet-Provider und weiter zum Adressaten.

Mail verschicken mit Outlook Express

Bei ersten Start von Outlook Express werden Sie gefragt, ob Sie sich für einen Internet-Account anmelden möchten, eine Internet-Verbindung zu einem bestehenden Account einrichten möchten oder eine bereits eingerichtete Verbindung verwenden möchten. In Kapitel 5 finden Sie heraus, wie man eine Verbindung zu einem Internet-Account einrichtet. Mit Outlook Express können Sie Mail von mehr als einem Internet-Account empfangen und verschicken; wählen Sie EXTRAS – KONTEN, um dem Programm andere Accounts anzugeben.

Und so schickt man E-Mail:

1. **Starten Sie Outlook Express. Sie müssen (noch) nicht mit Ihrem Internet-Provider verbunden sein, doch falls Sie schon verbunden sind, ist das auch in Ordnung.**

   Klicken Sie auf das Outlook-Express-Symbol oder wählen Sie es aus dem Menü START – PROGRAMME. Das Outlook-Express-Fenster, das Sie in Abbildung 11.3 sehen, enthält links eine Liste mit Ordnern, den Inhalt des aktuellen Ordners oben rechts und den Text der aktuellen Mitteilung unten rechts. (Nachdem Sie das Programm starten, ist kein Ordner und keine Mitteilung ausgewählt, so daß Sie nicht viel sehen.)

2. **Klicken Sie auf den Ordner POSTEINGANG.**

   Nach dem ersten Programmstart wird jetzt eventuell der Internet-Verbindungs-Assistent ausgeführt, der Ihnen ein paar Fragen zu Ihrem E-Mail-Account stellt. Füllen Sie die leeren Felder aus und geben Sie Ihren echten Namen, Ihre E-Mail-Adresse, wie die Verbindung zu Ihrem Internet-Account hergestellt wird und anderes Zeug an. Wenn alles fertig ist, sehen Sie wieder das Posteingangs-Fenster.

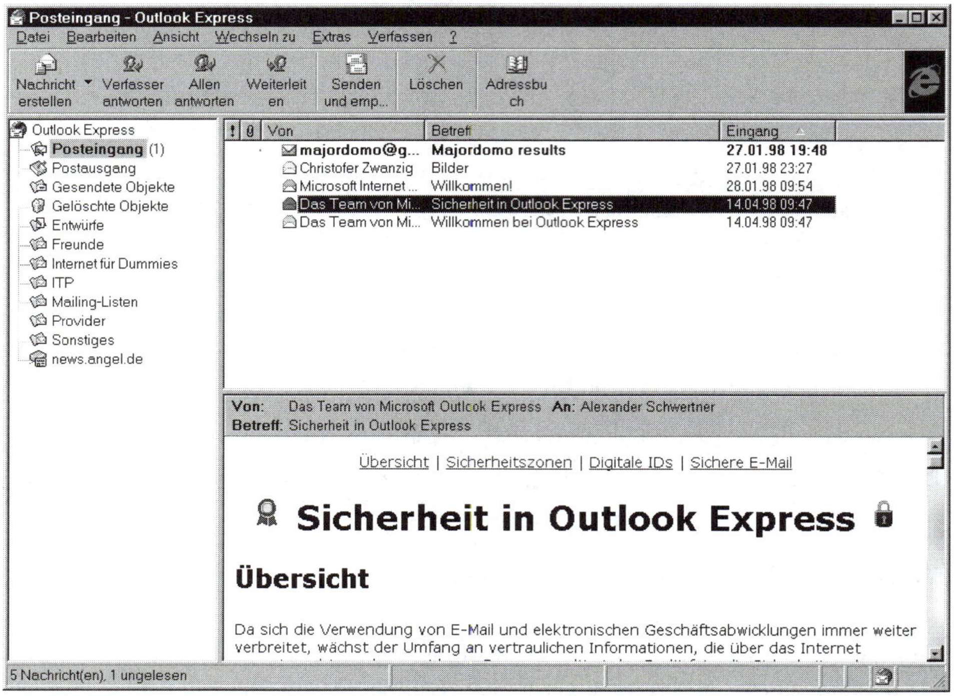

Abbildung 11.3: Das Outlook-Express-Fenster ist in drei Abschnitte unterteilt, in denen eine Ordnerliste, eine Liste der Mitteilungen im aktuellen Ordner und der Text der gewählten Mitteilung angezeigt wird.

3. **Klicken Sie auf die Schaltfläche NACHRICHT ERSTELLEN (die Schaltfläche ganz links auf der Werkzeugleiste), drücken Sie Strg+N oder wählen Sie VERFASSEN – NEUE NACHRICHT aus der Menüleiste.**

   Sie sehen ein NEUE-NACHRICHT-Fenster mit Feldern, in die die Adresse der Mitteilung eingetragen wird.

4. **Im Feld AN geben Sie die Adresse ein, an die die Mitteilung geschickt werden soll, und drücken Sie dann die Tabulatortaste.**

   Drücken Sie nicht Eingabe, es sei denn, Sie möchten das Feld AN um eine Zeile erweitern, so daß Sie eine zusätzliche Adresse angeben können, an die die Mitteilung geschickt wird.

5. **Wenn Sie jemandem eine Kopie der Mitteilung schicken möchten, geben Sie die Adresse dieser Person im Feld CC ein. Drücken Sie dann die Tabulatortaste. Geben Sie im Feld BETREFF eine knappe Zusammenfassung der Mitteilung ein und drücken Sie anschließend wiederum die Tabulatortaste.**

   Der Cursor sollte im Mitteilungsfeld blinken, dem großen, leeren Feld, in dem die eigentliche Mitteilung geschrieben wird.

6. **Geben Sie im großen, leeren Feld den Text der Mitteilung ein.**

   Nachdem Sie Ihre Mitteilung eingegeben haben, können Sie die Taste F7 drücken, um die Rechtschreibung zu prüfen.

7. **Um die Mitteilung abzuschicken, klicken Sie auf die Schaltfläche SENDEN (die Schaltfläche ganz links auf der Werkzeugleiste), drücken Alt+S (nicht Strg+S aus irgendeinem seltsamen Grund), oder wählen Sie DATEI – NACHRICHT SENDEN aus dem Menü.**

   Outlook Express steckt die Mitteilung in Ihren Postausgangs-Ordner, wo sie darauf wartet, abgeschickt zu werden. Wenn Sie mit Ihrem Internet-Provider verbunden sind, schickt Outlook Express die Mitteilung ab, und Sie können die Schritte 8 und 9 überspringen.

8. **Stellen Sie die Verbindung zu Ihrem Internet-Provider her, falls Sie nicht bereits verbunden sind.**

   Um die Mitteilung zu senden, müssen Sie sich ins Netz begeben.

9. **Klicken Sie die Schaltfläche SENDEN UND ABRUFEN auf der Werkzeugleiste oder wählen Sie OPTIONEN – SENDEN UND EMPFANGEN aus dem Menü.**

   Ihre Mitteilung ist auf dem Weg.

Mails verschicken mit Pine

Wir gehen davon aus, daß Ihr UNIX-Shell-Provider Pine bereits installiert und startklar gemacht hat (falls nicht, rufen Sie an und beschweren Sie sich; es gibt keinen Grund dafür, daß das nicht möglich ist). In diesem Abschnitt erfahren Sie, wie Sie eine Mitteilung verschicken.

Wenn Sie bisher mit einem PC unter Windows oder einem Macintosh gearbeitet haben und nie den totalen Nervenkitzel erleben durften, am Computer zu sitzen, ohne zeigen und klikken zu können, befinden Sie sich – genau in dieser Minute – an der Schwelle eines tiefgründig bewegenden Ereignisses, nach dem Sie den Sternen für alles danken werden, was Sie im Moment haben und für selbstverständlich gehalten haben. Verstecken Sie Ihre Maus. Sie hilft Ihnen jetzt nicht mehr weiter. Sie werden nur frustriert sein, wenn Sie versuchen, sie zu verwenden. Sämtliche Fortbewegung, die Ihnen von nun an möglich ist, geschieht mit Buchstaben oder Pfeiltasten:

1. **Starten Sie Pine, indem Sie `pine` eingeben, und drücken Sie Eingabe (oder Return – das gleiche).**

   Sie sehen das Hauptmenü von Pine, eine Reihe von Befehlen, zu denen auch Compose Message zählt.

2. **Drücken Sie `c`, um eine neue Mitteilung zu erstellen.**

   Pine zeigt eine nette, leere Nachricht, die Sie ausfüllen können.

3. **Geben Sie in die To-Zeile die Adresse ein, an die Sie Mail schicken wollen, und drücken Sie die Eingabetaste.**

   Unten auf dem Bildschirm sehen Sie ein paar Optionen, vor denen ein seltsames »Dach« und ein Buchstabe steht. Das Dach steht für die Strg-Taste auf Ihrer Tastatur. Um eine Option zu wählen, drücken Sie die Strg-Taste und den Buchstaben der Option, die Sie ausführen möchten (wie z.B. Strg+G für ^G, um Hilfe anzufordern).

4. **In die Zeile Cc: können Sie die Adressen von weiteren Leuten eintragen, denen Sie eine Kopie dieser Nachricht schicken wollen.**

5. **Drücken Sie die Eingabetaste, um zu der Zeile namens ATTCHMNT: zu gelangen.**

   Wir wissen nicht, wer auf die Idee kommt, daß man eine gute Abkürzung erfindet, indem man alle Vokale rauswirft. Diese Zeile ist für *Attachments* – Dateien, die Sie an Ihre Mitteilung *anhängen* können. Sie können den Namen einer Datei eingeben, die nicht einmal Text enthalten muß, und Pine verschickt sie zusammen mit Ihrer Nachricht. Sie können die Tasten Strg+T drücken, um aus einer Liste bestehender Dateien auszuwählen.

6. **Drücken Sie die Eingabetaste, um zum Betreff Ihrer Nachricht zu gelangen, und geben Sie dann etwas Aussagefähiges zum Inhalt der Mitteilung ein.**

   Betreff-Zeilen wie »Eine Botschaft von Otto« sind deutlich weniger aussagekräftig als etwa »Re: Pizza morgen abend (26. Mai) um acht.«

7. **Drücken Sie die Eingabetaste, um zu dem Teil zu gelangen, auf den wir alle gewartet haben: Geben Sie Ihre Nachricht ein.**

   Sie können schreiben, was Sie wollen, und es kann beliebig lang sein. Um den Text der Nachricht einzugeben, läßt Pine automatisch den einfachen Text-Editor Pico laufen, den Sie mit etwas Glück vielleicht bereits beherrschen. Falls Sie nicht wissen, wie man mit Pico umgeht, aber einen anderen UNIX-Editor beherrschen, bitten Sie Ihren Internet-Dienst, Ihnen dabei zu helfen, Pine so einzurichten, daß Sie den Editor benutzen können, den Sie kennen. (Manche Provider fragen nach, wenn Sie Ihren Account konfigurieren.) Sie müssen in der Lage sein, sich durch irgendeinen Editor durchstottern zu können; wenn Sie also keinen kennen, können Sie genausogut mit Pico beginnen.

   Geben Sie die Mitteilung ein. Wenn Sie gar keine Funktionen des Editors kenne, tippen Sie einfach nur den Text ein. Mit den Pfeiltasten können Sie sich im Text herumbewegen und falls notwendig Änderungen vornehmen.

8. **Wenn Sie fertig sind, drücken Sie Strg+X, um die Nachricht zu speichern und zu Pine zurückzukehren.**

   Pine fragt, ob Sie die Mitteilung wirklich abschicken möchten.

9. **Drücken Sie `y` oder die Eingabetaste, um die Nachricht zu verschicken.**

   Das Pine-Programm antwortet mit einem fröhlichen `[Sending mail ...]`, und Sie sind fertig.

ANSI-Sorgen

Wenn Sie versuchen, Pine auf Ihrem UNIX-Shell-Account laufen zu lassen, bekommen Sie eventuell eine seltsame Nachricht, die in etwa so aussieht:

```
Your terminal, of type "ansi," is lacking functions needed to run
pine.
```

oder auf deutsch:

Ihrem Terminal vom Typ »ansi« fehlen Funktionen, die benötigt werden, um Pine auszuführen.

Sie müssen dann einen Zauberspruch von sich geben, bevor Sie weitermachen können. Geben Sie diese Zeile ein:

setenv TERM vt100

oder – falls das System des Providers das nicht schluckt:

TERM=vt100 ; export TERM

Vergewissern Sie sich, daß Groß- und Kleinschreibung, so aussehen wie hier. Jetzt versuchen Sie es noch einmal. (Sie geben ein paar Hinweise, welche Art von Terminal Ihr Computer vorgibt zu sein. Glauben Sie uns – die Details sind nicht wissenswert.)

Die Post ist da!

Wenn Sie beginnen, E-Mails zu verschicken (und selbst, wenn Sie das nicht tun), werden Sie auch welche bekommen. Der Eingang von E-Mail ist immer aufregend, selbst wenn man 200 Nachrichten am Tag bekommt.

Mail lesen mit Eudora

Eine wirklich coole Funktion von Eudora liegt darin, daß Sie vieles mit der Post unternehmen können, wenn Sie nicht mit Ihrem Account verbunden sind und jede Minute bezahlen müssen. Wenn Sie allerdings wirklich Ihre Post überprüfen wollen, müssen Sie verbunden sein. Eudora bekommt mit, daß Sie nicht verbunden sind und wählt sich für Sie ein (was unserer Erfahrung nach nicht immer funktioniert).

Wenn Sie keine Vollzeitverbindung haben, folgen Sie diesen Schritten, um an Ihre Post zu kommen:

1. **Stellen Sie die Netz-Verbindung her, falls Sie noch nicht verbunden sind.**
2. **Starten Sie Eudora, wenn es nicht bereits läuft.**
3. **Wenn Eudora die Post nicht automatisch abruft, klicken Sie die Schaltfläche Check Mail auf der Werkzeugleiste (die Schaltfläche mit dem Häkchen) oder wählen Sie File – Check Mail (oder drücken Sie Strg+M), um Ihre Post abzuholen.**

   Wenn Sie eine Vollzeitverbindung zum Netz haben, ist Eudora wahrscheinlich so eingestellt, daß Ihre Post automatisch abgerufen wird – in diesem Fall müssen Sie nur Eudora starten und bekommen Ihre Post abgeholt. (Zusätzlich dazu sieht Eudora von Zeit zu Zeit nach neuer Post, selbst wenn Sie das Programm nur als Symbol unten auf Ihrem Bildschirm laufen lassen.)

   Wenn Sie auf dem Mac Post haben, stößt Eudora ins Horn und zeigt Ihnen ein hübsches Bild von einem Briefträger, der einen Brief einwirft. Wenn Sie keine Post haben, kriegen Sie keine Soundeffekte zu hören, aber dafür gibt es ein schönes Bild mit einem Brief und einem großen, roten X darauf. Windows-Benutzer, die eine Soundkarte haben, hören ein kleines Lied (das uns an hüpfende mexikanische Bohnen erinnert), um neue Mail anzukündigen.

   Die Post erscheint im Eingangsfach, einem Fenster, das Eudora In nennt, eine Zeile je Nachricht.

4. **Wollen Sie eine Nachricht sehen, doppelklicken Sie auf die Zeile, oder klicken Sie auf die Zeile und drücken die Eingabetaste.**

   Um eine Nachricht wieder auszublenden, doppelklicken Sie auf das Kästchen in der oberen linken Ecke des Nachrichten-Fensters (die Standard-Methode, um ein Fenster loszuwerden), oder drücken Sie Strg+W oder Strg+F4.

Schaltflächen im oberen Bereich des In-Fensters oder oben auf Ihrem Bildschirm (abhängig von Ihrer Eudora-Version) bieten Ihnen die Möglichkeit, Ihre Mail zu bearbeiten. Klicken Sie zunächst (einmal) auf die gewünschte Mitteilung, um sie zu markieren. Windows-Benutzer können auf das Papierkorbsymbol klicken, um sich der Mitteilung zu entledigen, oder das Druckersymbol, um sie zu drucken. Macintosh-Benutzer drücken die Taste Entf, um eine Mitteilung zu löschen, oder wählen aus dem Menü Datei – Drucken, um sie auszudrucken.

Es gibt noch viel mehr, was Sie mit Nachrichten machen können (darum kümmern wir uns in Kapitel 12), aber jetzt ist das erst einmal genug.

Falls Sie mit Windows 95 oder 98 arbeiten, können Sie Eudora 3.0 auffordern, sich automagisch mit dem Internet zu verbinden, wenn Sie Mails abschicken oder empfangen möchten. Wählen Sie dazu aus dem Menü Extras – Optionen, blättern Sie die Symbolliste ganz nach unten, bis Sie das Symbol Advanced Network sehen, und klicken Sie das Symbol. Aktivieren Sie die Option Automatically Dial and

Hangup This Connection und wählen Sie Ihre DFÜ-Netzwerkverbindung aus der Liste. Geben Sie im Feld Ihren Benutzernamen ein, klicken Sie die Option Save Password und klicken Sie OK.

Mail lesen mit Netscape

Mit Netscape wird die Post ähnlich gelesen wie mit Eudora:

1. **Starten Sie Netscape.**

   Das weitere Vorgehen hängt etwas davon ab, ob Sie die Version 3.0 oder 4.0 des Netscape Navigator verwenden.

2. **Unter Netscape 3.0 wählen Sie Fenster – Netscape-Mail oder klicken Sie den kleinen Umschlag in der rechten unteren Ecke des Netscape-Fensters. Unter Netscape 4.0 wählen Sie aus dem Menü Communicator – Messenger-Briefkasten oder klicken Sie das Inbox-Symbol in der rechten unteren Ecke des Netscape-Fensters, das zweite der vier Symbole.**

   Mit diesem Schritt wird das Mail- oder Inbox-Fenster von Netscape geöffnet. Das Programm versucht eventuell, wartende Post unmittelbar abzurufen; falls nicht, klicken Sie auf die Schaltfläche Mail abrufen oder Abrufen. Eingehende Post wird im Ordner INBOX gespeichert.

   Netscape 3.0: Der obere linke Teil des Netscape-Mail-Fensters enthält Ihre Mail-Ordner (einschließlich Inbox und Sent – weitere Ordner werden später angezeigt). Der obere rechte Teil zeigt die Mitteilungen im gewählten Ordner. Im unteren Teil des Fenster befindet sich die gewählte Mitteilung.

   Netscape 4.0: Der Kasten direkt unterhalb der Werkzeugleiste zeigt den aktuellen Ordner an, die obere Hälfte des Fenster enthält eine Liste der Mitteilungen in diesem Ordner, und im unteren Teil des Fensters wird der Text der gewählten Mitteilung angezeigt. Der aktuelle Ordner ist meistens Inbox, in dem sich Ihre eingehende Mail befindet.

3. **Unter Netscape 3.0 klicken Sie auf das Inbox-Symbol in der Ordnerliste. Falls in Netscape 4.0 im Kasten unterhalb der Werkzeugleiste nicht Inbox steht, klicken Sie auf den Kasten und wählen aus der erscheinenden Liste Inbox.**

   Sie sehen die Betreff-Zeilen der eingegangenen Mail. (In Netscape 3.0 erscheint diese Liste im oberen rechten Teil des Fensters.)

4. **Klicken Sie einzeln auf jede Nachricht, um sie zu lesen.**

   Der Mitteilungstext wird im unteren Teil des Netscape-Fensters angezeigt.

Wenn Sie eine Nachricht auf dem Bildschirm haben, können Sie auf Drucken, Löschen oder andere Schaltflächen klicken, um die Nachrichten zu bearbeiten. Weitere Funktionen werden in Kapitel 12 erläutert.

Mail lesen mit Outlook Express

Falls Sie mit Microsoft Outlook Express arbeiten, das bei Internet Explorer 4 und Windows 98 mitgeliefert wird, können Sie Ihre Mail auf folgendem Weg lesen:

1. **Starten Sie Outlook Express und stellen Sie die Verbindung zu Ihrem Internet-Provider her.**

2. **Klicken Sie die Schaltfläche Senden und Empfangen auf der Werkzeugleiste oder wählen Sie Extras – Senden und Empfangen aus dem Menü.**

   Outlook Express lädt Ihre eingehenden Mails auf Ihren Computer und legt die Mitteilungen im Posteingangs-Ordner ab. Sehen Sie die Ordnerliste auf der linken Seite des Outlook-Express-Fensters? Hier können Sie wählen, welchen der mit Mail gefüllten Ordner Sie ansehen möchten. Im Moment sollten Sie den Posteingangs-Ordner geöffnet haben.

   Der Kasten im oberen rechten Teil des Fensters enthält die Absender und Themen der Mitteilungen im Posteingangs-Ordner. Der Kasten im unteren rechten Teil des Fensters zeigt den Text der gewählten Mitteilung an.

3. **Klicken Sie auf einen Mitteilungskopf aus der Liste der Mitteilungen, um sich den Text der Mail im unteren Teil des Outlook-Express-Fensters anzusehen. Sie können auch auf den Mitteilungskopf doppelklicken, um die Mitteilung in einem neuen, großen Fenster anzusehen.**

   Falls Sie eine Mitteilung in einem eigenen Fenster ansehen und dieses wieder schließen möchten, klicken Sie auf die Schaltfläche Schliessen, wählen Sie Datei – Schliessen aus dem Menü oder drücken Sie Alt+F.

Sie können Mitteilungen nach dem Ansehen löschen, auf sie antworten, sie weiterleiten oder ausdrucken (in Kapitel 12 erfahren Sie, wie das geht).

Mail lesen mit Pine

Wenn Sie sich in Ihren Shell-Account einloggen, bekommen Sie normalerweise eine kleine Nachricht, die besagt »You have new Mail«, wenn das der Fall ist, oder »You have Mail«, wenn Mails, die Sie schon gelesen haben, noch herumliegen. Abhängig von ein paar obskuren Parametern wird Ihre Mailbox regelmäßig überprüft, und wenn Sie neue Mail haben, bekommen Sie wieder die Mitteilung »You have new Mail.«

Sie müssen diese Schritte befolgen:

1. **Geben Sie den Befehl `pine` ein.**

   Im Hauptmenü von Pine können Sie unter einer Vielzahl von Aktivitäten auswählen. Falls Sie Post haben, ist die Auswahl `L Folder lists` markiert.

2. **Drücken Sie die Eingabetaste, um die Liste der verfügbaren Ordner zu sehen.**

   Wenn Sie gerade erst begonnen haben, gibt es keine große Auswahl, aber das kann sich ändern. Im Moment sind Sie an dem Ordner mit dem Namen INBOX interessiert. INBOX sollte markiert sein. Drücken Sie die Eingabetaste, um Ihre Post zu sehen. Pine zeigt eine Liste mit Nachrichten.

3. **Die markierte Nachricht ist die aktuelle. Wenn Sie eine andere auswählen wollen, drükken Sie die Pfeiltasten oder** p **für die vorhergehende und** n **für die nächste Nachricht.**

   Sobald Sie die Nachricht ausgesucht haben, die Sie lesen wollen, drücken Sie die Eingabetaste. Pine zeigt Ihre Nachricht.

   Nachdem Sie eine Nachricht gelesen haben, gibt es mehrere Möglichkeiten, was Sie mit ihr tun können. In Kapitel 12 sprechen wir über die Einzelheiten zum Löschen, Weitersenden und Speichern von Mitteilungen.

4. **Wollen Sie die nächste Nachricht lesen, drücken Sie** n**; wollen Sie die vorhergehende in Augenschein nehmen, drücken Sie** p**. Zum Index der Mitteilungen in dem Ordner, den Sie lesen (in diesem Fall INBOX), kommen Sie, wenn Sie** i **drücken.**

5. **Wenn Sie mit dem Lesen der Mail fertig sind, drücken Sie** q**, um das Programm zu verlassen.**

   Pine fragt nach, ob Sie das wirklich tun wollen. (Was – dieses Programm verlassen? Aber es ist doch so wundervoll!) Bestätigen Sie mit einem Druck auf y.

Ein paar Worte von den Anstandsdamen

Leider sind die Anstandsdamen wie Emily Post und Amy Vanderbilt vor der Erfindung der E-Mail ausgestorben. Aber vielleicht hätten sie einige der folgenden Vorschläge darüber gemacht, was man in einer E-Mail schreibt und was man – noch wichtiger – *nicht* schreibt.

E-Mail ist ein seltsamer Hybrid, etwas zwischen einem Telefonanruf (oder einer Voice Mail) und einem Brief. Einerseits ist sie schnell und normalerweise informell; da sie aber andererseits geschrieben anstatt gesprochen ist, sieht man weder den Gesichtsausdruck einer Person noch hört man den Tonfall der Stimme.

Ein paar gute Ratschläge:

- ✔ Wenn Sie eine Nachricht schicken, achten Sie auf den Tonfall.
- ✔ Benutzen Sie nicht nur Großbuchstaben – das sieht so aus, als würden Sie SCHREIEN.
- ✔ Wenn Ihnen jemand eine unglaublich widerwärtige und beleidigende Nachricht schickt, kann das genausogut ein Fehler oder ein mißratener Scherz sein. Nehmen Sie sich vor allem vor mißratenem Sarkasmus in acht.

Flames

Sinnlose, exzessive Ausbrüche sind bei E-Mail so verbreitet, daß es dafür einen eigenen Namen gibt: *Flaming*. Flamen Sie nicht. Sie wirken dann wie ein dämlicher Trottel.

Wenn Sie eine Nachricht bekommen, die so beleidigend ist, daß Sie antworten *müssen*, stecken Sie sie eine Weile in Ihren elektronischen Eingangskorb, und warten Sie die Mittagspause ab. Dann verzichten Sie darauf zurückzuflamen. Der Absender wußte wahrscheinlich nicht, wie die Nachricht aussehen würde. In den etwa 20 Jahren, die wir schon E-Mail benutzen, haben wir es nie, nie bedauert, eine wütende Antwort *nicht* zu senden. (Aber wir *haben* bedauert, ein paar verschickt zu haben. Autsch.)

Wenn Sie Post verschicken, denken Sie daran, daß jemand, der sie liest, keine Ahnung hat, was Sie zu sagen *beabsichtigten* – nur, was Sie gesagt *haben*. Es ist nahezu unmöglich, in E-Mails subtilen Sarkasmus und Ironie zu verwenden, da das fast immer als ärgerlich oder dumm empfunden wird. (Wenn Sie ein ausgesprochen begabter Schreiber sind, können Sie diesen Rat vergessen, aber sagen Sie nicht, wir hätten Sie nicht gewarnt.)

Als weitere Möglichkeit sollten Sie sich im Hinterkopf behalten, daß es technisch nicht sonderlich schwierig ist, eine E-Mail-Absenderadresse zu fälschen. Falls Sie eine total verrückte Mitteilung von jemandem bekommen, die überhaupt nicht zum Charakter dieser Person paßt, hat eventuell jemand anderes die Mail als bösen Scherz gefälscht. (Nein, wir sagen Ihnen nicht, wie man E-Mails fälscht. Für wie dämlich halten Sie uns eigentlich?)

Lächeln!

Manchmal hilft es, ein :-) einzufügen (einen sogenannten *Smiley*), der bedeutet »Das ist ein Witz«. (Versuchen Sie, den Kopf nach links zu lehnen, wenn Sie nicht erkennen, warum das ein Lächeln sein soll.) Bei einigen Benutzergruppen, vor allem bei CompuServe, erfüllt `<g>`, `<grin>` oder `<grins>` den gleichen Zweck. Hier ist ein typisches Beispiel:

```
Menschen, die nicht der Meinung sind, daß wir alle Teil einer
warmherzigen, liebevollen Gemeinschaft sind, die sich gegenseitig
liebt und unterstützt, sind nicht besser als tollwütige Hunde und
sollten gejagt und erschossen werden :-).
```

Smileys sind manchmal hilfreich, aber wenn ein Witz einen Smiley benötigt, war es vielleicht nicht wert, ihn zu machen. Das klingt, als ob E-Mail immer humorlos sein soll. Es ist nicht ganz so schlimm, aber wenn man es nicht richtig raus hat, sollte man den Humor begrenzen. Sie werden froh sein, daß Sie das getan haben.

Wie privat ist E-Mail?

Relativ, aber nicht total. Jeder Empfänger Ihrer E-Mail kann sie an andere Menschen weiterschicken. Manche Mail-Adressen sind in Wahrheit Mailing-Listen, die Nachrichten an viele andere Menschen weiterleiten. In einem berühmten Fall wurde aufgrund einer falschen Mail-Adresse eine Nachricht an Zehntausende von Lesern verschickt. Sie begann mit den Worten »Liebling, endlich gibt es eine ganz private Methode, mit der wir uns Nachrichten schicken können.«

Wenn Sie Mails von der Arbeit abschicken oder jemanden an seinen Arbeitsplatz schicken, unterliegen diese Mails nicht der Privatsphäre. Sie und Ihre Freundin können für Unternehmen mit hochangesehener Integrität arbeiten, deren Angestellte nie auch nur im Traum daran denken würden, private E-Mail zu lesen. Sollte es aber einmal hart auf hart gehen und jemand beschuldigt Ihr Unternehmen, durch ein Schlupfloch vertrauliche Informationen weiterzugeben, sagt der Rechtsanwalt des Unternehmens »Die E-Mail wird untersucht,« und schon werden alle E-Mails gelesen. (Diese Geschichte passierte einem unserer Freunde, der ganz und gar nicht erfreut war, als er feststellen mußte, daß die gesamte intime Korrespondenz mit seiner Verlobten gelesen wurde.) E-Mail, die Sie verschicken und empfangen, wird auf Ihrer Festplatte gespeichert, und die meisten Unternehmen legen regelmäßig Sicherungskopien der Festplatten an. Ihre E-Mails zu lesen ist sehr leicht für jemanden, der das wirklich will, es sei denn, Sie verschlüsseln sie.

Die übliche Faustregel besagt, daß man nichts versenden sollte, das man nicht ans nächste Schwarze Brett gepinnt oder in eine Telefonzelle gekritzelt sehen möchte. Bei den neuesten E-Mail-Systemen sind zunehmend, Verschlüsselungsfunktionen integriert, die die Privatsphäre um einiges verbessern, so daß jemand, der das Kennwort zur Verschlüsselung einer Nachricht nicht kennt, sie nicht entschlüsseln kann.

Die gebräuchlichsten Werkzeuge zur Postverschlüsselung sind *PEM* (Privacy-Enhanced Mail) und *PGP* (Pretty Good Privacy). PGP ist weltweit eines der gebräuchlichsten Verschlüsselungsprogramme. Viele Experten halten es für so stark, daß nicht einmal ein Geheimdienst es knacken könnte. Wir wissen es nicht, aber wenn ein Geheimdienst Ihre Post lesen will, haben Sie kompliziertere Probleme, als wir lösen könnten.

PGP ist gratis im Netz erhältlich.

Hey, Frau Postmeister

Jeder Internet-Host, der Post empfangen und versenden kann, hat eine spezielle Mail-Adresse namens `postmaster` (Postmeister), über die garantiert eine Nachricht an die Person geleitet wird, die für diesen Host verantwortlich ist. Wenn Sie jemandem Post schicken und seltsame Fehlermeldungen zurückbekommen, können Sie versuchen, eine Nachricht an den Postmaster zu schicken. Wenn `king@bluesuede.org` mit einem Fehler von `bluesuede.org` zurückkommt, können Sie beispielsweise eine höfliche Frage an `postmaster@bluesuede.org` stellen. Der Postmaster ist normalerweise ein überarbeiteter freiwilliger Systemverwalter, daher gilt es als unhöflich, von ihm größere Gefallen zu erwarten als eine Antwort auf die Frage: »Hat Soundso eine Mailbox in diesem System?«

Und wem soll ich schreiben?

Jetzt, wo Sie wissen, wie man E-Mail verwendet, möchten Sie sicher ein paar Mitteilungen abschicken. In Kapitel 18 erfahren Sie, wie Sie die E-Mail-Adresse von einem Bekannten herausbekommen. Kapitel 13 gibt Ihnen ein paar Tips, wie Sie andere Leute finden, denen Sie schreiben können und wie Sie per E-Mail an interessante Informationen kommen.

BTW, was bedeutet IMHO? RTFM!

E-Mail-User sind oft tippfaul, und viele Abkürzungen sind gebräuchlich. Die sind ein paar der meistverwendeten:

Abkürzung	Bedeutung
BTW	By The Way (übrigens)
IANAL	I am not a lawyer, but... (ich bin zwar kein Anwalt, aber...)
IMHO	In My Humble Opinion (meiner bescheidenen Meinung nach)
ROFL	Rolling on floor laughing (sich vor Lachen auf dem Boden wälzend)
RSN	Real Soon Now (wirklich bald – bezieht sich oft auf immer wieder verschobene Erscheinungsdaten von Software)
RTFM	Read The F... Manual (lies das verdammte Handbuch – Sie hätten das selbst nachschlagen können und sollen)
TIA	Thanks In Advance (Dank im voraus)
TLA	Three Letter Acronym (Drei-Buchstaben-Abkürzung)

Wie man die Mail an die richtige Stelle packt

12

In diesem Kapitel

- Mail löschen
- Mail beantworten
- Mail weiterleiten und ablegen
- Kettenbriefe erkennen und umgehen
- Exotische Mail und Mail-Anhänge verschicken und empfangen
- Umgang mit Spam-Mails

OK, inzwischen wissen Sie, wie man Mail versendet und erhält. Jetzt wird es Zeit für ein paar Tips und Tricks, die Sie zum richtigen Mail-Profi machen. Wir beschreiben Eudora, Netscape (Versionen 3.0 und 4.0), Outlook Express und Pine. (Eine Einführung in diese Programme finden Sie in Kapitel 11.)

Nachdem Sie eine Nachricht gesehen haben, können Sie damit eine Menge verschiedener Dinge anstellen (genau wie bei Briefen auf Papier). Hier sind die üblichen Möglichkeiten:

- ✔ Die Nachricht wegwerfen.
- ✔ Auf die Nachricht antworten.
- ✔ Die Nachricht an andere Menschen weiterschicken.
- ✔ Die Nachricht ablegen.

Anders als bei Papier-Post können Sie mit jeder E-Mail einzelne oder alle diese Dinge tun. Wenn Sie Ihrem Mail-Programm nicht sagen, was es mit einer Mitteilung anfangen soll, bleibt sie entweder in Ihrer Mailbox, damit Sie sie später nochmal durchforsten können, oder sie wird manchmal, bei Pine beispielsweise, in einem `read-messages`-Ordner gespeichert, in dem sich alle gelesenen Mitteilungen ansammeln.

Wenn Ihr Mail-Programm Mitteilungen automatisch in einem `read-messages`-Ordner oder einem Sent- oder Outbox-Ordner speichert, sollten Sie den Ordner so ungefähr jede Woche durchgehen, sonst wird er zu groß und unhandlich.

Mail löschen

Sobald Sie Ihre ersten E-Mails bekommen, ist das so aufregend, daß man sich schwer vorstellen kann, sie einfach wegzuwerfen. Aber früher oder später *müssen* Sie lernen, wie man das macht, sonst geht Ihnen der Platz aus. Fangen Sie frühzeitig an. Löschen Sie oft.

Der physische Akt des Mail-Wegwerfens ist so leicht, daß Sie mittlerweile wahrscheinlich selbst herausgefunden haben, wie das funktioniert. Bei der Windows-Version von Eudora klikken Sie auf eine Nachricht und dann auf den Papierkorb, oder Sie drücken Strg+D. Bei der Macintosh-Version von Eudora können Sie auf die Nachricht klicken und Entf drücken. Wenn die Nachricht geöffnet ist, drücken Sie D oder wählen im Menü MESSAGE – DELETE. In Netscape (sowohl Version 3.0 als auch 4.0) sowie Outlook Express markieren Sie die Nachricht und drücken die Schaltfläche LÖSCHEN auf der Symbolleiste oder die Entf-Taste. In Pine drücken Sie d für Delete (Entfernen).

Oft können Sie Mails löschen, ohne sie überhaupt zu lesen. Falls Sie in einer Mailing-Liste registriert sind, interessieren Sie bestimmte Themen vielleicht gar nicht. Nachdem Sie die Betreff-Zeile gesehen haben, wollen Sie sie vielleicht löschen, ohne sie zu lesen. Sollten Sie allerdings zu denjenigen gehören, die alles lesen, was Sie an Werbung in Ihrem Briefkasten vorfinden, könnten Sie ein Problem mit Junk-E-Mail bekommen. Vielleicht sollten Sie sich fachlich beraten lassen.

Und zurück: Mail beantworten

Es gibt ein paar Dinge, die Sie über das Beantworten von Mail wissen sollten. Es geht ganz leicht: In Eudora wählen Sie MESSAGE – REPLY oder klicken auf das ANTWORT-Symbol auf der Werkzeugleiste (ein nach links zeigender blauer Pfeil). In Netscape klicken Sie in der Werkzeugleiste auf das Symbol ANTWORTEN oder wählen Sie aus dem Menü NACHRICHT – ANTWORTEN oder drücken Strg+R. In Outlook Express klicken Sie in der Werkzeugleiste auf die Schaltfläche VERFASSER ANTWORTEN oder drücken Sie Strg+R oder wählen Sie aus dem Menü VERFASSEN – VERFASSER ANTWORTEN. In Pine drücken Sie r.

Auf zwei Dinge sollten Sie besonders achten:

- ✔ **An wen geht die Antwort?** Achten Sie auf die AN:-Zeile, die Ihr Mail-Programm für Sie ausfüllt. Ist das die Person, an die Sie schreiben wollten? Falls die Antwort an eine Mailing-Liste geht: Wollten Sie wirklich an diese Liste schreiben, oder ist Ihre Nachricht persönlicherer Natur und wäre besser an den Einzelnen gerichtet, der die Nachricht geschickt hat? Wollten Sie einer Gruppe antworten? Sind alle Adressen, denen Sie antworten möchten, in der AN:-Liste enthalten? Sollte die AN:-Liste nicht stimmen, können Sie den Cursor dort hinbewegen und sie wie notwendig bearbeiten.
- ✔ **Wollen Sie den Inhalt der Nachricht, auf die Sie antworten, mit verschicken?** Die meisten E-Mail-Programme beginnen Ihre Antwort standardmäßig mit dem Originaltext der Nachricht, auf die Sie antworten. Die Netscape-Werkzeugleiste enthält eine Schaltfläche

namens ANFÜHREN, auf die Sie klicken können, um den Text der Originalnachricht, auf die Sie anworten, an Ihre Antwort anzuheften. Wir schlagen vor, daß Sie die Nachricht erst einmal aufnehmen und den Text dann auf die relevanten Inhalte reduzieren. Wenn Sie Leuten, die viel E-Mail bekommen, nicht irgendeine Form von Zusammenhang geben, macht Ihre Antwort keinen Sinn. Beim Beantworten einer Frage sollten Sie also die Frage zu der Antwort packen. Sie müssen nicht den gesamten Text nehmen, aber helfen Sie dem Leser. Derjenige hat vielleicht schon 50 Nachrichten gelesen, seit er Ihnen die letzte Mail geschickt hat, und hat jetzt womöglich keinen blassen Schimmer mehr, worüber Sie reden sofern Sie keinen Hinweis darauf geben.

Die meisten Mail-Programme füllen bei der Beantwortung einer Nachricht das Betreff-Feld mit den Buchstaben *Re:* (einer Kurzform für *regarding,* dem englischen Wort für Betreff) und dem Inhalt des Betreff-Feldes der Nachricht aus, auf die Sie antworten.

Den Überblick nicht verlieren

Nach den ersten erfolgreichen E-Mail-Versuchen werden Sie bald so viele regelmäßige Briefpartner haben, daß es schwerfällt, den Überblick über deren E-Mail-Adressen zu behalten. Glücklicherweise gehört zu den ganzen bekannten E-Mail-Programmen jeweils ein *Adreßbuch,* in dem Sie die Adressen Ihrer Freunde ablegen können und Mails beispielsweise einfach nur an »Mama« schicken, und die Adresse vorsitzende@vorstand.hq.mega-firma.com wird automatisch eingetragen. Sie können auch Adreßlisten erstellen, über die Sie z.B. eine Mail an »Familie« schicken können, die dann Ihre Mutter, Ihr Vater, Ihr Bruder, beide Schwestern und Ihr Hund bekommt, die alle eine E-Mail-Adresse haben.

Sie können mit allen Adreßbüchern das gleiche anstellen: Speichern der Adresse einer gerade gelesenen Mail im Adreßbuch, gespeicherte Adressen verwenden und das Adreßbuch bearbeiten.

Netscape: Netscape hat ein brauchbares, doch etwas einfallsloses Adreßbuch. Sie können beim Lesen einer Mitteilung die Adresse des Absenders in Ihrem Adreßbuch eintragen, indem Sie NACHRICHT – INS ADRESSBUCH AUFNEHMEN wählen. Diese Aktion öffnet ein Fenster, in dem Sie den Spitznamen eintragen können, den Sie verwenden möchten; mit einem Klick auf OK wird der neue Eintrag ins Adreßbuch aufgenommen. Um das Adreßbuch beim Verfassen einer Mitteilung zu nutzen, klicken Sie im Fenster VERFASSEN VON NACHRICHT auf die Schaltfläche SENDEN AN: oder Cc: (in Netscape 3.0) oder der Schaltfläche ADRESSIEREN (in Netscape 4.0). Damit wird ein Fenster geöffnet, in dem der Inhalt Ihres Adreßbuchs aufgeführt ist. Doppelklicken Sie die gewünschte(n) Adresse(n) und klicken Sie anschließend auf OK, um das Verfassen der Mitteilung fortzusetzen.

Zur Bearbeitung Ihres Adreßbuchs wählen Sie FENSTER – ADRESSBUCH (in Netscape 3.0) oder COMMUNICATOR – ADRESSBUCH (in Netscape 4.0). Sie können eine Mailing-Liste anlegen, indem Sie EINTRAGUNG – LISTE HINZUFÜGEN wählen (in Netscape 3.0) oder auf die Schaltfläche NEUE LISTE klicken (in Netscape 4.0), wodurch eine leere Liste angelegt wird, und anschließend bestehende Adressen aus dem Adreßbuch auf die Liste ziehen. (Genau, das heißt, daß Sie zunächst alle

Namen für die Liste einzeln im Adreßbuch eintragen müssen und anschließend erst in die Liste übernehmen können. Wir sagten ja, daß das Adreßbuch ziemlich einfallslos ist.) In Netscape 3.0 ist das Adreßbuch-Fenster dem Lesezeichen-Fenster des Netscape Navigator absichtlich ähnlich: Falls Sie sich noch erinnern, wie man Lesezeichen bearbeitet, können Sie das Adreßbuch ebenso bearbeiten.

Eudora: Eudora hat ein gutes Adreßbuch. Wählen Sie beim Lesen einer Mitteilung SPECIAL – MAKE ADDRESS BOOK ENTRY (oder drücken Sie Strg+K). Eudora schlägt vor, den richtigen Namen der Person als Spitznamen zu verwenden, und damit fahren Sie meistens ganz gut. Klicken Sie dann auf OK.

Um das Adreßbuch beim Verfassen einer Nachricht heranzuziehen, können Sie es über TOOLS – ADDRESS BOOK (Strg+L) öffnen, auf den gewünschten Spitznamen klicken und dann im Adreßbuchfenster auf die Schaltflächen TO:, CC: oder BCC: klicken, um die gewählte Adresse in der Mitteilung einzusetzen. Sie können sich auch folgender Abkürzung bedienen: Geben Sie die ersten paar Buchstaben des Spitznamens in die Felder TO: oder CC: ein, gerade soviele, um den Namen von anderen Namen zu unterscheiden, und drücken Sie anschließend Strg+, (die Strg-Taste und ein Komma). Eudora fügt den Rest der Adresse für Sie ein. Zur Erstellung einer Mailing-Liste öffnen Sie das Adreßbuch über TOOLS – ADRESSBOOK (Strg+L), klicken Sie NEW, um einen neuen Spitznamen zu erstellen, und klicken Sie dann im Adreßbuch in das Unterfenster ADDRESS(ES), um die gewünschten Adressen Zeile für Zeile einzugeben. Falls Sie von allen Leuten, die Sie auf Ihre Mailing-Liste setzen möchten, Mails in Ihrer Inbox erhalten haben, können Sie als Alternative auch mit gedrückter Strg-Taste klicken, um alle Mitteilungen in der Inbox zu markieren und anschließend Strg+K drücken, um einen neuen Adreßbucheintrag anzulegen, der eine Liste aller Autoren der markierten Mitteilungen umfasst.

Outlook Express: Der Vorgang zum Kopieren der Adresse eines Absenders in das Adreßbuch ist einfach, aber etwas seltsam: Doppelklicken Sie eine Mitteilung des Absenders, um die Mitteilung in einem eigenen Fenster zu öffnen. Anschließend doppelklicken Sie den Namen der Person in der Zeile Absender, um ein Fenster mit Eigenschaften des Verfassers zu öffnen, und klicken schließlich auf die Schaltfläche Zum Adreßbuch hinzufügen. Sie können den Adreßbucheintrag bearbeiten und anschließend OK klicken.

Um das Adreßbuch anzuzeigen und zu bearbeiten, klicken Sie auf das Adreßbuchsymbol auf der Werkzeugleiste. Nachdem sich ein paar Einträge in Ihrem Adreßbuch angesammelt haben, können Sie diese beim Verfassen einer Nachricht verwenden, indem Sie auf die Zeile AN: oder CC: oder auf das kleine Symbol klicken, daß wie eine Karte aus einer Blätterkartei aussieht. Im darauf erscheinenden Fenster EMPFÄNGER AUSWÄHLEN doppelklicken Sie auf den Adreßbucheintrag, den Sie verwenden möchten, und klicken Sie OK. Wenn Sie die E-Mail-Adresse einer Person nicht kennen, klicken Sie im Menü auf BEARBEITEN – PERSONEN SUCHEN, um das Fenster PERSONEN SUCHEN anzuzeigen; Sie können sowohl in Ihrem eigenen Adreßbuch als auch in verschiedenen Verzeichnissen im Internet suchen, wie Bigfoot und WhoWhere.

Heiße Kartoffeln: Mail weiterleiten

Sie können E-Mail an jemand anders weiterschicken. Es ist einfach. Es ist billig. Weiterschicken ist eine der schönsten Sachen an E-Mail und gleichzeitig eine der schlimmsten. Es ist gut, weil Sie ganz einfach Nachrichten an Leute weitergeben können, die über sie Bescheid wissen müssen. Es ist schlecht, weil Sie (nicht Sie persönlich, aber, naja, Leute um Sie herum – so in etwa) genauso leicht eine Nachrichtenflut auf Empfänger loslassen können, die nichts weniger wünschen als eine weitere Pressemitteilung aus dem Wahrheitsministerium. Also denken Sie ein wenig nach, ob Sie jemandem wirklich eine höhere Lebensqualität bescheren, wenn Sie Mail an ihn weiterleiten.

Zum Weiterleiten der Mail (auch *Forwarding*) gehört, daß die Nachricht in eine neue, eigene Nachricht gepackt wird, in etwa so, als würde man Notizzettel auf eine Photokopie kleben und dann Kopie und Notizzettel an jemand anders schicken. Mails weiterzuleiten ist fast genauso einfach wie Mails zu beantworten. In Eudora wählen Sie aus dem Menü Message – Forward oder klicken Sie auf das Symbol mit dem roten Pfeil, der nach rechts zeigt. In Netscape klicken Sie auf die Schaltfläche Weiterleiten auf der Werkzeugleiste oder wählen Sie aus dem Menü Nachricht – Weiterleiten oder drücken Sie Strg+L. In Outlook Express klicken Sie in der Werkzeugleiste auf die Schaltfläche Mitteilung weiterleiten oder drücken Sie Strg+F oder wählen Sie Verfassen – Weiterleiten. In Pine drücken Sie `f`. Das Mail-Programm verfaßt eine Mitteilung, die den Text der Nachricht enthält, die Sie weiterleiten möchten; Sie müssen die Mitteilung nur noch adressieren, ein paar bissige Kommentare hinzufügen und abschicken.

✔ Eudora und Outlook Express packen den weitergeleiteten Text in den Nachrichten-Teil des Fensters. Vor jeder Zeile steht ein Größer-als-Zeichen (>). Sie haben dann die Gelegenheit, die Mitteilung zu bearbeiten und Ihre eigenen Kommentare einzufügen. Im folgenden Kasten »Schnell vorwärts« finden Sie Tips zum Stutzen weitergeleiteter Mails.

✔ Netscape zeigt Ihnen den Text der Originalnachricht nicht – Sie müssen dem Programm schlicht vertrauen, daß es den Text weiterschickt. (Netscape behandelt den Text als *angehängte Datei*, worüber Sie später in diesem Kapitel Genaueres erfahren.) Die Kommentare, die Sie im Mitteilungsfenster eingeben, erscheinen später zusammen mit der Originalnachricht.

Wenn Sie möchten, daß Netscape den Text der Originalnachricht in der üblichen Weise einfügt (indem vor jeder Zeile ein > steht), wählen Sie anstattdessen den Befehl Nachricht – Angeführte Nachricht weiterleiten.

Manchmal bekommen Sie Mail, die vielleicht für jemand anders gedacht war. Wahrscheinlich wollen Sie sie so, wie sie ist, weitergeben, ohne das Größer-als-Zeichen vor jede Zeile zu stellen, und Sie sollten den Absender und die Antwortadresse intakt lassen, damit der neue Empfänger der Mail eine Antwort an den Urheber der Mail schickt und nicht an Sie, nur weil Sie sie weitergeleitet haben. Einige Mail-Programme nennen diese Funktion *Remailing* oder *Bouncing*, und das ist die elektronische Version davon, eine andere Adresse auf einen Briefumschlag zu kritzeln und ihn wieder in den Briefkasten zu werfen.

Eudora nennt diesen Vorgang *Umleitung* oder *Redirecting*. Sie können Mail umleiten, indem Sie im Menü MESSAGE – REDIRECT wählen oder auf das Symbol mit dem Pfeil klicken, der in den Himmel zeigt. Eudora klebt eine höfliche Notiz an die Nachricht, die die neue Leserin wissen läßt, wie die Mitteilung zu ihr gefunden hat. Pine benutzt **b** für Bounce; da Netscape und Outlook Express keine Umleitungsfunktion haben, müssen Sie die Mitteilungen auf herkömmliche Art weiterleiten.

Schnell vorwärts

Wenn Sie Mail weiterleiten, ist es meistens eine gute Idee, die uninteressanten Teile loszuwerden. Der ganze Kram in der Überschrift der Nachricht wird automatisch in die weitergeleitete Nachricht aufgenommen, und fast nichts davon ist verständlich, geschweige denn interessant, also schnell weg damit.

Der knifflige Teil ist die Bearbeitung des Textes. Wenn die Nachricht kurz ist, die Länge einer Bildschirmseite in etwa, sollten Sie am besten die Finger davon lassen:

```
> Gibt es ein großes Bedürfnis nach Obst-Pizza?

>

Zur Beantwortung Ihrer Frage habe ich unsere Forschungsabteilung
kontaktiert und herausgefunden, daß die bevorzugten Pizzabeläge
der Altersgruppe von 18 bis 34 Pepperoni, Salami, Schinken,
Ananas, Oliven, Paprika, Pilze, Hamburger und Broccoli sind. Ich
habe gezielt wegen Pflaumen nachgehakt und bekam zur Antwort, daß
es dafür keine statistisch signifikante Antwort gebe.
```

Falls die Nachricht wirklich lang und nur teilweise wichtig ist, sollten Sie sie aus Höflichkeit gegenüber dem Leser auf die interessanten Teile zurechtstutzen. Aus Erfahrung wissen wir, daß knappe Ein-Zeilen-Nachrichten mehr Aufmerksamkeit finden als zwölf Seiten voller Zitate, denen eine zweizeilige Frage folgt.

Manchmal macht es Sinn, das Material noch weiter zu bearbeiten, vor allem, um einen bestimmten Teil zu betonen. Wenn Sie das tun, sollten Sie natürlich darauf achten, nicht bis zu dem Punkt zu kürzen, wo Sie dem Autor andere Worte in den Mund legen oder den Sinn der Nachricht verdrehen, wie in der folgenden Antwort:

```
> Zur Beantwortung Ihrer Frage habe ich unsere Forschungsabtei-
lung kontaktiert und herausgefunden, daß die bevorzugten Pizza-
beläge ... und bekam zur Antwort, daß es dafür keine statistisch
signifikante Antwort gebe.
```

Das ist eine exzellente Methode, um sich neue Feinde zu machen. Manchmal macht es Sinn, ein wenig zusammenzufassen – in diesem Fall stellen Sie den zusammengefaßten Teil in eckige Klammern, und zwar so:

```
> [Auf die Frage nach Pflaumen als Pizzabelag gab die Forschungs-
abteilung] die Antwort, daß es dafür keine statistisch signifi-
kante Antwort gebe.
```

Man kann sich darüber streiten, ob Zusammenfassungen eine gute Idee sind, Zitate zu kürzen. Einerseits spart es allen Beteiligten Zeit, wenn es gut gemacht ist. Andererseits kann man eine ganze Woche mit Anschuldigungen und Entschuldigungen verbringen, wenn man es schlecht macht, was die gesparte Zeit wieder auffrißt. Es liegt ganz bei Ihnen.

Kalte Kartoffeln: Mail speichern

E-Mail für spätere Verweise zu speichern ist etwas ähnliches wie Kartoffeln für später in den Kühlschrank zu stellen (sollten Sie mal ausprobieren – gekochte Kartoffeln, die einen Tag alt sind, schmecken mit viel Butter oder Sauerrahm klasse). Eine Menge Ihrer E-Mail ist es wert, gespeichert zu werden, genau wie es bei Papier der Fall ist. (Eine Menge ist es natürlich auch *nicht* wert, aber dieses Thema haben wir bereits abgehandelt.)

Sie können E-Mail auf verschiedene Arten speichern:

- ✔ Speichern Sie sie in einem Ordner mit Nachrichten.
- ✔ Speichern Sie sie als normale Datei.
- ✔ Drucken Sie sie aus, und stecken Sie sie in die Schublade mit der Papierpost.

Die einfachste Methode ist es normalerweise, die Nachrichten in einen Ordner zu stecken (ein Ordner ist meist nichts anderes als eine Datei voller Nachrichten mit einer Trennung zwischen allen Nachrichten).

Beim Speichern von Mail gibt es zwei verschiedene Ansätze: nach Absender oder nach Thema. Ob Sie eines von beiden benutzen oder beide, ist meist reine Geschmackssache. Manche Mail-Programme (wie Pine) helfen Ihnen, Mail nach dem Namen des Absenders zu speichern. Wenn Sie **s** drücken, um eine Mitteilung von Ihrem Freund Fred mit dem Benutzernamen *fred @hier.oder.woanders* zu speichern, fragt Pine, ob Sie die Mitteilung in einem Ordner namens *Fred* ablegen möchten. Falls ihm jedoch ein verrückter Systemadministrator den Benutzernamen *z92lh8t@hier.oder.woanders* verpaßt hat, läßt die automatische Benennung natürlich einige Wünsche offen, also sollten Sie sich die Namen selbst ausdenken.

Um nach Themen zu speichern, liegt es ganz bei Ihnen, sich die Ordnernamen auszudenken. Am schwierigsten ist es, sich Namen auszudenken, an die man sich erinnern kann. Wenn Sie nicht aufpassen, haben Sie am Ende vier Ordner mit leicht unterschiedlichen Namen, von denen jeder ein Viertel der Nachrichten zu einem bestimmten Thema enthält. Versuchen Sie, Namen zu benutzen, die eindeutig sind, und benutzen Sie keine Abkürzungen. Wenn es um Accounts geht, nennen Sie den Ordner `accounts`, denn wenn Sie abkürzen, wissen Sie nicht mehr, ob der Ordner `ac`, `act`, `accnt` oder wie sonst noch heißt.

Verwenden Sie Windows oder einen Mac, so können Sie die Mitteilung teilweise oder vollständig speichern, indem Sie sie in eine Textdatei oder ein Textverarbeitungsdokument kopieren. Markieren sie den Text der Mitteilung mit der Maus. Drücken Sie Strg+C oder wählen Sie Bearbeiten – Kopieren, um den Text in die Zwischenablage zu kopieren. Wechseln Sie in das Textverarbeitungsprogramm (oder in ein anderes Programm, in das Sie den Text kopieren möchten) und drükken Sie Strg+V oder wählen Sie Bearbeiten – Einfügen, um die Mitteilung an der Stelle des Cursors einzufügen.

Ablegen mit Eudora

Um eine Mitteilung in Eudora abzulegen, klicken Sie auf die Mitteilung und wählen Sie aus dem Menü Transfer. Das darauf erscheinende Menü Transfer führt alle Mailboxen auf – alle Möglichkeiten, unter denen Sie Ihre Mitteilung ablegen können. Wählen Sie die Mailbox, in die Sie die Mitteilung stecken möchten. Schwups – da ist sie.

Bei Ihrem ersten Versuch, etwas abzulegen, stellen Sie vielleicht fest, daß Sie gar keinen Platz haben, an dem Sie etwas ablegen können. Erstellen Sie einen neuen Ordner, in den die Mitteilung hineinkommt, indem Sie aus dem Transfer-Menü den Befehl New wählen. Jedesmal, wenn Sie einen neuen Ordner erstellen möchten, wählen Sie New. Obwohl Sie irgendwann ausreichend Mailboxen haben, um mit Ihrer Mail fertigzuwerden, mag es Ihnen eine Zeitlang so erscheinen, als ob Sie ständig auf New klicken würden.

Sie können alle Mitteilungen in einem Ordner einsehen, indem Sie Mailbox aus dem Menü wählen – es erscheint ein Fenster mit allen Mitteilungen im Ordner.

Wenn Sie eine Nachricht in einer Textdatei speichern möchten, klicken Sie die Mitteilung an, wählen Sie aus dem Menü Datei – Speichern unter, gehen Sie zu dem Ordner, in dem Sie die Mitteilung speichern möchte, und klicken Sie auf OK.

Ablegen mit Netscape

Im Mail-Fenster von Netscape 3.0 können Sie eine Mitteilung speichern, indem Sie sie anklicken und aus dem Menü Nachricht – Verschieben wählen. Suchen Sie sich anschließend in der Liste, die jetzt erscheint, einen Ordner aus. Noch einfacher können Sie eine Mitteilung verschieben, indem Sie sie mit der Maus aus der Liste der Nachrichten in einen anderen Ordner aus der Ordnerliste ziehen. Wollen Sie einen neuen Ordner anlegen, wählen Sie im Menü Datei – Neuer Ordner.

Im Inbox-Fenster von Netscape 4.0 können Sie die Mitteilung in einen Ordner ablegen, indem Sie sie anklicken, aus dem Menü Nachricht – Mitteilung ablegen wählen und aus der erscheinenden Liste den entsprechenden Ordner wählen. Einen neuen Ordner können Sie über Datei – Neuer Ordner anlegen.

Um eine oder mehrere Mails in einer Textdatei abzuspeichern (mit beiden Versionen von Netscape), markieren Sie die Mails und wählen Sie Datei – Speichern unter aus dem Menü. Klicken Sie in das Textfeld Dateityp und wählen Sie Text (*.txt) aus der Liste. Geben Sie einen Dateinamen ein und klicken Sie auf die Schaltfläche Speichern.

Ablegen mit Outlook Express

Um eine Mitteilung mit Outlook Express zu speichern, stecken Sie sie in einen Ordner. Am Anfang gibt es die Ordner *Posteingang, Postausgang, Gesendete Objekte, Gelöschte Objekte*. Um einen neuen Ordner zu erstellen, wählen Sie Datei – Ordner – Neuer Ordner aus dem Menü und geben Sie dem Ordner einen Namen. (Legen Sie einen mit dem Namen *Persönlich* an, nur um es auszuprobieren.) Der neue Ordner erscheint in der Ordnerliste links im Outlook-Express-Fenster. Verschieben Sie Mitteilungen in einen Ordner, indem Sie den Kopf der Mitteilung anklicken und sie auf den Namen des Ordners ziehen oder indem Sie Bearbeiten – Verschieben aus dem Menü wählen.

Sie können den Text einer Mitteilung in einer Textdatei speichern, indem Sie die Mitteilung anklicken, aus dem Menü Datei – Speichern unter wählen, in das Feld Speichern als Dateityp klicken, hier Textdatei (*.txt) wählen, einen Dateinamen eingeben und auf die Schaltfläche Speichern klicken.

Speichern mit Pine

Um eine Nachricht in einem Ordner zu speichern, drücken Sie `s`, wenn Sie sich die Nachricht anschauen oder wenn sie in Ihrer Nachrichtenliste markiert ist. Wollen Sie einen neuen Ordner anlegen, befehlen Sie Pine, eine Nachricht in einen Ordner zu speichern, der (noch) nicht existiert. Pine fragt nach, ob Sie ihn anlegen wollen – drücken Sie zur Bestätigung `y`.

Kettenbriefe: Arrrrrrggggghhhh!

Eines der ärgerlichsten Dinge, die Sie mit E-Mail machen können, ist das Verschicken von Kettenbriefen. Da alle Mail-Programme Befehle zum Weiterschicken haben, können Sie mit Hilfe von ein paar Tasten einen Kettenbrief nehmen und ihn an Hunderte anderer Leute schicken. Tun Sie das nicht. Kettenbriefe sind zwei Sekunden lang ganz nett; dann sind sie nur noch lästig. Nach 20 Jahren E-Mail haben wir noch *keinen einzigen* Kettenbrief erhalten, der es wert war, weitergeschickt zu werden.

Ein paar Kettenbriefe kommen immer wieder, trotz unserer Anstrengungen, sie auszurotten. Lernen Sie, wie man sie sofort erkennt, und ersparen Sie sich spätere Peinlichkeiten. Hier sind ein paar der Nervensägen:

Der Good-Times-Virenschwindel: Irgendwann gegen Ende 1994 erschien ein übler Kettenbrief in America Online (AOL), der sich als Warnung tarnte, ein furchtbarer Computer-Virus werde per E-Mail verbreitet, der in der Lage sei, die Festplatte zu löschen. Der Virus erschiene angeblich in E-Mails mit den Worten »Good Times«. Wohlgesonnene Menschen haben den Brief schnell an alle ihre Bekannten weitergeschickt. Der Kettenbrief und nicht der Virus verbreitete sich in Windeseile im Internet. Computer-Viren werden durch infizierte Programme verbreitet, die bei der Ausführung bösartige Effekte haben. E-Mail wird als Text gespeichert – nicht als ein Programm – und kann Ihrer Festplatte daher keinen Schaden zufügen, solange Sie keine besonderen Befehle zum Ausführen eines Programms geben. Dieser Kettenbrief taucht unter verschiedenen Namen auf, aber unabhängig vom Titel: Viren verbreiten sich nicht über E-Mail.

Die Postkarten für den sterbenden Jungen: (Manchmal sind es auch Visitenkarten.) Nein, nicht mehr. Vor einigen Jahren kam ein englischer Junge namens Craig Shergold mit dem Verdacht auf einen inoperablen Gehirntumor ins Krankenhaus. Craig wollte den Weltrekord für die meisten Postkarten aufstellen. Das sprach sich herum, und Craig bekam Millionen und Millionen von Karten und schließlich einen Eintrag im *Guinness-Buch der Rekorde*. Der US-Milliardär John Kluge bezahlte Craig dann den Flug zu einer Operation in die USA, wo er erfolgreich operiert wurde. Craig geht es heute gut und will keine Karten mehr. (Sie können diese Geschichte auf Seite 24 der *New York Times* vom 29. Juli 1990 lesen.) Guinness hängt die Geschichte so zum Hals heraus, daß die ganze Kategorie geschlossen wurde – es werden keine Einträge für die meisten Karten mehr akzeptiert. Wenn Sie sterbenden Kindern helfen wollen, spenden Sie die zwei Mark, die eine Karte samt Briefmarke gekostet hätte, einer Einrichtung wie UNICEF.

Das Modemsteuer-Gerücht: 1987 verbreitete in den USA eine Bundeskommission für das Kommunikationswesen kurzfristig einen Vorschlag für eine technische Änderung der Bestimmungen, wie Online-Dienste wie CompuServe und AOL ihre Telefonverbindungen bezahlen sollten. Wäre der Vorschlag in Kraft getreten, hätten sich die Preise der Dienste erhöht. Die Kunden der Online-Dienste äußerten laut und deutlich ihre Opposition, Kongreß-Mitglieder fragten besorgt nach, und so fiel der Vorschlag unter den Tisch – für immer. Unglücklicherweise sind seitdem jedoch undatierte Hinweise auf den Vorschlag im Umlauf. Falls Ihnen wieder eine Modemsteuer-Panikmail unterkommt, fragen Sie nach dem Aktenzeichen, weil die Bundeskommission sich nicht einmal die Nase putzen kann ohne irgendwelche Ankündigungen, Hearings und so weiter. Wenn es kein Aktenzeichen gibt, passiert auch nichts, und es ist dasselbe alte Gerücht, das Sie ignorieren sollten.

Großes Geld mit Kettenbriefen: Diese Briefe tragen normalerweise den Titel MAKE.MONEY.FAST oder SCHNELL.VIEL.GELD, sind mit »Jürgen Schneider« oder »Chistopher Erickson« unterschrieben, enthalten viele Beispiele von Leuten, die fett in Geld schwimmen, und erklären Ihnen, daß Sie zehn Mark oder so an den obersten Namen auf der Liste schicken, Ihren Namen unten auf der Liste hinzufügen und die Nachricht an Zillionen anderer Trottel weiterschicken sollen. Manchmal steht da sogar »Dies ist kein Kettenbrief« (Sie helfen angeblich bei der Zusammenstellung einer Mailing-Liste oder beim Verschicken von Berichten oder so – Sie können hundertprozentig sicher sein, daß es sich um einen Kettenbrief handelt.) Denken Sie nicht einmal darüber nach. Diese Kettenbriefe sind absolut illegal, selbst wenn sie das Gegenteil behaupten, und funktionieren nicht einmal. (Warum Geld schicken? Warum nicht einfach den Namen einfügen und die Nachricht weiterschicken? Mensch, warum nicht einfach alle Namen auf der Liste gegen Ihren ersetzen?) Halten Sie sie für Leichtgläubigkeits-Viren. Ignorieren Sie sie einfach, oder schicken Sie vielleicht eine höfliche Notiz an den Postmaster des Absenders, damit er die Benutzer auffordert, keine Kettenbriefe mehr zu versenden.

Schicken Sie E-Mail an Verlage, damit diese Bücher an Kinderkrankenhäuser spenden: Dieser kurze, fehlgeschlagene Marketing-Trick hat 1996 ein paar Tage überlebt. Selbstverständlich hatten sie in ein paar Stunden alle E-Mail-Adressen, die sie wollten, beisammen, und möchten jetzt keine mehr.

Exotische Mail und Mail-Attachments

Früher oder später wird Ihnen die gute, alte, alltägliche E-Mail nicht mehr gut genug sein. Jemand wird Ihnen ein Bild schicken, das Sie einfach sehen müssen, oder Sie wollen Ihrem neuen Freund in Toronto einfach etwas Cooles schicken. Wenn wir über das Versenden von etwas anderem als Text mit Mails reden, geht es um die Benutzung von speziellen Dateiformaten und Systemen, die sie lesen können. Manchmal ist die ganze Nachricht in einem besonderen Format (wie MIME, worüber wir gleich ein paar Worte verlieren werden), manchmal hängen Leute Dinge an ihre Mail an. Solche Attachments gibt es in drei Geschmacksrichtungen:

- ✔ **MIME:** Steht für Multipurpose Internet Mail Extensions (Mehrzweck-Internet-Mail-Erweiterungen).
- ✔ **Uuencoding:** Eine Methode, mit der Informationen in E-Mails verpackt werden; wurde damals zu Zeiten von Unix-zu-Unix-E-Mail erfunden (daher das *uu* im Namen.)
- ✔ **BinHex:** Steht für Binär-zu-Hexadezimal, soweit wir wissen.

Die technischen Details dieser drei Methoden sind vollkommen uninteressant und irrelevant: Für Sie ist nur von Bedeutung, ob Ihr E-Mail-Programm mit zumindest einer dieser Methoden Dateien anhängen kann und ankommende Dateien, die Sie von anderen Leuten geschickt bekommen, wieder vorzugsweise mit einer dieser drei Methoden abhängen kann.

Sie können im allgemeinen eine Datei als E-Mail-Attachment verschicken, indem Sie mit Ihrem herkömmlichen Mail-Programm eine normale Mitteilung verfassen und dann den Befehl geben, an die Mitteilung eine Datei anzuhängen. Anschließend verschicken Sie die Mitteilung mit den üblichen Befehlen des Programms.

Wenn Sie eine Datei erhalten, die an eine E-Mail angehängt ist, ist Ihr Mail-Programm dafür zuständig, die angehängte Datei zu erkennen und etwas Intelligentes mit ihr anzustellen. Meistens speichert Ihr Mail-Programm die angehängte Datei als separate Datei in dem von Ihnen angegebenen Ordner oder Verzeichnis. Nachdem die Datei gespeichert wurde, können Sie sie verwenden wie jede andere Datei auch.

Sie können beispielsweise folgende Dateitypen als Attachments verschicken:

- Bilder in Grafikdateien
- Textverarbeitungsdokumente
- Audio-Clips in Audio-Dateien
- Filme in Video-Dateien
- Programme in ausführbaren Dateien
- Komprimierte Dateien wie z.B. ZIP-Dateien

In Kapitel 19 finden Sie eine Beschreibung der Dateitypen, die Ihnen als Attachment begegnen können.

Falls Sie eine Mitteilung mit einem Attachment erhalten, das eine Ihrem Mailprogramm unbekannte Methode (MIME, Uuencoding oder BinHex) verwendet, sehen Sie die Datei als große Nachricht in Ihrer Mailbox. Wenn sie Text enthält, ist ungefähr die Hälfte des durcheinandergewürfelten Textes gut leserlich, plus oder minus ein wenig häßliche Punktuation. Enthält die Datei dagegen Ton oder Bilder, ist ein Lesen der Mitteilung völlig hoffnungslos, da sie nur aus binären digitalisierten Versionen der Bilder besteht und einem Text nicht mal nahekommt.

Wenn Sie eine Bild- oder Ton-MIME-Nachricht bekommen und Ihr Mail-Programm nicht automatisch damit zurechtkommt, gibt es umständliche, aber brauchbare Methoden, um die Nachricht zu speichern und die Inhalte mit anderen Programmen herauszuziehen. Bitten Sie Ihren Internet-Provider um Hilfestellung.

Eudora-Attachments

Um mit Eudora einer Mitteilung eine Datei anzuhängen, verfassen Sie wie üblich eine Nachricht. Wählen Sie dann im Menü MESSAGE – ATTACH FILE oder klicken Sie auf das Attachment-Symbol (eine Diskette vor einem Ordner, oder in neueren Eudora-Versionen eine Mitteilung, die an einen Briefumschlag angeheftet ist), oder drücken Sie Strg+H. Eudora hilft Ihnen, das Dokument auszusuchen, das Sie anhängen wollen. Eudora Light (die Freeware-Version von Eudora) verschickt Dateien immer als MIME-Attachments und kann ankommende Dateien mit jeder der drei Attachment-Methoden bewältigen.

Wenn Sie eine Datei aus Windows-Explorer, Arbeitsplatz oder Datei-Manager zu Eudora ziehen, wird sie an die Nachricht angehängt, die Sie schreiben. Falls Sie gerade keine Nachricht schreiben, fängt Eudora eine für Sie an.

Sobald Eudora Mail mit Attachments empfängt, werden sie automatisch auf der Festplatte gespeichert (in einem Verzeichnis, das Sie im Menü OPTIONEN angeben), und Sie erhalten die Information, wo sie sind und wie sie heißen.

Netscape-Attachments

In Netscape klicken Sie auf die Schaltfläche ANFÜGEN, um ein Attachment zu verschicken. Anders als in den meisten Mail-Programmen können Sie mit Netscape Navigator jede Datei anhängen, die Sie mit einer *URL* (Uniform Resource Locator, das Namensschema, das im Web benutzt wird, siehe Kapitel 6) angeben können. Netscape Navigator läßt Ihnen die Wahl, ein Dokument anzuhängen – standardmäßig die letzte Nachricht oder Seite, die Sie sich angesehen haben – oder eine Datei. Klicken Sie auf DOKUMENT oder DATEI. (In Netscape 4.0 haben Sie sogar noch mehr Wahlmöglichkeiten.) Um eine Datei anzuhängen, können Sie auf die Schaltfläche DURCHSUCHEN klicken und eine Datei aussuchen. Klicken Sie auf OK, wenn Sie wissen, was Sie anhängen wollen, und es wird an die ausgehende Nachricht angehängt. Navigator hängt Dateien mit MIME an.

Bei eingehender Post zeigt Netscape alle Attachments an, die es selbst darstellen kann (Web-Seiten, GIF- und JPEG-Bilddateien). Bei anderen Attachments zeigt Netscape eine kurze Beschreibung der Datei, auf die Sie klicken können. Dann startet Netscape ein passendes Programm für die Darstellung, falls es eines kennt, oder fragt Sie, ob Sie das Attachment als Datei speichern oder ein Programm zum Ansehen konfigurieren wollen. Netscape kann mit allen drei Attachment-Methoden umgehen.

Outlook-Express-Attachments

Unter Outlook Express hängen Sie eine Datei an eine Mitteilung an, indem Sie beim Verfassen einer Mitteilung aus dem Menü EINFÜGEN – ANLAGE wählen oder das Büroklammer-Symbol auf der Werkzeugleiste anklicken. Markieren Sie dann die anzuhängende Datei. Schicken Sie die Mitteilung wie üblich ab.

Falls eine eingehende Mitteilung ein Attachment enthält, erscheint ein Büroklammer-Symbol sowohl in der Mitteilung auf der Liste eingehender Nachrichten als auch in der zum Ansehen geöffneten Mitteilung selbst. Klicken Sie auf die Büroklammer, um den Dateinamen zu sehen, und doppelklicken Sie, um das Attachment anzusehen.

Pine-Attachments

Um in Pine etwas anzuhängen, müssen Sie die entsprechenden Dateinamen eingeben, getrennt durch Kommata. Nachdem Sie die Attachments eingegeben und die Eingabetaste gedrückt haben, macht Pine sich auf und holt die Datei. Falls Pine die Datei nicht finden kann, trägt es die Datei zwar in Ihre Attachment-Liste ein, teilt Ihnen aber mit, daß es sie nicht finden kann, also seien Sie achtsam. Pine fügt Dateien mit MIME an.

Wenn Pine eine Nachricht mit Attachments liest, teilt es Ihnen mit, welche Attachments Sie haben, und zeigt sie an, wenn sie in einem Format vorliegen, das es verarbeiten kann. Im allgemeinen speichert man eine Datei mit einem Dateinamen eigener Wahl und liest sie dann mit anderer Software. (Kapitel 19 enthält Informationen darüber, was für eine Art von Datei Sie gerade erhalten haben könnten.) Pine kann nur mit MIME-Attachments direkt umgehen. Falls Sie eine mit Uuencoding kodierte Mitteilung erhalten (die meist mit `begin` *`filename 644`* oder so ähnlich anfängt), drücken Sie die Taste mit dem vertikalen Streifen (|), damit Pine die Mitteilung an ein anderes Programm weiterreicht, und geben Sie dann `uudecode` ein, der Name des UNIX-Programms, das solche Mitteilungen dekodiert. Die Datei wird in Ihrem Hauptverzeichnis auf dem System des Providers gespeichert.

Hey, Herr Roboter

Nicht hinter jeder Mail-Adresse steckt auch wirklich eine Person. Manche sind Mailing-Listen (worüber wir in Kapitel 13 sprechen), manche sind *Roboter*, Programme, die automatisch Mitteilungen beantworten. Mail-Roboter sind als Methode zum Durchsuchen von Datenbanken und zur Dateisuche populär geworden, weil es viel einfacher ist, eine Verbindung für E-Mail einzurichten als eine für die standardmäßigere Dateiübertragung. Sie schicken eine Botschaft an den Roboter (der normalerweise als *Mailbot* oder *Mail-Server* bezeichnet wird), er unternimmt etwas, das vom Inhalt Ihrer Nachricht abhängt, und schickt dann eine Antwort zurück. Wenn Sie beispielsweise eine Nachricht an `internet5@gurus.com` senden, bekommen Sie eine Antwort, die Ihnen Ihre E-Mail-Adresse verrät.

Am gebräuchlichsten sind Mail-Server, um sich auf Mailing-Listen einzutragen und sich von ihnen wieder zu entfernen, was wir bis ins kleinste Detail in Kapitel 13 erforschen. Firmen benutzen sie, um vorbereitete Antworten auf Informationsanfragen zu geben, die an `info@wasauchimmer.com` geschickt werden.

Ihr eigener, persönlicher Mail-Manager

Nachdem Sie angefangen haben, E-Mail zu verschicken, werden Sie auch einige empfangen, vor allem, wenn Sie sich auf ein paar Mailing-Listen gesetzt haben (siehe Kapitel 13). Ihre eingehende Post tröpfelt erst, dann wird sie ein Fluß, ein reißender Strom, und ziemlich bald können Sie nicht mehr an Ihrer Tastatur vorbeikommen, ohne patschnaß zu werden, metaphorisch gesagt.

Zum Glück bieten Ihnen die meisten Mail-Systeme Möglichkeiten, diesen Fluß zu managen und sich nicht die Klamotten zu ruinieren (jetzt aber Schluß mit dieser Metapher). Sofern der Großteil Ihrer Nachrichten aus Mailing-Listen stammt, sollten Sie nachsehen, ob die Listen nicht statt dessen als *Usenet*-Newsgruppen verfügbar sind. Die Programme zum Lesen von Usenet-Nachrichten bieten Ihnen im allgemeinen die Möglichkeit, schneller die interessanten Nachrichten herauszusuchen und sie automatisch zu sortieren, als Ihr Mail-Programm das kann, und so können Sie einen ganzen *Thread* (ein Konversationsstrang) von Nachrichten zu einem bestimmten Thema schnell lesen oder ignorieren. Ihr System-Manager kann normalerweise dafür sorgen, daß besonders geschwätzige Mailing-Listen wie Usenet-Newsgruppen aussehen. Auf unserer Site handhaben wir etwa 40 Mailing-Listen mit dieser Methode.

Leute, die mit Netscape 4.0, Eudora Pro und ab Version 3.0 auch mit Eudora Light arbeiten, können *Filter* anlegen, die eingehende Nachrichten automatisch mit einer Liste von Absendern und Themen vergleichen und in passenden Ordnern speichern. Outlook Express hat den Posteingangs-Assistenten, der Ihre Mail automatisch sortieren kann. Andere Mail-Programme haben vergleichbare Filterfunktionen.

Sie können beispielsweise Filter erstellen, die Ihr Mail-Programm anweisen »Alle Mitteilungen, die von der Mailing-Liste GEFLÜGEL-L kommen, sollen automatisch im Ordner Hühner abgelegt werden.« In Eudora 3.0 wählen Sie TOOLS – FILTERS, um ein Fenster zu öffnen, in dem Sie Filter erstellen, bearbeiten und löschen können. (Die kommerzielle Eudora-Version – Eudora Pro – verfügt über noch flexiblere Filter, deshalb sollten Sie sich Eudora Pro zulegen, wenn Sie regelmäßig Filter verwenden.) In Netscape 4.0 wählen Sie aus dem Menü BEARBEITEN – MAIL-FILTER, um das Mail-Filter-Fenster anzuzeigen, in dem Sie die Filter ansehen, erstellen, bearbeiten und löschen können. In Outlook Express teilen Sie dem Posteingangs-Assistenten mit, wie Ihre Mail in Ordern sortiert werden soll, indem Sie aus dem Menü EXTRAS – POSTEINGANGS-ASSISTENT wählen.

Dieser ganze Unfug mit dem automatischen Sortieren mag Ihnen jetzt zuviel sein, und wenn Sie nur fünf oder zehn Nachrichten am Tag bekommen, ist das auch der Fall. Aber wenn die Post erst einmal richtig fließt, werden Sie feststellen, daß die Beschäftigung mit der Post viel mehr von Ihrer Zeit auffrißt als früher. Also merken Sie sich die automatisierten Werkzeuge – wenn nicht für jetzt, dann für später.

Ein weiterer Grund, warum wir Eudora am liebsten mögen

Seit der Version 3.0 wandelt Eudora alle URLs (Web-Site-Adressen), die es in einer E-Mail findet, in Links zur eigentlichen Web-Site um. Sie müssen die Adressen nicht mehr in Ihren Browser eingeben, sondern einfach auf den hervorgehobenen Link in der E-Mail klicken und – schwups – sind Sie auf der Web-Seite.

Spam, Bacon und Eier

Wir erhalten scheinbar immer öfter unerbetene E-Mail von Organisationen oder Personen, die wir nicht kennen. Im Internet wurde dieses Phänomen auf den Namen Spam getauft. Spam ist ursprünglich das Markenzeichen einer leckeren Schweinefleischkonserve des US-amerikanischen Herstellers Hormel. Heute bezeichnet man mit Spam tausende identischer, unerbetener E-Mails, die entweder an individuelle E-Mail-Accounts oder an Newsgruppe im Internet verschickt werden. Das ganze wird auch als Junk-Mail oder Unsolicited Commercial E-Mail (UCE, auf deutsch: Unerbetene kommerzielle E-Mail) bezeichnet. Die Mitteilung besteht üblicherweise aus geschmackloser Werbung für Schnell-ans-große-Geld-kommen-Methoden oder sogar pornographische Angebote – etwas, das Sie nicht sehen möchten und das auf jeden Fall Ihre Kinder nicht zu Gesicht bekommen sollen. Die Mitteilung heißt *Spam*, die Unsitte heißt *Spamming* und die Person, die den Spam verschickt, ist ein *Spammer*.

Spamming erwächst im Internet leider zu einem großen Problem, da es sowohl schmierige Geschäftsinhaber als auch politische Dumpfköpfe als ideale Werbemethode entdeckt haben. Einer der seltsamsten E-Mail-Spams war der Kreuzritter-Spam Mitte 1995, eine scharfe rassistische Schmähschrift, die von einer Person verschickt wurde, die in mehrere Workstations in Frankreich, Deutschland und Italien eingedrungen war und diese in ihre Gewalt gebracht hatte. Obwohl die Mitteilung in dem Maße authentisch war, als daß es sich um einen echten Artikel von einer Gruppe in West-Virginia handelte, wurde relativ schnell klar, daß die Person, die den Spam verschickt hat, nicht Mitglied dieser Gruppe war. Wollte derjenige die Gruppe in Mißkredit bringen (als ob das großartig nötig gewesen wäre)? Wollte er von jemand anderem ablenken? Scheinbar weiß es keiner. Leider wird E-Mail-Spam zu einem immer größeren Problem, und kein Ende ist in Sicht.

Warum nennt man es Spam?

Die Konserve? Keiner weiß warum. Oh, Sie meinen die unerbetene E-Mail? Das kommt von einem Monthy-Python-Sketch, in der eine Gruppe Wikinger ständig wiederholend das Wort *Spam* singen und damit alle andere Unterhaltung übertönen.

Ist das so schlimm?

Sie denken vielleicht, Spam ist genauso wie Werbesendungen eine weitere Plage, mit der wir uns abfinden müssen. Spam unterscheidet sich von Werbesendungen allerdings in verschiedenen Punkten. Zunächst ist da der Kostenfaktor. Anders als bei Werbesendungen bezahlen Sie als Empfänger weitaus mehr als der Absender, um dessen Mitteilung zuzustellen. E-Mail zu verschicken ist billig: Ein Spammer kann von seinem PC und einer Einwählverbindung tausende Mitteilungen pro Stunde verschicken. Die zum Herunterladen der Spam-E-Mail benötigte Zeit und der entsprechende Platz auf Ihrer Festplatte kostet Sie Geld. Danach kostet es Sie Zeit zum Lesen (zumindest die Betreff-Zeile) und zum Löschen der Mail. Wenn das Spam-

Volumen weiterhin in diesem alarmierenden Tempo zunimmt, wird sich E-Mail bald als sinnlos erweisen, da die echte E-Mail unter dem ganzen Müll begraben wird.

Es müssen nicht nur die E-Mail-Kunden Kosten tragen, sondern gleichzeitig belastet dieses E-Mail-Volumen die Ressourcen der E-Mail-Server und des ganzen Internet. Stellen Sie sich nur einmal den ganzen Festplattenplatz und die Übertragungskapazitäten vor, die von Millionen sinnloser E-Mails blockiert werden! Die Internet-Provider müssen die zusätzlichen Kosten an Ihre Kunden weitergeben. AOL berichtet, daß schätzungsweise über ein Viertel der 16 Millionen E-Mails, die deren E-Mail-Server täglich weiterleiten, unter die Kategorie Spam fällt.

Außerdem sollten Sie den Aspekt des Inhalts in Betracht ziehen. Das Zeug, für das diese Spams werben, ist im allgemeinen betrügerisch, unehrlich oder pornographisch. Viele Angebote versprechen das große Geld in kurzer Zeit. Kein ehrliches Unternehmen würde ernsthaft versuchen, über unerbetene E-Mails im Internet zu werben, allein schon wegen der unheimlich schlechten Publicity, die das nach sich ziehen würde.

Viele Spams enthalten eine Zeile, die Ihnen sagt, wie Sie von deren Listen wieder gelöscht werden, in etwa: »Schicken Sie uns eine Mitteilung mit dem Wort REMOVE.« Warum sollten Sie Ihre Zeit damit verschwenden, sich aus der Liste zu löschen? Zudem funktioniert das meistens ohnehin nicht – einige Leute berichten, daß Sie hinterher nur noch mehr Spam erhalten haben, nachdem Sie eine Mitteilung zum Löschen verschickt haben.

Was kann ich tun?

Das Internet versucht, sich selbst zu verwalten; die Gemeinschaft der Leute, die aus den Nutzern und Erfindern dieses wundervollen Mediums besteht, möchte nicht, daß das Internet unter die Kontrolle der Regierung, kommerzieller Interessen oder von Gangstern fällt. Das Internet ist aus einem Bedürfnis für den einfachen und freien Fluß von Informationen entstanden, und jeder, der es verwendet, sollte alles dafür tun, daß das so bleibt.

Informieren Sie sich auf folgenden Web-Sites über Spam und wie man das Phänomen bekämpft, sowohl technisch als auch legal:

```
http://www.cauce.org
http://spam.abuse.net
http://www.abuse.net
```

Hurra, hurra, die Post ist da

13

In diesem Kapitel

- Abonnieren und abbestellen von Mailing-Listen
- Wie man mehr oder weniger Junk-Mail bekommt
- Ein paar interessante Mailing-Listen

Vorausgesetzt, Sie wissen inzwischen gut Bescheid, wie man E-Mails verschickt und empfängt, so trennt Sie nur noch ein Hindernis von einem schönen, erfüllten, mailgesegneten Leben: Sie kennen nicht sonderlich viele Menschen, mit denen Sie E-Mail austauschen könnten. Zum Glück können Sie sich auf eine Menge von Mailing-Listen setzen lassen, was Ihnen garantiert, daß Sie jeden Morgen in Ihrem Briefkasten 400 neue Nachrichten vorfinden. (Vielleicht sollten Sie erst einmal mit einer oder zwei Listen anfangen.)

Worum es bei einer Mailing-Liste geht, ist einfach. Die Liste hat ihre eigene besondere E-Mail-Adresse, und alles, was jemand an diese Adresse schickt, wird an alle Leute auf der Liste gesendet. Da die im Gegenzug oft auf die Nachrichten antworten, ist das Ergebnis oft eine laufende Konversation.

Unterschiedliche Listen haben einen unterschiedlichen Stil. Manche sind relativ formal und bleiben recht eng am offiziellen Thema der Liste. Andere neigen dazu, thematisch ins Weltall abzuheben. Sie müssen sie eine Weile lesen, bis Sie erkennen, welche Liste wie funktioniert.

Mailing-Listen fallen in drei Kategorien:

- ✔ **Diskussion:** Jeder Abonnent kann eine Mitteilung ablegen. Diese Liste führen zu sich frei entfaltenden Diskussionen und können eine Reihe von Mitteilungen enthalten, die nicht zum Thema passen.
- ✔ **Moderiert:** Ein Moderator sieht jede Mitteilung durch, bevor sie an die anderen verteilt wird. Der Moderator kann verhindern, daß man mit unpassenden, redundanten oder unbedarften Mails seine Zeit verschwenden muß.
- ✔ **Nur Ankündigungen:** Nur der Moderator legt Mitteilungen ab. Ankündigungs-Mailing-Listen eignen sich z.B. hervorragend für die Veröffentlichung eines Online-Nachrichtenrundschreibens.

Auf Mailing-Listen auf- und wieder abspringen

Auf eine Mailing-Liste kommt man ganz einfach: Sie schicken eine E-Mail. Es gibt zwei grundlegende Arten von Mailing-Listen-Management: die *manuelle* und die *automatische*. Manuelles Management ist der traditionellere Weg: Ihre Nachrichten werden von einem Menschen gelesen, der die Listen aktualisiert, um Leute daraufzusetzen oder herunterzunehmen. Der Vorteile des manuellen Managements besteht darin, daß man persönlichen Service bekommt; der Nachteil ist, daß der Betreiber der Liste manchmal nicht dazu kommt, sich um die Liste zu kümmern, wenn wichtigere Sachen dazwischenkommen (zum Beispiel der echte Job).

Heutzutage ist es verbreiteter, Listen automatisch zu betreiben, wodurch menschliche Zuwendung auf Situationen beschränkt ist, in denen etwas schiefgeht. Die meistbenutzten automatischen Mailing-Manager sind Programmfamilien, die als LISTSERV, Majordomo und Listproc bekannt sind und weiter hinten in diesem Kapitel einen eigenen Abschnitt haben.

Kontakt mit einem menschlichen Wesen

Um auf eine manuell verwaltete Liste zu kommen (und natürlich auch von ihr herunter), schicken Sie eine nette Notiz an das menschliche Wesen, das die Liste verwaltet. Bei manuellen Listen gibt es eine allgemein beachtete Konvention hinsichtlich Adressen der Listen-Manager. Nehmen wir mal an, Sie wollten sich einer Liste der Fans von John Buchanan anschließen (das war der 15. Präsident der USA, der einzige, der nie heiratete, falls das – was wahrscheinlich ist – in Ihrem Geschichtsunterricht keine Beachtung fand). Der Name der Liste ist `buchanan-lovers@gurus.com`. Die Adresse des Managers der Liste ist dann fast sicher `buchanan-lovers-request@gurus.com`. Mit anderen Worten: Fügen Sie der Adresse der Liste einfach `-request` hinzu, wenn Sie die Adresse des Managers haben wollen. Da die Liste per Hand betrieben wird, muß Ihre Bitte um Aufnahme keine besondere Form haben, solange sie höflich ist. `Bitte nehmen Sie mich in die Liste buchanan-lovers auf` oder `Please add me to the list` bei englischsprachigen Listen langt. Nachdem Sie über Buchanan soviel erfahren haben, wie Sie gerade noch ertragen können, funktioniert eine weitere Mitteilung wie `Bitte entfernen Sie mich von der Liste buchanan-lovers` oder `Please remove me from the list` genauso gut.

Nachrichten an `-request`-Adressen werden von menschlichen Wesen gelesen und bearbeitet, die neben der Betreuung der Mailing-Liste manchmal essen, schlafen und reguläre Jobs haben. Deshalb lesen sie Ihre Botschaft nicht unbedingt in dem Augenblick, wo sie eingeht. Es kann einen Tag oder so dauern, bis Sie in eine Liste aufgenommen oder aus ihr gestrichen sind, und nachdem Sie darum gebeten haben, gestrichen zu werden, werden Sie normalerweise noch ein paar Nachrichten bekommen, bis Sie endgültig entfernt sind. Wenn es länger als gewünscht dauert, seien Sie geduldig. Und schicken Sie *keine* frechen Erinnerungen – die verärgern höchstens den Betreiber der Liste.

Wie man vermeidet, wie ein Idiot zu wirken

Hier ist ein nützlicher Tip: Wenn Sie sich in eine Liste eingetragen haben, senden Sie nichts dahin, bevor Sie die Liste nicht eine Woche lang gelesen haben. Glauben Sie uns – sie ist ohne Ihre geschätzten Einsichten ausgekommen, seit sie angefangen wurde, und die eine Woche wird sie es schon noch aushalten.

Diese Methode gibt Ihnen die Chance, die Art der Themen kennenzulernen, die dort wirklich diskutiert werden, den Tonfall der Liste und so weiter. Sie bekommen auch einen guten Eindruck, welche Themen die Leute dort langweilen. Der typische Newcomer-Fauxpas besteht darin, sich in eine Liste einzutragen und sofort eine Nachricht mit einer dummen Frage zu schicken, die nicht zum Thema paßt und schon vor drei Tagen erledigt wurde. Lassen Sie sich Zeit, und achten Sie darauf, daß Ihnen das nicht passiert.

Der Newcomer-Fauxpas Nummer zwei besteht darin, eine Nachricht direkt an die Liste zu schicken und darum zu bitten, aufgenommen oder gestrichen zu werden. Diese Art von Nachricht sollte an den Listen-Manager oder an eine LISTSERV-, Majordomo- oder Listproc-Adresse gehen, wo der Listenbetreiber (Mensch oder Roboter) sie bearbeiten kann, und *nicht* an die Liste selbst, wo alle anderen Teilnehmer sehen können, daß Sie Mist gebaut haben.

Zusammengefaßt: Die erste Nachricht, die Sie an eine Liste schreiben, um aufgenommen zu werden, sollte an eine `irgendwas-request`- oder `LISTSERV`- oder `majordomo`- oder `listproc`-Adresse gehen, *nicht* an die Liste selbst. Erst wenn Sie Mitglied der Liste *sind*, können Sie Mitteilungen an die Liste schicken.

Und noch etwas, das Sie vermeiden sollten: Sofern Sie nicht ausdrücklich dazu aufgefordert werden, senden Sie keine Attachments an Mailing-Listen. Viele E-Mail-Programme können mit Attachments nicht umgehen, und viele Leute haben das Programm, mit dem man das Attachment öffnet, ohnehin nicht. Wenn Sie eine Datei über eine Mailing-Liste verteilen möchten, schicken Sie eine Mitteilung, in der an der Datei interessierte Leute dazu aufgefordert werden, Ihnen privat eine E-Mail zu schicken.

Ein Letztes, wovon Sie die Finger lassen sollten: Falls Ihnen nicht gefällt, was eine andere Person in der Liste ablegt (z.B. ein Neuling, der leere Mitteilungen oder »unsubscribe me«-Mitteilungen ablegt oder sich in unendlich wirrem Zeug zu einem Thema verliert), verschwenden Sie nicht die Zeit aller anderen, indem Sie eine Antwort an die Liste richten. Das einzige, was noch dümmer ist als eine dumme Mitteilung ist eine Antwort, die sich darüber beklagt. Schicken Sie stattdessen der Person *privat* eine E-Mail und bitten Sie ihn, damit aufzuhören, oder wenden Sie sich an den Listen-Manager und bitten Sie ihn, einzugreifen.

Hoppla! Computer verdauen Nachrichten!

Manche Mailing-Liste bieten eine Art *Auswahl* – oder auch *Digest* – an. Nein, das hat nichts digitalen Magensäften zu tun, sondern ist eher eine Art Verdauungsprodukt wie *Reader's Digest*. Alle Nachrichten aus einem bestimmten Zeitraum (normalerweise einem Tag oder zwei) werden in einer großen Nachricht gesammelt, der vorne ein Inhaltsverzeichnis hinzugefügt wird. Viele Leute halten das für bequemer, als die Nachrichten einzeln zu bekommen, weil man dabei alle Nachrichten zu einem Thema auf einen Blick sehen kann.

Manche Programme zum Lesen von E-Mail und Newsgruppen bieten Ihnen die Option, diese Zusammenfassungen wieder in die einzelnen Nachrichten zu teilen, so daß Sie sie einzeln betrachten können, auch wenn sie gruppiert sind. Diese Methode wird manchmal als *zurückverdauen* oder *explodieren* eines Digests bezeichnet. (Zunächst wird verdaut, und dann explodiert es, wie bei einem mexikanischen Burrito). Schauen Sie sich Ihr eigenes Mail-Programm daraufhin an, ob es Optionen für Auswahl und Einzelbetrachtung gibt.

LISTSERV, der Mail-Manager des Kraftprotz-Computers

Das BITnet-Netzwerk (ein Netzwerk großer Computer, jetzt fast völlig mit dem Internet verschmolzen) hatte lediglich eine Fähigkeit, nämlich Dateien und Nachrichten von einem System zum anderen zu transportieren. Als Resultat entwickelten die BITnet-Benutzer schnell Unmengen von Mailing-Listen, da es keine andere bequeme Methode gab, so etwas wie Usenet-Nachrichten beispielsweise, um miteinander in Kontakt zu bleiben.

Da das Betreiben all dieser Mailing-Listen viel Arbeit war (und immer noch ist), dachten sich die Leute bei BITnet zum Managen der Mailing-Listen ein Programm namens *LISTSERV* aus, das ursprünglich auf großen IBM-Mainframe-Computern lief. (Die IBM-Mainframe-Typen haben eine ungewöhnliche Vorliebe für Namen mit acht Großbuchstaben AUCH WENN DAS FÜR ALLE ANDEREN NACH SCHREIEN AUSSIEHT.) Ursprünglich konnten nur Benutzer auf Maschinen LISTSERV benutzen, die direkt an BITnet angeschlossen waren, aber die aktuellen Versionen sind so verbessert worden, daß jeder mit einer Internet-Adresse sie verwenden kann. LISTSERV hat sich bis zu einem Punkt entwickelt, wo es ein singendes, tanzendes Mailing-List-Programm mit ungefähr 15 Zillionen Funktionen und Optionen geworden ist, von denen Ihnen fast alle egal sein können.

LISTSERV ist im Gebrauch zwar etwas zickig, hat aber den großen Vorteil, daß es in der Lage ist, enorm große Mailing-Listen in den Griff zu bekommen, die Tausende von Mitgliedern enthalten, etwas, woran normale Internet-Mail-Programme ersticken. (LISTSERV kann beispielsweise in etwa fünf Minuten Mail an 1.000 Adressen schicken, wofür ein normales Internet-`sendmail`-Programm mehr als eine Stunde benötigen würde.)

Sie können sich auf eine LISTSERV-Mailing-Liste eintragen und sich von ihr streichen lassen, indem Sie Mail an `LISTSERV@der.eine.oder.andere.rechner` schicken, wobei `der.eine.oder.andere.rechner` der Name desjenigen Rechners ist, auf dem sich die Mailing-Liste befindet. Diese Adresse – die Adresse, in der »LISTSERV« der Benutzername ist – nennt man die *administrative* Adresse der Liste. Sie schicken alle administrativen Befehle, wie solche zum auf- oder abspringen auf die bzw. von der Liste, an die administrative Adresse.

Da LISTSERV-Listenmanager Computer-Programme sind, sind sie ziemlich schlichte Gemüter, also müssen Sie klar und deutlich sprechen und standardisierte Befehle verwenden.

Nehmen wir mal an, Sie wollten Mitglied bei einer Liste namens `SCHNUPF-L` (LISTSERV-Mailing-Listen enden üblicherweise mit `-L`) werden, die sich auf `bluesuede.org` befindet. Sie schicken einfach an `LISTSERV@bluesuede.org` (die administrative Adresse) eine Nachricht, die diese Textzeile im Text der Mitteilung enthält (nicht in der Betreff-Zeile):

```
SUB SCHNUPF-L Manfred Mann
```

Sie müssen dieser Nachricht keine Betreff-Zeile oder irgendetwas anderes hinzufügen – es ist sogar besser, wenn Sie das nicht tun, um das LISTSERV-Programm nicht zu verwirren. `SUB` ist die Kurzform von subscribe, dem englischen Wort für abonnieren oder registrieren. `SCHNUPF-L` ist der Name der Liste, und alles dahinter soll Ihr echter Name sein. (Sie können dort alles Mögliche eintragen, aber denken Sie daran, daß es bei allem, was Sie an die Liste schicken, als Absender auftauchen wird.) Sie müssen LISTSERV Ihre E-Mail nicht angeben, da diese aus dem automatisch erstellten Kopf Ihrer Mitteilung hervorgeht.

Kurze Zeit später werden Sie zwei Nachrichten zurückbekommen:

- ✔ Eine wortreiche, maschinengenerierte Willkommensbotschaft, die Ihnen mitteilt, daß Sie jetzt Mitglied der Liste sind, zusammen mit einer Beschreibung von ein paar Befehlen, die Sie benutzen können, um mit Ihrer Mailing-Listen-Mitgliedschaft herumzuspielen. Manchmal gehört zu dieser Botschaft die Bitte, den Empfang der Nachricht zu bestätigen. Befolgen Sie diese Anweisung, indem Sie mit dem einzelnen Wort *OK* im Hauptfeld der Nachricht antworten. Das hilft der Liste sicherzugehen, daß nichts ins Leere geschickt wird, und daß es wirklich Sie waren, die oder der darum gebeten hat, den Namen auf die Liste zu setzen. Wenn Sie nicht bestätigen, kommen Sie nicht auf die Liste.
- ✔ Eine unglaublich langweilige Nachricht, die Ihnen mitteilt, daß der IBM-Mainframe ein Programm ausgeführt hat, um Ihre Anfrage zu bearbeiten, und die genaue Zahl der Millisekunden Computer-Zeit und der Operationen auf der Festplatte nennt, die die Anfrage erfordert hat. Juppii. (Es ist ernüchternd, wenn man daran denkt, daß es irgendwo Menschen gibt, die solche Nachrichten interessant finden.)

Behalten Sie die wortreiche, informative Nachricht, die Ihnen die Befehle nennt, mit denen Sie die Liste bearbeiten können. Zum Beispiel erfahren Sie hier, wie man von der Mailing-Liste *herunter*kommt, wenn sie nicht nach Ihrem Geschmack ist. Wir haben einen Ordner namens Mailing-Listen in unserem Mail-Programm, in dem wir die Willkommensbotschaften aller Mailing-Listen speichern, wo wir Mitglied werden.

Wenn Sie registriert sind, können Sie der Liste eine Nachricht an denselben Rechner schicken – in diesem Fall `SCHNUPF-L@bluesuede.org`. Diese Adresse nennt man die *Listen-Adresse* (wie kreativ), und sie dient nur für Mitteilungen, die an die ganze Liste verteilt werden sollen. Vergewissern Sie sich, daß Sie in der Zeile `Subject:` einen bezeichnenden Betreff eingeben für die Massen, die von den Perlen Ihrer Weisheit profitieren sollen. Innerhalb von Minuten werden überall auf der Welt Menschen Ihre Nachricht lesen.

Um von der Liste herunterzukommen, müssen Sie noch einmal an `LISTSERV@der.eine.oder.andere.rechner` schreiben, diesmal senden Sie folgende Zeile im Textfeld der Mitteilung (nicht in der Betreff-Zeile):

```
SIGNOFF SCNUPF-L
```

oder wie auch immer die Liste heißt. Sie müssen Ihren Namen diesmal nicht angeben, weil LISTSERV daran kein Interesse hat, wenn Sie erst einmal von der Liste verschwunden sind, und völlig vergißt, daß Sie jemals existiert haben.

Bei manchen Listen ist es schwieriger, sich registrieren und streichen zu lassen, als bei anderen. Normalerweise bittet man darum, in eine Liste aufgenommen zu werden, und ist dann auf der Liste. Manchmal ist die Liste allerdings nicht für die Allgemeinheit offen, und der menschliche Listenbesitzer schaut sich die Registrierungswünsche an; in diesem Fall kann es sein, daß Sie von ihm Post bezüglich Ihres Wunsches bekommen.

Wollen Sie Kontakt mit dem echten Menschen aufnehmen, der eine bestimmte Liste führt, heißt seine Mail-Adresse OWNER – gefolgt vom Listennamen. (OWNER-SCHNUPF-L beispielsweise). Der Besitzer kann mit der Liste alle möglichen Dinge tun, die normalen Sterblichen unmöglich sind. Vor allem kann der Besitzer verdrehte Namen korrigieren oder einen Namen hinzufügen, mit dem die automatische Methode aus irgendeinem Grund nicht umgehen kann. Sie müssen um einen manuellen Eingriff bitten, wenn Ihr Mail-System nicht Ihre korrekte Netzwerk-Mail-Adresse in die Absenderzeile Ihrer Nachrichten einträgt, was manchmal passiert, wenn Ihr lokales Mail-System nicht ganz richtig eingerichtet ist oder wenn Sie nicht mehr die Adresse verwenden, mit der Sie sich registriert haben.

Dumme LISTSERV-Tricks

Die Menschen, die das LISTSERV-Programm betreiben, haben soviel Firlefanz eingebaut, daß man ein ganzes Buch brauchen würde, um ihn ganz zu beschreiben, und ehrlich gesagt ist er dafür nicht interessant genug. Aber trotzdem zeigen wir Ihnen hier ein paar dumme LISTSERV-Tricks. Bei jedem müssen Sie eine Nachricht an `LISTSERV@der.eine.oder.an-`

`dere.rechner` schicken und mit dem LISTSERV-Programm sprechen. Sie können in derselben Nachricht mehrere Befehle verschicken, wenn Sie zwei oder drei Tricks gleichzeitig ausführen wollen.

- ✔ **Vorübergehender Mail-Stop:** Manchmal sind Sie ein oder zwei Wochen weg und wollen in dieser Zeit ungern stapelweise Mails von Mailing-Listen bekommen. Aber weil Sie wiederkommen, möchten Sie sich auch nicht von den Listen streichen lassen. Wenn Sie die Mail von der Mailing-Liste SCHNUPF-L zeitweise stoppen wollen, schicken Sie die Nachricht:

  ```
  SET SCHNUPF-L NOMAIL
  ```

  Die Liste schickt Ihnen keine weiteren Nachrichten mehr. Um den Nachrichtenfluß wieder freizugeben, schicken Sie folgende Mail:

  ```
  SET SCHNUPF-L MAIL
  ```

- ✔ **Nachrichten als Auswahl bekommen:** Wenn Sie eine große Zahl von Nachrichten von einer Liste bekommen und sie lieber alle zusammen als tägliche Zusammenfassung hätten, senden Sie diese Nachricht:

  ```
  SET SCHNUPF-L DIGEST
  ```

  Nicht alle Listen können verdaut werden (das ist so wie bei Burritos), aber die Unverdaulichen lassen Sie es wissen und sind nicht beleidigt. Falls Sie später wieder einzelne Mitteilungen möchten, schicken Sie folgende Mail:

  ```
  SET SCHNUPF-L NODIGEST
  ```

- ✔ **Herausfinden, wer auf einer Liste ist:** Um herauszufinden, wer auf einer Liste registriert ist, schicken Sie diese Nachricht:

  ```
  REVIEW SCHNUPF-L
  ```

  Manche Listen geben diesen Überblick nur an Leute auf der Liste, manche geben ihn gar nicht heraus. Manche Listen sind enorm groß, also stellen Sie sich darauf ein, eine riesige Liste mit Tausenden von Registrierten zu bekommen.

- ✔ **Die eigene Post bekommen oder nicht bekommen:** Wenn Sie Post an eine LISTSERV-Liste schicken, bei der Sie Mitglied sind, schickt sie Ihnen normalerweise eine Kopie Ihrer eigenen Nachricht, um zu bestätigen, daß sie gut angekommen ist. Manche Menschen finden diesen Prozeß überflüssig. (»Ihre Nachricht ist verschickt worden. Sie werden sie in Kürze erhalten.« Häh?) Um keine Kopien der eigenen Mitteilungen zu bekommen, schicken Sie diese Mitteilung:

  ```
  SET SCHNUPF-L NOACK
  ```

  Wollen Sie wieder Kopien Ihrer eigenen Botschaften bekommen, senden Sie folgendes:

  ```
  SET SCHNUPF-L ACK
  ```

- **Dateien holen:** Die meisten LISTSERV-Server haben Bibliotheken der verfügbaren Dateien, normalerweise Dokumente, die von den Mitgliedern der Mailing-Liste beigesteuert wurden. Wollen Sie wissen, welche Dateien erhältlich sind, schicken Sie:

  ```
  INDEX
  ```

  Wenn LISTSERV Ihnen eine bestimmte Datei per E-Mail schicken soll, senden Sie diese Nachricht:

  `GET` *`listname dateiname`*

  Dabei ist *listname* der Name der Liste *dateiname* der Name einer Datei aus dem INDEX-Befehl. Um sich zum Beispiel einen Artikel zur Sicherheit der Sozialversicherungsnummern vom LISTSERV zuschicken zu lassen, auf dem sich das Forum Datenschutz befindet, schicken Sie folgende Mitteilung:

  ```
  GET datenschutz das.ssn-10 to LISTSERV@vortex.com
  ```

- **Herausfinden, welche Listen es gibt:** Um herauszufinden, welche LISTSERV-Listen es bei einem bestimmten Host gibt, senden Sie diese Nachricht:

  ```
  LIST
  ```

  Anmerkung: Merken Sie sich, daß die Existenz einer Liste nicht notwendigerweise bedeutet, daß Sie sich auf ihr registrieren lassen können. Aber es tut nicht weh, wenn Sie es versuchen.

- **LISTSERV dazu bringen, andere Dinge zu tun:** Eine Menge weiterer Befehle lungern in LISTSERV herum, von denen die meisten nur für Menschen auf IBM-Mainframes gelten. Wenn Sie dazugehören oder einfach nur neugierig sind, schicken Sie eine Nachricht mit folgender Zeile:

  ```
  HELP
  ```

  Sie erhalten dann eine hilfreiche Antwort, die weitere Befehle auflistet.

Eine ausgezeichnete Wahl, der Herr

Der andere Mailing-Listenmanager, der oft benutzt wird, ist *Majordomo*. Er begann sein Leben als LISTSERV-Möchtegern für Workstations, hat sich aber zu einem System entwickelt, das ziemlich gut funktioniert. Wegen seiner Möchtegern-Herkunft sind die Majordomo-Befehle fast, aber (jetzt tun Sie bitte so, als seien Sie überrascht) nicht ganz mit dem jeweiligen LISTSERV-Äquivalent identisch.

Die administrative Adresse für Majordomo-Listen (die Adresse, an die Sie Befehle schicken), ist erwartungsgemäß `majordomo@der.eine.oder.andere.rechner`. Majordomo-Listen neigen dazu, lange, aussagefähige Namen zu haben. Einer unserer Lieblinge heißt `explosive-cargo`, eine sehr lustige wöchentliche Kolumne, die ein Typ in Boston schreibt, der im echten Leben Computer-Dokumentationen verfaßt. Wollen Sie Mitglied werden, schicken Sie die folgende Nachricht an `Majordomo@world.std.com` (die Liste befindet sich auf dem Server `world.std.com`):

```
subscribe explosive-cargo
```

Hinweis: Anders als bei LISTSERV schreiben Sie Ihren echten Namen *nicht* in den Registrierbefehl. Wie auch bei LISTSERV kann Majordomo eine Bestätigungs-Nachfrage an Sie schicken, um sicherzustellen, daß Sie persönlich die Liste abonnieren wollten.

Wollen Sie sich streichen lassen:

```
Unsubscribe explosive-cargo
```

Wenn Sie registriert sind, können Sie an alle auf der Liste Nachrichten schicken, indem Sie sie an die Listenadresse `listenname@der.eine.oder.andere.rechner` schicken. (Sie können keine Post an `explosive-cargo` senden, weil es nur eine Liste für Ankündigungen ist; das bedeutet, daß nur der Typ in Boston, der sie betreibt, Nachrichten an die Liste schicken kann.)

Dumme Majordomo-Tricks

Majordomo läßt sich bei seinen besonders nützlichen Befehlen nicht von LISTSERV überbieten (wie bei LISTSERV können Sie davon soviele, wie Sie wollen, in einer Nachricht schicken):

- ✔ Wollen Sie herausfinden, auf welchen Listen eines Majordomo-Systems Sie registriert sind:

  ```
  which
  ```

- ✔ Möchten Sie alle Listen finden, die von einem Majordomo-System verwaltet werden:

  ```
  lists
  ```

- ✔ Majordomo verwaltet auch Dateien, die im Zusammenhang mit seinen Listen stehen. Um die Dateinamen für eine bestimmte Liste herausfinden:

  ```
  index name-der-liste
  ```

- ✔ Wollen Sie von Majordomo eine der Dateien als E-Mail geschickt bekommen:

  ```
  get name-der-liste name-der-datei
  ```

- ✔ Interessieren Sie sich für den Rest der schrägen Dinge, die Majordomo tun kann:

  ```
  help
  ```

- ✔ Wenn Sie Kontakt mit dem menschlichen Manager eines Majordomo-Systems aufnehmen müssen, weil Sie nicht von einer Liste herunterkommen oder ein anderes unlösbares Problem haben, schicken Sie eine höfliche Mitteilung an owner majordomo@*hostname*. Denken Sie daran, daß Menschen essen, schlafen und echte Jobs haben und eine Antwort daher ein paar Tage dauern kann.

LISTSERV, Listproc und Majordomo: Man hätte Sie auch einheitlich machen können, aber N-E-I-N

Da LISTSERV, Listproc und Majordomo ungefähr gleich funktionieren, bringen selbst erfahrene Mailing-Listen-Hasen die Befehle durcheinander. Hier ein paar wichtige Unterschiede:

- ✔ Die Adresse von LISTSERV ist `LISTSERV@hostname`, die von Majordomo ist `majordomo@hostname`, und die Adresse von Listproc ist `listproc@hostname`.
- ✔ Um eine LISTSERV- oder Listproc-Liste zu abonnieren, schicken Sie `sub` oder `subscribe` gefolgt vom Listennamen, gefolgt von Ihrem echten Namen. Um eine Majordomo-Liste zu abonnieren, senden Sie einfach `subscribe` und den Listennamen.

Listproc – Der Listenmanager auf dem dritten Platz

Listproc wird nicht so oft eingesetzt wie LISTSERV und Majordomo, gewinnt aber zunehmend an Popularität, da es leichter zu installieren ist als LISTSERV und dabei billiger und fast genauso leistungsfähig ist.

Wollen Sie sich auf einer Listproc-Mailing-Liste registrieren lassen, schicken Sie die folgende Nachricht an die administrative Adresse der Liste, `listproc@irgendein-computer`:

```
subscribe listenname ihrname
```

Wollen Sie sich bei der (hypothetischen) Mailing-Liste `hühnchen` auf `gurus.com` registrieren lassen, schicken Sie beispielsweise die folgende Nachricht an `listproc@gurus.com`:

```
subscribe hühnchen Wilhelm Lübke
```

(vorausgesetzt, daß Sie nach derselben Person benannt sind wie der ehemalige Bundespräsident.)

Um von einer Mailing-Liste herunterzukommen, schicken Sie die folgende Nachricht an die gleiche Adresse:

```
signoff listenname
```

Sie müssen Ihren Namen nicht angeben – das Listproc-Programm sollte ihn bereits kennen.

Wenn Sie bei der Liste registriert sind, können Sie an alle auf der Liste Nachrichten schicken, indem Sie E-Mail an `listenname@irgendein.computer` adressieren, zum Beispiel `hühnchen@gurus.com`. (Versuchen Sie das nicht – diese Mailing-Liste gibt es nicht!)

Wollen Sie herausfinden, was Listproc sonst noch kann, schicken Sie die Nachricht `help` an `listproc@wasauchimmer`, wobei *wasauchimmer* der Name des Computers ist, auf dem sich die Mailing-Liste befindet.

Boing!

Computer-Accounts werden so oft eingerichtet und gelöscht und Mail-Adressen ändern sich so häufig, daß eine große Liste zu jedem beliebigen Zeitpunkt Adressen enthält, die nicht mehr gültig sind. Wenn Sie also eine Nachricht an die Liste schicken, wird sie an diese ungültigen Adressen weitergeleitet, und für jede wird eine Rückantwort generiert, die die falschen Adressen meldet. Normalerweise versuchen Mailing-Listenmanager (sowohl Menschen als auch Computer), die Fehlermeldungen umzulenken, damit sie zum Listenbesitzer kommen, der etwas damit anfangen kann, und nicht zu Ihnen. Aber in vielen Fällen schickt Ihnen ein nachhaltig dummes Postsystem diese Fehlermeldungen direkt. Ignorieren Sie sie einfach, weil Sie nichts daran ändern können.

Nachrichten an Mailing-Listen schicken

OK, jetzt sind Sie bei einer Mailing-Liste registriert. Und nun? Zuerst sollten Sie – wie schon vor ein paar Seiten gesagt – eine Woche oder so warten, um zu sehen, was für Nachrichten von der Liste kommen – so bekommen Sie eine Vorstellung, was Sie dort hinsenden sollten und was nicht. Wenn Sie meinen, Sie hätten genug gesehen, um sich nicht zu blamieren, senden Sie probeweise etwas ein. Das ist einfach – Sie schicken eine Nachricht an die Mailing-Liste. Die Adresse der Liste entspricht dem Namen der Liste: `buchanan-lovers@dummies.com` oder `schnupf-l@bluesuede.org` oder was auch immer. Denken Sie daran, daß Hunderttausende von Menschen Ihre Perlen der Weisheit lesen können, also versuchen Sie wenigstens, richtig zu schreiben. (Das halten Sie vielleicht für selbstverständlich, aber da haben Sie leider Unrecht.) Bei populären Listen kann es sein, daß Sie bereits wenige Minuten nach dem Verschicken der Nachricht Antworten bekommen.

Manche Listen ermutigen neue Teilnehmer, eine Nachricht zu schicken, in der sie sich vorstellen und kurz sagen, was ihre Interessen sind. Bei anderen ist das nicht der Fall. Schicken Sie also nichts, wenn Sie nichts zu sagen haben.

Wenn Sie eine Weile den Fluß der Nachrichten beobachtet haben, wird das alles klar.

Manche Mailing-Listen haben Regeln, wer Nachrichten schicken darf, was bedeutet, daß die Tatsache, daß Sie auf der Liste sind, noch lange nicht heißt, daß eine Nachricht, die Sie schikken, auf der Liste erscheinen wird. Manche Listen werden *moderiert*: Jede Nachricht, die Sie schicken, landet bei einem menschlichen *Moderator*, der entscheidet, was auf die Liste kommt und was nicht. Das mag undemokratisch klingen, macht eine Liste in der Praxis aber 50mal interessanter, als sie es sonst wäre, weil ein guter Moderator die langweiligen und unwichtigen Nachrichten herausfiltern und die Liste in der Spur halten kann. Die Leute, die sich am lautesten über Moderatorenzensur beklagen, sind normalerweise diejenigen, deren Nachrichten es am meisten wert sind, herausgefiltert zu werden.

Eine weitere Regel, die manchmal für Ärger sorgt, besagt, daß viele Listen nur Nachrichten von Leuten akzeptieren, deren Adressen auf der Liste erscheinen. Diese Regel wird lästig, wenn sich die Mail-Adresse ändert. Nehmen wir mal an, daß Sie einen gut organisierten neuen Mail-Administrator bekommen und sich Ihre offizielle E-Mail-Adresse von `jj@shamu.pol.bluesuede.org` zu `Johann.Jakob@bluesuede.org` ändert, auch wenn Ihre alte Adresse funktioniert. Sie werden feststellen, daß einige Listen beginnen, Ihre Nachrichten zurückzuschicken, anstatt sie auf die Liste zu setzen, weil sie nicht begreifen, daß `Johann.Jakob@bluesuede.org`, der Name, unter dem Sie jetzt Nachrichten verschicken, derselbe ist wie `jj@shamu.pol.bluesuede.org`, der Name, unter dem Sie sich ursprünglich in die Liste eingetragen haben. Noch schlimmer: LISTSERV gibt Ihnen keine Möglichkeit, sich von der Liste streichen zu lassen, und zwar aus demselben Grund. Heraus kommen Sie aus diesem Schlamassel nur, indem Sie dem menschlichen Besitzer der Liste, in der das passiert, schreiben und um eine manuelle Behebung des Problems bitten.

Die Feinheiten beim Beantworten von Mailing-Listen-Nachrichten

Oft erhalten Sie eine interessante Nachricht von einer Liste und wollen antworten. Aber wenn Sie die Antwort verschicken, geht sie dann *nur* an die Person, die die ursprüngliche Nachricht verschickt hat, oder an die *ganze Liste*? Das hängt im wesentlichen davon ab, wie der Listen-Besitzer die Software eingerichtet hat, die die Liste betreut. Ungefähr die Hälfte der Listen-Besitzer richtet sie so ein, daß Antworten automatisch nur zu der Person gehen, die die ursprüngliche Nachricht verschickt hat, basierend auf der Theorie, daß Ihre Antwort wahrscheinlich nur den ursprünglichen Autor interessiert. Die andere Hälfte hat die Software so eingestellt, daß Antworten an die ganze Liste gehen, in der Annahme, daß die Liste eine laufende öffentliche Diskussion ist. Bei Nachrichten, die von der Liste kommen, stellt die Software der Mailing-Liste die Überschriftzeile Reply-To: automatisch auf die Adresse ein, an die Antworten gehen sollten.

Zum Glück haben Sie es letztlich in der Hand. Wenn Sie mit einer Antwort beginnen, sollte Ihnen Ihr Mail-Programm die Adresse zeigen, an die die Antwort geht. Falls die Ihnen nicht gefällt, ändern Sie sie. Überprüfen Sie auch die Felder An: und Cc: um sicherzugehen, daß Sie die Nachricht an die gewünschten Stellen schicken.

Wenn Sie die Adresse des Empfängers ändern, wollen Sie vielleicht auch die Zeile Betreff: bearbeiten. Nach ein paar Runden von Antworten auf Antworten auf Antworten entfernt sich das Thema der Diskussion oft vom ursprünglichen Thema, und es ist ganz nett, das Betreff zu ändern, um besser zu beschreiben, was wirklich diskutiert wird.

Mailing-Listen versus Usenet-News versus Web-Seiten

Einige Mailing-Listen haben ein sogenanntes Gateway, eine Schnittstelle, zu Usenet-Newsgruppen. Das bedeutet, daß alle Mitteilungen, die Sie als Abonnent der Mailing-Liste erhalten würden, als Artikel in der Newsgruppe erscheinen und umgekehrt. Die meisten Gateways funktionieren in beide Richtungen. Alles, was Sie an die Liste schicken, taucht in der Newsgruppe auf, und alles, was Sie in der Newsgruppe veröffentlichen, geht auch an die Liste. Ein paar Gateways sind Einbahnstraßen, meist aufgrund nachlässigen Gateway-Managements, und viele sind moderiert, das heißt, Sie müssen alle Artikel an einen menschlichen Moderator schicken, der dann unpassenden Mitteilungen herausfiltert. Eine steigende Zahl an Mailing-Listen gibt es auch als Webseiten, auf denen Sie sowohl die aktuellen Mitteilungen als auch die Archive der älteren Nachrichten der Liste durchsuchen können.

Es hängt zum Großteil von Ihrem persönlichen Geschmack ab, ob Sie eine bestimmte Liste als Mail oder als Newsgruppe beziehen möchten. Die Vorteile der Liste in Mailform sind die, daß Mail-Artikel meist schneller ankommen als News-Artikel (gewöhnlich um ein paar Stunden); Mail-Artikel bleiben liegen, bis Sie sie ausdrücklich löschen, während News nach ein paar Tagen automatisch gelöscht werden; außerdem sind einige Mail-Programme flexibler als Newsreader-Programme. Als Vorteile der Newsgruppen-Form ergibt sich die Tatsache, daß hier die Artikel in einer Newsgruppe gesammelt werden und nicht mit Ihrer übrigen Mail vermischt werden; Artikel werden automatisch gelöscht, sofern Sie sie nicht speichern, wodurch Ihrer Mailbox Blähungen erspart werden, wenn Sie die Mail nicht jeden Tag lesen und aufräumen; schließlich sind News-Programme oft Mail-Programmen überlegen, wenn es darum geht, Diskussionsstränge (*Threads*) mit verwandten Mitteilungen zu verfolgen, so daß Sie sie in der richtigen Reihenfolge lesen können.

Wenn es Ihnen gleichgültig ist, wie Sie das Zeug bekommen, entscheiden Sie sich für Newsgruppen, denn dadurch verringert sich deutlich die Belastung sowohl auf Ihrem Computer als auch im Netz.

Ein paar interessante Listen

Im Internet gibt es Tausende von Listen – so viele, daß es sogar ganze *Bücher* gibt, die nur *Listen* aufzählen. Für den Anfang folgen hier ein paar Listen, die wir interessant finden, und eine kurze Beschreibung, worum es sich dabei handelt. Diese Adressen ändern sich relativ oft, und wir finden ständig neue interessante Listen. Die aktuellste Liste der Listen finden Sie auf unserer Web-Seite unter `http://net.gurus.com/lists`. Eine vollständige Liste der Listen – es gibt Tausende –

finden Sie auf einer der Verzeichnisseiten von Mailing-Listen, wie z.B. der Liszt-Seite unter `http://www.liszt.com`.

Wenn Sie keinen Zugang zum Web haben, senden Sie eine E-Mail an `lists@gurus.com`, und wir schicken Ihnen unsere aktuelle Liste zurück.

Zu jeder der Listen in unserer Aufstellung gehört mindestens einer der folgenden Codes, die beschreiben, was für eine Liste es ist:

- ✔ **Manuell:** Eine manuell verwaltete Liste. Um sich registrieren oder streichen zu lassen oder Kontakt mit dem Menschen, der die Liste betreibt, aufzunehmen, schreiben Sie an `irgendwas-request@sitename`. Im Text Ihrer E-Mail teilen Sie mit, was Sie wollen. Ein Mensch bearbeitet diese Anfragen.

- ✔ **LISTSERV:** Eine Liste vom LISTSERV-Typus. Um sich registrieren oder streichen zu lassen, schicken Sie E-Mail an `listserv@sitename`. Im Textkörper der E-Mail benutzen Sie die LISTSERV-Befehle, die weiter vorne in diesem Kapitel erläutert wurden, beispielsweise:

  ```
  sub LISTENNAME ihrnamesignoff LISTENNAME
  ```

  Wollen Sie mit dem relevanten Menschen Kontakt aufnehmen, schicken Sie Post an `owner-wasauchimmer@sitename`.

- ✔ **Majordomo:** Eine Majordomo-Liste. Um sich registrieren oder streichen zu lassen, schikken Sie eine »subscribe«-oder »unsubscribe«-Mitteilung mit dem Listennamen an `Majordomo@sitename`, beispielsweise:

  ```
  sub listenname
  unsubscribe listenname
  ```

- ✔ **Listproc:** Eine Listproc-Liste. Um sich registrieren oder streichen zu lassen, senden Sie eine »subscribe«-oder »signoff«-Mitteilung mit dem Listennamen an `listproc@sitename`. Setzen Sie nach dem Listennamen Ihren eigenen Namen ein, wie im folgenden Beispiel demonstriert:

  ```
  sub listname ihrname
  signoff listenname
  ```

- ✔ **Moderiert:** Moderierte Liste. Nachrichten werden vom menschlichen Listen-Besitzer (Moderator) gefiltert.

- ✔ **Newsgruppe:** Die Liste ist auch über eine Usenet-Newsgruppe verfügbar, was normalerweise eine bessere Methode ist, sie zu empfangen (sehen Sie dazu auch im Kasten »Mailing-Listen versus Usenet-News versus Web-Seiten«). Obwohl fast alle BITNET-Listen auch als spezieller Newsgruppen-Typ verfügbar sind, beschränken wir uns hier nur auf Listen, die als reguläre Newsgruppen zugänglich sind.

- ✔ **Auswahl (Digest):** Die Nachrichten kommen normalerweise als Zusammenfassung an und nicht einzeln.

Risiken – Auswahl
Majordomo@csl.sri.com
Majordomo (Listenname risks), moderiert, Newsgruppe, Auswahl

In diesem Forum werden die öffentlichen Risiken von Computern und verwandten Systemen diskutiert. Es kümmert sich um die Risiken moderner Technologien, vor allem der Computer-Technologie (eine Menge großartiger Kriegsgeschichten).

Privacy-Forum – Auswahl
LISTSERV@vortex.com
LISTSERV (Listenname PRIVACY), moderiert

In dieser laufenden Diskussion über Privatsphäre im Computer-Zeitalter bietet eine Menge erschreckender Berichte über Menschen und Organisationen, von denen Sie nie annehmen würden, daß sie Sie beschnüffeln (Krankenwagenfahrer zum Beispiel).

Tourismus-Diskussionen
LISTSERV@trearn.bitnet
LISTSERV (Listenname TRAVEL-L)

Die Liste TRAVEL-L befaßt sich mit Reisen und Tourismus, Fluglinien, Reiseführer, Übernachtungsmöglichkeiten – alles, was Ihnen sonst noch einfällt. Da die Teilnehmer aus aller Welt kommen (der Host des Systems ist in Frankreich), bekommt man viele Tips, von denen das örtliche Reisebüro keine Ahnung hat.

Die Jazz-Liebhaberliste
LISTSERV@brownnvm.brown.edu
LISTSERV (Listenname JAZZ-L)

Diese freundliche, entspannte, laufende Diskussion erhebt nicht den Anspruch »am Thema« zu bleiben, sondern schafft eine salonartige Atmosphäre, in der »gleichgesinnte intelligente Menschen mit unterschiedlichem Hintergrund« echte Verbindungen herstellen können.

Liberales Judentum
Listproc@shamash.org
Listproc (Listenname MLJ) moderiert, Auswahl

Hier finden vorurteilsfreie Diskussionen über liberales Judentum (Reformisten, Rekonstruktionisten, Konservative, säkulare Humanisten und so weiter), Angelegenheiten, Praktiken, Meinungen und Überzeugungen statt. Fügen Sie Ihren echten Vor- und Nachnamen in die Anfrage ein (z.B. `subscribe MLJ` *`ihrvorname ihrnachname`*).

Wir treffen uns auf einen Chat

14

In diesem Kapitel

- Wie man sich im Online-Chat einmischt
- Chat-Kultur, Etikette und Sicherheit
- Chatten in AOL und CompuServe
- Mitmachen im Internet Relay Chat (IRC)

Falls Sie E-Mail mögen, aber unruhig werden, wenn die Leute, denen Sie Ihre witzigen und erkenntnisreichen Mitteilungen schicken, über Stunden und Tage hinweg nicht antworten (wie? – die haben etwas Besseres zu tun?), während Sie herumsitzen und Ihren leeren Briefkasten anstarren, ist Online-Chat vielleicht genau das richtige für Sie. Beim Online-Chat kommunizieren Sie in Echtzeit mit einer anderen Person, die irgendwie im Netz angemeldet ist, indem Sie sich Mitteilungen hin- und herschicken. Das geht viel schneller als reguläre Post und beträchtlich schneller als E-Mail. Und Sie können mit mehreren Leuten gleichzeitig chatten.

Guck mal, wer da chattet!

Online-Chat hat Ähnlichkeit mit dem Telefonieren in einem altmodischen Gemeinschaftsanschluß oder mit CB-Funk. Sie sind wahrscheinlich zu jung, um sich daran zu erinnern, daß in den Kindertagen des Telefonsystems die Leute oft keine privaten Telefonleitungen besaßen; stattdessen haben sie ihre Leitung mit einer oder mehreren anderen Familien geteilt, vor allem im ländlichen Amerika, wo die Verlegung der Telefonleitung hohe Kosten verursacht hat. Jeder im Gemeinschaftsanschluß konnte in alle Unterhaltungen einsteigen, obwohl das natürlich keineswegs immer erwünscht war! Heute arrangiert man häufig Konferenzschaltungen, um mehrere Leute gleichzeitig ans Telefon zu bringen.

Chatten (deutsch: Quatschen) hat Ähnlichkeit mit einer Konferenzschaltung, außer daß Sie anstelle eines Gesprächs das, was Sie sagen möchten, mit Ihrer Tastatur eingeben und auf dem Bildschirm lesen, was andere Leute sagen. Obwohl alle Chat-Teilnehmer gleichzeitig schreiben können, werden die Beiträge der einzelnen Personen in der Reihenfolge ihres Eintreffens auf dem Bildschirm ausgegeben und mit dem Namen der Person versehen, die ihn geschrieben hat. Nachdem Sie eingetippt haben, was Sie sagen möchten, erscheint es auf dem Bildschirm der allgemeinen Unterhaltung und wird Ihnen durch die Anzeige des Chat-Namens zugeordnet.

Sie können auf zwei Hauptarten chatten:

- ✔ Channels, die eine ständige Konferenzschaltung mit einer Reihe von Leuten widerspiegeln. Nachdem Sie sich einem Channel anschließen, können Sie auf dem Bildschirm lesen, was die Leute sagen und dann Ihre eigenen Kommentare abgeben, indem Sie sie einfach eintippen und Eingabe drücken.
- ✔ Direktverbindung, die eine private Unterhaltung zwischen Ihnen und einer anderen Person darstellt und über den Chat-Teil des Internet geführt wird.

Wer sind diese Leute?

Die Leute, die zu einem gegebenen Zeitpunkt chatten, werden in Gruppen organisiert, die man als *Rooms* (Räume) oder *Channels* (Kanäle) bezeichnet. Welche Gruppen bei Beginn Ihres Chat verfügbar sind, hängt von Ihrer Verbindung ins Internet ab. Wenn Sie AOL benutzen (hier werden die Gruppen als Räume bezeichnet), chatten Sie mit anderen AOL-Benutzern. Wenn Sie CompuServe verwenden, sprechen Sie mit anderen CompuServe-Benutzern, und die Gruppen heißen Channels. Wenn Sie über einen PPP-Account ins Internet gelangen, sprechen Sie mit anderen Leuten über die IRC-Funktion des Internet (Internet Relay Chat) – mehr dazu unter »Chatten via IRC« gegen Ende dieses Kapitels.

Jeder Channel hat einen Namen; mit etwas Glück sagt er etwas darüber aus, über was die Chatter sich unterhalten oder was ihnen gemeinsam ist. Einige Channels heißen einfach nur #Chat, und die Leute dort sind einfach nur gesellig.

Wer bin ich?

Gleich welche Chat-Einrichtung Sie verwenden, sollten Sie wissen, daß die meisten Leute sich für einen Chat-Namen oder Spitznamen entscheiden, bevor Sie sich einer Gruppe anschließen. Andere Mitglieder der Gruppe kennen Sie anhand Ihres Chat-Namens, eines vorübergehenden Namens, der meist eindeutig, phantasievoll oder clever gewählt wird und als Maske dient. Die Auswahl eines Chat-Namens gilt nur für die Dauer einer Chat-Sitzung. Wenn Sie sich einer Gruppe anschließen und einen netten Chat mit DrNo haben, ist keineswegs sicher, daß sich beim nächsten Auftauchen dieses Namens die gleiche Person dahinter verbirgt.

Aufgrund dieser Anonymität kann beim Chatten manchmal gewisse Vorsicht nötig sein. Andererseits ist einer der Reize beim Chatten, daß man auf neue und interessante Leute trifft. Viele tiefe und wundervolle Freundschaften haben sich aus einer zufälligen Begegnung in einem Chat-Raum ergeben.

Wenn Sie sich einer Gruppe anschließen und mit dem Chatten loslegen, sehen Sie die Chat-Namen der Leute, die bereits anwesend sind, und ein Fenster, in dem die aktuelle Unterhaltung vorbeifliegt. Ist die Gruppe wohlgesonnen, schickt Ihnen jemand eine Willkommensbotschaft, da jeder benachrichtigt wird, wenn Sie sich der Gruppe anschließen.

Wie im echten Leben können in einem Zimmer voller Fremder auch Leute dabeisein, die Sie nicht besonders mögen. Da man über das Internet ziemlich anonym sein kann, nutzen das einige Leute aus, um rüpelhaft, vulgär oder roh zu sein. Aus diesem Grund sollten Sie vorsichtig sein (um es milde auszudrücken), wenn Sie Ihre Kinder ohne Betreuung chatten lassen. Solange Sie noch Chat-Neuling sind, können Sie zufällig in einer Reihe ekelhafter Plätze landen, obwohl Sie mit der Zeit herausfinden, wie man diese umgeht und stattdessen Räume findet, die hilfreiche, freundliche und unterstützende Unterhaltungen bieten.

Ihr erster Chat-Room

Ihre erste Erfahrung in einem Chat-Room kann Ihnen blöd oder entmutigend vorkommen. Hier sind einige Dinge, mit denen Sie Ihre ersten Erfahrungen überstehen:

- ✔ Denken Sie beim Betreten eines Chat-Rooms daran, daß wahrscheinlich bereits eine Unterhaltung läuft. Sie wissen nicht, was vor Ihrem Eintreten vorging.
- ✔ Warten Sie eine oder zwei Minuten, bis eine ganze Seite von Beiträgen der anderen auf dem Bildschirm zu sehen war, damit Sie ungefähr verstehen, worum es geht, bevor Sie zu schreiben anfangen.
- ✔ Fangen Sie an, indem Sie die Kommentare eines Chat-Namens verfolgen. Folgen Sie dann den Leuten, die diese Person erwähnt oder die dieser Person antworten.
- ✔ Nachdem Sie einem Diskussionsstrang folgen können, versuchen Sie, einen anderen aufzunehmen. Es braucht Übung, den richtigen Dreh herauszubekommen.
- ✔ Bei einigen Diensten wie AOL können Sie die Mitteilungen von einem oder mehreren Chat-Namen hervorheben. Mit dieser Technik kann man den Dingen etwas leichter folgen.
- ✔ Sie können auch Chat-Namen angeben, die ignoriert werden sollen. Mitteilungen dieser Chatter erscheinen nicht länger auf dem Bildschirm, obwohl die Antworten anderer Mitglieder auf diese Kommentare weiterhin erscheinen.
- ✔ Blättern Sie zurück, um falls nötig ältere Mitteilungen anzusehen, und denken Sie daran, daß Sie erst wieder vorblättern müssen, bevor neue Mitteilungen erscheinen.

Abbildung 14.1 zeigt einen aktiven Chat.

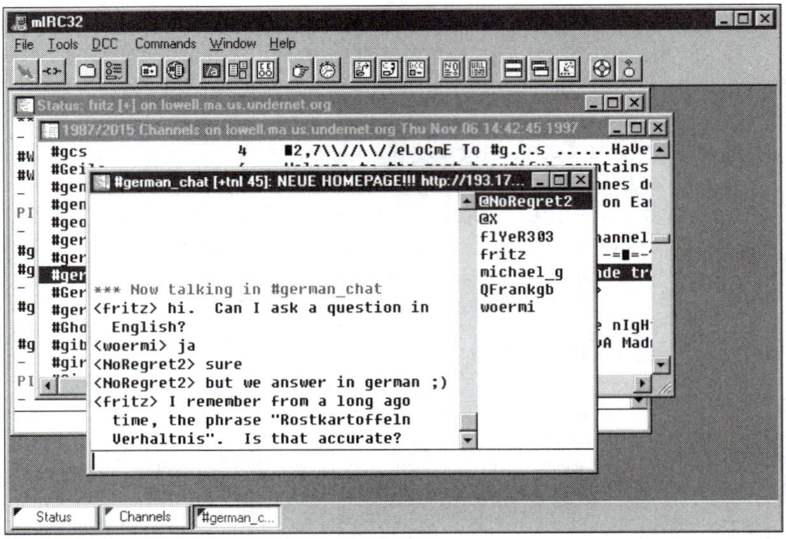

Abbildung 14.1: Englischer Chat im Chat-Room #german_chat

Online-Etikette

Chat-Etikette unterscheidet sich nicht wesentlich von E-Mail-Etikette, und auch hier ist der gesunde Menschenverstand die beste Online-Richtlinie. Hier sind noch ein paar zusätzliche Tips zum Chatten:

- ✔ Oberstes Gebot beim Chatten ist es, niemanden zu verletzen. Am andern Ende der Chat-Verbindung sitzt eine echte Person mit echten Gefühlen.
- ✔ Das zweitwichtigste Gebot ist, vorsichtig zu sein. Sie haben wirklich keine Ahnung, wer die andere Person ist. Mehr finden Sie dazu im folgenden Abschnitt »Sicherheit zuerst« in diesem Kapitel.
- ✔ Lesen Sie die Mitteilungen eine Zeitlang, um herauszufinden, was passiert, bevor Sie eine Mitteilung an die Chat-Gruppe schicken. (In einem Chat-Room oder einer Mailing-Liste zu lesen was passiert, ohne etwas zu sagen, nennt man *lurking* oder lauern. Wenn Sie sich schließlich entscheiden, doch etwas zu sagen, dann heißt das *de-lurking*.)
- ✔ Halten Sie Ihre Mitteilungen kurz und prägnant.
- ✔ Beleidigen Sie niemanden, und verwenden Sie keine üble Sprache.
- ✔ Erstellen Sie ein Profil mit Informationen zu sich selbst. Die meisten Chat-Systeme haben Einrichtungen zur Erstellung von Profilen (persönlichen Informationen), zu denen andere Mitglieder Zugang haben. Wir warnen Sie, niemals Ihren Nachnamen, Ihre Telefonnummer oder Adresse preiszugeben.

Für Kinder ist nochmals zusätzliche Vorsicht notwendig: Bestehen Sie darauf, daß Kinder weder Ihr Alter, Ihren Wohnort oder Ihre Schule noch Ihren Nachnamen, Ihre Telefonnummer oder Adresse ausgeben.

- ✔ Obwohl Sie in Ihrem Profil nicht alles über sich erzählen müssen, sollte das, was Sie sagen, der Wahrheit entsprechen.
- ✔ Wenn Sie sich mit jemandem privat unterhalten möchten, schicken Sie demjenigen eine E-Mail und sagen Sie Hallo, wer Sie sind und was Sie möchten.
- ✔ Falls Sie sich vom Umgangston in einem Chat-Room angegriffen fühlen, versuchen Sie es bei einem anderen. Wie im richtigen Leben, so können Sie auch da draußen auf mehr Leute stoßen, die Sie nicht kennenlernen möchten, als auf Leute, mit denen Sie gern etwas zu tun hätten.

Weitere Informationen zur Geschichte und der Kunst, Online Leute kennenzulernen, erfahren Sie in Philippe Le Roux's Kapitel »Virtual Intimacy – Tales from Minitel and More« im Buch *Internet-Geheimnisse*, das wir geschrieben haben (erschienen bei International Thomson Publishing).

Sicherheit zuerst

Hier sind ein paar Richtlinien für sichere und gesunde Chats:

- ✔ Viele Leute in Chat-Gruppen sagen die Unwahrheit, was ihren Beruf, ihr Alter, ihren Wohnort und, ja, sogar ihr Geschlecht angeht. Einige denken, daß sie einfach nur süß sind, andere erforschen ihre eigenen Phantasien, und wieder andere sind wirklich krank.
- ✔ Seien Sie vorsichtig mit der Preisgabe von Informationen, die es jemand anderem ermöglicht, Sie persönlich zu finden – beispielsweise wo Sie wohnen oder arbeiten oder Ihre Telefonnummer. Zu solchen Informationen zählen auch Ihr Nachname, Ihre Anschrift und die Schule, die Ihre Kinder besuchen.
- ✔ Geben Sie niemals Ihr Kennwort an jemand anderen weiter. Niemand sollte Sie je darum bitten. Falls es jemand tut, geben Sie Ihr Kennwort nicht heraus und berichten Sie Ihrem Internet-Provider über die Anfrage. (Wir haben einmal eine Mitteilung erhalten, in der stand »Es besteht eine ernste Bedrohung der Sicherheit, und wir benötigen Ihr Kennwort, um herauszufinden, wo das Problem liegt.« Wenn Sie jemals eine solche Mitteilung erhalten, gleich ob in einem Chat-Room oder sonstwo, informieren Sie umgehend das Personal Ihres Internet-Providers. Keine rechtschaffene Person wird Sie je nach Ihrem Kennwort fragen.)
- ✔ Falls Ihr Chat-Dienst Profile anbietet und eine Person ohne ein Profil mit Ihnen chatten möchte, seien Sie besonders vorsichtig.

- Für alle Kinder gilt: Treffe niemals irgend jemand ohne Deine Eltern. Erzähle keine persönlichen Informationen über Dich oder jemanden in Deiner Familie, selbst wenn man Dir für das Ausfüllen eines Formulars einen Preis oder so etwas verspricht.
- Falls Ihre Kinder Chat verwenden, seien Sie sich bewußt, daß andere versuchen können, Ihre Kinder zu treffen. Gehen Sie mit Ihren Kindern die Richtlinien dieser Liste durch, bevor sie sich anmelden.

Wenn Sie sich entscheiden, eine Online-Bekanntschaft persönlich zu treffen, seien Sie mindestens genauso vorsichtig als wenn Sie jemanden über eine Kontaktanzeige treffen würden:

- Gehen Sie keine Verabredung zu einem Treffen ein, bevor Sie nicht mehrmals mit der Person gesprochen haben, einschließlich längerer Unterhaltungen am Telefon über mehrere Tage oder Wochen hinweg.
- Treffen Sie sich an einem gut beleuchteten, öffentlichen Ort.
- Falls möglich, bringen Sie einen Freund oder eine Freundin mit. Ist das nicht möglich, lassen Sie zumindest jemanden wissen, was Sie vorhaben und verabreden Sie, daß Sie diese Person zu einer bestimmten Zeit anrufen (z.B. eine halbe Stunde nach der geplanten Zeit des Treffens.)
- Sorgen Sie dafür, daß Sie in einem Hotel übernachten, wenn Sie über eine längere Entfernung zu einem Treffen anreisen. Liefern Sie sich nicht aus, bei der Person zu Hause übernachten zu müssen.

Chat-Abkürzungen und Smileys

Viele Chat-Abkürzungen sind die gleichen wie die in E-Mail verwendeten, die in Kapitel 11 beschrieben wurden. Da Chat jedoch live stattfindet, sind einige einzigartig. Wir haben außerdem ein paar geläufige Emoticons, manchmal auch Smileys genannt, aufgeführt – witzige Kombinationen von Satzzeichen, mit denen der Gemütszustand des Absenders dargestellt werden soll. (Wenn Sie nicht gleich sehen, was Sie darstellen sollen, versuchen Sie, Ihren Kopf nach links umzubiegen.) In Tabelle 14.1 finden sie eine kurze Liste mit Chat-Abkürzungen und Emoticons.

Abkürzung	Englische Bedeutung	Deutsche Bedeutung
AFK	Away from keyboard	Nicht an der Tastatur
A/S/L	Age/sex/location	Alter/Geschlecht/Wohnort (Antwort wäre z.B. 35/m/HH)
BAK	Back at keyboard	Zurück an der Tastatur
BBIAF	Be back in a flash	Bin blitzschnell zurück
BBL	Be back later	Bin später zurück
BRB	Be right back	Bin gleich zurück

Abkürzung	Englische Bedeutung	Deutsche Bedeutung
BTW	By the way	Übrigens
GMTA	Great minds think alike	Zwei Dumme, ein Gedanke
IM	Instant message	Direkte Mitteilung
IMHO	In my humble opinion	Meiner bescheidenen Meinung nach
IMNSHO	In my not so humble opinion	Meiner weniger bescheidenen Meinung nach
J/K	Just kidding	War nur Spaß
LTNS	Long time no see	Lange nicht gesehen
LOL	Laughing out loud	Laut lachend
M4M	Men seeking other men	Männlich sucht männlich
NP	No problem	Kein Problem
ROTFL	Rolling on the floor laughing	Sich lachend auf dem Boden wälzend
RTFM	Read the fine manual	Lies das verdammte Handbuch
TOS	Terms of service (the AOL member contract)	Nutzungsbedingungen (der AOL-Mitgliedervertrag)
WAV	A sound file	Eine Audio-Datei
WB	Welcome back	Willkommen zurück
:D		Ein Lächeln oder breites Grinsen
:) oder :-)		Ein Lächeln
;)		Ein Zwinkern
{{{{bob}}}}		Eine Umarmung für Bob
:(or :-(		Stirnrunzelnd
:'(		Weinen
:~~(		Weinen
O:)		Engel
}:>		Teufel
:P		Die Zunge herausstreckend
:P~~		Sabbern
***		Küsse
<——		Aktions-Marker (<——Pizza essend, beispielsweise)

Tabelle 14.1: Chat-Kurzschrift

Zusätzlich zu den Abkürzungen in der Tabelle verwenden vor allem englischsprachige Chatter manchmal Kurzschrift-Abkürzungen, die man nur versteht, wenn man die Buchstaben laut englisch ausspricht, wie in »If u cn rd ths u r rdy 4 chat.« (Im Klartext: If you can read this, you are ready for chat.)

Stunksitzung

Einige Leute benehmen sich online ziemlich schlecht, während sie sich hinter der Anonymität verstecken, die Chatten bietet. Sie haben vier gute und eine schlechte Möglichkeiten, wenn Sie in so eine Situation geraten:

- ✔ Gehen Sie in einen anderen Chat-Room. Einige Räume sind einfach widerlich. Sie müssen dort nicht herumhängen.
- ✔ Schenken Sie dem Unruhestifter keine Aufmerksamkeit und unterhalten Sie sich mit den anderen Leuten.
- ✔ Blenden Sie die Übeltäter von Ihrem Bildschirm aus. In AOL doppelklicken Sie in der Personenliste auf den Chat-Namen des Trottels und klicken dann in den Kasten Ignorieren. In CompuServe können Sie Leute auf Ihre Ausschlußliste setzen – eine Liste von Leuten, deren Kommentare Sie nicht zu Gesicht bekommen werden. Wählen Sie ZUGANG – EINSTELLUNGEN aus der Menüleiste und dann die Registerkarte CHAT, um zu dieser Liste zu gelangen.
- ✔ Beschweren Sie sich bei Ihrem Internet-Provider. Diese Technik wirkt am besten bei den kommerziellen Online-Diensten. Mehr dazu finden Sie in den Abschnitten »Die AOL-Polizei rufen« und »Die CompuServe-Polizei rufen« unter der Überschrift für jeden Dienst später in diesem Kapitel.
- ✔ (Die schlechte Möglichkeit.) Antworten Sie freundlich, wodurch der (es ist meistens ein Er) Unruhestifter genau die von ihm gewünschte Aufmerksamkeit erhält, und Sie in die Gefahr bringt, aus dem Dienst herausgeschmissen zu werden.

Laßt uns chatten

Es ist leicht, bei den kommerziellen Online-Providern wie AOL einen Chat anzufangen, da der Chat-Dienst einer der großen Anziehungspunkte dieser Dienste darstellt. In diesem Abschnitt behandeln wir zunächst, wie man mit dieser Art Provider chattet, anschließend kümmern wir uns um das Chatten mit *Internet Relay Chat* (IRC), dem Chat-Dienst im Internet.

Benutzer von AOL und CompuServe können neben den eigenen Chat-Diensten der Provider auch am IRC teilnehmen.

Chatten in AOL

Beim Chatten in AOL führen Sie eine Unterhaltung mit anderen AOL-Benutzern. Diese Funktion, eine der populärsten bei AOL, ist wahrscheinlich der Grund, warum AOL der größte kommerzielle Provider ist. Nur AOL-Mitglieder haben Zugang zu den AOL-Chat-Rooms; die Gruppen, die für IRC-Netzwerke zugänglich sind, gibt es nicht als AOL-Chat-Rooms.

Sie beginnen in AOL einen Chat, indem Sie auf das Symbol Leute in der Werkzeugleiste klikken und dann Chat-Verbindung wählen oder einfach das Stichwort CHAT eingeben. Klicken Sie dann auf das Symbol Jetzt Chatten.

Sie sind dann im »AOL-Foyer.« Sie sehen zwei Fenster, ein größeres, in dem die Unterhaltung stattfindet, und ein kleineres, in dem die Leute (AOL-Namen) in diesem Raum aufgeführt sind. Wenn Sie zu den Leuten gehören, die beim Eintreten in ein überfülltes Zimmer einfach etwas sagen müssen, geben Sie etwas in den unteren Bereich des Unterhaltungsfensters ein und klicken Sie Senden. In ein paar Sekunden wird Ihr Kommentar im Fenster angezeigt.

AOL beschränkt die Anzahl der Leute in einem Raum auf 23. Ist ein Raum voll und ein neuer Benutzer möchte hinein, wird deshalb automatisch ein neuer (ähnlicher) Raum erstellt.

Wen haben wir denn da?

Wenn Sie etwas über die anderen Anwesenden im Raum erfahren möchten, doppelklicken Sie auf einen der Namen im Fenster namens ANWESENDE MITGLIEDER. Es erscheint ein kleiner Kasten, in dem Sie eines der folgenden Dinge tun können:

- ✔ **Ignorieren:** Wenn Sie ein Häkchen in diesem Kasten setzen, werden keine Mitteilungen dieses Benutzers mehr auf Ihrem Bildschirm angezeigt. Diese Methode ist ein Weg, wie man Mitteilungen von unangenehmen Leuten unterbinden kann.
- ✔ **Profil:** Klicken Sie diese Schaltfläche, um das Profil des Benutzers abzurufen. Ein Profil ist eine Sammlung von Informationen, die die- oder derjenige über sich zur Verfügung gestellt hat. Sie haben aber keine Garantie dafür, daß das Profil auch nur ein Körnchen Wahrheit enthält.
- ✔ **Mitteilung schicken:** Klicken Sie, um eine direkte Mitteilung an diesen Benutzer zu schikken. Das ist, wie wenn Sie in sein Ohr flüstern. Wenn Ihnen jemand so eine Mitteilung schickt (im englischen nennt man das Instant Message oder IM), erscheint diese Mitteilung in einem kleinen Fenster. Sie können die Mitteilung ignorieren oder mit einer eigenen Mitteilung antworten. Sie können sich so lange zu zweit unterhalten, wie Sie möchten.

Wer bin ich, und was mache ich hier?

Sie werden mit Ihrem AOL-Namen identifiziert, das ist der Name, den Sie bei der Anmeldung am Dienst verwendet haben. Viele Leute nutzen zum Schutz der Privatsphäre einen anderen AOL-Namen, wenn Sie chatten. AOL erlaubt jedem Account die Verwendung von bis zu fünf verschiedenen AOL-Namen, solange kein anderer AOL-Benutzer sie schon verwendet. Einer der AOL-Namen ist der Haupt-AOL-Name, den man nie ändern kann. Wenn Sie andere AOL-Namen hinzufügen oder ändern möchten, müssen Sie sich unter Ihrem Haupt-AOL-Namen bei AOL anmelden. Nachdem Sie andere AOL-Namen und Kennwörter eingerichtet haben, können Sie sich auch mit den alternativen Namen bei AOL anmelden. Jeder AOL-Name hat eine eigene Mailbox. Sie können AOL-Namen entweder für andere Familienmitglieder oder verschiedene Persönlichkeiten vergeben: z.B. Ihr Geschäfts-Ich und Ihr privates Ich.

Um Ihr Profil festzulegen, also die Informationen, die andere Benutzer beim Chatten über Sie einsehen können, klicken Sie die Schaltfläche MITGLIEDERVERZEICHNIS unter dem Fenster ANWESENDE MITGLIEDER oder gehen Sie zum Stichwort PROFILE. Ein Kasten erscheint, in dem Sie die AOL-Mitgliederlisten auf Namen durchsuchen können, die Sie kennen. In diesem Fenster befindet sich auch eine Schaltfläche namens MEIN PROFIL. Wenn Sie diese Schaltfläche klicken, können Sie alle Ihre Profileinstellungen einrichten und verändern.

Andere öffentliche Räume

Sie werden im AOL-Foyer, in das Sie zu Beginn des Chats gesteckt wurden, wahrscheinlich kaum interessante Unterhaltungen finden. Ein Klick auf die Schaltfläche CHAT suchen bringt Sie zum Fenster CHAT SUCHEN mit einer Liste der verfügbaren öffentlichen Chat-Rooms. Es werden zwei Fenster angezeigt; das linke enthält die Kategorien der Räume. Wenn Sie auf eine Kategorie doppelklicken, erscheinen im rechten Fenster die Namen der Räume in dieser Kategorie und die Anzahl der Chatter in den jeweiligen Räumen.

Die Raum-Kategorien sind überwiegend selbsterklärend:

- ✔ **Markplatz:** Räume mit Restaurant-, Bar- oder Kaffeehaus-Atmosphäre.
- ✔ **Kunst & Unterhaltung:** Hollywood, Musik, Bücher und Rätselthemen
- ✔ **Freunde:** Leute, die gerne reden
- ✔ **Leben:** Alle möglichen Lebensstile und Altersgruppen
- ✔ **Nachrichten, Sport, Finanzen:** Genau, was Sie erwarten
- ✔ **Orte:** Größere Städte
- ✔ **Romantik:** Von Er trifft Sie bis zu Es trifft Es (Aliens bei AOL? Hilfe!)
- ✔ **Besondere Interessen:** Hobbies, Tiere, Autos und Religion
- ✔ **Länder:** USA, Groß-Britannien, Kanada, Frankreich und Japan

Abbildung 14.2 zeigt einen Chat, der im Raum Computer-Treff stattfindet. Alles, was Sie in das kleine Feld am Fuß des Fensters neben der Schaltfläche ABSCHICKEN eingeben, ist Teil der Unterhaltung. Sie können nach der Eingabe Ihrer Mitteilung entweder die Eingabetaste drükken oder auf ABSCHICKEN klicken. Wenn Sie den Raum verlassen möchten, klicken sie auf ALLE CHATRÄUME, suchen sich einen anderen Raum und schließen sich dort der Unterhaltung an. Sie können natürlich auch das Fenster des Raums schließen und den AOL-Chat verlassen.

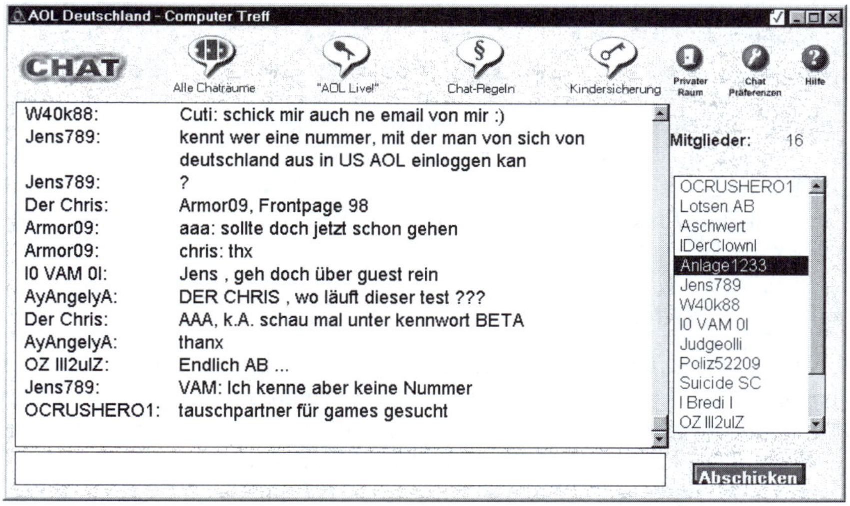

Abbildung 14.2: Chatten im Raum »Computer-Treff«

Private Chats

Die Namen der privaten Räume werden anders als die der öffentlichen oder Mitglieder-Räume nicht preisgegeben. Um sich einem privaten Raum anzuschließen, müssen Sie seinen Namen kennen, d.h. jemand muß Sie in den Raum einladen. Wenn Sie im Fenster Chat suchen auf die Schaltfläche Privater Chat klicken, werden Sie gebeten, den Raum einzugeben, dem Sie sich anschließen möchten. Falls er nicht existiert, wird einer erstellt, und Sie sind der einzige Teilnehmer im Raum.

Private Räume erlauben intimere Gespräche – es besteht kaum Gefahr, daß ein Fremder hereinplatzt. Zwei (oder mehrere) Leute können beschließen, einen privaten Raum zu erstellen und sich dort zu treffen. Private Räume haben einen etwas schmierigen Ruf: Falls Sie in einen eingeladen werden, sollten Sie auf den Schutz Ihrer Privatspähre bedacht sein. Denken Sie daran, daß das, was die anderen Personen von sich selbst behaupten, keineswegs der Wahrheit entsprechen muß.

Die AOL-Polizei rufen

Eine weitere Schaltfläche unterhalb des Fensters Anwesende Mitglieder heißt AOL verständigen. Sind Sie der Ansicht, daß jemand die Geschäftsbedingungen von AOL (Terms of service, TOS) verletzt, indem er Sie nach Ihrem Kennwort oder Ihrer Kreditkartennummer fragt, mit beleidigenden Worten um sich wirft oder sich auf andere Art schlecht benimmt, sollten Sie AOL auf denjenigen aufmerksam machen. Nachdem Sie auf die Schaltfläche AOL verständigen geklickt haben, erscheint ein Fenster, mit dem Sie alle Informationen zusammenstellen können, die Sie melden möchten: Beispielsweise die Chat-Kategorie und der Raum, in dem Sie sich aufgehalten haben, der betreffende Chat-Dialog in einem Fenster eingefügt und der AOL-Name des Übeltäters. Sie können den Bericht dann an AOL abschicken, wo er versprochenerweise innerhalb von 48 Stunden bearbeitet werden soll.

Aufgrund dieser Richtlinien und der Macht von AOL, die Accounts von Leuten (dauerhaft) zu sperren, die außerhalb der Regeln spielen, haben sich die AOL-Chat-Rooms einen guten Ruf verdient, sicher und eine gute Spielwiese zu sein. Da AOL so viele Kunden hat, die auf Chat stehen, haben Sie gute Chancen, einen Chat-Room nach Ihren Vorstellungen zu finden.

Chatten in CompuServe

CompuServe 3.0 verfügt über eine hervorragende Chat-Funktion (namens CB-Simulator in älteren Versionen); da die Teilnehmerzahl jedoch geringer als die von AOL ist, gibt es weniger Channels und eine kleinere Auswahl. Um mit CompuServe einen Chat zu beginnen, klicken sie auf die Schaltfläche CHAT im Hauptmenü oder wählen Sie aus dem Menü DIENSTE – CHAT. Falls noch keine Verbindung besteht, wählt CompuServe und stellt die Verbindung her. Sie sehen dann das CHAT-Fenster mit Schaltflächen für Allgemeinen Chat, Erwachsenen-Chat und anderen Dingen.

Geben Sie sich einen Namen

Bevor Sie mit dem Chat beginnen, sollten Sie sich einen Chat-Spitznamen geben. Wählen Sie aus dem Menü ZUGANG – EINSTELLUNGEN und wählen Sie dann CHAT. Im Feld SPITZNAME geben Sie den Namen ein, den Sie verwenden möchten. Wenn Sie keinen Namen angeben, erscheinen Sie unter Ihrer numerischen CompuServe-Benutzerkennung.

Wenn Sie zum Chat-Fenster kommen, sehen Sie eine Schaltfläche namens Spitznamen und Profile erstellen. Sie können sich (gegen eine Gebühr) einen Spitznamen für die Verwendung im Chat reservieren und ein Profil für sich erstellen. Ein Profil ist eine kurze Zusammenfassung von Informationen zu Ihrem Alter, Beruf und Ihren Interessen. Diese Informationen steht anderen Chattern zur Verfügung, wenn Sie sich einer Chat-Gruppe anschließen. Sie müssen allerdings nichts angeben außer Ihrer Benutzerkennung.

Hereinspaziert!

Drücken Sie eine der Chat-Schaltflächen (beispielsweise ALLGEMEINER CHAT), um den Chat-Desktop einzublenden. Anschließend drücken Sie auf die Schaltfläche CHAT, worauf eine Liste der Räume mit der jeweiligen Anzahl der Chatter darin erscheint. Um sich einem Raum anzuschließen, doppelklicken Sie ihn. Ein neues Fenster nimmt Ihren Bildschirm ein und zeigt den Verlauf der Unterhaltung. Der Titel des Fensters ist der Name des Raums, z.B. `Chat - Die Veranda`, und die Zeile links gibt den Sprecher an. Geben Sie eine Mitteilung im Kasten am Fuß ein, drücken Sie anschließend Eingabe oder klicken Sie auf SENDEN, um die Mitteilung abzuschicken.

Der Name der Räume ist wie bei anderen Chat-Foren auch nur bedingt aussagekräftig für den Charakter. Sie müssen der Unterhaltung eine Weile folgen, um herauszufinden, worum es eigentlich geht – das hängt immer davon ab, wer gerade anwesend ist.

Klicken Sie die Schaltfläche ANWESENDE im oberen Bereich, um eine Liste aller Anwesenden im Raum zu erhalten. Ein Klick auf einen Namen bringt Sie zum dazugehörigen Profil.

Wenn Sie feststellen, daß die Unterhaltung so faszinierend ist, daß Sie sie unbedingt später noch einmal lesen möchten, klicken Sie auf die Schaltfläche TEXT AUFZEICHNEN, um die ganze vorbeiziehende Unterhaltung in einer Textdatei zu speichern. Sprechen Sie über belastendes Beweismaterial!

Sie können einen Raum verlassen, indem Sie sein Fenster schließen (auf die Schaltfläche ganz links oben im Fenster klicken und SCHLIESSEN wählen, oder Alt+F4 drücken oder in Windows 95 und 98 auf die X-Schaltfläche ganz rechts oben klicken.) Wenn Sie das CHAT-DESKTOP-Fenster wählen und in einen anderen Chat-Room gehen, wechselt das geöffnete Raum-Fenster mit in den neuen Raum.

Die CompuServe-Polizei rufen

Auch CompuServe hat in seinen Teilnahmebedingungen Regeln festgelegt, die das Online-Benehmen bestimmen. Diese Regeln können Sie einsehen, indem Sie zu RULES gehen. Wenn jemand die Spielregeln nicht beachtet, können Sie zu FEEDBACK gehen und CompuServe eine Mitteilung schicken. Wie Sie an diese Orte gelangen, erfahren Sie in Kapitel 16.

Chatten via IRC

IRC (Internet Relay Chat) ist über die meisten Internet-Provider sowie über AOL und CompuServe verfügbar. Um IRC zu verwenden, müssen Sie ein IRC-Client-Programm auf Ihrem Computer installieren. Ein IRC-Client (oder einfach *IRC-Programm*) ist ein weiteres Internet-Programm wie auch Ihr Web-Browser oder E-Mail-Programm. Im Netz gibt es Freeware- und Shareware-Programme, die Sie herunterladen können. Wenn Sie Windows verwenden, sollten Sie ein Winsock-kompatibles Programm verwenden; bei Verwendung eines Mac benutzen Sie ein MacTCP-kompatibles Programm.

Zwei der besten Shareware-IRC-Programme sind:

✔ **mIRC** für Windows

✔ **Ircle** für den Macintosh

Sie können diese IRC-Programme neben anderen auf Shareware-Web-Sites wie TUCOWS (`http://www.tucows.com/europe.html`) oder auf der mIRC-Homepage (`http://www.mirc.co.uk`) und der Ircle-Homepage (`http://www.amug.org/~ircle`) finden.

Nähere Informationen zur Einrichtung von mIRC erhalten Sie auf der Web-Site `http://www.mirc.com`. Dort finden Sie auch jede Menge nützlicher Informationen zu IRC.

Die meisten unserer Beispiele basieren zwar auf mIRC, doch Ircle ist sehr ähnlich. Sie können die Ircle-Hilfedatei lesen, indem Sie aus dem Apple-Menü Hilfe wählen.

Sprechen Sie mit Ihrem Internet-Provider, ob Sie irgendwelche sonstigen Informationen benötigen, um IRC zu verwenden. Falls Sie eine direkte Verbindung ins Internet haben, fragen Sie Ihren System-Administrator, ob diese Verbindung IRC unterstützt.

IRC anwerfen

Um mit IRC einen Chat zu beginnen, starten Sie Ihr IRC-Programm. Wenn Sie einen PPP-Account verwenden, doppelklicken Sie das Programmsymbol. Von einem UNIX-Shell-Account aus geben Sie **ircii** oder **irc** an der UNIX-Eingabeaufforderung ein.

Verbindung herstellen

Um IRC zu verwenden, muß Ihr IRC-Programm eine Verbindung zu einem IRC-Server herstellen – ein Internet-Host-Computer, der als Schaltstelle für IRC-Unterhaltungen dient. Obwohl es Dutzende IRC-Server gibt, sind viele die meiste Zeit voll und nehmen keine zusätzlichen Verbindungen mehr an. Sie müssen manchmal mehrere Server ausprobieren, oder einen Server mehrere Male hintereinander, bevor Sie eine Verbindung bekommen.

Bei der Auswahl eines Servers sollten Sie einen in Ihrer räumlichen Nähe finden (um die Antwortverzögerung möglichst klein zu halten, die im folgenden Kasten »Lags und Netsplits« erklärt wird), der sich außerdem im von Ihnen gewünschten IRC-Netzwerk befindet.

Um die Verbindung zu einem Server herzustellen:

- ✔ In mIRC wählen Sie File – Setup (oder drücken Sie Alt+E), um das mIRC-Setup-Fenster einzublenden, und klicken Sie dann die Registerkarte IRC-Server. Wenn Sie mIRC starten, wird der Setup-Befehl automatisch für Sie ausgeführt, so daß Sie das Setup-Fenster von mIRC sofort sehen. Doppelklicken Sie auf einen Server auf der Liste, um den Verbindungsaufbau zu versuchen.
- ✔ In Ircle wählen Sie File – Preferences – Startup. Entscheiden Sie sich für einen Server und wählen Sie File – Save Preferences.

Zu Spitzenzeiten können die Server extrem ausgelastet sein. Wenn beim ersten Versuch keine Verbindung zustande kommt, versuchen Sie es einfach immer wieder.

Auswahl eines Netzwerks

IRC-Server sind in Netzwerken organisiert. Obwohl die Server innerhalb eines Netzwerks miteinander reden, kommt keine Verbindung zwischen Servern auf einem IRC-Netzwerk mit den

Servern auf anderen Netzwerken zustande. Jemand im EFnet kann also nicht mit jemand im Undernet sprechen.

In der folgenden Liste finden Sie die vier größten Netzwerke und ihre Homepages (in absteigender Reihenfolge):

- ✔ **EFnet:** `http://www.irchelp.org`

  Das ist das ursprüngliche Server-Netzwerk und verfügt über die meisten Benutzer.

- ✔ **Undernet:** `http://www.undernet.org`
- ✔ **IRCnet:** `http://www.funet.fi/~irc`
- ✔ **DALNet:** `http://www.dal.net`

Die meisten Leute im IRC entwickeln früher oder später eine Vorliebe für ein bestimmtes Netzwerk. Meistens ist es das, in dem sich auch ihre Freunde aufhalten.

Es gibt eine Vielzahl kleinerer IRC-Netzwerke. Ein paar davon finden Sie hier, zusammen mit Adressen von Webseiten, auf denen jeweils weitere Informationen zu finden sind:

- ✔ **Kidsworld:** `http://www.kidsworld.org`
- ✔ **AnotherNet:** `http://www.another.org`
- ✔ **StarLink:** `http://www.starlink.org`

Wenn Sie mIRC verwenden, finden Sie eine Liste der dem Programm bekannten Server über File – Setup (oder durch Drücken von Alt+E) und die Registerkarte mit der Bezeichnung IRC-Server. Da zu jedem Servereintrag das Netzwerk und der Standort angegeben sind, können Sie leicht einen in Ihrer Nähe auswählen.

Steuerung Ihres IRC

Sie kontrollieren die Geschehnisse während einer Chat-Sitzung über die Eingabe von IRC-Befehlen. Alle IRC-Befehle starten mit einem Schrägstrich (/). Die Groß- und Kleinschreibung ist bei der Eingabe der Befehle nicht wichtig – IRC behandelt alles gleich. Im mIRC-Programm sind viele Befehle direkt über das Menü verfügbar, oder Sie können Elemente im mIRC-Fenster doppelklicken.

Falls Sie in IRC jemals von irgend jemand aufgefordert werden, Befehle einzugeben, die Sie nicht verstehen, *tun Sie das nicht – niemals*. Sie können unbewußt die Kontrolle über Ihr IRC-Programm und sogar über Ihren Computer in die Hände einer anderen Person geben. (Nein, wir binden Ihnen die Befehle nicht auf die Nase!)

Der wichtigste Befehl, den Sie kennen müssen, bringt Sie aus IRC heraus:

```
/quit
```

Der zweitwichtigste Befehl gibt Ihnen eine Online-Zusammenfassung der verschiedenen IRC-Befehle:

```
/help
```

Hier sind ein paar der nützlichsten IRC-Befehle:

- **/admin *server*:** Zeigt Informationen zu einem Server an.
- **/away:** Teilt IRC mit, daß Sie für eine Weile abwesend sind. Sie müssen diese Art von Mitteilung nicht hinterlassen; wenn Sie es jedoch tun, wird Sie jedem angezeigt, der mit Ihnen sprechen möchte.
- **/clear:** Löscht Ihren Bildschirm.
- **/join *channel*:** Schließt einen Channel an. Mehr dazu unter »Gruppen-Chat« später in diesem Kapitel.
- **/leave:** Verläßt einen Channel. Der Befehl `/part` hat die gleiche Wirkung.
- **/me:** Schickt eine Mitteilung, in der beschrieben wird, was Sie tun, und die dazu dient, Ihre Unterhaltung mit einer Beschreibung von Gesten zu betonen. Wenn Sie beispielsweise Pumuckl heißen und `/me hüpft und springt` eingeben, sehen die anderen Benutzer `*Pumuckl hüpft und springt` auf dem Bildschirm.
- **/topic *worüberwirgeradesprechen*:** Legt die Themenmitteilung für den aktuellen Channel fest.
- **/who *channel*:** Listet alle Leute im `Channel` auf. Wenn Sie `/who*` eingeben, erhalten Sie die Namen der Leute, die sich im gleichen Channel wie Sie befinden.
- **/whois *name*:** Listet ein paar Informationen zum Benutzer *`Name`* auf. Sie können auch Ihren eigenen Namen einsetzen, um zu sehen, was die anderen Benutzer über Sie erfahren.
- **/nick *neuerName*:** Ändert Ihren Namen in *`neuer Name`*.
- **/ping *#channelname*:** Gibt Ihnen Informationen zur Verzögerung (Lag) zwischen Ihnen und allen anderen auf diesem Channel.
- **/msg *name mitteilung*:** Schickt eine private Mitteilung an *`Name`* (nur *`Name`* kann diese sehen).

Denken Sie daran: Zeilen, die mit einem Schrägstrich beginnen, sind Befehle an das IRC-Programm; alles andere, das Sie eintippen, ist Unterhaltung und erscheint in der Chat-Box.

Wenn Sie mIRC oder Ircle verwenden, können Sie die meisten der oben genannten Aktionen anstatt mit IRC-Befehlen auch mit Befehlen aus der Menüleiste oder durch Klicken auf Symbole in der Werkzeugleiste des Programms ausführen. Die IRC-Befehle funktionieren jedoch genauso gut, und einige IRC-Programme haben keine Elemente, die mit einer Menüleiste oder Werkzeugleiste vergleichbar wären.

Gruppen-Chat

Die populärste Art der Verwendung von IRC verläuft über *Channels*. Die meisten Channels haben Namen, die mit dem Zeichen # beginnen. Channel-Namen sind unempfindlich gegenüber Groß- und Kleinschreibung. Es gibt auch numerierte Channel (wenn Sie eine Channel-Nummer eingeben, verwenden Sie das Zeichen # nicht).

Ihnen stehen tausende IRC-Channel zur Verfügung. Eine kommentierte Liste einiger der besten Channels finden Sie auf der Seite `http://www.funet.fi/~irc/channels.html`. Jeder dort aufgeführte Channel hat einen Link auf seine eigene Homepage, die Ihnen genauere Angaben liefert, was dieser Channel bietet.

Im Abschnitt »Channel-Surfen« später in diesem Kapitel erfahren Sie, wie man sich eine Liste der Channels ansieht.

Zu den guten bekannten Channels gehören

- ✔ **#irchelp:** Hier kann man Fragen zu IRC stellen.

  Lesen Sie jedoch erst die FAQ (*Frequently Asked Questions*, ein Dokument, in dem die häufig gestellten Fragen beantwortet werden). Auf unserer Web-Site unter `http://net.gurus.com/irc` finden Sie weitere Informationen zu IRC.
- ✔ **#newbies:** Sämtliche Ihrer IRC-Fragen werden hier beantwortet.
- ✔ **#21plus und #30plus:** Treffpunkte für Leute des entsprechenden Alters.
- ✔ **#41plus:** Ein etwas reiferer Channel (mit vielen Leuten, die jünger als 41 sind).
- ✔ **#teens:** Für Teenager – zurücklehnen und quatschen.
- ✔ **#hottub:** Ein etwas »rauher« Treffpunkt.
- ✔ **#macintosh:** Treffpunkt für Mac-Benutzer.
- ✔ **#Windows 95:** Treffpunkt für Windows-Benutzer.
- ✔ **#chat:** Ein freundlicher Chat-Channel.
- ✔ **#mirc:** Ein Hilfe-Channel für mIRC-Benutzer.

Sie können auch versuchen, # gefolgt vom Namen eines Landes oder einer größeren Stadt einzugeben.

Im Channel

Sie können sich mit der Eingabe folgender Zeile einem Channel anschließen:

```
/join #channelname
```

Um sich beispielsweise im `#dummies`-Channel einzuklinken, geben Sie `/join #dummies` ein und drücken die Eingabe-Taste. Vergessen Sie nicht das Zeichen / vor dem Befehl oder # vor dem Namen des Channels einzugeben.

In mIRC können Sie auf das Symbol Channel-Ordner in der Werkzeugleiste klicken und dann auf einen der aufgeführten Channel doppelklicken.

In Ircle wählen Sie aus dem Menü COMMAND – JOIN.

Nachdem Sie sich einem Channel angeschlossen haben, erscheint nach drücken der Eingabe-Taste alles, was Sie ohne einen Schrägstrich (/) am Anfang eingeben, auf den Bildschirmen aller anderen, die sich ebenfalls im Channel befinden. Vor dem Text Ihrer Mitteilung steht Ihr Spitzname.

In mIRC können Sie sich mehreren Channels gleichzeitig anschließen. Jeder Channel hat sein eigenes Fenster mit einer Liste der Teilnehmer auf der rechten Seite und der Unterhaltung auf der linken sowie einem Feld am Fuß, und dem Sie Ihre Mitteilungen eingeben können.

Sie verlassen einen Channel, indem Sie folgendes eingeben:

```
/leave
```

In mIRC können Sie den Channel auch einfach durch Schließen des Channel-Fensters verlassen. In Ircle wählen Sie aus dem Menü COMMANDS – PART.

Lags und Netsplits

Zwei Phänomene lasten als Fluch auf der Existenz eines IRCers: Lags (Verzögerungen) und Netsplits (Netztrennungen). Ein *Lag* ist die Verzögerung zwischen dem Zeitpunkt, an dem Sie eine Mitteilung eingeben, und dem Zeitpunkt, zu dem sie auf den Bildschirmen der anderen Beteiligten auftaucht. Lags bringen die Unterhaltung durcheinander. Manchmal hat eine Gruppe in einem Channel einen Lag, während die andere Gruppe sich verzögerungsfrei unterhalten kann, und die Mitteilungen der ersten Gruppe erscheinen erst einige Minuten später. Sie können überprüfen, wieviel Zeit vergeht, bis eine Mitteilung von Ihnen zu einer anderen Person und zurück gewandert ist, indem Sie den Befehl **/ping *spitzname*** eingeben.

Ein Netsplit (Netztrennung) unterbricht die Verbindung zwischen IRC-Servern – das Netzwerk der verbundenen IRC-Server wird in zwei kleinere Netzwerke geteilt. Bei einem Netsplit sieht es so aus, als ob eine Reihe von Leuten plötzlich Ihren Channel verläßt und später en masse wieder erscheint. Obwohl alle Leute, die mit den IRC-Servern in der einen Hälfte des Netzwerks verbunden sind, untereinander chatten können, ist keine Kommunikation mit den Leuten möglich, die mit den IRC-Servern in der anderen Hälfte verbunden sind. Letztendlich (nach ein paar Minuten oder Stunden) ist der Netsplit vorüber, und die beide Netzwerke verbinden sich wieder.

Channel-Surfen

Um in mIRC die verfügbaren Channels einzusehen, klicken Sie in der Werkzeugleiste auf das Symbol LIST CHANNELS. Falls Sie einen bestimmten Channel-Namen suchen, geben Sie den gesuchten Text in das Feld MATCH ein. Wenn Sie die Channels sehen möchten, in denen zumindest einige Leute anwesend sind (anstatt den hunderten von Channels, in denen eine gelangweilte, einsame oder lüsterne Person wartet), geben Sie eine Zahl im Feld MIN ein. Klicken Sie dann auf GET LIST. Da die Liste der Channels extrem lang sein kann, müssen Sie manchmal ein paar Minuten warten, bis sie angezeigt wird. Wenn Sie die Channels einsehen möchten, die in Ihrem Channels-Ordner aufgeführt sind (die Liste der häufiger von Ihnen besuchten Channels), klicken Sie anstattdessen auf das Symbol CHANNELS FOLDER.

Sie können mit jedem IRC-Programm alle öffentlichen und privaten Channels finden, indem Sie folgenden Befehl eingeben:

```
/list
```

Abbildung 14.3 zeigt ein mIRC-Fenster, nachdem ein `/list`-Befehl ausgeführt wurde. Im Fenster erscheint der Name des Channels, die Anzahl der aktuellen Chatter und das Thema des Channels.

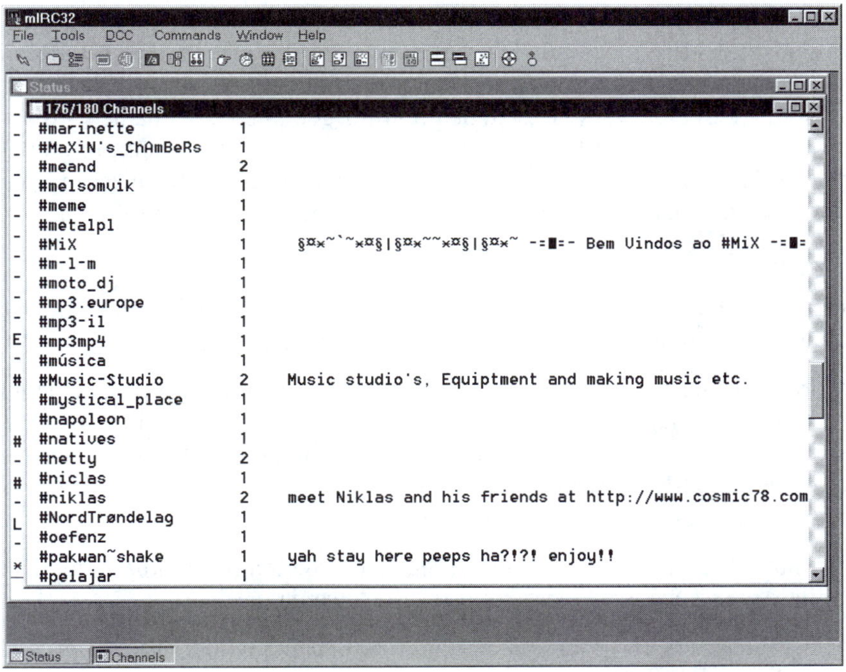

Abbildung 14.3: Ein ganzer Haufen Channels zur Auswahl!

Wählen Sie in Ircle aus dem Menü COMMANDS – LIST.

Bevor Sie /list eingeben, um alle verfügbaren Channels anzusehen, geben Sie folgende Zeile ein:

```
/set hold_mode on
```

Dieser Ausdruck verhindert, daß die Namen so schnell über den Bildschirm flattern, daß Sie sie nicht lesen können. Nicht vergessen: Geben Sie **/set hold_mode off** ein, nachdem Sie die Liste durchgegangen sind.

Sie können auch die Anzahl der angezeigten Channels einschränken, indem Sie Folgendes eingeben:

```
/list -min 8
```

Nun werden nur noch Channels mit mindestens acht anwesenden Chattern aufgeführt.

Pub kennzeichnet in der Liste einen öffentlichen Channel. Steht ein Prv in der Liste, so weist das auf einen privaten Channel hin. Das Zeichen @ deutet auf einen Channel-Operator (Chanop) hin, der die Geschehnisse im Channel verwaltet.

Auswahl eines Spitznamens

Alle, die IRC benutzen möchten, brauchen einen *Spitznamen*. Dieser Name ist im gesamten Netzwerk eindeutig: Es ist nicht möglich, daß zwei Leute, die mit dem gleichen IRC-Netzwerk verbunden sind, gleichzeitig den gleichen Spitznamen verwenden. Wenn Sie versuchen, die Verbindung zu einem Netzwerk herzustellen und Ihr gewählter Spitzname wird bereits verwendet, können Sie sich dem Channel nicht anschließen. Der Name kann Ihrem Benutzernamen in der E-Mail-Adresse entsprechen, obgleich die meisten Leute einen anderen Namen aussuchen. Um einen Spitznamen auszuwählen, geben Sie folgenden Befehl ein:

/NICK *dergewünschtename*

Spitznamen können bis zu neun Zeichen lang sein. Da geläufige Namen wahrscheinlich schon verwendet werden, müssen Sie sich etwas Besonderes einfallen lassen.

Anders als E-Mail-Adressen können sich Spitznamen täglich ändern. Wer auf einem IRC-Server zuerst einen Spitznamen für sich in Beschlag nehmen kann, behält ihn, so lange sie oder er dort aktiv ist. Spitznamen gelten nur für eine einzige Sitzung im IRC. Wenn Sie gestern mit jemanden namens ElvisPres gechattet haben und heute wieder auf ElvisPres treffen, haben Sie keine Garantie, daß das die gleiche Person ist.

Verwenden Sie mIRC oder Ircle, so können Sie dem Programm Ihren bevorzugten Spitznamen mitteilen, so daß Sie nicht jedesmal neu gefragt werden:

- ✔ In Ircle wählen Sie FILE – PREFERENCES – STARTUP. Geben Sie Ihren Namen ein und wählen Sie dann FILE – SAVE PREFERENCES.
- ✔ In mIRC wählen Sie FILE – SETUP oder drücken Sie Alt+E und klicken Sie auf die Registerkarte IRC-SERVER. mIRC erlaubt Ihnen, einen alternativen Spitznamen einzugeben, für den Fall, daß der erste beim Start bereits vergeben ist.

Um etwas mehr über die Person hinter einem Spitznamen herauszufinden, geben Sie folgenden Befehl ein:

```
/whois spitzname
```

An einen Spitznamen einer anderen Person gelangen Sie entweder, wenn Sie den Namen in einem Channel sehen oder wenn Ihnen jemand anderes den Namen verrät.

Unter vier Augen (oder 20 Fingern)

Um jemandem eine Mitteilung zu schicken, dessen Spitznamen Sie kennen, geben Sie die folgende Zeile ein:

```
/msg spitzname wassiesagenmöchten
```

Diese Methode taugt jedoch nicht für mehr als ein oder zwei Textzeilen. Sie können anstattdessen auch eine längere Unterhaltung beginnen, indem Sie diese Zeile eingeben:

```
/query spitzname
```

Wenn Sie nun etwas eingeben, daß nicht mit / beginnt, erscheint es nach Drücken der Eingabe-Taste auf dem Bildschirm von *Spitzname*, voranstehend Ihr eigener Spitzname.

Ihre »private« Unterhaltung kann viele IRC-Server durchwandern, oft in verschiedenen Ländern, und die Operatoren dieser Server können Ihre sämtlichen Mitteilungen aufzeichnen.

Eine privatere Möglichkeit zu chatten bietet sich über Direct Client Connections oder DCCs (direkte Client-Verbindung). Sie müssen nicht auf dem gleichen Channel sein wie die Person, mit der Sie sprechen möchten; Sie müssen lediglich den Spitznamen der Person kennen. Sie geben dazu folgende Zeile ein (vorausgesetzt, Sie möchten mit Lisa sprechen):

```
/dcc chat lisa
```

Sobald jemand versucht, einen DCC-Chat mit Ihnen zu beginnen, fragt Sie mIRC, ob Sie mit der anderen Person chatten möchten. Wenn Sie JA anklicken, öffnet mIRC ein Fenster für die Unterhaltung. Ihr DCC-Chat-Fenster ist wie ein Mini-Channel, in dem sich nur zwei Leuten aufhalten.

Mit DCC-Befehlen können Sie auch Dateien an andere Personen verschicken. Sie können beispielsweise einer Person, die Sie gerade kennengelernt haben, ein Bild von sich schicken. Wenn Ihnen jemand eine Datei schicken möchte, sollten Sie jedoch dankend ablehnen, falls Sie die Person nicht kennen. Unerbetene Dateien können unglaublich rüde und ekelhaft sein, und außerdem gefährlich, da sie eventuell mit einem Virus infiziert sind.

Ihren eigenen Channel betreiben

Jeder Channel hat seinen eigenen Channel-Operator oder *Chanop*, der in gewissem Ausmaß kontrollieren kann, was auf diesem Channel passiert. Auf der Liste der Spitznamen eines Channels erkennt man die Spitznamen der Chanops an einem at-Zeichen (@). Sie können Ihren eigenen Channel eröffnen und automatisch chanop werden, indem Sie folgende Zeile eingeben:

`/join #`*`unbenutzterchannelname`*

Genau wie bei den Spitznamen bekommt derjenige einen Channelnamen, der zuerst um ihn bittet. Sie können den Namen solange behalten, wie Sie als Chanop angemeldet sind. Sie können auch anderen Leuten die Aufgabe des Chanops für Ihren Channel übertragen – stellen Sie jedoch sicher, daß das Leute Ihres Vertrauens sind. Ein Channel existiert so lange, wie jemand darin anwesend ist; nachdem die letzte Person gegangen ist, verschwindet der Channel von der Bildfläche.

Als Chanop können Sie spezielle Befehle verwenden. Der Wichtigste ist `/kick`, mit dem Sie jemanden aus Ihrem Channel kicken können, zumindest für die drei Sekunden, bis der sich dem Channel wieder angeschlossen hat. Jemanden aus dem Channel zu kicken ist ein Nervenkitzel (wenn auch ein kleiner), wie wenn man einen Groschen auf der Straße findet. Leute werden normalerweise aus dem Channel gekickt, weil Sie grob sind oder so viele sinnlose Mitteilungen abgeben, daß der Channel zu nichts mehr zu gebrauchen ist.

Server-Operatoren verwalten ganze Server und können regelwidrige Benutzer dauerhaft für einen Server sperren.

Channeltypen

In IRC gibt es die folgenden drei Channeltypen:

- ✔ **Öffentlich:** Jeder kann sie sehen und jeder kann sich anschließen.
- ✔ **Privat:** Obwohl sie jeder sehen kann, können Sie sich nur auf Einladung anschließen.
- ✔ **Geheim:** Diese erscheinen nicht, wenn man den Befehl /list eingibt, und Sie können sich nur auf Einladung anschließen.

Wenn Sie sich in einem privaten oder geheimen Channel befinden, können Sie jemand anderen einladen, indem Sie diese Zeile eingeben:

`/invite `*`spitzname`*

Wenn Sie von jemandem eine Einladung in einen privaten oder geheimen Channel bekommen und der Einladung folgen möchten, geben Sie einfach diese Zeile ein:

`/join #invite`

Böse Jungs verpfeifen

Verglichen mit AOL oder CompuServe ist IRC ein rechtsfreier Raum. Es gibt nur wenige Regeln, wenn überhaupt. Falls es wirklich schlimm wird, können Sie versuchen, die E-Mail-Adresse eines Unruhestifters herauszufinden, indem Sie den Befehl `/whois` eingeben. Wenn Sie den Befehl

`/whois` *`spitzname`*

eingeben, erhalten Sie eine Reihe von Informationen zu dieser Person, vielleicht auch deren E-Mail-Adresse – sagen wir `blödmann@jclt.com`. Sie können dann eine E-Mail-Beschwerde an den `postmaster` mit dem gleichen Host-Namen schicken: in diesem Beispiel `postmaster@jclt.com`. Erwarten Sie aber nicht viel davon.

Dateien aus dem Netz klauen

15

In diesem Kapitel

- Warum herunterladen?
- Mit dem Web-Browser Dateien mopsen
- Wie funktioniert FTP?
- Mit WS_FTP Dateien mopsen
- Aus dem Netz gemopste Software installieren

Zuerst einmal die phantasievolle Terminologie: *File Transfer* (Dateiübertragung) bedeutet, daß man Dateien von einem System auf ein anderes kopiert. Meistens kopieren Sie Dateien von anderen System auf Ihres. Falls Ihr Internet-Provider Ihnen gestattet, Webseiten und Dateien zu »veröffentlichen«, können Sie auch von Ihrem System auf das Ihres Providers kopieren und damit veröffentlichen. *Herunterladen* (Downloading) bedeutet das Kopieren von Dateien von einem Computer da oben im Internet »herunter« auf den Computer auf Ihrem Schreibtisch. *Hochladen* (Uploading) ist das Gegenteil – das Kopieren einer Datei von Ihrem Computer »hoch« auf einen Computer im Internet. *FTP* steht für File Transfer Protocol, einer Methode, mit der Computer Dateien über das Internet übertragen.

Was ist so toll daran?

Warum sollte man eine Datei aus dem Internet herunterladen? Weil es da draußen im Internet kostenlos massenweise cooles Zeug gibt. Sie können Programme, Bilder, Audio-Clips und Text auf Ihren Computer herunterladen – es geht schnell, und der Preis stimmt. Ein Großteil der Internet-Software, die wir verwenden, können Sie über PPP-Accounts direkt aus dem Internet herunterladen, und Sie können außerdem hübsche ClipArts, Rezepte und alles bekommen, was Ihnen nur einfällt! Eine Liste der Dateitypen, die Sie herunterladen können, und ein paar Tips, was Sie mit den Dateien dann anstellen können, finden Sie in Kapitel 19.

In diesem Kapitel lernen Sie zwei Möglichkeiten zum Herunterladen von Dateien kennen: Einmal mit einem Web-Browser, zum andern mit einem FTP-Programm. Das Web ist die einfachste Methode, Dateien herunterzuladen, obgleich man normalerweise nicht hochladen kann. FTP-Programme können sowohl hoch- als auch herunterladen.

Zu welchem Zweck sollte man eine Datei hochladen? Nun, Sie sind vielleicht eine bombige Programmiererin, die ein wundervolles Programm geschrieben hat, das Sie gern einer der vielen Shareware- und Freeware-Bibliotheken im Internet zur Verfügung stellen möchten.

Der häufigste Grund, Dateien hochzuladen, ist jedoch die Erstellung oder Aktualisierung einer Web-Site; Sie erstellen die Webseite für Ihre Web-Site auf Ihrem eigenen Computer und laden Sie dann auf einen Web-Server hoch, wie in Kapitel 10 beschrieben wurde.

Dateien aus dem Web holen

Nichts ist einfacher als eine Datei aus dem Web zu holen. Sie haben das wahrscheinlich schon Ewigkeiten gemacht, ohne es zu wissen. Jede Webseite, jedes Symbol oder Bild auf einer Webseite, jeder grafische Web-Hintergrund ist eine Datei. Jedesmal, wenn Sie auf einen Link klicken oder eine URL eingeben, um zu einer Webseite zu gehen, bekommen Sie mindestens eine Datei. (Falls es sich um eine Seite mit vielen Grafiken handelt, bekommen Sie eine große Anzahl Dateien, nämlich eine pro Bild.)

Der technische Begriff für die Art, mit der Dateien über das Web übertragen werden, ist *HTTP*, oder *Hypertext Transport Protocol*. Auf deutsch bedeutet der Begriff, daß Ihr Browser einen Befehl über das Internet zu dem Web-Server sendet, auf dem die Datei gespeichert ist, und ihn darum bittet, die Datei an Ihren Computer zu schicken. Um diese Art von Befehl auszulösen, müssen Sie lediglich wissen, wo Sie klicken müssen. (Wir griesgrämigen alten Hasen finden, daß das Zeug das Leben viel zu einfach macht, aber das ist der Preis des Fortschritts.)

Das Bild will ich haben!

Um ein Bild aus dem Web herunterzuladen, zeigen Sie es zunächst in Ihrem Web-Browser an. Wenn Sie auf eine Webseite ein Bild sehen, daß Sie auf Ihrer Festplatte speichern möchten, rechtsklicken Sie das Bild. Aus dem daraufhin erscheinenden Menü wählen Sie GRAFIK SPEICHERN UNTER oder BILD SPEICHERN UNTER. Sagen Sie Ihrem Browser, wo er das Bild speichern soll. Das ist alles!

Grafikdateien haben spezielle Dateinamen-Erweiterungen, die angeben, in welchem Grafikformat die Datei vorliegt. Beim Herunterladen einer Datei können Sie den Dateinamen ändern, aber ändern Sie *nicht* die Erweiterung. In Kapitel 19 finden Sie Einzelheiten dazu.

Nur, weil das Bild jetzt auf Ihrer Festplatte gespeichert ist, heißt das noch lange nicht, daß es auch Ihnen gehört. Die meisten Bilder auf Webseiten sind urheberrechtlich geschützt. Sofern ein Bild nicht von einer Site stammt, die Bilder explizit als »ClipArt« anbietet, müssen Sie sich die Erlaubnis einholen, wenn Sie das Bild für kommerzielle Zwecke verwenden oder auch auf Ihre nichtkommerzielle Webseite hochladen möchten.

Programme zum Mitnehmen

Das Herunterladen einer Programmdatei aus dem Web ist ebenfalls einfach – Sie klicken auf einen Link zum Programm, der meistens entweder mit »Download« oder dem Namen des Programms benannt ist. Ihr Web-Browser hält inne und fragt Sie, was mit der Datei geschehen soll. Falls es ein Programm ist (eine Windows-EXE-Datei oder so etwas) oder eine ZIP-Datei, ist es das Vernünftigste, wenn Ihr Browser die Datei auf Festplatte speichert, so daß Sie sie später ausführen oder entpacken können. Falls es eine ZIP-Datei ist und Sie WinZip (wird später in diesem Kapitel erwähnt) installiert haben, können Sie dem Browser auch sagen, daß er WinZip direkt starten soll, indem er es zum Bearbeiterprogramm für ZIP-Dateien macht; wir finden diese Methode gar nicht so praktisch, wie Sie vielleicht denken.

Wenn Sie beispielsweise ein Internet-Programm herunterladen möchten, könnten Sie zu TUCOWS gehen, The Ultimate Collection of Windows Software, unter `http://www.tucows.com/europe.html`. Nachdem Sie auf der Site angekommen sind, klicken Sie Links, um eine Site in Ihrer Nähe auszuwählen, wählen Sie Ihr Betriebssystem (Windows 3.1, Windows 95, Windows 98 oder Mac), und wählen Sie die Programmtypen, die Sie herunterladen möchten. TUCOWS zeigt eine Webseite wie die in Abbildung 15.1 an, mit einer Liste von Programmen, die zum Herunterladen zur Verfügung stehen. Um eine Programmdatei herunterzuladen, klicken Sie einfach auf den Namen des Programms.

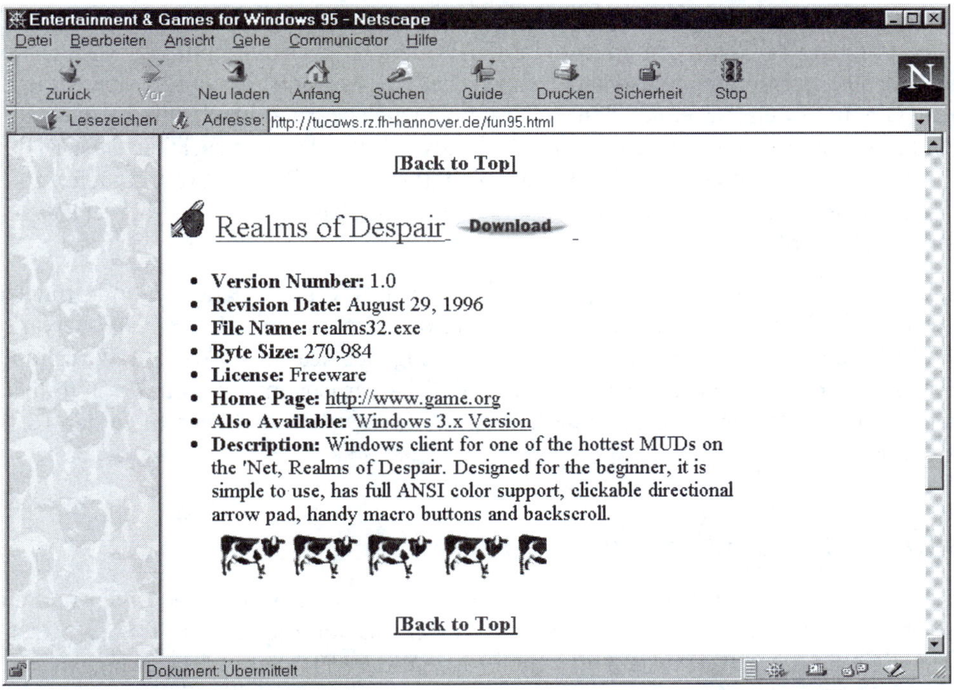

Abbildung 15.1: Klicken Sie den Programmnamen – in diesem Fall »Realms of Despair«, um die Programmdatei herunterzuladen.

Um absolut sicher zu gehen, daß Ihr Browser eine Datei von einem Web-Link auf Ihre Festplatte herunterlädt, anstatt zu versuchen, die Datei auszuführen, zeigen Sie sie auf dem Bildschirm an oder machen Sie es ganz clever und halten Sie die Umschalt-Taste gedrückt, während Sie auf den Link klicken.

Andere Dateien bekommen

Um andere Dateitypen herunterzuladen – Audio-Dateien, Video-Dateien, was auch immer – folgen Sie den gleichen Schritten wie für das Herunterladen eines Programms. Suchen Sie eine Webseite, die einen Link zur gewünschten Datei enthält. Audio-Clips aus verschiedenen Themengebieten finden Sie beispielsweise auf der Web-Site der Deutschen Welle unter `http://www.dwelle.de`.

Wie FTP funktioniert

Es ist schon toll, Dateien aus dem Web herunterladen zu können, doch nicht alle Dateien sind im Web *verfügbar*. Was ist, wenn Sie eine Datei hochladen möchten? Sie brauchen FTP – das File Transfer Protocol.

Zur Übertragung einer Datei mit FTP werden zwei Teilnehmer benötigt: ein *FTP-Client-Programm* und ein *FTP-Server-Programm*. Der FTP-Client ist das Programm, das wir Allerweltsanwender auf unseren Computern laufen lassen. Der FTP-Server ist das Programm, das irgendwo auf einem großen Mainframe läuft (oder heutzutage ebenso wahrscheinlich auf einem PC irgendwo unter einem Schreibtisch) und Zehntausende von Dateien speichert. Der FTP-Server ist vergleichbar mit einer Online-Dateienbibliothek. Der FTP-Client kann Dateien auf den FTP-Server *hochladen* (senden) oder, was üblicher ist, Dateien vom FTP-Server *herunterladen* (empfangen).

Es gibt Tausende allgemein zugänglicher FTP-Server, und sie speichern Hunderttausende Dateien. Viele Dateien sind Freeware- oder Shareware-Programme. Manche FTP-Server sind so populär, daß sie nicht mehr alle Datei-Anfragen zugleich bearbeiten können. Wird ein FTP-Server so überschwemmt, so werden andere FTP-Server, sogenannte *Mirrors* (zu deutsch Spiegel) mit Kopien der Dateien eingerichtet, um den ausufernden Verkehr in den Griff zu bekommen.

Hallo, hier ist Anonymous

Um einen FTP-Server zu benutzen, müssen Sie sich mit einem Benutzernamen und einen Kennwort einloggen. Aber was ist, wenn Sie keinen Account auf dem FTP-Server-Rechner haben? Kein Problem, wenn es ein öffentlich zugänglicher FTP-Server ist. Sie loggen sich als `anonymous` ein und tippen Ihre E-Mail-Adresse als Kennwort. Voilà! Sie haben Zugang zu Unmassen Dateien! Diese Methode, öffentliche FTP-Server zu benutzen, heißt *anonymes FTP*.

Da ist nichts Schmieriges dabei; öffentliche FTP-Sites erwarten, daß Sie anonymes FTP verwenden, um Dateien herunterzuladen.

Ein paar anonyme FTP-Tips

Manche FTP-Server schränken die Anzahl der anonymen Benutzer oder die Tageszeiten, an denen anonymes FTP erlaubt ist, ein. Bitte respektieren Sie diese Beschränkungen, da es kein Gesetz gibt, das es dem Eigentümer des Systems verbietet, anonymen Zugang abzuschalten.

Speichern Sie keine Dateien auf einem FTP-Server, sofern der Eigentümer Sie nicht dazu auffordert. Es gibt normalerweise ein Verzeichnis namens INCOMING oder ähnlich, wo Sie Zeug hinpacken können.

Manche FTP-Server lassen anonymes FTP nur bei Host-Computern zu, die Namen haben. Wenn Sie nun versuchen, FTP anonym von einem Host aus auszuführen, der eine Zahl hat, aber keinen Namen, läßt der FTP-Host Sie nicht herein. Dieses Problem taucht meistens bei PPP-Einwähl-Accounts auf, denen oft keine Namen zugewiesen sind, weil sie im allgemeinen keine Dienste anbieten, die für andere Leute nützlich sind. Falls Ihnen dieses Problem begegnet, beschweren Sie sich bei Ihrem Provider, der das leicht beheben kann.

Wann ist eine Datei keine Datei?

Wenn sie eine Textdatei ist. Die FTP-Definition spezifiziert sechs verschiedene Arten von Dateien, von denen nur zwei nützlich sind: ASCII und binär. Eine *ASCII*-Datei ist eine Textdatei; eine *binäre* Datei ist alles andere. FTP verfügt über zwei Modi, *ASCII* und *binär* (auch *Bildmodus* genannt), um die beiden Dateiarten zu übertragen. Wenn Sie eine ASCII-Datei zwischen verschiedenen Arten von Computern übertragen, die Dateien unterschiedlich speichern, paßt der ASCII-Modus die Datei während der Übertragung automatisch so an, so daß die Datei eine gültige Textdatei ist, wenn sie beim Empfänger ankommt. (Da Macs, Windows und UNIX alle leicht unterschiedliche Konventionen zum Speichern von Textdateien haben, kann diese automatische Konversion eine Menge Ärger ersparen.) Eine binäre Datei wird in Ruhe gelassen und wortgetreu übertragen.

Wie man den FTP-Client bekommt

Wenn Sie Dateien per FTP empfangen wollen, brauchen Sie ein FTP-Client-Programm. Zum Glück gibt es dafür mehrere hervorragende Methoden:

- **Benutzen Sie Ihren Web-Browser.** Die meisten Web-Browser beherrschen anonymes FTP zum Herunterladen von Dateien (kein anonymes Hochladen – aber das wollten Sie wahrscheinlich ohnehin nicht). Mehr dazu im nächsten Abschnitt, »Ihr Web-Browser ist auch ein FTP-Client«.
- **Falls Sie einen PPP-Account haben, können Sie ein Winsock- oder MacTCP-FTP-Programm benutzen.** Das populärste Freeware-FTP-Programm, das Winsock-kompatibel ist, heißt WS_FTP, und wie man es benutzt, werden Sie in diesem Kapitel erfahren (im Abschnitt »Hardcore-FTP unter Verwendung von WS_FTP«). Wenn Sie einen Mac verwenden, können Sie ein Shareware-Programm namens Fetch einsetzen. Diese Programme können Dateien herauf- und herunterladen, indem sie sowohl anonymes FTP als auch private Accounts auf einem FTP-Server benutzen.
- **Falls Sie AOL oder CompuServe verwenden, ist es leicht, Dateien über anonymes FTP zu bekommen.** Verwenden Sie in beiden Diensten das Stichwort **ftp**. Einzelheiten dazu erfahren Sie in Kapitel 16 im Abschnitt zum Abholen von Dateien von FTP-Servern.

Ihr Web-Browser ist auch ein FTP-Client

Um Ihren Web-Browser zum Übertragen von Dateien via FTP zu bewegen, verwenden Sie eine spezielle Form der URL: eine FTP-URL. (Diese Abkürzungen sind einfach zum Verlieben!) Interessanterweise sind Web-Browser clever genug zu erkennen, welche Dateien ASCII sind und welche binär. Sie müssen sich darüber keine Gedanken machen.

Die URL des FTP

Wenn Sie Ihren Web-Browser als Web-Browser verwendet haben (dafür ist er ja gedacht), haben Sie wahrscheinlich URLs eingegeben, die mit *http* beginnen, der Abkürzung für die Methode, mit der sich Browser mit Web-Servern unterhalten (Hypertext Transport Protocol, wenn Sie es unbedingt wissen möchten). Damit Ihr Web-Browser sich an einem FTP-Server anmeldet, geben Sie ihm eine andere Art von URL an, die FTP-URL. Die URL eines FTP-Servers sieht so aus:

ftp://*servername*/*verzeichnisname*/*dateiname*

Wenn Sie wollen, können Sie den Verzeichnisnamen und den Dateinamen weglassen; dann kommen Sie auf die oberste Ebene dieses FTP-Servers. Die URL des Microsoft-FTP-Servers (bei ftp.microsoft.com) ist:

`ftp://ftp-microsoft.com/`

Diese URL hat keinen Dateinamen-Teil: Wenn Sie den Dateinamen weglassen, zeigt der Server die oberste Verzeichnisebene an, zu der Sie Zugang haben.

Browsen mit einer FTP-URL

Gleich, welchen Web-Browser Sie verwenden, Sie folgen immer den gleichen allgemeinen Schritten, um Dateien über FTP abzurufen:

1. **Lassen Sie Ihren Web-Browser wie üblich laufen.**
2. **Befehlen Sie dem Browser, die URL des FTP-Servers zu laden, indem Sie die URL des FTP-Servers in das Feld namens Adresse, URL oder Netsite direkt unter der Werkzeugleiste eingeben, und drücken Sie die Eingabetaste.**

   Wenn Sie einen Browser benutzen, in dem Sie keine URL in diesen Kasten eingeben können, müssen Sie einen Befehl geben, um ihm mitzuteilen, zu welcher URL er gehen soll. Mit den meisten Browsern können Sie DATEI – ÖFFNEN wählen (oder Strg+O drücken) und dann die URL in das angezeigte Dialogfeld eingeben.

   Der Browser loggt sich in den FTP-Sever ein und zeigt sein Verzeichnis wie in Abbildung 15.2. Jede Datei und jedes Verzeichnis im aktuellen Verzeichnis erscheint als Link. Je nachdem, welchen Web-Browser Sie benutzen, kann sich das Format von dem in der Abbildung unterscheiden.

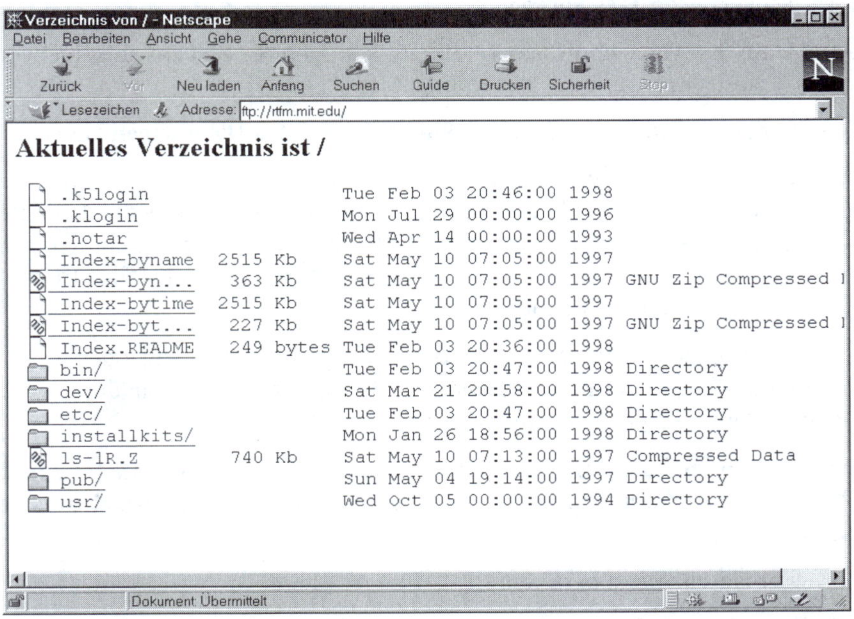

Abbildung 15.2: Netscape Navigator kann Ihr FTP-Programm sein.

Hey, ich bin's!

Einige Web-Browser – vor allem Netscape Navigator – können mehr als nur anonymes FTP; sie können mit FTP auch Dateien von Sites übertragen, auf denen Sie einen Account haben. Um eine Datei von einem durch ein Kennwort geschützten FTP-Server herunterzuladen (vorausgesetzt, Sie haben ein Account auf diesem Server), können Sie Ihren Accoutnamen gefolgt von einem at-Zeichen (@) unmittelbar vor dem FTP-Servernamen einfügen. Wenn Ihr Accountname beispielsweise elvis lautet, geben Sie folgende URL ein:

```
ftp://elvis@ftp.gurus.com
```

Wenn er sich am Server anmeldet, bittet Ihr Browser Sie um die Eingabe Ihres Kennwortes, das auf dem System Ihres Providers wahrscheinlich das gleiche Kennwort ist wie für die anderen Anmeldungen auch.

3. **Gehen Sie zu dem Verzeichnis, das die gewünschte Datei enthält, indem Sie auf den Namen des Verzeichnisses klicken.**

   Wenn Sie auf den Verzeichnisnamen klicken, kommen Sie zu dem entsprechenden Verzeichnis, und Ihr Browser zeigt seinen Inhalt an.

4. **Laden Sie gewünschte Datei herunter, indem Sie auf den Dateinamen klicken.**

   Wenn Sie eine Textdatei herunterladen oder eine andere Datei, die Ihr Browser darstellen kann, zeigt er sie nach dem Herunterladen. Wenn Sie beispielsweise auf den Dateinamen readme.txt klicken, zeigt der Browser die Textdatei. Wenn Sie sie nach dem Anschauen speichern wollen, wählen Sie im Menü Datei – Speichern unter und teilen Ihrem Browser mit, welchen Dateinamen er benutzen soll.

   Falls Sie eine Datei herunterladen, mit der Ihr Browser nichts anzufangen weiß, wie z.B. ein Programm, fragt er Sie meistens, wie er weiter vorgehen soll. (Abbildung 15.3 zeigt die Mitteilung, die Netscape Navigator einblendet.)

5. **Wenn Ihr Browser fragt, was er mit der Datei tun soll, sagen Sie ihm, er soll die Datei auf Festplatte speichern, und suchen Sie dann zum Speichern ein Verzeichnis und einen Dateinamen aus.**

   Ihr Browser lädt die Datei herunter.

Falls Sie einen anderen Web-Browser als Netscape Navigator oder Microsoft Internet Explorer verwenden, kann dieser Dateien auf andere Art herunterladen. Sehen Sie in der Beschreibung Ihres Browsers nach, um herauszufinden, wie heruntergeladene Dateien gespeichert werden. Oder versuchen Sie es einfach – klicken Sie auf den Dateinamen einer Datei, die interessant aussieht, und schauen Sie, was passiert. Falls Ihnen nicht gefällt, was passiert, versuchen Sie es noch einmal und halten Sie dabei die Umschalt-Taste gedrückt.

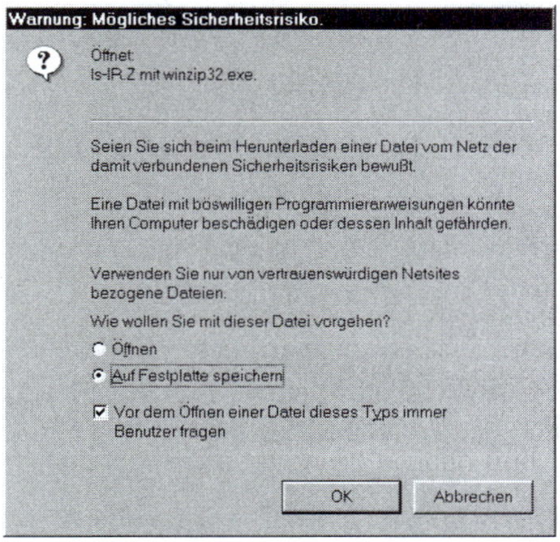

Abbildung 15.3: Netscape Navigator weiß nicht, was mit der Datei geschehen soll, die Sie herunterladen.

Hardcore-FTP mit WS_FTP

Die grundlegenden Schritte bei der Verwendung Ihres FTP-Client-Programms sind unabhängig davon, welches Programm Sie verwenden, etwas komplizierter als mit einem Browser:

1. Falls Sie einen UNIX-Shell-Provider verwenden und Dateien auf einen FTP-Server hochladen möchten, laden Sie sie zunächst von Ihrem eigenen Computer auf den Computer Ihres Providers.
2. Melden Sie sich mit Ihrem FTP-Client-Programm am FTP-Server an.
3. Gehen Sie auf dem Server in das Verzeichnis, das die Dateien enthält, die Sie herunterladen möchten, oder gehen Sie in das Verzeichnis, von dem aus Sie Dateien hochladen möchten.
4. Teilen Sie dem Programm mit, welche Art von Dateien (ASCII oder binär) Sie verschieben möchten.
5. Laden Sie die Dateien herunter oder hoch.
6. Melden Sie sich am FTP-Server ab.
7. Wenn Sie einen UNIX-Shell-Provider verwenden und Sie Dateien von einem FTP-Server heruntergeladen haben, laden Sie sie vom Computer Ihres Providers auf Ihren eigenen Computer herunter.

Falls Sie einen PPP-Account haben, brauchen Sie ein Winsock (für Windows-Benutzer)- oder MacTCP (für Mac-Benutzer)-FTP-Client-Programm. Im Internet sind viele gute Freeware- und Shareware-FTP-Programme erhältlich. Unsere Favoriten sind WS_FTP für Windows und Fetch für den Mac. Dieser Abschnitt beschreibt, wie man WS_FTP benutzt.

Zu den coolen Funktionen von WS_FTP gehören folgende:

- ✔ Für die Namen von lokalen und entfernten Dateien und Verzeichnissen gibt es Fenster mit Bildlaufleisten, zwischen denen Sie wechseln können.
- ✔ Für alltägliche Vorgänge wie den Aufbau der Verbindung und die Einstellung des binären Modus gibt es Schaltflächen zum Anklicken.
- ✔ Sie können Verbindungsprofile benutzen, die den Namen des Hosts, den Anmelde-Namen, das Kennwort und das Host-Verzeichnis Ihrer Lieblings-FTP-Sites speichern; ein ganzes Bündel nützlicher Profile ist bereits eingestellt.

FTP von Webseiten

Wenn Sie eine Web-Site unterhalten, verwenden Sie FTP, um die von Ihnen erstellten Webseiten von Ihrem Computer auf den Web-Server zu übertragen. Dazu können Sie WS_FTP oder jedes andere FTP-Programm verwenden, wobei Sie allerdings verfolgen müssen, welche Webseiten Sie auf Ihrem Computer erstellt, geändert oder gelöscht haben und das gleiche auch auf dem Web-Server tun müssen. Je größer Ihre Web-Site wird, desto mehr Kopfzerbrechen bereitet Ihnen das Ganze.

Doch nicht verzagen, die Lösung naht: Verwenden Sie ein FTP-Programm, daß speziell für den Unterhalt von Web-Sites entwickelt wurde. Margy verwendet NetLoad, ein schlaues Programm, das die Dateien (über Dateigröße und Datum) auf Ihrem Computer und auf Ihrer Web-Site vergleichen kann, um herauszufinden, welche Dateien hochgeladen oder gelöscht werden müssen. Ein Klick auf die Schaltfläche, und NetLoad überträgt alle notwendigen Dateien. NetLoad oder eine Vielzahl ähnlicher Programme erhalten Sie im Netz bei TUCOWS (unter `http://www.tucows.com/europe.html`).

Wie man WS_FTP bekommt

Unser Lieblings-Winsock-FTP-Programm heißt WS_FTP. Die Freeware-Version WS_FTP LE (steht für Limited Edition) ist über (was sonst!) FTP an vielen Stellen verfügbar, einschließlich des »Zuhauses«, der Militärakademie der Vereinigten Staaten. (Und Sie dachten, die werden nur zur Kriegsführung ausgebildet!) Da die Übertragung von einer gespiegelten Site (Mirror) etwas besser läuft, empfehlen wir Ihnen, eine solche zu verwenden:

1. **Legen Sie unter Arbeitsplatz, Windows-Explorer (in Windows 95 oder 98) oder Datei-Manager (in Windows 3.1) ein Verzeichnis an, in das WS_FTP gesteckt werden soll.**

2. **Gehen Sie mit Ihrem Web-Browser zur Site »The Ultimate Collection of Winsock Software« (TUCOWS) unter** `http://www.tucows.com/europe.html`**. Klicken Sie die Mirror-Site, die Ihnen am nächsten liegt, und klicken Sie dann Windows 95 (oder Windows 98) oder Windows 3.1. Anschließend klicken Sie auf den Link für FTP-Programme.**

   Sie sehen eine lange Liste mit Freeware- und Shareware-FTP-Clients. Cool!

3. **Blättern Sie hinab zu WS_FTP LE und klicken Sie auf den Programmnamen. Sagen Sie Ihrem Browser, er soll die Datei in dem Ordner speichern, den Sie in Schritt 1 erstellt haben.**

   Ihr Browser lädt dann die Datei herunter. Jetzt wird es Zeit, sie zu installieren.

4. **Entpacken Sie die Datei** `WS_FTPLE.ZIP`**.**

   Wir erläutern später in diesem Kapitel, wie man eine Datei entpackt. Sie bekommen einen Haufen Dateien, darunter das Installationsprogramm, das entweder INST.EXE (Windows 3.1) oder INST32.EXE (Windows 95 oder Windows NT) heißt.

5. **Starten Sie das Installationsprogramm.**

   Das Programm stellt eine Reihe von Fragen, z.B. ob Sie den Bedingungen für nichtkommerzielle Nutzung zustimmen (wenn Sie ein Heim-Benutzer sind, tun Sie das wahrscheinlich), welche Ordner verwendet werden sollen und welche Version des Programms verwendet werden soll. Die vorgeschlagene Antwort ist auf jeden Fall in Ordnung.

Jetzt können Sie sich dem FTP mit WS_FTP widmen!

Wegen Dateien anrufen

Und so benutzen Sie das WS_FTP-Programm, um sich Dateien von einem FTP-Server zu holen oder sie dort hinzuschicken:

1. **Starten Sie das WS_FTP-Programm mit einem Doppelklick auf sein Symbol.**

   Sie sehen das Dialogfeld FTP CLIENT CONNECT TO, wie in Abbildung 15.4. In dieses Dialogfeld können Sie Informationen zum FTP-Server eingeben, mit dem Sie eine Verbindung herstellen wollen. Nachdem Sie diese Informationen eingegeben haben, speichert WS_FTP sie, damit Sie mit dem gespeicherten Server später ganz leicht eine Verbindung herstellen können.

2. **Geben Sie im Feld PROFILE NAME den Namen ein, den Sie für diesen FTP-Server benutzen wollen.**

   Wenn Sie beispielsweise FTP für `rtfm.mit.edu` benutzen wollen, wo sich FAQs für alle Usenet-Newsgruppen befinden, könnten Sie **Usenet FAQ-Zentrale** eingeben.

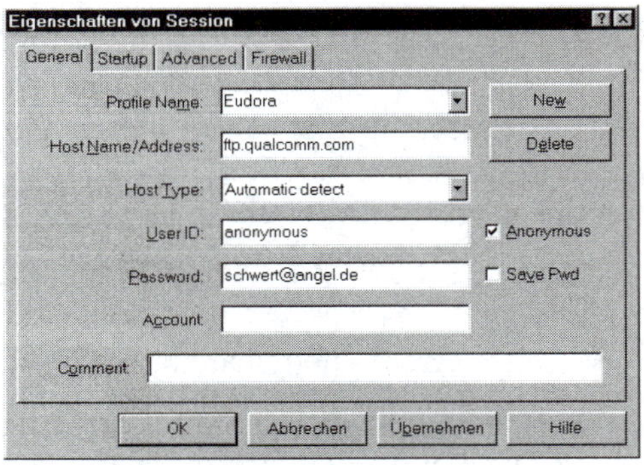

Abbildung 15.4: Mit welchem FTP-Server möchten Sie sprechen?

3. **Geben Sie im Feld Host name den Namen des FTP-Servers ein.**

   Das kann ein regulärer Internet-Name sein (wie `oak.oakland.edu`, ein weiterer nützlicher FTP-Server) oder eine numerische Adresse.

4. **Lassen Sie das Feld für den Typ des Hosts auf Auto-detect eingestellt.**

   Damit weisen Sie WS_FTP an, selbst zu erraten, welches Betriebssystem der FTP-Server benutzt.

5. **Wenn Sie einen Benutzernamen auf dem FTP-Server haben, geben Sie ihn zusammen mit dem Kennwort in die Felder User ID und Password ein.**

   Ansonsten klicken Sie in das Feld Anonymous FTP. WS_FTP fragt nach Ihrer E-Mail-Adresse, die es als Kennwort benutzt (das ist bei anonymem FTP üblich).

6. **Geben Sie Ihre Adresse ein, und klicken Sie auf OK.**

   WS_FTP füllt die Felder User ID und Password für Sie aus.

Wenn Sie wollen, daß WS_FTP das Kennwort in dem Kasten Password speichert und Sie nicht jedesmal danach fragt, wenn Sie mit dem FTP-Server verbunden werden wollen, klicken Sie auf das Kästchen Save Password, damit dort ein x steht.

7. **Klicken Sie auf die Registerkarte Startup und anschließend in das Feld Remote Dir und geben Sie dort das Verzeichnis ein, in das Sie auf dem FTP-Server hineinschauen möchten.**

   Alternativ können Sie diesen Kasten leer lassen und sich selbst umschauen.

8. **Im Feld Initial Local Dir geben Sie das Verzeichnis auf dem eigenen PC an, in das Sie die heruntergeladenen Dateien speichern wollen.**

9. **Klicken Sie auf die Schaltfläche Apply, um diese Informationen zu speichern.**

10. **Klicken Sie auf OK.**

    WS_FTP versucht, eine Verbindung zu dem FTP-Server herzustellen.

Er redet nicht mit mir!

Sollten Sie Probleme dabei haben, eine Verbindung zu einem FTP-Server herzustellen, erscheinen in dem zweizeiligen Feld im unteren Bereich des WS_FTP-Fensters Mitteilungen. Sie können in diesem kleinen Fenster hin- und herblättern, um zu sehen, was passiert ist. So ist `rtfm.mit.edu` beispielsweise oft überlastet und läßt Sie sich nicht anmelden. Wenn das passiert, werden hilfreiche Nachrichten über andere FTP-Sites gezeigt, die die gewünschte Information haben könnten. Diese Mitteilungen sehen Sie in dem Kasten.

Wenn Sie die Mitteilungen des FTP-Servers sehen wollen, doppelklicken Sie darauf. WS_FTP öffnet ein großes Fenster, so daß Sie sie besser sehen können. Wenn Sie es schließen wollen, klicken Sie auf die Schaltfläche SCHLIESSEN.

Kopie gefällig?

Nachdem Sie die Verbindung zum FTP-Server hergestellt haben, sehen Sie das WS_FTP-Fenster, wie in Abbildung 15.5. (Einige Versionen von WS_FTP ordnen das Fenster etwas anders an.) WS_FTP zeigt Informationen über die Dateien auf Ihrem eigenen Computer auf der linken Seite des Fensters (namens Local PC) und die Verzeichnisse und Dateien auf dem FTP-Server auf der rechten Seite (namens Remote System). Auf beiden Seiten finden sich Schaltflächen, mit denen Sie Verzeichnisse wechseln (CHGDIR), erstellen (MKDIR) oder löschen (RMDIR) können, Dateien ansehen können und vieles mehr. Natürlich haben Sie auf den meisten FTP-Servern keine Berechtigung, irgendetwas zu löschen oder zu verändern, deshalb versuchen Sie es erst gar nicht.

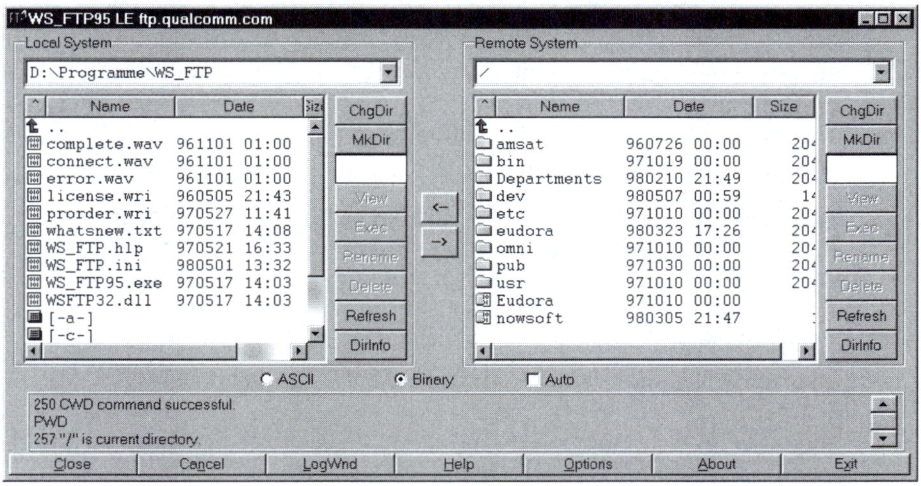

Abbildung 15.5: Bereiten Sie sich auf den Empfang von Dateien vor!

Wenn Sie sich auf dem FTP-Server von Verzeichnis zu Verzeichnis bewegen wollen, wählen Sie deren Namen aus dem Kasten mit der Liste. Oder klicken Sie auf die Schaltfläche CHDIR, und geben Sie den vollen Pfadnamen des Verzeichnisses an, zu dem Sie gehen wollen.

Und so kopieren Sie eine Datei:

1. **Wählen Sie mit Hilfe der Schaltflächen unten im Fenster ASCII oder Binary.**

   Bei Dateien, die vollständig aus Text bestehen (wie HTML-Dateien), nehmen Sie ASCII. Bei allem anderen (wie Grafikdateien) entscheiden Sie sich für Binary (binär).

2. **Suchen Sie auf dem FTP-Server die gewünschte Datei aus.**

3. **Suchen Sie das Verzeichnis aus, in das sie auf Ihrem Computer gesteckt werden soll.**

4. **Klicken Sie auf die Schaltfläche mit dem nach links zeigenden Pfeil in der Mitte des Fensters.**

   WS_FTP lädt die Datei herunter. Bei großen Dateien kann das einige Zeit dauern, und WS_FTP zeigt Ihnen den Fortschritt prozentgenau an.

Für die Mac-Benutzer

Wir möchten ja nicht, daß Sie sich übergangen fühlen, nur weil wir uns so intensiv um WS_FTP gekümmert haben. Die Dinge liegen auf dem Mac etwas einfacher, und wir haben ein enges Budget an Buchseiten.

In Sachen FTP bevorzugen wir das exzellente Shareware-Programm Fetch von Jim Mathews. Das Problem liegt selbstverständlich darin, herauszufinden, wie man das Programm bekommt, bevor man FTP hat. Mit Ihrem praktischen Browser-Programm gehen Sie deshalb zu `http://www.dartmouth.edu/pages/softdev/fetch.html`, wo Sie vollständige Informationen zu Fetch und Anleitungen zum Herunterladen finden.

Fetch gibt Ihnen die Wahl, Dateien als reine Daten oder als MacBinary herunterzuladen. Das Format *MacBinary* kombiniert die Einzelteile (*Forks*) von Macintosh-Dateien in einer Datei, so daß sie gemeinsam reisen können, wenn mit ihnen FTP betrieben wird. Benutzen Sie MacBinary bei Mac-spezifischem Zeug, das nur andere Macs verstehen können, wie zum Beispiel Mac-Software. Wenn Sie beispielsweise Mac-Software aus einem Mac-Software-Archiv herunterladen, sollten Sie MacBinary verwenden. Benutzen Sie es nicht bei Textdateien, Grafikdateien und anderem nicht-Mac-spezifischen Zeug. Dateien, die mit MacBinary formatiert sind, tragen gewöhnlich die Erweiterung .bin.

Auflegen!

Wenn Sie fertig sind und die Verbindung zu dem FTP-Server trennen wollen, klicken Sie auf die Schaltfläche CLOSE unten im WS_FTP-Fenster.

Verbindung wiederherstellen

Um jemand anders anzurufen, klicken Sie auf die Schaltfläche CONNECT. Sie sehen wieder das Fenster FTP CLIENT CONNECT TO. Geben Sie andere Informationen ein, und klicken Sie auf OK, um die Verbindung herzustellen.

Wollen Sie einen FTP-Server anrufen, mit dem Sie bereits eine Verbindung hatten, klicken Sie auf CONNECT. Im Fenster FTP CLIENT CONNECT TO klicken Sie auf die Pfeil-Schaltfläche rechts neben dem Feld CONFIG NAME. Sie sehen eine Liste aller Konfigurationen, die Sie bereits eingegeben haben – suchen Sie eine aus, und klicken Sie dann auf OK.

Weshalb heißt es FTP?

Wir könnten behaupten, daß FTP eine Kurzform von *F*ile-*T*ransfer *P*rogramm (Dateiübertragungsprogramm) ist, und Sie würden uns wahrscheinlich glauben, aber es wäre falsch. In Wahrheit bedeutet es *File-Transfer Protocol (Dateiübertragungsprotokoll).* Irgendwann damals im Jahre 1971 beschlossen die mächtigen Internet-Kräfte ein *Protokoll,* eine Reihe von Konventionen zum Kopieren von Dateien von einer Stelle im Netz an eine andere. Danach schrieben viele Leute Programme, die das Protokoll implementierten, und nannten sie FTP. Ist das klar? Egal. Die Computer-Cracks verwenden FTP auch als Verb (Kannst Du mir mal die Datei rüber-FTPen?)

Wie man seine Dateien beim FTP in den Sand setzt

Der Fehler, den unerfahrene Internet-User am häufigsten machen (und *erfahrene* übrigens auch), ist die Übertragung einer Datei im falschen Modus. Wenn Sie eine Textdatei im Binärmodus von einem UNIX-System auf ein MS-DOS- oder Macintosh-System übertragen, sieht die Datei etwa so aus (auf einem DOS-Rechner):

```
Diese Datei
                 hätte im ASCII-Modus
                                              kopiert werden sollen.
```

Auf einem Mac sieht die gesamte Datei so aus, als befinde sie sich in einer Zeile. Wenn Sie sich die Datei mit einem Texteditor auf einem UNIX-System ansehen, sehen Sie seltsame ^M-Symbole am Ende jeder Zeile. Sie müssen die Datei nicht notwendigerweise neu übertragen. Viele

Netzwerk-Pakete haben Programme, die im nachhinein von einem Format in das andere konvertieren können.

Wenn Sie andererseits etwas im ASCII-Modus kopiert haben, das keine Textdatei ist, wird es zerknüllt. Komprimierte Dateien packen sich nicht aus; Befehlsdateien werden nicht ausgeführt (oder brechen zusammen oder lassen den Computer abstürzen); Bilder sehen unglaublich schlecht aus. Wenn eine Datei kaputt ist, sollten Sie zunächst den Verdacht hegen, daß das am falschen FTP-Modus liegt.

Wenn Sie per FTP Dateien zwischen zwei Computern gleichen Typs übertragen (»FTP-en,« wie man sagt), zum Beispiel von einem Windows-System auf ein anderes, können und sollten Sie alle Übertragungen im binären Modus vornehmen. Egal, ob Sie eine Textdatei oder eine Nicht-Textdatei übertragen, Sie benötigen keine Konvertierung, also ist der binäre Modus genau das richtige.

Geduld ist eine Tugend

Das Internet ist ziemlich schnell, aber nicht unendlich. Wenn Sie Zeug zwischen zwei Computern im selben lokalen Netzwerk kopieren, können sich Informationen mit einer Geschwindigkeit von etwa 200.000 Zeichen in der Sekunde bewegen. Liegt dagegen zwischen beiden Rechnern eine weite Internet-Strecke, sinkt die Geschwindigkeit – oft auf 1.000 Zeichen in der Sekunde oder weniger. Wenn Sie also eine Datei kopieren, die 500.000 Zeichen groß ist (die Größe des typischen inspirierten GIF-Bildes), dauert das in einem lokalen Netzwerk nur Sekunden, aber in einer Langstreckenverbindung mehrere Minuten.

Es ist oft bequemer, sich eine Verzeichnisaufstellung zu besorgen, bevor man eine Datei abruft, damit man weiß, wie groß die Datei ist und eine Vorstellung bekommt, wie lange man auf die Datei warten muß. Da die Programme unaufhaltsamerweise immer größer werden, bleibt selbst mit schnelleren Modems ein gutes Maß Geduld der Schlüssel zum erfolgreichen Herunterladen.

Kehrtwendung!

OK, jetzt wissen Sie, wie man Dateien von anderen Computern abruft. Wie wäre es, andersherum zu kopieren? Falls Sie Ihre eigenen Webseiten schreiben und Sie auf den Computer Ihres Internet-Providers hochladen möchten, erfahren Sie hier, wie das geht: FTPen Sie die Dateien zu Web-Server Ihres Providers.

Hochladen mit Ihrem Browser

In Netscape Navigator können Sie sich unter Ihrem eigenen Benutzernamen am Web-Server anmelden, indem Sie eine FTP-URL verwenden, so wie hier:

`ftp://`*`ihrekennung`*`@www.ihrprovider.com`

Setzen Sie bei *ihrekennung* Ihre eigene Benutzerkennung ein und den Namen des Web-Servers Ihres Providers, der wahrscheinlich mit `www` beginnt und dann vom Namen des Providers gefolgt wird, aber beispielsweise auch `ftp.www.fargle.net` lauten kann. (Fragen Sie Ihren Provider, falls Sie diese Info nicht im Anmeldepaket finden, das Sie von ihm bekommen haben.)

Netscape bittet Sie um Ihr Kennwort; verwenden Sie das gleiche Kennwort, mit dem Sie sich auch einwählen. Ist das Kennwort gültig, erscheint Ihr eigenes Web-Verzeichnis auf dem Bildschirm. Wenn Sie Dateien in ein anderes Verzeichnis hochladen möchten, klicken Sie den Namen des Verzeichnisses, so daß Sie dieses Verzeichnis sehen.

Nachdem Sie das gewünschte Verzeichnis auf dem Bildschirm haben, ziehen Sie die Datei, die Sie hochladen möchten, von einem beliebigen anderen Programm (wie z.B. Datei-Manager oder Windows-Explorer) ins Netscape-Fenster. Ziemlich cool. Sie können auch aus dem Menü DATEI – DATEI ÜBERTRAGEN wählen, falls Sie keine Lust haben, wehrlose Dateien über den Tisch zu ziehen.

Microsoft Internet Explorer kann keine Dateien hochladen. Sie müssen WS_FTP oder (schluck!) Netscape installieren, wenn Sie mit FTP Dateien auf Ihren Server hochladen möchten.

Hochladen mit WS_FTP

Melden Sie sich mit WS_FTP – wie im vorherigen Abschnitt beschrieben – an und geben Sie dabei Ihre Benutzerkennung und Ihr Kennwort ein. Nachdem Sie die gewünschten lokalen und entfernten Verzeichnisse in ihren entsprechenden WS_FTP-Fenstern haben, klicken Sie auf die lokale Datei, die Sie hochladen möchten, und klicken Sie dann auf den Pfeil, der auf das entfernte Fenster zeigt.

Wenn Sie eine Webseite auf einen Web-Server hochladen, stellen Sie sicher, daß Sie die Datei an sich (im ASCII-Modus, da die HTML-Datei der Webseite eine Textdatei ist) zusammen mit allen Grafikdateien (im Binär-Modus) hochladen, in denen Bilder enthalten sind, die auf Ihrer Webseite erscheinen.

Andere FTP-Faxen

Wenn Sie WS_FTP oder ein anderes FTP-Client-Programm (anstelle eines Web-Browsers) benutzen, sind manchmal eine Reihe anderer Befehle zur Dateimanipulation hilfreich. So können Sie vor allem Dateien löschen und umbenennen, und zwar sowohl auf Ihrem Computer als auch (wenn Sie die Berechtigung haben) auch auf dem entfernten Computer, mit dem Sie verbunden sind.

Klicken Sie in WS_FTP eine entsprechende Datei und klicken Sie anschließend die Schaltfläche DELETE oder RENAME, um Dateien zu löschen oder umzubenennen. WS_FTP bittet Sie beim Löschen um Bestätigung und verlangt beim Umbenennen die Eingabe eines neuen Namens. Ob Ihnen das entfernte System gestattet, Zeug zu löschen oder umzubenennen, finden Sie erst heraus, wenn Sie es probieren.

Falls Sie vorhaben, in größerem Ausmaß Dateien zu löschen, Verzeichnisse zu erstellen und ähnliches, kann die Arbeit mit WS_FTP etwas umständlich sein. Melden Sie sich stattdessen am anderen System mit einem Telnet-Terminal-Programm an, um Ihre Arbeit mit den üblichen lokalen Befehlen vorzunehmen (meist UNIX-Befehle).

Informationen, wo Sie mehr über Telnet und andere UNIX-Befehle erfahren können, finden Sie auf unserer Web-Site unter `http://net.gurus.com/telnet`.

Es ist nicht einfach eine Datei – es ist Software

Mit der Hilfe von FTP können Sie Freeware- und Shareware-Programme herunterladen, installieren und benutzen. Sie benötigen ein paar sorgfältig ausgewählte Software-Werkzeuge, einschließlich eines Programms zum Entkomprimieren von komprimierten Dateien. (Nützliche kleine Programme wie dieses werden im Fachjargon *Utilities* genannt.)

Die Installation von Software, die Sie per FTP bekommen haben, erfordert drei Schritte:

1. Benutzen Sie FTP, um die Datei herunterzuladen, die die Software enthält.
2. Falls die Software keine sich selbst installierende Datei ist, befindet sie sich normalerweise in einem komprimierten Format, also müssen Sie sie entkomprimieren.
3. Lassen Sie das Installationsprogramm laufen, das dabei ist, oder erstellen Sie zumindest ein Symbol für das Programm.

Der erste Teil dieses Kapitels beschreibt, wie man Schritt 1 erledigt. Der Rest des Kapitels beschreibt die Schritte 2 und 3: Entkomprimieren und Installieren. Und los geht's!

Software liegt auf FTP-Servern zumeist in einem komprimierten Format vor, um sowohl Speicherplatz auf dem Server als auch Übertragungszeit beim Herunterladen der Datei zu sparen. Eine wachsende Anzahl an Software ist selbstinstallierend – die Datei ist ein Programm, die die notwendige Entkomprimierung und Installation selbst erledigt. Selbstinstallierende Windows-Dateien enden auf EXE, und nicht-selbstinstallierende, komprimierte Dateien enden auf ZIP.

Sie brauchen ein Programm, um mit komprimierten Dateien zu arbeiten. Dateien mit der Erweiterung .zip kennzeichnen komprimierte Dateien (sie heißen dann wunderbarerweise *ZIP-Dateien*, wobei Zip im Englischen eigentlich Reißverschluß bedeutet – Sie erkennen den Zusammenhang?). Programme mit Namen wie PKZIP, PKUNZIP und UNZIP gibt es für DOS-Benutzer seit Jahren. UNZIP und seine Sippe funktionieren prima, aber sie sind DOS-Programme und daher in Windows nicht wirklich bequem zu benutzen. Es ist lästig, jedes Mal das DOS-Symbol zu verwenden, wenn Sie eines dieser Programme ausführen wollen. Zum Glück hat ein Mensch namens Nico Mak ein hübsches kleines Windows-Programm namens WinZip geschrieben, das Sachen für Sie zippen und entzippen kann, direkt aus Windows heraus. Mac-Benutzer können ein Programm namens UNZIP bekommen.

Wenn Sie bereits WinZip haben (was auch per Post oder von verschiedenen Shareware-Sites erhältlich ist), können Sie diesen ganzen Abschnitt überspringen. Wenn Sie PKZIP, PKUNZIP oder UNZIP haben und lieben und es Ihnen nichts ausmacht, das Programm unter DOS auszuführen, können Sie ihn auch überblättern. Sie können sich eine Windows-Version von PKUNZIP besorgen, die nicht so schön wie WinZip ist, obwohl sie einige Leute lieber mögen. Sie funktioniert prima.

Um WinZip aus dem Netz zu bekommen, gehen Sie zu `http://www.winzip.com`, einer Seite voller Bilder von außerirdisch aussehender Tropfen. Klicken Sie auf den Tropfen, der mit Download Evaluation markiert ist, um zur Download-Seite zu gelangen. Auf dieser Seite laden Sie entweder die Version für Windows 3.1 oder für Windows 95/98 herunter.

Und so installieren Sie WinZip:

1. **Starten Sie Winzip31.exe oder Winzip95.exe**

   Das ist das Programm, daß Sie gerade heruntergeladen haben.

2. **Folgen Sie den Installationsanweisungen von WinZip.**

   Sie haben zwar eine Reihe von Optionen, können aber die jeweils vorgeschlagenen Einstellungen übernehmen.

Beim Mac heißt es StuffIt

Mac-Benutzer können ein Unzip-Programm von `ftp.uu.net` im Verzeichnis /pub/archiving/zip/MAC oder von `frtp.doc.ic.ac.uk` im Verzeichnis packages/zip/MAC herunterladen oder ihr Glück bei `quest.jpl.nasa.gov` im Verzeichnis /pub/MAX probieren. Die Datei, die das Unzip-Programm enthält, heißt irgendetwas wie unz512x.hqx.

Populärer als ZIP oder UNZIP ist bei den Mac-Leutchen ein Shareware-Programm von Raymond Lau, das als StuffIt bekannt ist. StuffIt gibt es in vielen Geschmacksrichtungen, einschließlich einer kommerziellen Version namens StuffIt Deluxe. StuffIt-Dateien aller Art enden generell mit .SIT.

Zum Entkomprimieren können Sie die Freeware-Programme UnStuffIt oder StuffIt Expander benutzen.

WinZip ausführen

Probieren Sie es aus! Doppelklicken Sie auf das Symbol! WinZip sieht aus wie Abbildung 15.6.

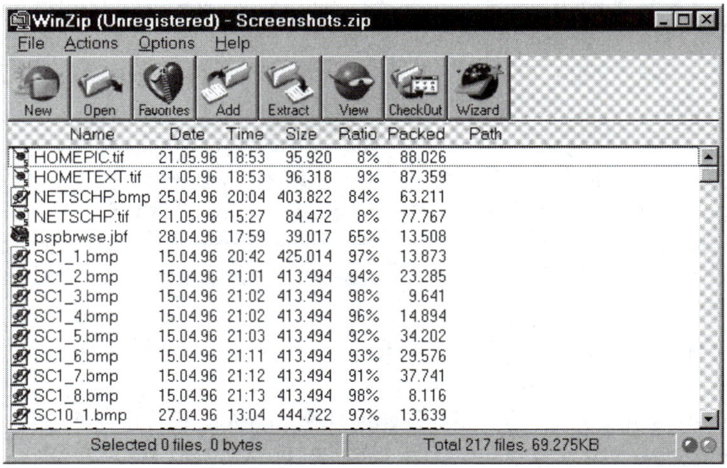

Abbildung 15.6: WinZip ist bereit, sich mit Ihren ZIP-Dateien zu befassen.

Wollen Sie eine WinZip-Datei öffnen (was die WinZip-Leute ein *Archiv* nennen), klicken Sie auf die Schaltfläche OPEN und suchen ein Verzeichnis und einen Dateinamen für die ZIP-Datei aus. Paff! WinZip zeigt eine Liste der Dateien in dem Archiv, mit Datum und Größe.

Öffnen Sie den Reißverschluß!

Klingt irgendwie anrüchig, macht aber nicht halb so viel Spaß, wie es sich anhört. Wenn Sie eine Datei aus einer ZIP-Datei verwenden wollen, nachdem Sie die ZIP-Datei geöffnet haben, müssen Sie sie *extrahieren* – das bedeutet, Sie fordern WinZip auf, sie zu entkomprimieren und in einer neuen Datei zu speichern.

Um eine Datei zu extrahieren, verfahren Sie wie folgt:

1. **Wählen Sie sie aus der Dateiliste.**

   Sie können sich für eine Dateigruppe entscheiden, die gemeinsam aufgelistet ist, indem Sie auf die erste Datei klicken und danach mit gedrückter Umschalttaste auf die letzte. Wollen Sie eine weitere Datei markieren, klicken Sie mit gedrückter Strg-Taste darauf.

2. **Klicken Sie auf die Schaltfläche EXTRACT.**

   Ein Dialogfeld fragt Sie, in welches Verzeichnis Sie die Datei stecken wollen und ob Sie alle Dateien in dem Archiv extrahieren wollen oder nur die markierte.

3. **Markieren Sie das Verzeichnis, in dem die entzippten Dateien gespeichert werden sollen.**

4. **Klicken Sie auf OK.**

   WinZip packt die Datei aus. Die ZIP-Datei ist unverändert, aber jetzt haben Sie auch die entkomprimierte Datei (oder Dateien).

Ausgezippt?

WinZip kann auch eine Menge anderer Dinge tun, zum Beispiel, einer ZIP-Datei andere Dateien hinzufügen und eigene ZIP-Dateien erstellen, aber wie das alles geht, müssen Sie nicht wissen, wenn Sie Software aus dem Netz holen wollen, also überspringen wir das alles. (Wir wetten, daß Sie es selbst herausbekommen, wenn Sie sich einfach nur die Schaltflächen auf der WinZip-Symbolleiste ansehen.)

Jetzt, wo Sie wissen, wie man Software, die man im Internet bekommt, auspackt, sind Sie bereit für das nächste Thema: sichere Software.

Nach Viren suchen

Wir wissen alle, daß Sie ausschließlich sichere Software-Praktiken anwenden. Das bedeutet, daß Sie jedes neue Programm, das Sie bekommen, untersuchen, um sicherzugehen, daß es keine versteckten Software-Viren enthält, die vielleicht unanständige Botschaften zeigen oder Ihre Festplatte in Müll verwandeln. Falls das auf Sie zutrifft, können Sie diesen Abschnitt überspringen.

Beim Rest der Leserschaft wäre es eine gute Idee, ein Virenscanner-Programm zu benutzen. Sie wissen nie, was für einen schlimmen Code Sie sich per FTP ansonsten ganz ahnungslos auf Ihren schutzlosen Computer holen!

Wenn Sie Windows 3.1 mit DOS 6.2 benutzen, haben Sie einen in den Datei-Manager eingebauten Virenscanner. So benutzen Sie ihn:

1. **Starten Sie den Datei-Manager.**

2. **Wählen Sie im Menü HILFSMITTEL – ANTIVIRUS.**

   Sie sehen ein Fenster namens Microsoft Anti-Virus, wie in Abbildung 15.7.

3. **Suchen Sie mit einem Klick in das Feld LAUFWERKE ein Laufwerk aus.**

4. **Klicken Sie auf die Schaltfläche ERKENNUNG UND BESEITIGUNG.**

   Wenn Sie eine große Festplatte nach Viren durchsuchen, kann dieser Schritt mehrere Minuten dauern.

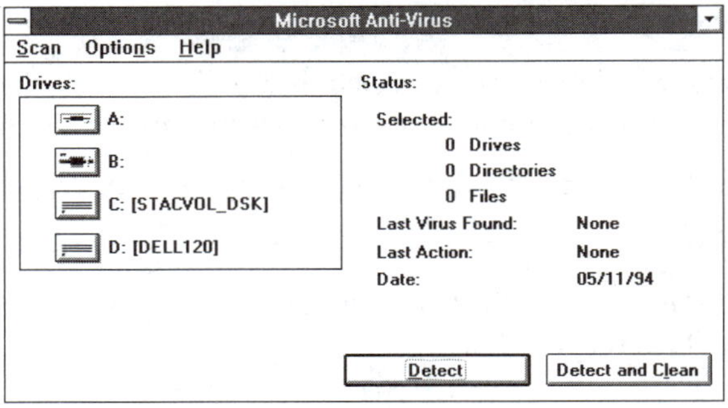

Abbildung 15.7: Werfen Sie die Viren raus!

Es ist eine gute Idee, einen Virenscanner auszuführen, wenn Sie eine neue Software bekommen und gestartet haben. Die FTP-Server im Internet strengen sich sehr an, ihre Software-Archive virenfrei zu halten, aber niemand ist perfekt. Lassen Sie sich nicht mit einem üblen Streich hereinlegen!

Sie können WinZip so konfigurieren, daß Ihr Virenscanner ausgeführt wird, schon bevor Sie die ZIP-Datei entpacken, die ein Programm enthält. Wählen Sie aus dem Menü OPTIONS – PROGRAM LOCATIONS und geben Sie den Pfadnamen Ihres Virenscanner-Programms im Feld SCAN PROGRAM ein.

Windows 95 und Windows 98 haben standardmäßig keinen Virenscanner eingebaut, doch es gibt verschiedene kommerzielle Programme, darunter das Programm McAfee VirusScan, daß Sie von der McAfee-Web-Site herunterladen können, unter `http://www.mcafee.com`.

Installation des Programms

Nun haben Sie die Software heruntergeladen und entzippt (falls es eine ZIP-Datei war), und das Programm wartet nur darauf, installiert zu werden. Um das Programm zu installieren, doppelklicken Sie im Windows-Explorer, Arbeitsplatz oder Datei-Manager auf seinen Namen. Falls es ein Installationsprogramm ist, wird das Programm installiert. Während dieses Vorgangs erstellt das Installationsprogramm wahrscheinlich ein Programmsymbol. Unter Windows 95 oder Windows 98 können Sie das Programm auch Ihrem Start-Menü hinzufügen.

Einige Programme haben kein Installationsprogramm mitgeliefert – Sie bekommen nur das eigentliche Programm. Um das Programm leicht ausführbar zu machen, benötigen Sie ein Symbol dafür. So können Sie in Windows 3.1 selbst eins machen:

1. **Öffnen Sie sowohl den Programm-Manager als auch den Datei-Manager, und arrangieren Sie den Bildschirm so, daß Sie die Programmgruppe, in die Sie das Symbol stellen wollen (im Programm-Manager), und den Programmnamen (im Datei-Manager) sehen können.**

2. **Ziehen Sie den Programmnamen vom Datei-Manager in den Programm-Manager, und plazieren Sie ihn in die gewünschte Programmgruppe.**

   Sie sehen in der Programmgruppe ein neues Symbol.

Wollen Sie Ihr neues Programm ausführen, doppelklicken Sie einfach auf das Symbol. Cool!

In Windows 95 und Windows 98 befolgen Sie diese Schritte:

1. **Starten Sie entweder den Arbeitsplatz oder den Windows-Explorer, und markieren Sie die Programmdatei (die Datei mit der Erweiterung EXE oder gelegentlich COM).**

2. **Benutzen Sie die rechte Maustaste, um den Dateinamen auf den Desktop oder in einen offenen Ordner auf dem Desktop herauszuziehen.**

   Ein Symbol für das Programm erscheint.

Konfiguration des Programms

Jetzt können Sie das Programm mit einem Doppelklicken auf das Symbol laufenlassen. Hurra!

Sie müssen dem Programm allerdings vielleicht noch mitteilen, was für eine Internet-Adresse oder was für einen Computer oder wer weiß was Sie haben, bevor es seinen Job erledigt. Sehen Sie in den Textdateien nach, die vielleicht bei dem Programm dabei waren, oder wählen Sie in der Menüleiste des Programms die Hilfe, um weitere Informationen darüber zu bekommen, wie das neue Programm konfiguriert und ausgeführt wird.

Wo ist es?

»Die Welt des FTP mag ja hübsch und nett sein,« sagen Sie jetzt vielleicht, »aber was gibt es da draußen, und wo kann ich es finden?« Einer der besten Stellen, an denen man Software finden kann, ist `http://www.tucows.com`. Dort gibt es eine hervorragende Sammlung an FTP-Sites, die nach Betriebssystem und Programmkategorie sortiert sind.

Schauen Sie auch in das Kapitel 8 und besuchen Sie unsere Seite der Software-Favoriten, auf der Sie eine aktuelle Liste der besten Sites finden:

`http://net.gurus.com/software`

Internet alternativ

16

In diesem Kapitel

- Verwendung von AOL
- Verwendung von CompuServe
- Verwendung von T-Online

Falls die Welt der Computer und des Internet noch brandneu für Sie ist, finden Sie vielleicht AOL, CompuServe oder T-Online einfacher zu benutzen, als direkt mit einem traditionellen Internet-Provider anzufangen. Wenn Sie sich, wie in Kapitel 4 beschrieben, dafür entschieden haben, erfahren Sie in diesem Kapitel, wie Sie von Ihrem Dienst aus E-Mail, das World Wide Web und FTP verwenden. Da Chatten bei AOL und CompuServe besonders populär ist, kommt das in einem eigenen Kapitel zur Sprache, Kapitel 14. Sie sollten sich vielleicht die Kapitel 6 bis 13 durchlesen, in denen E-Mail und das World Wide Web beschrieben werden – alle grundlegenden Informationen, die auch für Sie wichtig sind. In diesem Kapitel lernen Sie die Einzelheiten für den Umgang mit diesen tollen Funktionen in ihrem Online-Dienst kennen.

AOL

Sie möchten sich den großen Gruppe der AOL-Kunden anschließen? In Kapitel 5 erfahren Sie, wie man sich anmeldet, das AOL-Programm auf Ihrem Computer installiert und dann die Verbindung zu AOL herstellt. Doch wie funktionieren all die coolen Internet-Tricks, nachdem AOL bei Ihnen läuft? Wir nehmen Sie mit auf eine Tour durch die Funktionen der Version 3.0 der AOL-Software.

Nachdem AOL erfolgreich die Verbindung hergestellt hat, sehen Sie das WILLKOMMEN-Fenster wie in Abbildung 16.1. Die Reihe der Symbole unterhalb des Menüs nennt man Werkzeugleiste. Einige Schaltflächen der Werkzeugleiste öffnen ein eigenes Menü, wenn man sie anklickt.

Eine Möglichkeit, in AOL herumzukommen, ist es, »zu einem Kennwort zu gehen«: Sie klikken entweder auf die Schaltfläche KENNWORT (das große K ganz rechts auf der Werkzeugleiste) oder geben Strg+K und dann eines der AOL-Kennworte ein. Im Rest dieses Abschnitts zu AOL sagen wir einfach: »Gehen Sie zum **Kennwort**.«

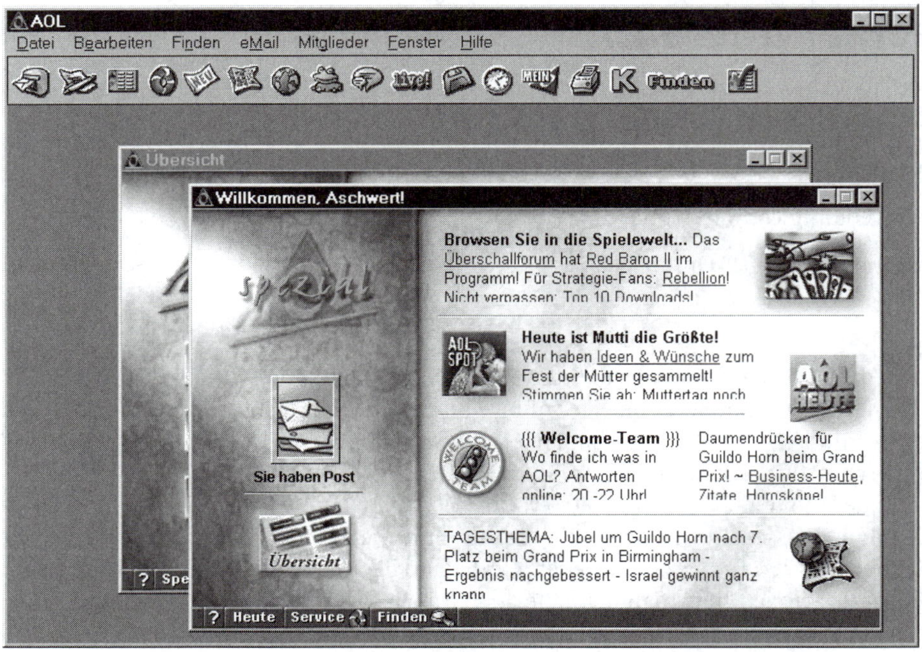

Abbildung 16.1: AOL heißt Sie willkommen, und Sie haben neue Mail!

E-Mail mit AOL

Als allererstes schicken Sie natürlich Mails an alle Ihre Freunde, damit diese wissen, daß Sie AOL erfolgreich installiert haben und Ihre E-Mail-Adresse erhalten. Sie können Mitteilungen an andere AOL-Mitglieder und an Leute im Internet schicken.

Ihre Mail-Adresse für das Internet ist Ihr AOL-Name (ohne Leerzeichen) plus `@aol.com`. Ihr AOL-Name ist der Benutzername, den Sie bei der Anmeldung verwenden. Wenn Ihr Benutzername Klaus Maier ist, lautet Ihre E-Mail-Adresse `KlausMaier@aol.com`.

Habe ich Post?

Jedesmal, wenn Sie sich bei AOL anmelden, wird Ihnen mitgeteilt, ob Sie Mail haben oder nicht. Das Symbol ganz links auf der Werkzeugleiste ist eine kleine Mailbox, und in der linken, unteren Ecke des Willkommensfensters sehen Sie eine ähnliche Mailbox, neben der etwas geschrieben steht. Wenn die kleine rote Fahne sichtbar ist, haben Sie Mail. Der Text daneben besagt: »Sie haben Post«, nur zur Erklärung für alle, die nicht aus den USA kommen, wo Briefkästen kleine rote Fahnen haben. Sind an Ihrem Computer Lautsprecher angeschlossen, sagt zusätzlich eine Stimme »Sie haben Post!« – versuchen Sie, nicht gleich vom Stuhl zu fallen, wenn Sie das hören.

Ihre Mail lesen

Sie haben nämlich wahrscheinlich *wirklich* Post, denn jedes neue Mitglied bekommt ein hübsches Anschreiben vom AOL-Chef. Außerdem tendieren die Briefkästen der AOL-Mitglieder dazu, von Bergen mit Junk-Mail überschwemmt zu werden, viel mehr als Leute mit anderen Account-Typen. Wollen Sie Ihre ungelesene Post lesen, befolgen Sie diese Schritte:

1. **Klicken Sie auf irgendeine Mailbox, die Sie sehen.**

   Das ist das Symbol NEU EINGEGANGENE E-MAILS LESEN. Alternativ dazu können Sie auf der Werkzeugleiste das Symbol MAIL-ZENTRUM klicken und aus dem erscheinenden Menü MAIL LESEN wählen oder Strg+R drücken.

   Im Fenster NEUE MAIL beschreibt jede Zeile eine der eingegangenen Mailnachrichten mit dem Datum, an dem sie verschickt wurde, der E-Mail-Adresse des Absenders und dem Betreff.

2. **Wenn Sie eine Nachricht lesen wollen, doppelklicken Sie sie oder markieren Sie sie in der Liste und klicken Sie auf LESEN oder drücken Sie die Eingabetaste.**

   Sie sehen den Text der Nachricht in einem weiteren hübschen kleinen Fenster.

3. **Wollen Sie auf die Nachricht antworten, klicken Sie auf die Schaltfläche ANTWORTEN. Geben Sie den Text Ihrer Mitteilung im Feld im unteren Fensterbereich ein. Klicken Sie dann die Schaltfläche SENDEN oder SPÄTER SENDEN.**

4. **Um die Mitteilung an jemand anderen weiterzuleiten, klicken Sie die Schaltfläche WEITERLEITEN. Geben Sie die E-Mail-Adresse ein, an die Sie die Mitteilung weiterleiten möchten. Sie können auch eine eigene Mitteilung hinzufügen, die an die ursprüngliche Mitteilung angehängt wird, indem Sie sie in das große Mitteilungsfeld eingeben. Klicken Sie dann auf JETZT SENDEN (wenn Sie online sind) oder SPÄTER SENDEN (falls nicht).**

5. **Wollen Sie die nächste Nachricht sehen, klicken Sie auf die Schaltfläche NÄCHSTE; um die vorherige Nachricht zu sehen, klicken Sie auf die Schaltfläche VORHERIGE.**

6. **Wenn Sie fertig sind, doppelklicken Sie auf das kleine AOL-Symbol Kasten in der oberen linken Ecke von jedem Fenster, mit dem Sie fertig sind. (In Windows 95 klicken Sie auf die Schaltfläche SCHLIESSEN, also die Schaltfläche X in der oberen, rechten Ecke.)**

Es ist nicht immer der beste Weg, auf Mitteilungen sofort zu antworten. Sie müssen vielleicht erst ein paar Informationen besorgen oder sich beruhigen, nachdem Sie die hirnlose Mitteilung gelesen haben, die Ihnen irgendein Trottel geschickt hat.

Mitteilungen auf Ihrem PC speichern

Wenn Sie in AOL eine Mitteilung erhalten, die Sie an anderer Stelle als dem persönlichen AOL-Aktenschrank speichern möchten, zeigen Sie sie auf dem Bildschirm an, wie im vorherigen Abschnitt »Ihre Mail lesen« beschrieben wurde. Wählen Sie dann Datei – Speichern aus der Menüleiste oder drücken Sie Strg+S. AOL bittet Sie, das Verzeichnis und den Dateinamen zu wählen, in dem die Datei auf Ihrem Computer gespeichert wird. Wenn Sie OK klicken, wird die E-Mail als Text-Datei gespeichert. Nett und einfach!

Eine neue Nachricht verfassen

Sie müssen nicht auf andere Nachrichten antworten – Sie können auch selbst mit dem Austausch von Nachrichten beginnen, vorausgesetzt, Sie kennen die E-Mail-Adresse der Person, der Sie schreiben wollen:

1. **Klicken Sie auf die Schaltfläche Schreiben – das zweite Symbol von links in der Werkzeugleiste, das Bild eines Stifts und Papier.**

   Alternativ dazu können Sie das Symbol Mail-Zentrum auf der Werkzeugleiste klicken und aus dem erscheinenden Menü Mail schreiben wählen. Oder drücken Sie einfach Strg+M. Sie sehen das Dialogfeld Mail schreiben, wie in Abbildung 16.2.

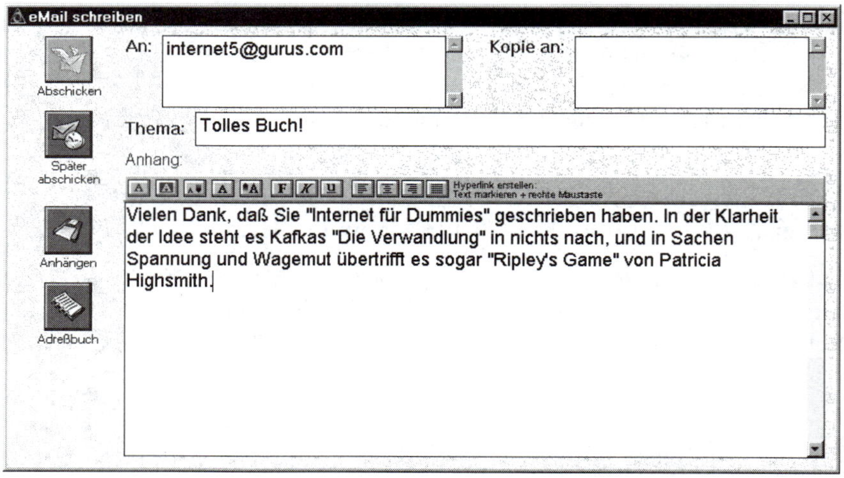

Abbildung 16.2: Schicken Sie irgend jemand bei AOL, CompuServe, T-Online oder mit einem Internet-Account eine Nachricht.

2. **Geben Sie in das Feld An: die Adresse des Empfängers ein.**

   Bei AOL-Mitgliedern geben Sie einfach den AOL-Namen ein. Bei anderen im Netz tippen Sie die gesamte Internet-Adresse.

3. **Im Feld Kopie an: tragen Sie die Adressen von allen ein, denen Sie eine Kopie schicken wollen.**

   Sich selbst müssen Sie keine Kopie schicken – AOL behält Kopien von der Post, die Sie verschickt haben.

4. **Geben Sie in das Feld Thema eine kurze Betreff-Zeile ein.**

   Sie müssen ein Thema eingeben – AOL läßt keine Mitteilung ohne Thema aus dem Haus.

5. **In das Feld ohne Namen tippen Sie den Text Ihrer Nachricht.**

   Drücken Sie nicht die Tabulator-Taste, denn die bewegt den Cursor im Dialogfeld von einem Feld zum nächsten. Sie können jedoch Eingabe drücken, um einen neuen Absatz zu beginnen. Wenn Sie eine Mitteilung an einen anderen AOL-Benutzer schicken, können sie die Schaltfläche oberhalb des Textfelds benutzen, um Ihre Mitteilung mit Unterstreichungen, Kursivschrift, Farben und anderen Formatierungen aufzupeppen. Machen Sie sich aber keine Mühe, Mitteilungen ins Internet zu formatieren, denn die Formatierung funktioniert nicht auf Nicht-AOL-Programmen.

6. **Wenn Ihnen gefällt, was Sie sehen, klicken Sie auf die Schaltfläche Jetzt senden oder Später senden.**

   AOL bestätigt, daß die Post sich auf flinken Schwingen bewegt.

7. **Klicken Sie auf OK.**

Dateien an eine Mitteilung anhängen

Wenn Sie eine Datei von Ihrem PC als E-Mail-Nachricht verschicken wollen, ist dieser Vorgang bei AOL ganz einfach. Wenn Sie die Nachricht geschrieben haben, klicken Sie auf die Schaltfläche Anhängen. Das Dialogfeld Anhängen erscheint, in der Sie sich eine beliebige Datei von Ihrem PC aussuchen können. Markieren Sie eine Datei, und klicken Sie auf OK.

AOL hängt die Datei im MIME-Format an, eine Methode, mit der auch die meisten anderen E-Mail-Programme umgehen können. (Um sicherzugehen, daß der Empfänger das notwendige Programm hat, um die Datei lesen zu können, die Sie ihm schicken, ist es trotzdem keine schlechte Idee, erst zu fragen, bevor man jemand eine Datei per E-Mail schickt.)

Ein Adreßbuch führen

Selbstverständlich können Sie sich nicht sämtliche Internet-Adressen Ihrer Freunde merken; AOL bietet Ihnen daher ein Adreßbuch, um sie darin einzutragen. Verglichen mit anderen Mail-Programmen ist es relativ primitiv, aber es erfüllt seinen Zweck.

Namen im Adreßbuch eintragen

Um neue Einträge in Ihrem Buch vorzunehmen, klicken Sie das Symbol MAIL-ZENTRUM auf der Werkzeugleiste und wählen Sie aus dem erscheinenden Menü ADRESSBUCH. (Beim Verfassen einer Mitteilung klicken Sie das Symbol Adreßbuch.) Das Adreßbuchfenster zeigt den aktuellen Inhalt Ihres Adreßbuchs an.

Klicken Sie auf die Schaltfläche NEUE PERSON, um einen neuen Eintrag zu erstellen, und tragen Sie dann den Vornamen, Nachnamen und die E-Mail-Adresse der Person ein, der Sie schreiben möchten. Sie können auch einen Eintrag für eine Gruppe von Leuten anlegen (Ihre engsten Freunde beispielsweise), indem Sie die stattdessen die Schaltfläche NEUE GRUPPE klicken. Geben Sie der Gruppe einen Namen und tragen Sie dann im Feld ADRESSEN ihre E-Mail-Adressen durch Komma getrennt ein.

Das Adreßbuch im Einsatz

Beim Verfassen einer Mitteilung können Sie das Adreßbuch aufrufen, indem Sie auf sein Symbol auf der linken Seite des Fensters Mail schreiben klicken. Wählen Sie im Adreßbuchfenster die Person, der Sie schreiben möchten, und klicken Sie KOPIE AN oder (für eine blinde Kopie) BLINDE KOPIE. Nachdem Sie die Adressen in die Mitteilung gesetzt haben, können Sie sie mit den üblichen Methoden auch wieder entfernen.

»Was tun, wenn ich ein Attachment bekomme?«

Manchmal schicken Leute zusammen mit einer E-Mail ein Attachment, ein Anhängsel mit einer Datei. Wenn Sie die Person, die Ihnen die Mitteilung geschickt hat, nicht kennen, laden Sie das Attachment nicht auf Ihren Computer (falls es einen Virus enthält).

Der Name der angehängten Datei sowie ihre Größe und geschätzte Ladezeit geht aus der Mitteilung hervor. Am Fuß des Mitteilungsfensters befinden sich zwei Extra-Schaltflächen: Datei herunterladen und Später herunterladen. Das Attachment ist nicht gleich auf Ihrem Computer, Sie müssen es erst von der AOL-Zentrale herunterladen. Wenn Sie die Datei sofort herunterladen möchten, können Sie ein Verzeichnis bestimmen, in dem sie abgelegt werden soll. Möchten Sie sie erst später herunterladen, wird die Datei auf die Aufgabenliste des Download-Managers gesetzt. Sie können die Datei aufrufen, indem Sie auf der Werkzeugleiste die Schaltfläche MEINE DATEIEN klicken und den Download-Manager wählen; er kann sämtliche Attachments in einem Zug herunterladen.

Schluß mit der Junk-Mail!

Mitglieder von AOL bekommen mehr Junk-E-Mail als die Benutzer aller anderen Online-Dienste. Bei den meisten der Mitteilungen geht es um betrügerische (unserer Meinung nach) Methoden, die versprechen, schnell an das große Geld zu kommen, oder um Angebote, per E-Mail bei Millionen Leuten für ein Produkt zu werben, die ebenso wenig begeistert über solche Mitteilungen sind wie Sie.

Wie Sie sich vorstellen können, hat AOL viele Beschwerden über die Masse der Junk-Mails erhalten, besonders von Benutzern, die jede Online-Minute bezahlen müssen, um ihre Mail zu lesen. (Selbst mit Pauschalraten bezahlt man immer noch die Telefongebühren nach Zeit.) Die Leute bei AOL haben die Absender von Junk-E-Mail schon seit einiger Zeit bekämpft und auch versucht, deren Mitteilungen zu blockieren. Es gab auch schon einige Gerichtsverfahren gegen die Online-Spammer. Da viele Junk-E-Mails jedoch gefälschte Absenderadressen haben, ist es nicht immer einfach, sie zurückzuverfolgen oder zu blockieren. Was soll man als E-Mail-Leser machen?

Gehen Sie zum Kennwort eMail-Kontrolle, das hilft! Sie können für jeden AOL-Namen Ihres Accounts alle eingehenden E-Mails, E-Mails von bestimmten Sites oder nur E-Mail-Attachments blockieren.

Offline arbeiten

AOL erlaubt Ihnen, offline zu arbeiten; das heißt, Sie können die Verbindung zu AOL unterbrechen und beispielsweise Ihre heruntergeladene E-Mail lesen oder beantworten oder neue Mitteilungen verfassen. Sie können offline arbeiten, um Ihre Telefonleitung nicht unnötig zu blockieren und einen anderen AOL-geplagten Menschen eine Chance zu geben, sich auch einwählen zu können. Direkt nach dem Start Ihres AOL-Programms sind Sie noch nicht online; Sie können das Anmeldefenster minimieren und beginnen, neue Mitteilungen zu verfassen oder alte zu lesen. Alle Funktionen von AOL, die Ihnen wegen der noch fehlenden Verbindung nicht zur Verfügung stehen, erscheinen schwach grau; um diese Funktionen zu nutzen, müssen Sie zuerst online gehen. Wenn Sie online sind und offline gehen möchten, ohne AOL zu verlassen, wählen Sie aus der Menüleiste ABMELDEN – ABMELDEN.

Ins Netz

AOL hat seine Internet-Dienste in einem Dialogfeld organisiert, so daß sie leicht zu finden sind. Um zu den AOL-Internet-Diensten zu gelangen, klicken Sie im Willkommensfenster auf die Schaltfläche INTERNET oder klicken Sie Internet auf der Werkzeugleiste und wählen aus dem erscheinenden Menü INTERNET-VERBINDUNG. Alternativ können Sie auch zum Kennwort **Internet** gehen. Sie sehen das Fenster INTERNET-VERBINDUNG wie in Abbildung 16.3.

Im Fenster Internet-Verbindung stehen Ihnen die folgenden Symbole zur Verfügung:

- ✔ **Ins Web gehen:** Läßt Sie im Web browsen.
- ✔ **NetFind, Timesavers, Find a Business:** Verschiedene Symbole, die Sie direkt zu den AOL-Suchmaschinen bringen.

- ✔ **Newsgruppen:** Ermöglicht Ihnen, Newsgruppen zu lesen.
- ✔ **Internet-Extras:** Bringt Sie zu einem anderen Fenster mit weiteren AOL-Internet-Diensten: FTP, Hilfe, Gopher, Software und Personal Publisher.

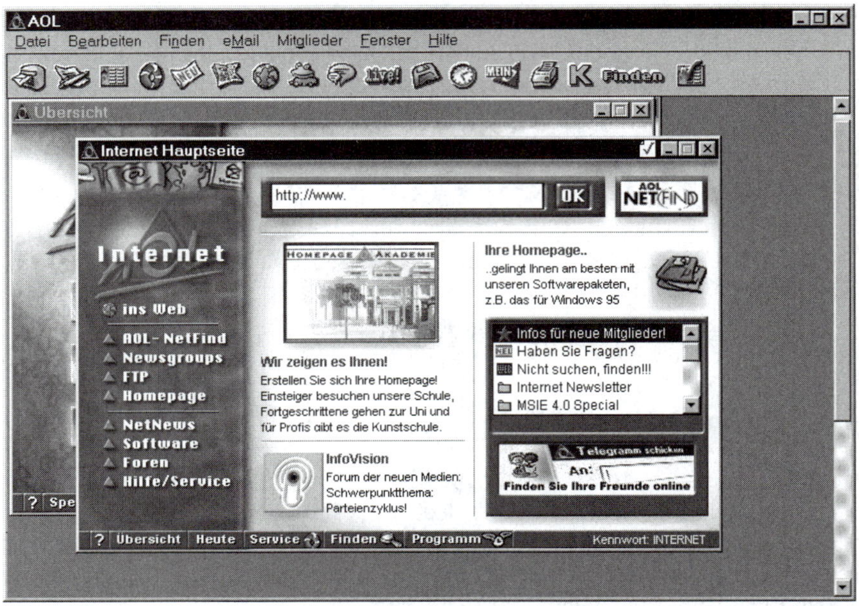

Abbildung 16.3: Das Fenster Internet-Verbindung mit Schaltflächen für das World Wide Web, Usenet-Newsgruppen und mehr

Wenn Sie mit der Internet-Verbindung fertig sind, doppelklicken Sie das kleine AOL-Symbol in der oberen, linken Ecke des Fensters, um das Fenster zu schließen.

AOL hat eine Reihe anderer Kennworte, die Sie zu Internet-Informationen ansteuern können, einschließlich

- ✔ **Netz-Highlights:** Ähnlich zur Internet-Verbindung mit Schaltfläche für Internet-Dienste.
- ✔ **Internet-Zeitungsstand:** Interessante Sites im Netz.
- ✔ **Netguide:** Informationen für Netz-Anfänger.

Um in AOL andere Internet-Informationen zu finden, gehen Sie zum Kennwort **Internet**.

Browsen im Web mit AOL

Die AOL-Software enthält einen eingebauten Web-Browser, so daß es leicht ist, ihn zu benutzen. Sie können Webseiten in der Liste Ihrer persönlichen Präferenzen aufnehmen. Außerdem können Sie ein Web-Browser-Fenster zur gleichen Zeit wie andere AOL-Fenster geöffnet haben.

Der Web-Browser benötigt AOL-Software der Version 2.5 oder höher. Falls Sie noch nicht die AOL-Version 3.0 haben, sollten Sie diese herunterladen – der eingebaute Web-Browser ist viel besser als in früheren Versionen. Gehen Sie zum Kennwort UPGRADE und folgen Sie den Anweisungen auf dem Bildschirm. Die gute Nachricht ist, daß er einfach zu bedienen ist und daß Ihnen AOL für die Zeit, in der Sie den Web-Browser herunterladen, keine Online-Gebühren berechnet. Die schlechte Nachricht ist, daß es eine Weile dauert, das Programm herunterzuladen (mehrere Minuten bis zu einer halben Stunde, abhängig von der Modem-Geschwindigkeit).

Den Web-Browser starten

Hier sind zwei Methoden, wie man den Web-Browser von AOL startet:

- ✔ Wählen Sie im Hauptmenü den Punkt INTERNET-VERBINDUNG (oder gehen Sie zum Kennwort INTERNET), und klicken Sie dann die Schaltfläche INS WEB GEHEN. Sofern Sie Ihren AOL-Browser nicht anders konfiguriert haben, bringt Sie diese Methode direkt zur AOL-Homepage.
- ✔ Klicken Sie in das Feld KENNWORT (unterhalb der Werkzeugleiste, zwischen den Schaltfläche Kennwort und Gehe), geben Sie (anstatt eines Kennworts) die URL der Webseite ein, die Sie sehen möchten, und drücken Sie EINGABE oder klicken Sie GEHE.

Um den Browser zu benutzen, klicken Sie auf irgendein Bild, das einen blauen Rand hat oder auf eine beliebige Schaltfläche oder auf Text, der unterstrichen ist. (Die Kapitel 6 bis 8 erläutern, wie man im World Wide Web Informationen aufstöbert.)

Ihre Kinder schützen

In Kapitel 3 sprechen wir darüber, wie wichtig es für Eltern ist, die Online-Erfahrung Ihrer Kinder zu betreuen. Da Sie AOL verwenden, möchten Sie vielleicht die vorhandenen elterlichen Kontrollen nutzen. Wenn Kinder Ihren AOL-Account verwenden, können Sie für jedes Kind einen eigenen AOL-Namen erstellen und kontrollieren, was jedes Kind in AOL tun kann. Gehen Sie zum Kennwort KINDERSICHERUNG.

Die eigene Webseite erstellen

Es macht Spaß, sich Webseiten anzuschauen, die andere Leute gemacht haben, aber wie wäre es mit einer eigenen? Mit AOL können Sie eine eigene *Homepage* (eine Seite über Sie) basteln.

Gehen Sie zum Kennwort HOMEPAGE, wodurch Sie zum Fentser Internet-Homepage gelangen. Dort klicken Sie auf die Schaltfläche WEB-PUBLISHING. Folgen Sie den Anweisungen, um Ihre eigene Homepage im Web zu erstellen. AOL verwendet ein Web-Autoren-Werkzeug namens Personal Publisher II, der HTML 3.2 mit einigen Netscape-Erweiterungen erzeugt. AOL räumt Ihnen 2 Megabyte (MB) Speicherplatz zum Speichern Ihrer Webseiten ein, und zwar unter der

URL `http://members.aol.com/AOL-Name`. Lesen Sie Kapitel 10, um Unterstützung bei der Gestaltung Ihrer ersten Homepage zu bekommen.

Dateien von FTP-Servern holen

Mit AOL können Sie Dateien von FTP-Servern im Internet herunterladen. AOL beherrscht anonymes FTP (bei dem Sie eine Verbindung zu einem FTP-Server herstellen, auf dem Sie keinen Account haben) und FTP mit einem Account. Um den FTP-Dienst von AOL zu benutzen, müssen Sie wissen, welche Datei Sie herunterladen wollen, welcher FTP-Server darüber verfügt und in welchem Verzeichnis sich die Datei befindet. Informationen über FTP finden Sie in Kapitel 15.

Die meisten Leute laden heutzutage Software über das Web herunter. Links auf Webseiten können FTP-Links sein – das bedeutet, Sie klicken einen Link, um eine Datei herunterzuladen.

Wenn Sie FTP direkt verwenden möchten, erfahren Sie hier, wie man eine Datei herunterlädt:

1. **Klicken Sie im Feld KENNWORT (oder drücken Sie Strg+K), geben Sie ftp ein und klicken Sie GEHE.**

   Sie sehen das Fenster FTP-FILE TRANSFER PROTOCOL.

2. **Klicken Sie auf die Schaltfläche FTP.**

   Das Dialogfeld ANONYMOUS FTP erscheint.

3. **Wenn der FTP-Server, der die gewünschte Datei anbietet, aufgeführt ist, markieren Sie ihn und klicken auf VERBINDEN. Falls nicht, klicken Sie auf ANDERER SERVER, geben den Internet-Namen des FTP-Servers an und klicken auf VERBINDEN.**

   Wenn Sie mit dem FTP-Server Ihrer Wahl verbunden sind, zeigt AOL Ihnen vielleicht eine Information über ihn an – klicken Sie auf OK, wenn Sie sie gelesen haben. Dann sehen Sie eine Liste mit dem Inhalt des aktuellen Verzeichnisses auf dem FTP-Server.

4. **Doppelklicken Sie auf den Namen des Verzeichnisses, das die gewünschte Datei enthält, um zu ihm zu gelangen.**

   AOL zeigt kleine Dateiordner-Symbole und kleine Blatt-Symbole mit Dateinamen. Bei den Dateien sollten Sie sich die Größe jeder Datei ansehen (in Bytes oder Zeichen) – je größer die Datei, desto länger dauert das Herunterladen.

5. **Zum Herunterladen einer Datei auf ihren Computer markieren Sie die Datei und klicken auf DOWNLOAD JETZT.**

   Das Dialogfeld DOWNLOAD-MANAGER erscheint und fragt, wo die Datei auf Ihrem Computer abgelegt werden soll.

6. **Suchen Sie aus, in welches Verzeichnis auf Ihrem eigenen Computer Sie die Datei stekken wollen, und bearbeiten Sie den Dateinamen. Dann klicken Sie auf OK.**

   AOL lädt die Datei auf die Festplatte Ihres Computers herunter. Je nach Größe der Datei und Geschwindigkeit Ihres Modems kann dieser Schritt Sekunden, Minuten oder Stunden dauern.

7. **Schließen Sie die Dialogfelder in AOL, wenn Sie fertig sind.**

   Sie können die Dialogfelder sogar schon schließen, während AOL die Datei überträgt.

Wenn Sie einen Account auf einem FTP-Server haben (und daher Zugang zu Dateien haben, die nicht öffentlich zugänglich sind), benutzen Sie die Schaltfläche Anderer Server und klicken auf die Schaltfläche Nach Login-Namen und Kennwort fragen.

Manche FTP-Server sind extrem beschäftigt, und Sie bekommen vielleicht keine Verbindung. Probieren Sie es zu einer weniger belebten Zeit, oder versuchen Sie es bei einem anderen Server. AOL behält Kopien von allen oder von den meisten Dateien auf einigen der belebtesten Server, um die Online-Verkehrsstaus zu reduzieren.

AOL als Internet-Account benutzen

Es ist ziemlich schwierig, sich zwischen einem kommerziellen Online-Dienst wie America Online und einem Internet-Account zu entscheiden. America Online verfügt über viele AOL-spezifische Informationen, aber mit einem Internet-PPP-Account können Sie die ganze tolle neue Winsock-Software wie Netscape Navigator benutzen. Was soll ein Cybernaut da tun?

Sie müssen sich nicht entscheiden – Sie können beides haben. AOL hat eine besondere Version des Programms Winsock.dll erstellt, das alle Winsock-Programme benutzen, um mit Ihrem PPP-Account zu reden. (In Kapitel 5 finden Sie eine Erklärung, was Winsock und SLIP-Accounts sind.) Wenn Sie das Winsock.dll-Programm von AOL benutzen, reden Ihre Winsock-Programme mit Ihrem AOL-Account.

Verwirrt? Waren wir auch. So funktioniert es: Wenn Sie das AOL-Programm ausführen, überprüft es, ob im Speicher Ihres Computers eine Winsock.dll geladen ist. Falls nicht, lädt AOL seine eigene Winsock.dll. Gleich wie, jetzt sind Sie bereit, Winsock-Software zu starten. (Ältere Versionen der AOL-Software verlangen, daß Sie das Winsock.dll-Programm selbst herunterladen und installieren.) Benutzer von Windows 95 und Windows 98 haben bereits eine Winsock.dll, sie müssen also gar nichts tun.

Wie man Winsock-kompatible Programme bekommt

Es gibt bei AOL und im WorldWide Web eine Menge Winsock-Software als Freeware oder Shareware! Hier können Sie nach Winsock-Programmen suchen:

- ✔ Gehen Sie in AOL zur Winsock-Zentrale (Kennwort **winsock**) und klicken Sie die Schaltfläche SOFTWARE-BIBLIOTHEK. Sie sehen eine Liste mit Winsock-Programmen, von denen AOL verspricht, daß Sie mit der Winsock-Software zusammenarbeiten.

Schauen Sie bei der Web-Site von TUCOWS (The Ultimate Collection of Windows Software) vorbei, unter folgender Web-Adresse:

`http://www.tucows.com`

Sie sehen eine ausgiebige Liste mit Winsock-Programmen. Klicken Sie den gewünschten Programmtyp (z.B. Web-Browser oder Newsreader), und Sie sehen Namen, Beschreibungen und sogar Kritiken zu den Programmen. Klicken Sie auf den Abschnitt LOCATION des Programms, um das Programm herunterzuladen.

Ein Winsock-Programm benutzen

Nehmen wir mal an, Sie wollten lieber Netscape Navigator als den Web-Browser von AOL benutzen. Weiter nehmen wir an, Sie verwenden die neue Version der AOL-Software, die eine Winsock.dll enthält, und Sie haben das Programm Netscape Navigator heruntergeladen (oder eine kommerzielle Version gekauft haben). Dann müssen Sie nur noch folgendes tun:

1. **Lassen Sie es laufen.**

   Das ist es. Das ist alles, was Sie tun. Um genauer zu sein: Lassen Sie AOL laufen, und melden Sie sich an Ihrem Account an. Dann lassen Sie Netscape Navigator (oder irgendein anderes Winsock-kompatibles Programm) laufen. Es funktioniert und benutzt dabei Ihren AOL-Account als Verbindung zum Internet.

Wenn Sie fertig sind, verlassen Sie das Winsock-Programm. Dann melden Sie sich bei AOL ab.

Weitere Informationen darüber, wo man nützliche Winsock-Programme bekommt, finden Sie in Kapitel 15.

Die Verbindung zu AOL über Ihren Internet-Account herstellen

Falls Sie einen bestehenden Internet-Account haben, können Sie gleichzeitig AOL und Ihre Winsock-Software benutzen, ohne neue Software zu installieren. Dazu müssen Sie AOL so einrichten, daß AOL selbst über das Internet läuft. Anstatt Ihren AOL-Account als PPP-Account zu verwenden, können Sie Ihre AOL-Software als Winsock-Software verwenden. Diese Technik ist relativ hilfreich, wenn in Ihrem Telefon-Ortsnetz kein AOL-Einwahlknoten existiert – stellen Sie die Verbindung zu Ihrem lokalen Internet-Account her und melden Sie sich dann über diesen Account bei AOL an.

Starten Sie dazu die AOL-Software, aber stellen Sie noch nicht die Verbindung her. Gehen Sie zum Menü STANDORT BEARBEITEN und ändern Sie die Netzwerkeinstellung zu TCP/IP. Es ist gleich, welche Telefonnummer eingetragen ist, weil AOL diese ohnehin nicht wählt. Wählen Sie sich wie üblich bei Ihrem Internet-Provider ein und, nachdem die Verbindung hergestellt ist, melden Sie sich bei AOL an. AOL ist über Ihren Internet-Provider wie jedes andere Winsock-Programm mit dem Internet verbunden, und Sie können beliebige andere Internet-Programme starten und zwischen diesen und AOL hin- und herwechseln. Wenn Sie mit AOL fertig sind, melden Sie sich bei AOL ab und unterbrechen Sie die Verbindung zu Ihrem Internet-Provider. Ein Vorbehalt besteht jedoch: Da Ihr AOL-Kennwort ungeschützt über das Netz geschickt wird, könnte es eine hochmotivierte Person theoretisch finden und lesen.

Wenn Sie einen Internet-Provider haben, bei dem Sie für jede Online-Stunde einzeln zahlen müssen, ist diese Verbindungsmethode wahrscheinlich weniger sinnvoll, da Sie die stündlichen Gebühren zahlen müssen. Falls Ihr Provider eine Pauschalgebühr oder annähernd so etwas hat (z.B. jeden Monat ist eine große Anzahl Freistunden enthalten), kann es jedoch die praktikabelste Möglichkeit sein, denn Ihr Provider hat vielleicht schnellere Modems als Ihr örtlicher AOL-Zugangsknoten; AOL-Kunden auf dem Land haben vielleicht gar keinen örtlichen AOL-Einwahlknoten.

Wie man andere Sachen macht

America Online bietet Tonnen von Informationen, die nichts mit dem Internet zu tun haben, also sollten Sie sich das alles ansehen, nachdem Sie sich angemeldet haben. Im Bereich Computing und Software können Sie mit anderen Nachrichten über die Software austauschen, die Sie benutzen, oder Shareware herunterladen. Im Kiosk finden Sie aktuelle Zeitschriften und das Bertelsmann-Discovery-Lexikon. Im Bereich Reisen finden Sie Informationen über Last-Minute-Reisen. Und das ist nur ein Teil des deutschen Dienstes – Sie haben natürlich auch Zugang zu den internationalen Angeboten.

AOL bietet nicht alle Internet-Dienste an – es unterstützt beispielsweise Telnet nicht, und sein FTP-Dienst kann nur zum Herunter- und nicht zum Hochladen benutzt werden. Aber wenn sie das Winsock-Programm von AOL benutzen, können Sie mit Ihrem Account jedes Winsock-Programm benutzen, einschließlich Winsock-Telnet und FTP-Programmen.

Insgesamt hat AOL eines der hübschesten *Frontends* (wie wir im Software-Geschäft sagen – das bezeichnet die Art und Weise, wie ein Mensch dieses System benutzt) aller Internet-Provider. Abgesehen von den gestandendsten Hackern ist das System voller Symbole und Menüs für jedermann leicht zu benutzen. AOL kann manchmal langsam sein, vor allem abends und am Wochenende, aber man verspricht, daß bald alles schneller gehen soll. Die Probe-Mitgliedschaft ist kostenlos – probieren Sie sie aus!

Wir haben einige Klagen gehört, wie schwierig es ist, einen AOL-Account zu *kündigen*, wenn man ihn nicht mehr haben möchte. Sie müssen AOL anrufen oder hinschreiben und außerdem Ihrer Kreditkartenfirma mitteilen, daß Sie keine Rechnungen von AOL akzeptieren, und das alles mehrmals. Hier ein freundlicher Tip: Lassen Sie die AOL-Gebühren nicht automatisch von Ihrem Konto abbuchen.

CompuServe zu Ihren Diensten

Falls Sie sich für CompuServe als Ihrem Internet-Provider entschieden haben, erzählen wir Ihnen im Folgenden, wie man damit umgeht. Dieser Abschnitt beschreibt, wie man CompuServe 3.0 für Windows verwendet; CompuServe 3.0 für Macintosh sieht so ähnlich aus. Sollten Sie noch die ältere Windows- oder Macintosh-Software verwenden (WinCIM bzw. MacCIM), sieht Ihr Bildschirm anders aus als in den Abbildungen dieses Kapitels. Im Kasten »Die Windows 3.1-Methode, um CompuServe zu benutzen« erfahren Sie, wie Sie unter dem Betriebssystem Windows 3.1 und dem WinCIM-Programm in der Version 2.5 mit CompuServe arbeiten.

Nach dem Start von CompuServe sehen Sie ein Fenster wie das aus Abbildung 16.4, in dem das Hauptmenü angezeigt wird. Auf dem ganzen Bildschirm sind Symbole und Schaltfläche verstreut, über die Sie schnell an Stellen gelangen, die Sie interessieren.

Abbildung 16.4: CompuServe steht für Sie bereit.

Die Windows 3.1-Methode, um CompuServe zu benutzen

Das CompuServe-Programm für Benutzer von Windows 3.1 heißt CompuServe Information Manager 2.5, oder kurz WinCIM 2.5. Dieses Programm funktioniert etwas anders als das Programm CompuServe 3.0, das in diesem Kapitel beschrieben wird. Obwohl die Informationen, die Sie von CompuServe bekommen, genau die gleichen sind, unterscheiden sich die Prästentation auf dem Bildschirm, die Menüoptionen sowie die Schaltflächen der Werkzeugleiste erheblich. Hier ist eine kurze Zusammenfassung, wie man WinCIM benutzt:

- ✔ **Um WinCIM zu starten:** Doppelklicken Sie das Programmsymbol im Programm-Manager von Windows. Um die Verbindung zu Ihrem CompuServe-Account herzustellen, klicken Sie auf ein Symbol, um WinCIM mitzuteilen, welche Informationen Sie wünschen.
- ✔ **Um Ihre Mail abzurufen:** Klicken Sie auf die Schaltfläche Neue Post empfangen in der Werkzeugleiste, das ist die Schaltfläche mit dem adressierten Briefumschlag.
- ✔ **Um zu einem CompuServe-Dienst zu gehen, dessen exakten Namen Sie kennen:** Klicken Sie auf die Schaltfläche Go in der Werkzeugleiste, die Schaltfläche mit der grünen Verkehrsampel, und geben Sie dann den Namen des Dienstes ein.
- ✔ **Um den CompuServe-Dienst zu einem Thema zu finden:** Klicken Sie auf die Schaltfläche Suchen in der Werkzeugleiste, die Schaltfläche mit dem Vergrößerungsglas.
- ✔ **Um Informationen zur Benutzung des Internet zu erhalten:** Klicken Sie auf die Schaltfläche Erforschen auf der Werkzeugleiste (die unbeschreibliche Schaltfläche links der Schaltfläche Go). Wenn das Fenster Dienste erforschen erscheint, klicken Sie auf die Schaltfläche Internet. Sie sehen das Internet-Fenster. Bingo!
- ✔ **Um im Web zu stöbern:** Klicken Sie die Schaltfläche Go auf der Werkzeugleiste, geben Sie die URL der gewünschten Webseite ein und drücken Sie Eingabe. Oder klicken Sie die Schaltfläche Erforschen auf der Werkzeugleiste von WinCIM 2.5, klicken Sie die Schaltfläche Internet und klicken Sie Schaltfläche Ins Internet gehen. WinCIM 2.5 enthält den Web-Browser Internet Explorer. Um zu einer bestimmten Webseite zu gehen, geben Sie die URL im Adreßfeld ein, nachdem Sie das Internet-Explorer-Fenster sehen.
- ✔ **Um Dateien per FTP herunterzuladen:** Dieser Vorgang funktioniert in WinCIM 2.5 genauso wie in CompuServe 3.0, deshalb folgen Sie den Anweisungen im Abschnitt »Go FTP!« später in diesem Kapitel.

- ✔ **Um aufzulegen:** Klicken Sie die Schaltfläche AUFLEGEN, die Schaltfläche ganz rechts in der Werkzeugleiste.

Go, CompuServe!

CompuServe enthält Hunderte von Diensten, die Material zu einem bestimmten Thema enthalten. Einige Dienste umfassen andauernde Diskussionen (genannt Foren), andere haben für Sie vielleicht nützliche Dateibibliotheken, und bei wieder anderen können Sie technischen Experten Fragen stellen.

Go, E-Mail!

CompuServe hat einen E-Mail-Dienst, über den Sie Mitteilungen sowohl mit anderen CompuServe-Mitgliedern als auch mit Leuten im Internet austauschen können. Um mit der Mail zu arbeiten, klicken Sie auf die Schaltfläche CompuServe-Post. Sie sehen verschiedene Registerkarten auf Ihrem CompuServe-Fenster, mit denen Sie Mitteilungen lesen oder verfassen können, Adressen in Ihr Adreßbuch eintragen können oder die gespeicherten Mitteilungen durchsuchen können.

Die Mail abholen

Ein Klick auf das Symbol NEUE POST lesen im Lesen-Teil der Post-Seite stellt die Verbindung zu CompuServe her, falls sie nicht schon besteht, und öffnet ein Fenster namens Online-Post mit einer Liste aller Mail-Nachrichten, die für Sie bereitstehen. Sie haben (mindestens) zwei Optionen: Sie können die Nachrichten in der Liste bearbeiten (lesen, ignorieren oder löschen) oder ablegen, entweder einzeln oder als Gruppe. Das *Ablegen* einer Mitteilung aus dem Online-Fenster bedeutet, daß Sie die Mail auf Ihren eigenen Computer herunterladen, sie in einem Ordner speichern und sich später um sie kümmern – vielleicht, wenn Sie offline sind.

Das Lesen Ihrer Mail zu Zeiten, in denen Sie nicht mit CompuServe verbunden sind, also offline, spart Ihnen Gebühren für Verbindungsentgelte, wenn Ihnen das wichtig ist. Vielleicht benötigen Sie auch die Telefonleitung, die Ihr Computer verwendet, für andere Sachen.

Ob Sie nun Ihre Mail online oder offline lesen, der Vorgang ist der gleiche. Sie wählen eine Mitteilung im Ordner, indem Sie die Zeile anklicken, in der sich die Mitteilung befindet, und dann auf das Symbol ÖFFNEN klicken. Diese Aktion ruft das Fenster POST LESEN auf, in dem die Mitteilung und die Kopfinformationen angezeigt werden. In diesem Fenster können Sie verschiedene Dinge tun:

- ✔ **Antworten:** Verfassen Sie eine Antwort an den Absender.
- ✔ **Allen Antworten:** Verfassen Sie eine Antwort an den Absender und alle Empfänger von Kopien.

- **Weiterleiten:** Schicken Sie die Mitteilung an einen neuen Empfänger.
- **Ablegen:** Verschieben Sie die Mitteilung in einen anderen Ordner.
- **Löschen:** Entfernen Sie die Mitteilung.

Nachdem Sie eine Mitteilung fertig haben, können Sie mit einem Klick auf die nach rechts oder links zeigenden, dreieckigen Pfeile in der linken oberen Ecke des Fensters zur nächsten oder vorhergehenden Mitteilung gehen.

Mitteilungen ablegen

CompuServe bietet Ihnen am Anfang drei Ordner:

- Posteingang
- Postausgang
- Sicherheitskopie

Sie können nach Bedarf jederzeit neue Ordner erstellen. Falls Sie viele Mails bekommen, die Sie aufbewahren möchten, sollten Sie einzelne Ordner erstellen und Ihre Mitteilungen sortieren, so daß Sie eine bestimmte Mitteilung hoffentlich wiederfinden, wenn Sie sie suchen.

Normalerweise legen Sie Mitteilungen von Ihrem Online-Briefkasten in dem Ordner *Posteingang* ab. Wenn Sie eine neue Mitteilung erstellen und nicht sofort abschicken, wandert Sie in den Ordner *Postausgang*. Nachdem die Mitteilung schließlich abgeschickt wurde, wird eine Kopie in den Ordner *Sicherheitskopie* gesteckt.

Mitteilungen verschicken

Sie erstellen eine neue Mitteilung, indem Sie im Fenster CompuServe-Post auf die Registerkarte VERFASSEN klicken (oder aus dem Menü POST – BRIEF VERFASSEN wählen). Diese Aktion öffnet das Fenster BRIEF VERFASSEN. Tragen Sie den Namen (in das Feld NAME), die Adresse (E-MAIL-ADRESSE) und das Thema (BETREFF) ein. Verfassen Sie anschließend in dem großen Feld Ihre eigentliche Nachricht. Nachdem Sie sich alles von der Seele geschrieben haben, drücken Sie die Schaltflächen SENDEN oder SPÄTER SENDEN. (Oder klicken Sie ABLEGEN, um die Mitteilung für eine Weile zur Seite zu legen, z.B. wenn es sich nur um einen Entwurf handelt und Sie noch etwas daran feilen müssen.)

Wie man das Adreßfeld korrekt ausfüllt, erfahren Sie im nächsten Abschnitt.

Wenn Sie auf SPÄTER SENDEN klicken, wird die Mitteilung in den Ordner *Postausgang* gelegt. Klicken Sie dagegen auf SENDEN, so wird sofort die Verbindung zu CompuServe hergestellt, falls Sie nicht bereits online sind, und die Mitteilung wird verschickt.

Die Registerkarte VERFASSEN auf der Seite CompuServe-Post verfügt über die Schaltfläche SENDEN und ALLES SENDEN, um entweder nur ausgewählte Mitteilungen im Ordner *Postausgang* oder alle anstehenden zu verschicken. Wenn Sie es sich bei einer Mitteilung lieber nochmal anders überlegen, klicken Sie auf das Symbol LÖSCHEN. Nachdem Sie eine Mitteilung verschickt haben, wird eine Kopie im Ordner *Sicherheitskopie* abgelegt.

Sie können Mitteilungen ansehen, die noch nicht verschickt wurden, indem Sie auf die Registerkarte Verfassen unterhalb der Werkzeugleiste klicken.

Das Adreßbuch von CompuServe

Wenn Sie eine Mail an ein anderes CompuServe-Mitglied schicken möchten, adressieren Sie die Mitteilung an die CompuServe-ID der Person (eine Nummer, die ungefähr so aussieht: 77777,7777) oder falls vorhanden, an den persönlichen CompuServe-Namen der Person. Möchten Sie jemanden im Internet eine Mail schicken, dann adressieren Sie die Mitteilung wie folgt:

`INTERNET:` *`benutzername@host`*

Sie können beispielsweise eine Testmitteilung an uns Autoren schicken, indem Sie folgende Adresse verwenden:

`INTERNET: internet5@gurus.com`

Beim Verfassen einer Mitteilung oder Weiterleiten einer bestehenden Nachricht müssen Sie eine Adresse angeben. Das geht so:

1. **Geben Sie im Feld NAMEN den echten Namen der Person ein.**

2. **Geben Sie im Feld ADRESSE die CompuServe-ID, den persönlichen CompuServe-Namen oder die E-Mail-Adresse der Person ein. Um eine E-Mail an jemanden außerhalb von CompuServe zu schicken, fügen Sie am Anfang der Adresse INTERNET: hinzu, um CompuServe mitzuteilen, wie die Nachricht verschickt werden soll.**

3. **Klicken Sie die Schaltfläche EMPFÄNGER, damit CompuServe sich die eingegebene Adresse ansieht.**

   Wenn der Name nicht im Adreßbuch auftaucht, sehen Sie das Fenster ADRESSBUCHEINTRAG ERSTELLEN. Der Name, den Sie eingeben, erscheint im Feld NAME. Das Feld ADRESSFORMAT zeigt, ob es sich um eine Internet-Adresse, eine CompuServe-Adresse oder eine Adresse eines der vielen anderen E-Mail-Systeme handelt. Die E-Mail-Adresse erscheint im Feld Adresse.

4. **Um diese Adresse in Ihr Adreßbuch aufzunehmen, klicken Sie OK.**

   Daraufhin sehen sie das Fenster EMPFÄNGER, in dem die Leute aufgeführt sind, an die Ihre Mitteilung adressiert wurde. Sie können weitere Adressen hinzufügen, wenn Sie die Mitteilung an mehr als eine Person schicken möchten. Sie können auch Kopien an andere Leute zu deren Information verschicken.

5. **Um die Mitteilung an eine weitere Person zu adressieren, geben Sie den Namen und die Adresse in die ersten beiden Felder des Fensters ein. (Für einen Kopien-Empfänger klicken Sie in das Optionsfeld CC.) Klicken Sie dann auf die Schaltfläche In Liste einfügen.**

6. **Um einen Adressaten zu entfernen, wählen Sie den Namen aus der Liste und klicken auf die Schaltfläche Löschen.**

7. **Nachdem Sie alle Adressen eingegeben haben, klicken Sie OK.**

   Sie kehren zu dem Fenster zurück, in dem Sie die Mitteilung verfassen, und können nun weiterschreiben.

Als weitere Möglichkeit, Mitteilungen zu adressieren, können Sie die Adressaten direkt aus Ihrem Adreßbuch wählen. Dazu klicken Sie im Fenster Post verfassen auf die Schaltfläche Empfänger. Klicken Sie dann im Fenster Empfänger auf die Schaltfläche Adressbuch. Sie sehen das Fenster Empfänger auswählen, in dem alle Einträge Ihres Adreßbuchs aufgeführt sind. Um die Mitteilung an jemanden aus der Liste zu adressieren, klicken Sie auf den Eintrag der Person und dann auf OK.

Sie können natürlich jederzeit Ihr Adreßbuch einsehen. Klicken Sie dazu auf die Schaltfläche CompuServe-Post im CompuServe-Hauptfenster und dann auf die Registerkarte Adressbuch im oberen Bereich des Fensters unterhalb der Werkzeugleiste. Sie können die Leute auf Ihrer Liste bearbeiten oder löschen (naja, Sie können die *Leute* eigentlich nicht bearbeiten oder löschen, aber Sie können immerhin an den Einträgen in Ihrem Adreßbuch arbeiten).

Eine Datei schicken wir auch mit

Sie können die Zwischenablage von Windows oder Macintosh verwenden, um Text von einem anderen Programm in eine Mail-Nachricht zu kopieren. Um beispielsweise Text aus einem Textverarbeitungsdokument in die Mail zu übernehmen, markieren Sie den Text im Textverarbeitungsprogramm, kopieren ihn in die Zwischenablage (bei den meisten Programmen benutzen Sie dazu die Befehle Bearbeiten – Kopieren oder drücken Strg+C), plazieren Sie den Cursor an die Stelle, an der der Text in Ihrer Mitteilung eingefügt werden soll, und wählen Sie Bearbeiten – Einfügen aus dem Menü (oder drücken Sie Strg+V).

Als eine weitere Möglichkeit, mit einer E-Mail-Mitteilung zusätzliche Informationen zu versenden, kann man der Mitteilung eine Datei *anhängen*. Ist sie eine Textdatei, so können Sie sie jedem schicken. In der guten alten Zeit (1996) konnten Sie eine Datei, die keine Textdatei war, nur anderen CompuServe-Benutzern schicken. Zum Glück hat CompuServe ein MIME-Gateway eingerichtet – das hat nichts mit Clowns zu tun, sondern ist eine Methode, mit der CompuServe-Daten aller Formate für den Versand ins Internet umgewandelt werden. Die Datei wird der Mitteilung mit MIME-Kodierung angehängt, mit der die meisten E-Mail-Programme umgehen können.

So hängen Sie eine Datei an eine Mitteilung an:

1. **Verfassen Sie die Nachricht wie üblich.**
2. **Klicken Sie im Fenster Post verfassen auf die Schaltfläche Datei anhängen.**

   Sie sehen das Dialogfeld Öffnen.
3. **Wenn Sie eine Datei versenden, die etwas anderes als Text enthält, klicken Sie in das Feld Dateityp und wählen Sie den anzuzeigenden Dateityp.**
4. **Gehen Sie zu dem Ordner, der die Datei enthält, und markieren Sie die Datei.**
5. **Klicken Sie auf die Schaltfläche Öffnen.**

   Sie sehen das Fenster Datei anhängen, in dem der gerade gewählte Dateiname aufgeführt ist.
6. **Klicken Sie OK.**

   Die Schaltfläche Datei anhängen enthält nun eine kleine 1, mit der angezeigt wird, daß eine Datei angehängt wurde.
7. **Beenden Sie das Verfassen der Nachricht und schicken Sie sie wie gewohnt ab.**

Wenn Sie eine Datei erhalten, die an eine E-Mail angehängt ist, kommt die Mitteilung in mehreren Teilen an. Der erste Teil ist der Text der Mitteilung und der zweite Teil die angehängte Datei. Falls nicht nur eine Datei angehängt wurde, erhalten Sie noch mehr Teile. Direkt unterhalb der Betreff-Zeile der Mitteilung sehen Sie nach links und rechts zeigende Dreiecks-Schaltflächen und eine Zeile, in der z.B. Teil 1 von 2 steht. Um die angehängte Datei anzusehen, klicken Sie auf die nach rechts zeigende Dreiecks-Schaltfläche. Falls die angehängte Datei ein Bild ist, daß von CompuServe angezeigt werden kann, erscheint das Bild direkt im Mitteilungsteil des Fensters Post lesen. CompuServe speichert die Datei im Ordner *Download* unter dem CompuServe-Programmordner (meistens C:\Programme\Cserve\Download), der Fußzeile des Fensters Mail lesen können Sie den exakten Pfad und Dateinamen der angehängten Datei entnehmen.

Go, Internet!

In CompuServe ist die Schaltfläche Im Internet surfen direkt in der Werkzeugleiste eingebaut – es ist die Schaltfläche mit dem Globus. Wenn Sie ihn anklicken, zeigt CompuServe (falls nötig nach dem Verbindungsaufbau und der Anmeldung) das Fenster Willkommen im Internet, in dem alle Internet-Dienste von CompuServe praktisch an einer Stelle zusammengefaßt sind.

Go, World Wide Web!

Heutzutage ist in der CompuServe-Software der Web-Browser CompuServe-Mosaic eingebaut, so daß das Surfen im Web genauso einfach ist wie die Verwendung der übrigen CompuServe-Dienste.

Um direkt zu einer Webseite zu gehen, deren URL (Web-Adresse) Sie kennen, klicken Sie in das Feld GEHE ZU, geben Sie die URL ein und klicken Sie OK. So gelangen Sie beispielsweise zur Webseite von *Internet für Dummies*, indem Sie in das Feld GEHE ZU klicken, `http://net.gurus.com` eingeben und anschließend auf OK klicken. Noch einfach ist es, wenn Sie im Feld SEITE in der linken oberen Ecke des CompuServe-Fensters die URL eingeben und dann Eingabe drücken.

Wenn Sie eine URL im Feld SEITE eingeben, können Sie normalerweise das `http://` am Anfang weglassen. CompuServe fügt das für Sie hinzu.

Um das Web zu durchsuchen, klicken Sie auf die Schaltfläche SUCHEN in der Werkzeugleiste, das ist die Schaltfläche mit der Lupe. Klicken Sie dann die Schaltfläche INTERNET-SUCHE STARTEN. Sie sehen die Seite *CSI-Suche* (eine spezielle Version der populären Lycos-Seite), in die Sie ein Wort oder einen Satz eingeben können, um danach zu suchen. Sie können auch die Adresse eines Web-Suchdienstes im Feld GEHE ZU eingeben.

Dies sind einige Web-Suchdienste, die gut funktionieren:

```
www.yahoo.de
www.altavista.digital.com
www.fireball.de
www.excite.com
www.infoseek.com
```

Weitere Informationen zur Suche im Web finden Sie in Kapitel 8.

Go, FTP!

CompuServe hat jede Menge Dateien, die Sie herunterladen können. Im Internet finden Sie noch einmal so viele Dateien. FTP (File Transfer Protocol) ist der Internet-Dienst, mit dem Sie Dateien von einem Computer zum andern übertragen können, meist von großen, öffentlichen Dateiarchiven auf Ihren eigenen PC. In Kapitel 15 finden Sie nähere Informationen zu FTP, darunter welche Dateitypen Sie wahrscheinlich finden und gute Stellen, um danach zu suchen.

Um mit FTP Dateien auf Ihren Computer herunterzuladen, klicken Sie auf die Schaltfläche INTERNET auf der Werkzeugleiste, um das Fenster WILLKOMMEN IM INTERNET zu öffnen, und klicken Sie anschließend die Schaltfläche FTP. Sie können auch das Symbol GO klicken, **ftp** eingeben und auf GO klicken. Oder klicken Sie einfach in das Feld SEITE in der linken oberen Ecke des CompuServe-Fensters, geben **ftp** ein und drücken Eingabe.

In beiden Fällen blendet CompuServe eine ernst aussehende Warnmeldung ein, die erinnert, das CompuServe nicht verantwortlich ist, was sich in den Dateien befindet, die Sie herunterladen, und daß Sie CompuServe in Ruhe lassen sollen, wenn Ihnen nicht gefällt, was Sie in den Dateien finden. Da hat CompuServe schon recht, immerhin ist FTP kein CompuServe-Dienst. Klicken Sie auf FORTFAHREN, um weiterzumachen.

Sie sehen das FILE-TRANSFER-PROTOCOL-FENSTER.

Andere Programme ausprobieren

Wie bei AOL arbeitet auch CompuServe mit den meisten Winsock-kompatiblen Programmen zusammen. Wenn Sie mit CompuServe verbunden sind, können Sie beispielsweise mit Netscape Navigator im Web surfen oder mit mIRC im Internet chatten.

Mit der Telekom ins Internet

Der Online-Dienst der Deutschen Telekom AG, T-Online, hat sich inzwischen zu einer der wichtigsten Zugangsmöglichkeiten zum Internet in Deutschland gemausert. Zuweilen lassen die Übertragungsgeschwindigkeiten wegen des großen Andrangs etwas zu wünschen übrig, doch meistens kann man das Internet über T-Online reibungslos nutzen.

T-Online erfordert ein eigenes Zugangsprogramm, mit dem die Verbindung zu T-Online hergestellt wird und über das Sie auf die Inhalte zugreifen können, die nur über T-Online verfügbar sind. Daneben können Sie jedoch auch alle anderen Winsock-kompatiblen Programme nutzen und so sämtliche Internet-Dienste in Anspruch nehmen.

Registrierung bei T-Online

Die Registrierung bei T-Online ist auf zwei verschiedene Arten möglich: entweder schriftlich oder über eine Online-Anmeldung.

Wollen Sie schriftlich eine Zugangsberechtigung beantragen, benötigen Sie ein Antragsformular, das Sie beispielsweise in den Telefonläden der Telekom bekommen können und gelegentlich auch in den einschlägigen Online-Zeitschriften finden. Im Zweifelsfall wenden Sie sich einfach an den Auftragsservice der Telekom für T-Online:

Deutsche Telekom
Online Service GmbH
Postfach 10 11 52
64211 Darmstadt
Telefon: 0130/0198
Fax: 0211/352311

Die andere Möglichkeit, Ihren T-Online-Zugang zu beantragen, ist die Online-Anmeldung. Dazu benötigen Sie die T-Online-CD-ROM, die Sie in allen T-Punkt-Läden der Telekom erhalten oder sich unter oben genannter Rufnummer zuschicken lassen können. Die Online-Anmeldung geht wie folgt von statten:

1. **Legen Sie die T-Online-CD-ROM ein. Es wird automatisch ein T-Online-Präsentationsprogramm gestartet, das eine kurze Multimedia-Einführung zeigt und dann in ein Informations-Fenster mündet.**
2. **Klicken Sie eine der Registerkarten am Fuß des Fensters an und wählen Sie ANMELDEN BEI T-ONLINE. Sie haben die Möglichkeit, entweder ein Anmeldeformular auszudrucken oder die Online-Anmeldung vorzunehmen.**
3. **Klicken Sie auf ONLINE ANMELDEN.**

   Zur Durchführung der Anmeldung wird ein Anmeldungsprogramm installiert. T-Online schlägt ein Verzeichnis vor, in dem das Programm installiert wird.
4. **Klicken Sie auf WEITER, um das Verzeichnis zu akzeptieren. Das T-Online-Anmeldungsprogramm wird installiert.**
5. **Klicken Sie auf BEENDEN, um das Installationsprogramm abzuschließen und gleichzeitig das Anmeldeprogramm zu starten.**
6. **Geben Sie im Fenster AUFTRAGSDATEN Ihre persönlichen Angaben ein, die für den Vertrag mit T-Online verwendet werden, und klicken Sie anschließend auf WEITER.**
7. **Klicken Sie auf AUTOMATISCHE KONFIGURATION, um Ihr Modem für den Verbindungsaufbau mit T-Online einzurichten. Das Programm überprüft die Eigenschaften Ihres Modems und stellt anschließend eine Probeverbindung mit T-Online her. Kommt diese Verbindung erfolgreich zustande, kehrt das Programm zum Fenster KONFIGURATION zurück.**
8. **Klicken Sie auf WEITER. Es wird nun die aktuelle Liste der Kooperationspartner von T-Online geladen. Mit der Angabe eines Kooperationspartners umgehen Sie die einmalige saftige Anmeldegebühr.**
9. **Entscheiden Sie sich für oder gegen einen Kooperationspartner und klicken Sie auf WEITER. Ihre Antragsdaten werden nun an T-Online verschickt, und innerhalb einiger Tage erhalten Sie auf dem Postweg Ihre Zugangsdaten, die Sie für die Nutzung von T-Online benötigen.**

Die erste Anmeldung bei T-Online

Nachdem der heißersehnte Brief mit den Zugangsdaten von der Telekom eingetroffen ist, können Sie nun endlich Ihren Account bei T-Online in Betrieb nehmen. Doch zunächst müssen Sie die Zugangssoftware von der T-Online-CD-ROM installieren. Dazu legen Sie die CD-ROM ein und wählen aus der Informations-Übersicht unter der Registerkarte T-ONLINE EXKLUSIV die Option ZUGANGSSOFTWARE INSTALLIEREN. Ein Installationsprogramm führt Sie durch die notwendigen Schritte.

Zur ersten Anmeldung bei T-Online nach Abschluß der Installation verfahren Sie wie folgt:

1. **Nach der Installation startet das T-Online-Programm automatisch; haben Sie das Programm schon vorab installiert, starten Sie es jetzt.**

   Es erscheint das Fenster Abfrage der Zugangsdaten.

2. **Tragen Sie die Anschlußkennung, T-Online-Nummer und das Kennwort (diese Angaben haben Sie von T-Online mit der Post erhalten) in die entsprechenden Felder ein.**

   Damit sind die Daten im Programm gespeichert und müssen nach einem erneuten Start nicht mehr neu eingegeben werden.

3. **Klicken Sie nun im T-Online-Fenster auf Anwahl. Die Verbindung zu T-Online wird aufgebaut, und Sie können mit den verschiedenen Menü-Optionen die Möglichkeiten von T-Online erforschen.**

E-Mail mit T-Online

Das T-Online-Programm bietet Ihnen auch die Möglichkeit, E-Mail zu verfassen und zu verschicken. Diese Funktion verbirgt sich hinter dem Briefsymbol in der Symbolleiste.

Wenn Sie zum ersten Mal E-Mail benutzen wollen, bekommen Sie zuerst ein Anmeldefenster zu sehen. Hier müssen Sie Ihre Anschlußkennung, Ihre Mitbenutzernummer und Ihr Kennwort eingeben. Außerdem können Sie einen Benutzernamen eintragen, der dann in Ihrer Adresse benutzt wird. Wenn Sie brav alle Angaben gemacht haben, werden Sie als E-Mail-Benutzer registriert und können Post empfangen und senden.

Haben Sie keinen Benutzernamen eingetragen, so lautet Ihre E-Mail-Adresse *Teilnehmernummer-Mitbenutzernummer@t-online.de*. Dabei sind *Teilnehmernummer* und *Mitbenutzernummer* die entsprechenden Zahlen, die Sie von T-Online erhalten haben (die Teilnehmernummer entspricht meistens Ihrer Telefonnummer plus Vorwahl, die Mitbenutzernummer ist 0001, wenn Sie den Account alleine benutzen.

Auch bei T-Online können Sie Ihre E-Mail offline, also ohne Verbindung zum Online-Dienst, verfassen, was Ihnen einige Gebühren sparen kann. Klicken Sie einfach auf die Schaltfläche Schreiben, und Sie bekommen ein Fenster zu sehen, in dem Sie nicht nur den Text der E-Mail verfassen, sondern auch die Angaben über Empfänger und Betreff eintragen können. Wenn Sie mit einer Mitteilung fertig sind, klicken Sie auf OK – dann wandert die Nachricht in den Ausgangskorb.

Wenn Sie alle Ihre E-Mail-Briefe geschrieben haben, klicken Sie auf Ausgang. Sie sehen dann, welche Nachrichten Sie verfaßt haben, und können einzelne Mitteilungen noch einmal ändern oder auch löschen. Wenn Sie sicher sind, daß Ihre Weisheiten hinaus in die große weite Welt gelangen sollen, klicken Sie auf die Schaltfläche Absenden, und schon wird T-Online angewählt und Ihre gesammelte Post an den zuständigen Mail-Server geschickt.

Wenn Sie selbst Post bekommen haben, klicken Sie einfach auf die Schaltfläche LESEN. Dann bekommen Sie ein Fenster präsentiert, in dem sich nicht nur der Text der Nachricht befindet, sondern auch Angaben über den Absender, das Betreff und so weiter.

Falls Sie keine besondere Vorliebe für das E-Mail-Programm von T-Online entwikkeln können, haben Sie auch die Möglichkeit, ein anderes Winsock-kompatibles E-Mail-Programm wie z.B. Eudora zu verwenden. Dazu wählen Sie im T-Online-Programm EINSTELLUNGEN – E-MAIL. Hier können Sie ein anderes E-Mail-Programm auf Ihrer Festplatte angeben, mit dem Sie zukünftig Ihre E-Mail verwalten.

Mit T-Online ins Internet

T-Online dient heute den meisten Nutzern als Zugang ins Internet und World Wide Web. Auf der T-Online-CD-ROM werden sowohl Netscape Navigator als auch Microsoft Internet Explorer als Browser mitgeliefert. Beide Programme können Sie als Web-Browser in T-Online verwenden. Falls nicht bereits eines der beiden Programme während der Installation von T-Online als Web-Browser eingerichtet wurde, können Sie das nachträglich vornehmen. Wählen Sie dazu EINSTELLUNGEN – INTERNET und geben Sie im Feld WWW-BROWSER den von Ihnen gewünschten Browser an.

Wenn Sie nun im T-Online-Fenster auf die Schaltfläche INTERNET klicken, wird automatisch T-Online angewählt, der Browser gestartet, und Sie können in die Weiten des Internet eintauchen. Beachten Sie, daß T-Online für den Internet-Zugang zusätzliche Gebühren berechnet. Nun stehen Ihnen die vollen Möglichkeiten des Internet zur Verfügung.

Teil V

Die Zehnerlisten

»Das machen wir nur, bis wir wieder ins Internet können«

In diesem Teil...

Manche Dinge passen einfach an keine andere Stelle in diesem Buch, deshalb haben wir sie in Listen zusammengefaßt. Aufgrund der seltsamsten Zufälle befinden sich immer genau zehn Fakten in jeder Liste. (***Hinweis für die ganz Genauen unter Ihnen:*** Sie werden sich ein paar Finger abschneiden oder ankleben müssen, damit Ihre Version von zehn mit unserer übereinstimmt. Vielleicht wäre es einfacher, wenn Sie es uns einfach glauben.)

Zehn häufig gestellte Fragen

17

In diesem Kapitel

- Antworten auf generelle Fragen zum Internet
- Unsere Meinung zu Computern, Providern und anderen beliebten Themen

Wir bekommen jeden Tag viele Fragen per E-Mail gestellt. Wie haben einige der häufigsten Fragen in der Hoffnung ausgesucht, daß die Antworten Ihnen helfen.

Das bedeutet auch, daß wir jetzt immer, wenn uns jemand eine dieser Fragen stellt, wir anstatt sie zu beantworten, sagen können, man solle sich doch gefälligst dieses Buch besorgen und dieses Kapitel lesen. Hehe.

Falls Sie nach der Lektüre dieses Buches mehr als zehn offene Fragen haben sollten, surfen Sie zu unserer Web-Site unter `http://net.gurus.com`, wo Sie erfahren, wie Sie hunderte zusätzlicher Antworten finden.

»Warum können Sie mir keine schrittweisen Anleitungen geben?«

Diese Frage landet ständig in unserem E-Mail-Briefkasten: Andere ... *für-Dummies*-Bücher geben detaillierte, schrittweise Anleitungen, während dieses Buch manchmal frustrierenderweise ziemlich vage bleibt.

Uns fallen dazu zwei Gründe ein. Der eine ist, daß wir nicht wissen, welche Art von Computer Sie verwenden (Windows 3.1, Windows 95, Windows 98, Mac oder einen anderen) oder welche Programme Sie verwenden (AOL, Netscape Navigator, Microsoft Internet Explorer, Eudora, oder andere Software). Wir haben versucht, Ihnen eine breite Basis allgemeinen Hintergrundwissens zu vermitteln, so daß Sie ganz gut verstehen, wie das Internet funktioniert. Zusätzlich haben wir, wenn immer möglich, spezifische Anweisungen für die am häufigsten verwendeten Systeme gegeben. Auf unserer eben erwähnten Web-Site finden Sie Bücher und andere Web-Sites mit genaueren Hinweisen für viele Systeme und Programme.

Der andere Grund ist, daß sich die Programme ständig weiterentwickeln. Seit wir mit der Überarbeitung dieser Auflage des Buches begonnen haben, sind für alle Programme, die wir beschreiben, neue Versionen erschienen. Zu dem Zeitpunkt, an dem Sie dieses Kapitel lesen, können bereits wieder neue Versionen herausgekommen sein, die vielleicht etwas anders funktionieren, als wir beschrieben haben. Wir hoffen, daß das allgemeine Verständnis, daß Sie durch das Lesen dieses Buches gewonnen haben, Ihnen über die Ungereimtheiten hinweghilft, die Ihnen unausweichlich begegnen, während Sie das Netz kennenlernen.

»Sind das Internet und das World Wide Web das gleiche?«

Nein, das Internet gibt es seit 1969 und es ist ein Netzwerk aus Netzwerken. Das World Wide Web, 1989 geboren, ist ein System untereinander verknüpfter Informationen (in der Form von Webseiten), auf das Sie über das Internet zugreifen können. In den letzten paar Jahren ist das Web die geläufigste Methode zu Benutzung des Internet geworden, und Web-Browser enthalten heute immer mehr traditionelle Internet-Technologie. So können Sie beispielsweise mit Netscape Navigator E-Mail empfangen und verschicken und Usenet-Newsgruppen unter `http://www.dejanews.com` suchen. Obwohl beide *nicht* das Gleiche sind, sehen sie doch zunehmend ähnlich aus. Fragen Sie uns nächstes Jahr wieder.

»Was ist der Unterschied zwischen einem Browser und einer Suchmaschine?«

Ein *Browser* ist das Programm, mit dem Ihr Computer Seiten aus dem World Wide Web anzeigen kann. Die am häufigsten verwendeten Browser sind Netscape Navigator, Microsoft Internet Explorer und der in AOL eingebaute Browser. Eine *Suchmaschine* (oder Verzeichnis oder Index) hilft Ihnen, im Web Seiten zu bestimmten Themen zu suchen, die Sie interessieren. Netscape Navigator und Microsoft Internet Explorer sind Browser, also Programme, die Sie auf Ihrem eigenen Computer installieren. AltaVista, Yahoo, Fireball, Lycos, Excite und eine Reihe anderer Suchmaschinen sind Web-Sites, die Ihnen bei der Suche nach Zeug im Web helfen können.

»Kann ich meine E-Mail-Adresse ändern?«

Je nachdem. (Sie hassen es, wenn wir das sagen, nicht?)

Bei den meisten Systemen können Sie nicht einfach Ihre E-Mail-Adresse ändern. Ihre E-Mail-Adresse ist normalerweise einfach Ihr Benutzername auf dem System Ihres Providers. Die meisten Internet-Provider erlauben Ihnen, einen Benutzernamen Ihrer Wahl auszusuchen, solange er nicht bereits belegt ist. Wenn Sie Kichererbse heißen wollen, ist das für den Provider OK, und Ihre E-Mail Adresse wird irgendwas sein wie `kichererbse@irgendwas.net`.

Später wird Ihnen auffallen, daß Sie immer erst umständlich erklären müssen, weshalb auf Ihrer Visitenkarte Kichererbse steht. Vielleicht wollen Sie Ihre Mail-Adresse dann wieder ändern. Wenn Sie einen kleinen lokalen Provider haben, können Sie wahrscheinlich anrufen und höflich fragen, und man wird ein wenig grummeln und dann die Änderung vornehmen. Tut er das nicht, oder Sie möchten sich von Ihren Freunden weiterhin Kichererbse nennen lassen, so können Sie sich wahrscheinlich ein E-Mail-*Alias* zulegen.

Es gibt kein Gesetz, daß jede Adresse genau zu einer Mailbox gehören muß, und es ist weit verbreitet, verschiedene E-Mail-Adressen zu haben, die alle Mail in eine gemeinsame Mailbox befördern. Johns echter Mailbox-Name ist beispielsweise `johnl`, aber Post, die an `john`, `johnl`, `jlevine` und andere falsch geschriebene Adressen geschickt wird, wird per Alias `johnl` zugeordnet und automatisch ausgeliefert. (Er ist der Systemmanager und kann daher jedes Alias haben, das er sich nur wünscht.)

Fragen Sie Ihren Provider, ob er Ihnen ein E-Mail-Alias gibt. Meistens ist das der Fall – es handelt sich nur um eine Zeile in einer Datei voller E-Mail-Adressen. Wenn das erledigt ist, können Sie Ihre Absenderadresse (in Eudora beispielsweise) so einstellen, daß Ihr neues Alias für jedermann Ihre neue Adresse ist.

Wenn Ihr Provider Ihnen kein neues E-Mail-Alias geben kann oder will, gibt es immer noch externe E-Mail-Alias-Dienste. Einer davon ist PoBox, der etwas ähnliches wie einen Postfach-Service bietet. Sie erhalten von ihm gegen eine bescheidenene Gebühr bei `pobox.com` jede gewünschte Adresse, von der die Mail an Ihre wahre E-Mail-Adresse weitergeschickt wird. PoBox erreichen Sie unter `http://www.pobox.com` oder per E-Mail unter `info@pobox.com`. Yahoo und Hotmail bieten ebenfalls kostenlose, Web-basierte Mail-Adressen. Besuchen Sie `http://mail.yahoo.com` und `http://www.hotmail.com`.

America Online (AOL) ist ein besonderer Fall, weil seine Benutzer ihre E-Mail-Adressen im Handumdrehen willkürlich ändern können. Wenn Sie sich bei AOL anmelden, entscheiden Sie sich für einen *AOL-Namen*, der Ihr Benutzername und Ihre E-Mail-Adresse ist. Aber jeder AOL-Benutzer kann sich für bis zu vier weitere extra AOL-Namen entscheiden, anscheinend für andere Familienmitglieder, die jederzeit geändert werden können. Die gute Nachricht ist, daß AOL-Benutzer jede gewünschte Adresse haben können (solange sie nicht mit einer der fünf Millionen bereits vergebenen Adressen in Konflikt geraten), aber die schlechte Nachricht ist, daß es praktisch unmöglich ist zu erkennen, wer eine bestimmte Nachricht von AOL aus geschickt hat.

»Wie bekomme ich eine Datei aus meiner Textverarbeitung in eine E-Mail?«

Je nachdem. (Huch, jetzt ist es uns schon wieder rausgerutscht.) Sie können die Inhalte in einfachem Text verschicken oder in schönem, formatierten Text – einige Leute nennen das das *Rich-Text-Format*. Es hängt außerdem davon ab, wem sie die Datei schicken und was diese Person empfangen kann.

Jeder kann immer einfachen Text lesen, und wenn das alles ist, was gewünscht wird, ist der Vorgang einfach. Mit simplen Kopieren- und Einfügen-Befehlen aus den Menüs BEARBEITEN in der Textverarbeitung und dem E-Mail-Programm oder den Tasten Strg+C und Strg+V markieren Sie den Text des Dokuments in Ihrer Textverarbeitung und fügen ihn in Ihrer E-Mail-Mitteilung ein.

Falls Sie und der Empfänger das gleiche E-Mail-Programm verwenden und das Programm das Rich-Text-Format unterstützt, können Sie auch Rich-Text in Ihrer Mitteilung einbauen. Gehen Sie aber zuvor sicher, daß die beiden Programme kompatibel sind, denn ansonsten ist das Resultat vollkommen anders, als Sie es sich vorgestellt haben – was Ihrem Wunsch nach schön aussehen sollte, würde dann furchtbar oder kaum lesbar aussehen.

Falls sowohl Ihr E-Mail-Programm als auch das des Empfängers mit Attachments umgehen können und der Empfänger das gleiche Textverarbeitungsprogramm wie Sie verwendet, können Sie auch die Textverarbeitungsdatei an Ihre E-Mail anhängen (Einzelheiten dazu finden Sie in Kapitel 12).

»Ist es sicher, wenn ich meine Kreditkarte im Netz verwende?«

Jeder hat eine andere Vorstellung davon, was sicher ist. Manche Leute meinen, daß schon der Gebrauch einer Kreditkarte ein schlechter Einfall ist – Punkt. Andere meinen, daß das Netz voller Menschen ist, die versuchen, Kreditkartennummern zu stehlen, so daß man niemals seine Kartennummer durch das Netz schicken sollte.

Wir glauben, daß die Risiken der Verwendung von Kreditkarten im Netz übertrieben dargestellt werden. In Kapitel 9 widmen wir uns diesem Thema eingehend.

»Wie wichtig ist dieses Internet-Zeug?«

Verdammt wichtig. Wir schreiben das gleiche Buch jetzt zum vierten Mal in weniger als fünf Jahren. Wir sind dazu da, Ihnen zu sagen, daß es keine Möglichkeit mehr gibt, das Internet zu ignorieren. Nun gut, Sie kommen vielleicht noch eine Weile damit aus, nichts über das Internet zu wissen; wenn Sie allerdings studieren, arbeiten oder nach einem Job suchen, tun Sie sich mit Ignoranz einen schlechten Gefallen. Finden Sie allmählich den Anschluß, es ist wirklich nicht so schwer.

»Wer ist der beste Internet-Provider?«

Das hängt davon ab, wer die Frage stellt. Was meinen Sie mit »bester?« Für viele bedeutet der Beste der Billigste. Momentan sind Shell-Accounts und Freenets am billigsten. Für Leute, die keine Computer-Profis sind, sind diese Accounts aber nicht gerade einfache Startpunkte.

Was beabsichtigen Sie, im Netz zu tun? Wenn Sie nur E-Mail und Zugang zum World Wide Web benötigen, ist fast jeder Account ausreichend, aber das Preisniveau unterscheidet sich erheblich, und vielleicht ist der entscheidende Faktor für Sie ja auch, wie einfach der Start ist. Wenn Sie noch nie im Leben einen Computer benutzt haben und schnell frustriert sind, empfehlen wir Ihnen einen kommerziellen Dienst, der sich mit großem Aufwand darum kümmert, daß Ihr Leben einfacher wird. Je nachdem, wo Sie leben, haben Sie vielleicht keine große Auswahl, denn Sie sollten einen Dienst wählen, der einen Einwahlknoten in Ihrem Ortsnetzbereich hat. Wenn Sie eine Wahl haben, finden Sie heraus, wieviel Unterstützung Sie von Ihrem Provider erwarten können. Wenn Sie mit einem Provider reden, bevor Sie loslegen, und Ihre Online-Freunde fragen, ob sie mit dem Service des Providers zufrieden sind, können Sie wertvolle Einsichten bekommen, welcher Dienst der beste für Sie ist. Heutzutage unterscheiden sich die Provider kaum noch in der Technik – die größten Unterschiede gibt es im Service. Sie haben keinen Grund, Ihre Zeit mit einem Provider zu verschwenden, der Ihnen keinen guten Service bietet.

»Wie kann ich im Netz Geld machen?«

Wir können uns nicht genau erinnern, wieviel Trillionen Dollar Geschäftsmöglichkeiten das Internet darstellt, wenn man den Leuten folgt, die behaupten, sich mit diesen Dingen auszukennen. Wir sehen allerdings, daß Geschäftsmöglichkeiten auf Kommunikation basieren. Als neues Kommunikationsmedium öffnet das Internet die Türen für neue Geschäftsmethoden.

Wir empfehlen, daß Sie sich nicht den Kopf zerbrechen, wie man Geld mit dem Internet-Geschäft machen kann, sondern Ihre Zeit lieber damit verbringen, das Netz gründlich kennenzulernen – indem Sie sich zusätzlich zum World Wide Web auch Newsgruppen und Mailing-Listen ansehen. Je mehr Sie sehen, desto mehr organische Methoden fallen Ihnen ein, wie Sie mit Ihrem Geschäft das Netz nutzen können. Folgen Sie Ihren Vorlieben: Suchen Sie nach Newsgruppen und Mailing-Listen, die Sie aufregend finden. Sie werden alle Arten von interessanten Leuten treffen und neue Ideen bekommen. Wir meinen, daß Sie vom Netz lernen können, für sich selbst herauszufinden, wo Ihre persönlichen Möglichkeiten liegen.

Wir haben herausgefunden, daß die beste Methode, mit dem Netz Geld zu machen, darin besteht, Bücher darüber zu schreiben! Aber andererseits schreiben wir schon seit dem Kindergarten Bücher und spielen noch länger mit dem Internet. Wenn wir nicht im Buch-Geschäft aktiv wären, würden wir uns wahrscheinlich im Handel mit Dienstleistungen für Unternehmen betätigen, entweder in Online-Diensten oder Netz-bezogenen Unternehmensdienstleistungen in der »realen Welt« als wahrscheinlichste Kandidaten.

»Welchen Computer sollte ich für den Einsatz im Internet kaufen?«

Sie können schon raten, was wir sagen werden, richtig? Wir sagen: »Es kommt drauf an.« Für viele Leute ist das Internet der erste gute Grund, sich einen Computer zu kaufen. Welche Art von Computer Sie kaufen, hängt davon ab, wer Sie sind und wie Sie ihn einsetzen möchten.

Wenn Sie sich einen Computer kaufen möchten, um ihn im Internet einzusetzen, empfehlen wir Ihnen dringend, einen neuen Computer zu kaufen oder schlimmstenfalls einen, der nicht älter als ein Jahr ist. Auf neuen Computern ist Internet-Software bereits installiert, und inzwischen sind sie auch durchaus bezahlbar. Wenn Sie erst einmal anfangen, einen alten Computer mit den ganzen neuen Teilen Internet-tauglich aufzurüsten, geben Sie wahrscheinlich mindestens genausoviel Geld aus, investieren viel mehr Zeit und haben am Ende einen weniger guten Computer.

Wenn Sie sich einen neuen Computer vor allem kaufen, um im Netz zu surfen, bekommen Sie einen ordentlich schnellen, zum Beispiel einen Pentium mit einem Bildschirm, für unter 2.000 Mark. Das World Wide Web ist ein farbenfroher Ort; um die ganze Wirkung zu bekommen, müssen Sie es in Farbe sehen.

Entschuldigen Sie unsere eingeschränkte Vision, aber wir reden nur über zwei Arten von Computern: Macintoshs und IBM-PC-Klone. Welcher ist der richtige für Sie? Nach unserer Erfahrung, zu der alle Geschichten gehören, die wir von Computer-Neulingen hören, kommen wir zu folgendem Schluß: Macintoshs sind deutlich leichter zu bedienen, IBM-Klone sind deutlich billiger zu kaufen, und beide sind okay, vor allem wenn Sie Freunde mit einem ähnlichen Computer haben, die Ihnen am Anfang unter die Arme greifen können. Hier müssen Sie nach Ihren eigenen Fähigkeiten und Ressourcen sowie denen der Leute in Ihrem Bekanntenkreis entscheiden. Unser Rat: Kaufen Sie sich das, was auch Ihre Freunde haben, dann können Sie sie um Hilfe bitten.

Wenn Sie mit anderen Leuten reden und sie fragen, was Sie kaufen sollen, reden Sie mit Leuten, die dasselbe tun wie Sie, und nicht einfach mit Leuten, die Computer haben. Wenn Sie Schornsteinfeger sind, finden Sie heraus, was andere Schornsteinfeger benutzen und mögen und warum. Computer sind nicht fair. Sie sind schwerer zu benutzen als sie sein sollten. Manche sind leichter als andere zu benutzen. Das Leben ist nicht fair. Manche Leute können es sich leisten, mehr für einen Rechner zu zahlen als andere. Versuchen Sie, so gut wie möglich herauszufinden, welcher Rechner Ihnen am meisten zusagt – wahrscheinlich können Sie sie sogar im Computerladen ausprobieren. Wenn Sie Preise vergleichen, versuchen Sie, die Zeit zu berücksichtigen, die Sie damit verbringen werden, den Computer einzurichten und zu lernen, wie man ihn und die Software bedient. Berücksichtigen Sie auch, wie Sie selbst mit mechanischen Geräten zurechtkommen.

Falls Sie schließlich einen anderen Computertyp haben, wie beispielsweise einen Amiga oder einen anderen »Nischen«-Rechner (Mensch, für den werden wir von den Amiga-Benutzern mächtig was zu hören bekommen), versuchen Sie, eine Benutzergruppe vor Ort aufzustöbern und herauszufinden, welche Internet-Software es für Ihren Rechner gibt. Wahrscheinlich hat irgend jemand günstige oder kostenlose Software, die Sie benutzen können.

»Was ist Ihre Lieblings-Webseite?«

Das ist natürlich `http://net.gurus.com`. Wir haben nie behauptet, nicht eitel zu sein.

Zehn Methoden, um E-Mail-Adressen zu finden

18

In diesem Kapitel

- Wie man eine Adresse findet
- Wie man Online-Verzeichnisse verwendet
- Unmengen von Mail-Systemen

Wie Sie wahrscheinlich schon herausgefunden haben, gibt es noch ein winziges Detail, das Sie davon abhält, allen Ihren Freunden E-Mail zu schicken: Sie kennen deren Adressen gar nicht. In diesem Kapitel lernen Sie eine Vielzahl von Methoden kennen, wie man nach Adressen sucht. Aber wir ersparen Ihnen die Mühe, den Rest dieses Kapitels zu lesen, indem wir mit der einfachsten, verläßlichsten Methode beginnen, wie man E-Mail-Adressen herausfindet:

Rufen Sie Ihre Freunde einfach an, und fragen Sie sie.

Ziemlich simple Technik, was? Aus irgendeinem Grund scheint das das allerletzte zu sein, was alle Leute tun wollen (sehen Sie sich den Kasten an »Zehn prima Gründe, warum man jemanden nicht wegen seiner E-Mail-Adresse anruft«). Aber probieren Sie es erst einmal. Falls Sie die Telefonnummer kennen oder herausfinden können, ist das viel einfacher als alle anderen Methoden.

Was soll das heißen – Sie kennen Ihre eigene Adresse nicht?

Das passiert oft – normalerweise, weil ein Freund ein privates E-Mail-System benutzt, das über ein Gateway zur Außenwelt verfügt, das Informationen darüber liefert, wie man Nachrichten an die Außenwelt schickt, aber keinen Hinweis darauf gibt, wie man von draußen Zeug hineinschicken kann. Zum Glück ist die Lösung einfach: Sagen Sie Ihrem Freund, daß er Ihnen eine E-Mail schicken soll. Alle E-Mails haben Absenderadressen, und nur die ruppigsten aller Mail-Gateways schicken keine brauchbare Absenderadresse mit. Seien Sie nicht überrascht, wenn die Adresse voll seltsamer Interpunktion ist. Nachdem eine Mitteilung erst einmal durch ein paar Gateways gewandert ist, hat man am Ende scheinbar immer Buchstabensalat wie hier:

```
"blurch::John.C.Calhoun"%farp@slimemail.com
```

Wenn Sie die seltsame Adresse wieder eingeben, funktioniert sie normalerweise, also machen Sie sich keine Gedanken.

Sie können mit dieser Methode Ihre eigene Adresse herausfinden, wenn Sie eine Nachricht an unseren allzeit bereiten Mail-Roboter unter `internet5@gurus.com` schicken, der Ihnen eine Notiz zurücksendet, die Ihnen mitteilt, wie die Absenderadresse Ihrer Nachricht aussah. (Die menschlichen Autoren sehen diese Nachrichten ebenfalls, also können Sie uns jederzeit ein paar Worte schreiben, ob Ihnen das Buch gefällt.)

Im Web nach Leuten suchen

Die Welt verändert sich. Vielleicht hat Ihr Freund (?) ja eine eigene Homepage. Suchen Sie in Ihrem bevorzugten Web-Verzeichnis oder -Index nach dem Namen Ihres Freundes in Anführungszeichen (» «) als Stichwort Ihrer Suche. Falls Ihr Freund eine Homepage hat, ist auf der Seite sicher irgendwo die E-Mail-Adresse.

Zehn prima Gründe, warum man jemanden nicht wegen seiner E-Mail-Adresse anruft

- Sie wollen einen Freundin überraschen, die Sie vor langer Zeit aus den Augen verloren haben.
- Sie wollen einen *Ex*-Freund überraschen, den Sie vor langer Zeit aus den Augen verloren haben und der Ihnen noch eine größere Geldsumme schuldet und meint, er sei Ihnen entwischt.
- Sie oder Ihr Freund sprechen kein Deutsch oder Englisch. (Das passiert oft bei Internauten, da sie überall in der Welt wohnen.)
- Sie oder Ihr Freund sprechen überhaupt nicht. (Auch das passiert – Netzwerke stellen einen besonders freundlichen Ort für die meisten Menschen mit Behinderungen dar, da niemand davon weiß oder sich darum schert.)
- Es ist drei Uhr morgens, und Sie müssen die Nachricht unbedingt jetzt verschicken, weil Sie sonst keinen Schlaf finden.
- Sie kennen die Telefonnummer nicht und haben wegen eines traumatischen Kindheitserlebnisses panische Angst davor, die Auskunft anzurufen.
- Das Telefon nimmt nur Münzen, und niemand kann einen Hundertmarkschein wechseln.

- ✔ Die Firma hat ein neues Telefonsystem installiert, niemand weiß, wie man es benutzt, und ganz gleich, was Sie wählen, landen Sie immer bei der Telefonseelsorge.
- ✔ Sie haben versehentlich ein Glas Mineralwasser auf das Telefon gekippt und können nicht warten, bis das getrocknet ist.
- ✔ Sie haben gestern angerufen, sich die Antwort nicht aufgeschrieben und sie vergessen. Öh.

Hey, Herr Postmeister

Manchmal wissen Sie ganz genau, welchen Rechner jemand verwendet, kennen aber dessen Namen nicht. In diesem Fall können Sie versuchen, dem Postmaster zu schreiben. Jede *Domäne,* der Teil der Adresse nach dem @ (dem at-Zeichen), der Internet-Mail empfangen kann, hat eine spezielle Mail-Adresse namens `postmaster` (Postmeister), über die eine Nachricht an die Person geleitet wird, die für diesen Rechner verantwortlich ist. Wenn Sie ziemlich sicher sind, daß Ihre Freundin `my.bluesuede.org` verwendet, können Sie bei `postmaster@my.bluesuede.org` (selbstverständlich höflich) nachfragen, wie die Adresse genau lautet. (Wir gehen davon aus, daß Sie aus irgendeinem Grund nicht einfach Ihre Freundin anrufen können, um nach der E-Mail-Adresse zu fragen.)

Obwohl die meisten Postmaster überarbeitete Systemverwalter sind, die nichts gegen eine gelegentliche höfliche Frage haben, sollten Sie keine großen Gefallen erwarten. Behalten Sie im Hinterkopf, daß es umso weniger wahrscheinlich ist, daß der Postmaster alle Benutzer persönlich kennt, je größer die Domäne ist. Schreiben Sie nicht an `postmaster@ibm.com`, um die E-Mail-Adresse einer Person herauszufinden. (Zum Glück gibt es für Leute, die Korrespondenten in der Blauen Zone finden möchten, bei IBM ein Online-Verzeichnis – siehe den folgenden Kasten, »OK, und wie finde ich Leute bei großen Unternehmen?«)

Der Postmaster ist auch die richtige Adresse, an die Sie schreiben können, wenn Sie Probleme mit E-Mail von oder an eine Site haben. Wenn Ihre Nachrichten an jemanden mit einer kryptischen Botschaft zurückkommen, die besagt, daß das Mail-System nicht funktioniert, oder wenn Sie eine Flut von mechanisch erzeugtem Mailmüll von einem derangierten automatischen Mail-Server bekommen (siehe Kapitel 13), sollten Sie dem Postmeister der betreffenden Site schreiben.

Leute in Newsgruppen suchen

Wenn Ihr Freund bei einer Usenet-Newsgruppe (Online-Diskussionen) mitmacht, können Sie mit AltaVista das Usenet (anstelle des Web) durchsuchen oder sich die Webseite `http://www.dejanews.com` ansehen. Ihr Freund verwendet vielleicht nicht seinen vollen Namen oder irgendwas, das seinen Namen widerspiegelt, aber einen Versuch ist es wert.

Eine Beschreibung der Usenet-Newsgruppen finden Sie bei `http://net.gurus.com/usenet`.

Online-Verzeichnisse

Wäre es nicht cool, wenn es so etwas wie ein Online-Verzeichnis gäbe, in dem alle E-Mail-Adressen aufgeführt wären? Kann sein, aber im Internet gibt es keines. Zum einen garantiert nichts, daß die E-Mail-Adresse einer Person die geringste Verbindung mit dem echten Namen hat. Zum anderen möchte nicht jeder, daß alle anderen seine E-Mail-Adresse kennen. Auch wenn viele Verzeichnisse versuchen, E-Mail-Adressen anzusammeln, ist keines vollständig, und viele funktionieren bloß, wenn Leute sich freiwillig im Verzeichnis eintragen.

Diese Situation betont natürlich nur nochmals unsere Meinung, daß man die Person am besten direkt fragt, um ihre E-Mail-Adresse herauszubekommen. Falls diese Methode ausscheidet, finden Sie in diesem Abschnitt einige andere Wege zum Ausprobieren. Einige dieser Verzeichnisse zur Suche von Leuten geben Ihnen die E-Mail-Adressen, falls sie bekannt sind. Obwohl wir über diese Verzeichnisse in Kapitel 8 sprechen, möchten wir hier noch einmal herausstellen, welche zur Suche von E-Mail-Adressen taugen.

Four11.com

In Kapitel 8 erfahren Sie alles zum Verzeichnisdienst Four11. Gehen Sie zu `http://www.four11.com` und versuchen Sie die E-Mail-Suche. Wenn Sie möchten, daß andere Leute Sie finden können, ist Four11 ein guter Ort, um sich selbst einzutragen.

Yahoo People Search

`http://www.yahoo.com/search/people`

Gehen Sie zu `http://www.yahoo.com/search/people`, um entweder nach E-Mail-Adressen oder Telefonnummern zu suchen.

Yahoo-Deutschland E-Mail-Adressen

Falls Sie im internationalen Yahoo nicht fündig geworden sind, können Sie unter `http://www.yahoo.de/adressen/email/email.html` das deutsche Yahoo-Verzeichnis der E-Mail-Adressen probieren.

WhoWhere?

Gehen Sie zu `http://www.whowhere.com`, geben Sie den Namen der gesuchten Person ein und klicken Sie auf die Schaltfläche FIND. Schlagen Sie sich selbst nach und finden Sie seit langem vermißte Verwandte.

Bigfoot

Gehen Sie zu `http://www.bigfoot.com`, um nach E-Mail-Adressen oder Telefonnummern zu suchen. Es gibt dort auch Gelbe Seiten. ***Warnung:*** Anders als alle anderen Verzeichnisse weigert sich Bigfoot, Einträge zu löschen, deshalb überlegen Sie es sich gut, ob Sie sich dort eintragen möchten, falls Sie nicht bereits drinstehen.

InterNIC

In Kapitel 8, in dem wir Ihnen erklären, wie man Leute findet, kommen wir auch auf InterNIC zu sprechen. Als kurze Version gehen Sie einfach zu `http://www.internic.net/wp/whois.html`, geben Sie als Suchwort den Namen der gesuchten Person ein und klicken Sie auf die Schaltfläche Search. Wenn Sie nach jemandem suchen, der einen Internet-Computer, eine Domäne oder ein Netzwerk betreibt, ist InterNIC eine gute Stelle zum Suchen; andernfalls machen Sie sich nicht die Mühe.

Verzeichnisse von Online-Diensten

Sowohl AOL als auch CompuServe haben Mitgliederverzeichnisse. Wenn Sie selbst bei keinem der beiden einen Account haben, aber jemanden kennen, der einen hat, können Sie Ihren Bekannten bitten, die Adresse einer Person für Sie herauszusuchen.

Ehemaligen-Verzeichnisse

Viele Universitäten und Hochschulen haben sich inzwischen eigene Web-Sites eingerichtet, und auf einigen findet sich so etwas wie ein Ehemaligen- oder Alumni-Verzeichnis. Schauen Sie bei Ihrer Alma Mater nach, ob es dort einen Ort gibt, an der Sie sich mit Ihrer E-Mail-Adresse oder Ihrer Homepage eintragen können. Carol hat gerade E-Mail von der lokalen Abteilung ihrer Ehemaligen-Organisation bekommen – das könnte auch Ihnen passieren.

OK, wie finde ich Leute bei großen Unternehmen?

Wir dachten schon, Sie würden nie fragen. IBM hat einen Mail-Server, mit dem Sie die Namen von Leuten nachschlagen können. Schicken Sie eine Nachricht an `nic@vnet.ibm.com`, die eine Zeile enthält wie:

```
whois Watson, T.
```

Jeder Benutzer, der paßt, wird mit seiner E-Mail-Adresse aufgeführt. Auch wenn fast alle IBM-Angestellten interne E-Mail-Adressen haben, kann nur ein Bruchteil Post von außen empfangen, und Sie können nur diese Adressen sehen. (Macht Sinn – es nützt nichts, wenn Sie Adressen erfahren, die Sie nicht benutzen können.)

Viele andere Firmen haben ein direktes Adressiersystem, das jedem in der Firma ein Alias wie `Vorname.Nachname` gibt. Das funktioniert bei AT&T, weswegen Sie ziemlich verläßlich jemanden finden, wenn Sie an eine Adresse schreiben wie:

```
Theodore.Vail@att.com
```

Diese Technik funktioniert auch bei Sun Microsystems (`sun.com`). Es ist immer den Versuch wert, denn im schlimmsten Fall kommt die Nachricht als nicht zustellbar zurück. Wenn mehrere Leute denselben Namen haben, bekommen Sie normalerweise eine mechanische Antwort, die Ihnen erklärt, wie Sie herausfinden, welchen davon Sie haben wollen und was die richtige Adresse ist.

Kompatibles Mail-System – ein Widerspruch?

Eine Zillion verschiedener Netzwerke sind auf die eine oder andere Art mit dem Internet verbunden. Bei vielen von ihnen kann man kaum erkennen, daß es sich um ein anderes Netzwerk handelt. Da die meisten UNIX-Systeme es geschafft haben, Standard-Internet-Adressen zu registrieren, kann man die Post dorthin genau so schicken wie an eine beliebige andere Internet-Mailbox.

Aber es gibt da draußen noch viele andere Mail-Systeme, und manche von ihnen sind wirklich mit dem Internet verbunden. Die meisten Verbindungen scheinen allerdings mit Spucke und Basteldraht hergestellt zu sein, so daß Sie etwas Seltsames eingeben müssen, um die Post durchzubekommen. In diesem Abschnitt befassen wir uns damit, wie man Post an die populärsten Systeme schickt.

X.400: Wir sind von der Regierung und wir möchten Ihnen helfen

Ein Großteil der internationalen Post verwendet ein ziemlich unangenehmes Adressiersystem, das von den internationalen Telefon-Bürokraten der Internationalen Telekommunikations-Union in der Schweiz festgelegt wurde.

Eine X.400-Adresse ist nicht einfach ein Name und eine Domain: Es ist ein Haufen von Attributen. Die offizielle Spezifizierung erstreckt sich über Dutzende, wenn nicht Hunderte von Seiten, aber wir ersparen Ihnen die Details (die sicher faszinierend gewesen wären, wenn wir den Platz hätten – da können Sie sicher sein) und konzentrieren uns auf das Notwendigste. Die Attribute, die normalerweise interessant sind, und die Codes, die für sie stehen, sind folgende:

Surname (S): Nachname des Empfängers

Given Name (G): Vorname des Empfängers

Initials (I): Erstes oder mittleres Initial (oder Initialen)

Generational qualifier (GQ oder Q): Jr., III und so weiter (diese Jungs und Mädels denken an alles)

Administration Domain Name (ADMD oder A): Mehr oder weniger der Name des Mail-Systems

Private Domain Name (PRMD oder P): Mehr oder weniger der Name eines privaten Systems, das man via eines öffentlichen ADMD erreicht

Organization (O): Die Organisation, zu der der Empfänger gehört und die mit dem ADMD oder PRMD zu tun haben kann oder auch nicht

Country (C): Ein Zwei-Buchstaben-Code für das Land

Domain-Defined Attribute (DD oder DDA): Jeder magisches Code, der den Empfänger identifiziert, zum Beispiel Benutzername oder Account-Nummer

Sie kodieren diese Attribute in einer Adresse, wobei Sie / (einen Schrägstrich) benutzen, um sie voneinander zu trennen, und schreiben jedes Attribut als Code, Gleich-Zeichen und Wert. Ist das klar? (Nein? Warum denn nicht?)

Hier ist ein konkretes Beispiel: Nehmen wir einmal an, Ihr Freund benutzt den Sprintmail-Dienst von Sprint (früher bekannt als Telemail, der ADMD), der über eine X.400-Verbindung zum Internet verfügt. Der Name Ihres Freundes ist Samuel Tilden, er lebt in den USA und arbeitet bei Tammany Hall. Seine Attribute wären:

G: Samuel

S: Tilden

O: TammanyHall

C: US

Da die Internet-Domain für das Gateway `sprint.com` ist, wäre die Adresse:

```
/G=Samuel/S=Tilden/O=TammanyHall/C=US/ADMD=TELEMAIL/
@sprint.com
```

Wir haben uns diese Syntax nicht ausgedacht. Tut uns leid. Achten Sie auf den Schrägstrich am Anfang der Adresse und direkt vor dem @ Die Reihenfolge der von Schrägstrichen getrennten Blöcke spielt keine Rolle.

Welche Attribute Sie für eine bestimmte Adresse genau brauchen, hängt vom Einzelfall ab. Manche Domänen stellen nur zu einem einzigen Land und ADMD eine Verbindung her, so daß Sie bei diesen Domänen diese Attribute nicht benötigen. Bei anderen (wie Sprintmail) gibt es viele Verbindungen, also benötigen Sie beides. Es ist chaotisch. Sie müssen bei jedem X.400-System herausfinden, welche Attribute es braucht. In der Theorie sollten redundante Attribute nicht wehtun, aber in der Praxis: Wer weiß?

Eine kleinere Vereinfachung gilt für den hoffentlich verbreiteten Fall, in dem das einzige erforderliche Attribut der wirkliche Name des Empfängers ist. Wenn der Name des Empfängers zum Beispiel Rutherford B. Hayes lautet, ist die volle Attribut-Form:

```
/G=Rutherford/I=B/S=Hayes/@gateway
```

Statt dessen können Sie auch schreiben:

```
Rutherford.B.Hayes@gateway
```

Ziemlich fortgeschritten, was? Sie können den Vornamen oder das Initial auslassen, wenn Sie wollen. Sie können hoffen, daß die meisten X.400-Adressen so geschrieben werden können, aber wahrscheinlich sind Sie zur Enttäuschung verdammt.

In den meisten Fällen besteht die einfachste Methode, eine X.400-Adresse herauszufinden, darin, daß man sich vom Empfänger eine Nachricht schicken läßt und nachschaut, was in der Zeile `From:` steht. Wenn das nicht klappt, müssen Sie experimentieren.

X.500: Wir sind von der Regierung, und wir sind schon wieder da

Dieselben Leute, die für X.400 verantwortlich sind, haben uns auch ein offizielles Modell für einen Telefonbuch-ähnlichen Verzeichnisdienst beschert. Wenn man berücksichtigt, wer dieses Modell definiert hat, ist es keine besondere Überraschung, daß X.500 seine Daten wie ein Regal voller Telefonbücher organisiert (oder – bei einem großen X.500-System – wie eine Bibliothek voller Regale, die nach Ländern organisiert sind). Bei jeder gesuchten Person müssen Sie X.500 mitteilen, in welchem Buch oder in welchen Büchern es nachschauen soll.

Eine weitere Tatsache: Wenn Sie in dem einen Land sind, Land A, und die Telefonnummer von jemand in Land B haben wollen, besteht die offizielle Prozedur darin, daß Sie mit jemand in Land A verbunden werden, der in einem Raum voller alter Telefonbücher aus allen Teilen der Welt sitzt und versucht, das passende Telefonbuch aus Land B zu finden, um darin die gewünschte Person zu suchen. Wenn man die Nummer nicht finden kann – weil die Telefonbücher für Land B alle 15 Jahre alt sind und Ihr Freund vor zwölf Jahren umgezogen ist –, Pech. Das System in den USA dagegen, bei dem man mit einer Auskunft in Land B verbunden wird, die über aktuelle Telefonnummern verfügt, ist eine vollständige Verletzung der Standards. Wir meinen, daß jetzt ein Augenblick atemloser Bewunderung angezeigt ist für die Menschen, die sich solche Standards ausdenken.

Anmerkung: X.500 wird anscheinend aus zwei Gründen oft verwendet. Ein Grund besteht darin, daß es etwas anwenderfreundlicher ist als X.400, und der andere Grund ist, daß es keine weiteren Kandidaten im Wettbewerb gibt. (Wir lassen Sie raten, was der wichtigere Grund ist.)

Sie können eine Vielzahl von X.500-Verzeichnissen via World Wide Web durchsuchen. Dazu gehen Sie mit Ihrem Browser zu `http://www.hq.nasa.gov/x.500.html`.

Eine Parade von Mail-Systemen

Hier ist eine kurze (naja, *ziemlich* kurze) Liste der wichtigen Mail- und Online-Systeme, die mit dem Internet verbunden sind, und der Methoden, wie man Menschen in diesen Systemen Post schickt.

AOL (America Online)

Die Mail-Adresse eines AOL-Benutzers ist der »AOL-Name,« meist der volle Name. Um einen Benutzer namens Manfred Härtel eine Mail zu schicken, tippen Sie beispielsweise

```
Manfredhaertel@aol.com
```

Falls der AOL-Name Leerzeichen enthält, lassen Sie diese weg.

Manche AOL-Benutzer ziehen einen »Künstlernamen« vor wie `dickhmr@aol.com`. Wenn Sie Ihren Freund bei AOL nicht finden, nachdem Sie das Naheliegende ausprobiert haben, rufen Sie Ihren Freund an und fragen Sie ihn. AOL macht es extrem einfach, den Benutzernamen zu ändern, und ein einzelner Benutzer kann verschiedene AOL-Namen haben, daher ändern sich die AOL-Adressen häufig.

Mehr Informationen zu AOL finden Sie in Kapitel 16.

AT&T Mail

Die Benutzer von AT&T Mail haben beliebige Benutzernamen. Wenn Sie jemandem mit dem Benutzernamen `blivet` Post schicken wollen, geben Sie folgendes ein:

```
blivet@attmail.com
```

Hinweis: AT&T Mail bietet Gateways zu den internen Mail-Systemen einiger Firmen. In diesen Fällen haben Sie eine Adresse wie folgende:

`argel!bargel!blivet@foocorp.attmail.com`

BIX

BIX ist ein kommerzielles System, das früher von dem Magazin *Byte* betrieben wurde und jetzt von Delphi geführt wird. Die Benutzernamen sind beliebige kurze Strings. Wollen Sie an den Benutzer `xxxxx` Post schicken, geben Sie folgendes ein:

`xxxxx@bix.com`

CompuServe

CompuServe ist ein großer Online-Dienst. Aus uralten historischen Gründen sind die Benutzernamen von CompuServe Paare von *Oktal* (auf acht basierten)-Zahlen, die normalerweise mit 10 beginnen (außer in den USA, wo sie mit 7 anfangen). Wenn die Nummer eines Benutzers 712345,6701 ist, lautet die Adresse:

`712345.6701@compuserve.com`

Hinweis: Die Adresse enthält einen *Punkt* und kein Komma, weil Internet-Adressen kein Komma enthalten können. Obwohl einige Benutzer inzwischen normal aussehende Adressen wie `gerdbauer@compuserve.com` haben, funktionieren die alten, numerischen Adressen weiterhin.

Da CompuServe seinen Benutzern Gebühren für *eingehende* Internet-Post berechnete, haben viele Benutzer ihren Account so eingestellt, daß er die Annahme von Post aus dem Netz verweigert.

Wenn Sie herausfinden wollen, wie man CompuServe einsetzt, um Internet-Dienste zu verwenden, sehen Sie in Kapitel 16 nach.

Delphi

Delphi ist ein Online-Dienst von denselben Leuten, die BIX betreiben, obwohl die Dienste getrennt sind. Die Delphi-Benutzernamen sind beliebige Strings, bei denen meistens das erste Initial und der Nachname des Benutzers verwendet werden. Wollen Sie dem Benutzer `support` etwas schicken, geben Sie folgendes ein:

`support@delphi.com`

Easylink

Easylink ist ein Nachrichtendienst, der früher von Western Union betrieben wurde und jetzt von AT&T geführt wird. Die Benutzer haben siebenstellige Zahlen, die mit 62 beginnen. Mail an den Benutzer `6231416` schicken Sie, indem Sie folgendes eingeben:

```
6231416@eln.attmail.com
```

FIDONET

FIDONET ist ein sehr großes, weltweites BBS-Netzwerk. In FIDONET wird man nach dem Namen identifiziert, und jedes einzelne BBS (*Node* genannt) hat eine drei- oder vierteilige Zahl in der Form 1:2/3 oder 1:2/3.4. Wollen Sie eine Nachricht an Grover Cleveland bei Node 1:2/3.4 schicken, geben Sie folgendes ein:

```
grover.cleveland@p4.f3.n2.z1.fidonet.org
```

Hat die Node einen dreiteiligen Namen wie 1:2/3, tippen Sie:

```
grover.cleveland@f3.n2.z1.fidonet.org
```

Hinweis: Viele FIDO-Systeme akzeptieren aufgrund der jüngsten Flut von Junk-E-Mail keine eingehende Internet-Mail mehr. Schade.

GEnie

GEnie ist ein Online-Dienst, der ursprünglich von General Electric betrieben wurde. Das war der Konsumentenbereich des kommerziellen Online-Dienstes von GE, der in die 60er Jahre zurückgeht. Jeder Benutzer hat einen Benutzernamen, der ein beliebiger String ist, an den man sich kaum erinnern kann, und einen Mail-Namen, der normalerweise mit dem Namen des Benutzers zusammenhängt. Sie müssen den Mail-Namen eines Benutzers kennen, so etwas wie `J.SCHMITZ7`:

```
J.SCHMITZ7@genie.geis.com
```

Internet-Provider

Da jeder Internet-Provider seinen eigenen Domänennamen hat, müssen Sie den Provider nach seinem Domänennamen fragen. Die Adresse eines Provider-Kunden ist der Benutzername gefolgt von einem @ und dem Domänennamen des Providers. Wenn Ihr Benutzername beispielsweise `Zack` und der Domänenname Ihres Providers `sover.de` wäre, würde Ihre E-Mail-Adresse `zack@sover.de` lauten.

MCI Mail

MCI Mail ist ein großes kommerzielles E-Mail-System. Jeder Benutzer hat eine siebenstellige Benutzernummer, die garantiert einmalig ist, und einen Benutzernamen, der einmalig sein kann oder nicht. Sie können etwas an die Nummer oder an den Benutzernamen oder an den echten Namen der Person schicken, wobei Sie Unterstriche statt Leerstellen verwenden:

```
1234567@mcimail.com
jschmitz@mcimail.com
jan_schmitz@mcimail.com
```

Wenn Sie etwas an einen Benutzernamen oder einen echten Namen schicken und sich der Name als nicht einzigartig erweist, schickt MCI Mail Ihnen aufmerksamerweise eine Antwort, die die möglichen Treffer auflistet, damit Sie Ihre Nachricht noch einmal an die einmalige Benutzernummer schicken können. MCI-Benutzernummern sind manchmal wie Telefonnummern mit einem Bindestrich geschrieben, aber das müssen Sie nicht in Ihrer Adresse verwenden.

Microsoft Network (MSN)

Microsoft Network ist ein kommerzieller Online-Dienst, der von dem Software-Giganten Microsoft betrieben wird. Sie müssen Windows 95 oder Windows 98 benutzen, um eine Verbindung zu MSN herzustellen.

Wenn Ihr Account-Name *Bill Gates* ist (zum Beispiel), ist Ihre Internet-Mail-Adresse

```
BillGates@msn.com
```

Prodigy

Prodigy ist ein großes Online-System, das viele Millionen Dollar Verlust gemacht hat, während es von IBM und Sears betrieben wurde. Es wurde 1996 verkauft, und jetzt macht jemand anderes Verlust damit.

Prodigy besteht heute aus zwei fast nicht mehr verknüpften Diensten. Prodigy Classic, das man unter prodigy.com findet, vergibt Benutzern willkürliche Benutzernamen wie `KS8GN3`. Schicken Sie Mail an

```
KS8GN3@prodigy.com
```

Prodigy Internet unter prodigy.net ist ein konventioneller Internet-Provider. Falls ein Benutzer den Namen dgadams hat, lautet seine Adresse

```
dgadams@prodigy.net
```

Sprintmail (Telemail)

Das E-Mail-System Sprintmail gehört zu Sprintnet. Sprintmail hieß Telemail, da Sprintnet Telenet hieß, bevor Sprint es kaufte. (Es war ein technologischer Spinoff des ursprünglichen ARPANet-Netzwerks, das zum Internet führte.) Sprintmail ist das größte X.400-Mail-System in den USA. Wie in dem Abschnitt erwähnt, der X.400 erläutert, geben Sie folgendes ein, wenn Sie eine Nachricht an einen Benutzer namens Samuel Tilden schicken wollen, der bei Tammany Hall in den USA arbeitet:

```
/G=Samuel/S=Tilden/O=TammanyHall/C=US/ADMD=TELEMAIL/
@sprint.com
```

Viele E-Mail-Systeme von amerikanischen Firmen und Regierungsstellen sind an Sprintmail angehängt. Jedes hat einen eigenen Organisations(O=)-Namen und manchmal einen privaten Mail-Domain(PRMD=)-Namen, die auch in die Adresse eingegeben werden müssen.

UUCP

UUCP ist ein altes, krudes Mail-System, das immer noch von vielen UNIX-Systemen verwendet wird, weil es (wie kommen Sie nur darauf?) gratis ist. UUCP-Adressen bestehen aus einem Systemnamen und einem Benutzernamen, beides kurze, beliebige Strings. Das System hier bei Internet for Dummies Central hatte beispielsweise eine UUCP-Adresse – `iecc` – zusätzlich zur normalen Internet-Adresse, so daß Sie auch Mails an `iecc!internet5` schicken konnten. (Das ! wird als »Bang« ausgesprochen, und das ganze heißt *Bang-Pfadadresse*.) Es gibt auch UUCP-Adressen, die mehrfach springen: `world!iecc!internet5` besagt, daß die Adresse erst an den Rechner namens `world` geschickt wird, der sie dann an `iecc` schicken könnte, wo die Adresse `internet5` lautet. (Stellen Sie sich das als Stille-Post-Version mit E-Mail vor.) Meistens werden UUCP-Adressen relativ zu einem Internet-Host geschrieben, der auch UUCP versteht, so daß eine Adresse wie folgt aussehen kann:

```
world!iecc!internet5@uunet.uu.net
```

(Da wir inzwischen aber eine echte Internet-Verbindung haben und UUCP aufgegeben haben, senden Sie Ihre Mitteilung lieber an `internet5@gurus.com`.) Wenn Sie UUCP-Adressen für häßlich und verwirrend halten, sind Sie mit Ihrer Meinung nicht allein.

UUNET Communications ist eine große Einrichtung, die unter anderem den UUCP-sprechenden Massen E-Mail bietet, und daher ist es das Internet-System, das man am häufigsten mit UUCP-Adressen sieht. Die meisten Kunden von UUNET haben auch reguläre Internet-Adressen, die intern in die häßlichen UUCP-Adressen verwandelt werden. Wenn Sie die Internet-Adresse kennen, benutzen Sie lieber diese als die UUCP-Adresse.

T-Online

Ihre E-Mail-Adresse bei T-Online setzt sich aus Ihrer Teilnehmernummer und Mitbenutzernummer zusammen. Die Teilnehmernummer entspricht meistens Ihrer Telefonnummer plus Vorwahl, die Mitbenutzernummer ist 0001, wenn Sie den Account alleine benutzen. Um jemandem mit der Telefonnummer 0123-98765 eine E-Mail zu schicken, geben Sie folgendes ein:

```
012398765-0001@t-online.de
```

Inzwischen bietet T-Online seinen Kunden jedoch auch die Möglichkeit, sich anstatt der langen Nummernkette einen Namen als E-Mail-Adresse auszusuchen. Da der Name frei wählbar ist, muß eine E-Mail-Adresse nichts mit dem tatsächlichen Namen eines Benutzers gemeinsam haben. Eine solche E-Mail-Adresse könnte so aussehen:

```
j.grohe@t-online
```

Zehn Sorten Dateien und was man mit ihnen macht

19

In diesem Kapitel

- Grafikdateien
- Dokumentdateien
- Komprimierte Dateien
- Wie man Dateien entwirrt und sonstige sinnvolle Dinge mit ihnen anstellt

Jetzt, wo Sie wissen, wie man das Web und FTP benutzt und etwas herunterlädt, haben Sie wahrscheinlich bereits Zillionen Dateien gefunden (nun, vielleicht drei oder vier). Aber wenn Sie sie mit Ihrem Textverarbeitungsprogramm ansehen, stellen Sie vielleicht fest, daß sie nur Müll sind. In diesem Kapitel erläutern wir die verschiedenen Sorten von Dateien im Netz, wie man erkennt, was sie sind, und was man mit ihnen machen kann.

Wie viele Sorten Dateien gibt es?

Hunderte, mindestens. Zum Glück fallen sie in fünf allgemeine Kategorien:

- ✔ **Text:** Dateien, die Text enthalten, ob Sie es glauben oder nicht.
- ✔ **Ausführbare Dateien:** Dateien, die Sie ausführen oder laufenlassen können; mit anderen Worten: Programme.
- ✔ **Komprimiert:** Archive, ZIP-Dateien, SIT-Dateien und andere komprimierte Dateien.
- ✔ **Grafik-, Audio und Videodateien:** Dateien, die Bilder und Klänge in computerlesbarer Form enthalten. Grafikdateien auf Web-Seiten sind meistens im GIF- oder JPEG-Format. Audio-Dateien können in WAV (Windows-Audio), RAM (RealAudio) oder anderen Formaten vorliegen. Video-Dateien enthalten digitalisierte Filme.
- ✔ **Daten:** Alle anderen Arten von Dateien.

Dieses Kapitel beschreibt alle fünf Typen etwas genauer.

Der Name einer Datei – vor allem seine *Erweiterung* (das Ende des Namens nach dem Punkt) – gibt Ihnen einen Hinweis, um welche Art von Datei es sich handelt. Obwohl die Person, die der Datei einen Namen gibt, meist versucht, einheitlich vorzugehen und sich an die Konventionen zur Dateibenennung zu halten, sind Dateinamen keine sichere Angelegenheit mehr. In den alten unter DOS hatten Dateinamen immer eine Erweiterung am Ende, die aus drei Zeichen bestand, und der Punkt konnte nur zur Abtrennung der Erweiterung verwendet werden. Da man unter UNIX und neueren Versionen von Windows den Punkt an beliebiger Stelle des Dateinamens verwenden kann, gibt es keine festen Regeln zu Erweiterungen mehr. Nichtsdestotrotz halten sich alte Angewohnheiten beharrlich fest, und die Computer-Leute verwenden immer noch die konventionellen Erweiterungen, um Dateien Namen zu geben, die etwas über deren Inhalt aussagen.

Macs sind auch anders

Macintosh-Dateien gibt es normalerweise in zwei oder drei Blöcken, ganz egal, was in ihnen drinsteckt, und einer davon ist die Datendatei. Sie sehen die Blöcke auf Ihrem eigenen Mac nicht, sondern erst, wenn Sie sie auf einen Nicht-Mac-Server im Netz hochladen wollen. In der Macintosh-Welt sind die drei Dateien alle Teile einer einzigen Datei und werden als *Forks* (*Gabeln*) bezeichnet – die Daten-Fork, die Quell-Fork und die Informations-Fork. Wenn Sie von einem Macintosh etwas hochladen, das Sie für eine einzige Datei halten, erscheint das oft als drei verschiedene Dateien mit den Erweiterungen .data, .resc und .info hinter dem Dateinamen. Es gibt verschiedene Schemata, um die Forks für den Transport durch das Netz wieder zusammenzukleben, was wir weiter hinten in diesem Kapitel im Abschnitt »Und einpacken, bitte!« erläutern.

Nur einfacher Text

Textdateien enthalten lesbaren Text (was haben Sie denn erwartet?). Manchmal können sogar Menschen den Text lesen (zum Beispiel das Manuskript dieses Buches, das wir beim Schreiben in Textdateien eingegeben haben). Manchmal ist der Text Quellcode für Computerprogramme wie *C* oder *Pascal*. Und gelegentlich ist der Text Daten für Programme. PostScript-Druckerdaten sind eine besondere Form von Textdatei, die weiter hinten in diesem Kapitel im Kasten »Es ist ein Programm, das ein Bild zeichnet« erläutert wird.

Auf PCs haben Textdateien normalerweise die Erweiterung .TXT. Sie können sie mit Notepad von Windows 3.1, WordPad von Windows 95 oder 98 oder einem beliebigen Textverarbeitungsprogramm ansehen.

Über Textdateien gibt es nicht viel zu sagen – Sie erkennen sie, wenn Sie sie sehen. Wie in Kapitel 15 erwähnt, sollten Sie beim FTP Textdateien im ASCII-Modus verwenden, um sie automatisch in Ihr lokales Format zu konvertieren, da sich die Art und Weise, wie Text gespeichert wird, von System zu System unterscheidet. Das heißt, bei der Verwendung eines FTP-Programms wählen Sie die Option ASCII anstatt Binär, wenn Sie Dateien herunterladen. Bei einem Web-Browser ist es gleichgültig. Der Grund liegt darin, daß sich in der Vergangenheit verschiedene Systeme nicht darauf einigen konnten, welche Zeichen verwendet werden sollten, um die einzelnen Zeilen im Text zu trennen. (Wir wissen, Sie denken sich »Warum können wir uns nicht einfach alle gut verstehen?«) Sollte das Zeichen ein Return sein? Ein Zeilenvorschub? Eine neue Zeile? Ein Return gefolgt von einer neuen Zeile? Ihr Browser weiß, was das Beste für Sie ist.

Einige wenige Textdokumente sind in Wahrheit Archivdateien oder verkleidete Nicht-Textdateien. Sehen Sie sich die Erklärungen zu Uuencode-Dateien in Kapitel 12 an.

Es ist ein Programm, das ein Bild zeichnet

Wenn Ihnen eine Textdatei begegnet, die ähnlich beginnt wie folgendes, haben Sie eine PostScript-Datei:

```
%!PS-Adobe-2.0
%%Title: Irgendein Dokument
%%Creation Date: Sun Jul 5 1998
/pl transgform 0.1 sub round 0.1 add exch
0.1 sub round 0.1 add exch itransform bind def
```

Eine PostScript-Datei ist ein Programm in der Computersprache PostScript, die ein Dokument beschreibt. (PostScript nennt man eine *Seitenbeschreibungs-Sprache.*) Wenn Sie nicht gerade ein Weltklasse-PostScript-Profi sind, ist das einzig Vernünftige, was Sie mit dieser Art von Dokument machen können, das Programm laufen zu lassen und sich das Dokument anzusehen. Die normale Methode, das zu tun, besteht darin, es an einen PostScript-Drucker zu schicken. Es gibt auch PostScript-*Interpretationsprogramme* oder *Viewer* wie *GNU Ghostscript,* die Ihre PostScript-Datei lesen und auf dem Bildschirm darstellen können (so daß Sie sehen, wie es aussehen würde, wenn Sie die Datei ausdrucken) oder sie in ein Format konvertieren können, das Ihr Drucker ohne PostScript lesen kann.

Ein letzter Wunsch vor der Exekution?

Exekutierbare (ausführbare) Dateien sind richtige Programme, die Sie auf einem Computer laufen lassen können. Ausführbare Programme sind vor allem in Archiven mit Zeug für PCs und Macs verbreitet. Manche ausführbaren Programme sind im Netz auch für andere Arten von Computern erhältlich, zum Beispiel für verschiedene Workstations. Jede einzelne ausführbare Datei läuft nur auf einer bestimmten Art von Computer: Eine solche Mac-Datei ist für eine Windows-Maschine nutzlos und umgekehrt.

Die meistverbreiteten ausführenden Programme sind für DOS und Windows. Diese Dateien haben Dateinamen wie Foog.exe, Foog.com oder (manchmal für Windows) Foog.dll. Sie führen sie wie jedes andere DOS- oder Windows-Programm aus – doppelklicken Sie im Datei-Manager von Windows 3.1 oder im Arbeitsplatz oder Explorer von Windows 95 oder 98 auf den Dateinamen.

Es gibt immer die Möglichkeit, daß ein neues PC- oder Mac-Programm mit einem Computervirus infiziert ist. (Wegen der verschiedenen Funktionsweisen ist es bei UNIX-Programmen wesentlich weniger wahrscheinlich, daß sie Träger von Viren sind.) Bei Zeug von gutgepflegten FTP-Servern ist es unwahrscheinlich, daß es infiziert ist; wenn Sie aber irgendein Programm von einem x-beliebigen Ort starten, bekommen Sie, was Sie verdienen.

Ausführbare Programme für Workstations haben keine leicht zu erkennenden Dateinamen, auch wenn jede Datei, deren Name einen Punkt enthält, wahrscheinlich ein solches Programm ist. Auch wenn auf fast jeder Art von Workstation UNIX läuft, sind die exekutierbaren Dateien nicht austauschbar. Code für eine SPARC funktioniert beispielsweise nicht auf einer IBM RS/6000 und umgekehrt. Mehrere verschiedene Versionen von UNIX laufen auf 386-PCs, und zwar mit verschiedenen Formaten für ausführbare Dateien. Neuere Versionen von PC-UNIX können im allgemeinen ausführbare Dateien aus älteren Versionen laufenlassen, aber nicht umgekehrt.

Und Einpacken, bitte!

Oft benötigt ein bestimmtes Paket einen Haufen verwandter Dateien. Damit man das Paket besser verschicken kann, können die Dateien in einer einzigen Datei, einem sogenannten *Archiv*, zusammengepackt werden. (Ja, der Begriff »Archiv« bezieht sich auch auf einen Host, von dem Sie FTP-Zeug bekommen können. Tut uns leid. Zumindest in diesem Kapitel bedeutet Archiv eine *Datei mit mehreren Dateien*.) Nachdem Sie ein Archiv auf Ihren Computer übertragen haben, benötigen Sie ein Programm, mit dem Sie die Originaldateien aus dem Programm extrahieren können.

Manche Dateien sind außerdem *komprimiert*, was bedeutet, daß sie auf eine besondere Art und Weise kodiert sind und weniger Platz benötigen. Dafür können sie aber nur mit dem passenden Entkomprimierungsprogramm dekodiert werden. Die meisten Dateien, die Sie sich per anonymem FTP holen, sind komprimiert, weil komprimierte Dateien weniger Platz auf der Festplatte einnehmen und in kürzerer Zeit über das Netz übertragen werden können. In der PC-Welt findet Archivieren und Komprimieren normalerweise gemeinsam statt, indem man Utilities wie WinZip zum Erstellen von *ZIP-Dateien* benutzt. In der Mac-Welt ist das Programm StuffIt sehr populär. In der Workstation-Welt allerdings werden die beiden Vorgänge – Komprimieren und Archivieren – normalerweise separat vorgenommen; die Programme *tar* und *cpio* erledigen das Archivieren, und die Programme *compress*, *pack* und *gzip* kümmern sich um das Komprimieren.

Wenn Sie sich viele Dateien aus dem Netz holen, müssen Sie lernen, wie man Zeug entkomprimiert. Die vier wichtigsten Komprimierungsmethoden sind:

- ✔ ZIP
- ✔ compress
- ✔ gzip
- ✔ StuffIt

Das ZIPpen

Die am meisten verbreitete Komprimierungs- und Archivierungsprogramme für Windows und DOS sind die Shareware-Programme WinZip und PKZIP. Gezippte Dateien enden alle mit der Erweiterung *.zip.*

Windows-Benutzer verwenden alle das exzellente Shareware-Programm WinZip, das in Kapitel 15 erwähnt wird. Das Programm verarbeitet nicht nur ZIP-Dateien, sondern weiß auch, wie man den Inhalt der meisten anderen komprimierten Dateitypen extrahiert, denen man im Netz begegnet.

DOS-Benutzer können die ursprünglichen Shareware-Programme PKZIP und PKUNZIP verwenden, um ZIP-Dateien anzulegen und zu extrahieren.

Die kompatiblen UNIX-Programme zum Zippen und Entzippen heißen *zip* und *unzip* (die Autoren sind kreative Programmierer, aber keine kreativen Namensgeber) und sind bei `ftp.uu.net` und anderswo verfügbar. Für Situationen, in denen es Probleme bereitet, daß PKUNZIP ein Shareware-Programm ist, gibt es eine DOS-Version von UNIX-Unzip, die allerdings nur halb so schnell ist wie PKUNZIP.

Manche ZIP-Dateien, denen Sie im Netz begegnen, sind *selbstextrahierend,* was bedeutet, daß in die ZIP-Datei ein Entzip-Programm dazugepackt wurde; selbst wenn Sie noch keinen Entzipper haben, führen Sie einfach nur das Archiv aus, und es extrahiert seinen Inhalt selbst. (PKZIP und WinZip werden auf diese Art und Weise vertrieben.) Da selbstextrahierende Archive Programme sind, enden sie mit .exe anstatt mit .zip. Wenn Sie bereits einen Entzipper *haben,* benutzen Sie den, um die Dateien zu extrahieren; befehlen Sie ihm, das Archiv so zu öffnen wie jedes andere Archiv. So können Sie sichergehen, daß das Archiv auch das enthält, was es von sich behauptet, und Sie können außerdem die WinZip-Funktion der Installationsunterstützung benutzen. Obwohl die selbstextrahierenden Dateien nur unter DOS und Windows funktionieren, sind sie dennoch ZIP-Dateien, so daß Sie ihren Inhalt auch mit einem Unzip-Programm für Ihren Computer haben.

Komprimierungsklassiker

Einst im Jahre 1975 veröffentlichte ein Programmierer namens Terry Welch ein Papier über eine tolle neue Komprimierungsmethode, die er gerade erfunden hatte. Ein paar UNIX-Programmierer implementierten es als Programm *compress*, und bald wurde das das Standard-Komprimierungsprogramm für UNIX-Systeme. Mittlerweile gibt es bessere Komprimierungsprogramme, aber compress ist immer noch der Standard.

Sie können ein komprimiertes Programm ganz leicht daran erkennen, daß sein Name mit *.Z* endet. Bei PCs haben komprimierte Dateien oft Namen, die mit *Z* enden, zum Beispiel `BLURFLE.TAZ`. Eine UNIX-kompatible Version von compress ist im SIMTEL-Archiv im Verzeichnis `/msdos/compress` als comp430d.zip verfügbar, aber für Windows-Benutzer ist es einfacher, WinZip zu verwenden.

Das ist offensichtlich patent

Was die Leute, die compress schrieben, nicht mitbekommen hatten, war, daß Welch die Methode nicht nur publiziert, sondern auch hat patentieren lassen. (Zwei andere Leute bei IBM namens Miller und Wegman entwickelten unabhängig dieselbe Methode zum selben Zeitpunkt und hatten auch ein Patent darauf, was eigentlich nicht passieren sollte, da nur die erste Person, die etwas erfindet, das Patentrecht bekommt. Aber die Patente gibt es definitiv.) UNISYS, wo Welch angestellt war, erklärte von Zeit zu Zeit, daß eines Tages Lizenzgebühren für compress erhoben werden würden. Man hat das bei anderen Dingen gemacht, die dieselbe Komprimierungsmethode benutzen, vor allem den GIF-Dateien von CompuServe, aber nie bei compress selbst.

Also schrieb die Free Software Foundation, die das GNU-Projekt für Gratis-Software betreibt, *gzip*, das zu 100 Prozent nichtpatentierte Algorithmen verwendet. Dateien, die mit gzip gezippt wurden, enden mit gz und können auch mit WinZip entkomprimiert werden.

Einfach nur hineinstopfen – StuffIt!

Das Macintosh-Lieblingsprogramm zum Komprimieren und Archivieren ist ein Shareware-Programm von Raymond Lau namens StuffIt. Es wird in vielen Geschmacksrichtungen angeboten, einschließlich einer kommerziell erhältlichen Version namens StuffIt Deluxe. StuffIt-Dateien aller Art enden im allgemeinen mit .sit.

Zum Entkomprimieren können Sie die Freeware-Programme UnStuffIt, StuffIt Expander oder DropStuff mit Expander Enhancer verwenden, die auf Macs weit verbreitet sind.

Andere Archive

Es gibt Dutzende weiterer Programme zum Komprimieren und Archivieren mit Namen wie *LHARC*, *ZOO* und *ARC*. DOS- und Mac-Benutzer können Entarchivierungsprogramme für alle davon bei SIMTEL finden. Das einzige andere Programm, das oft benutzt wird, ist das japanische LHA, weil es gut komprimiert und gratis ist. Suchen Sie nach LHA 213, der letzten Version.

In den Archiven

Es gibt zwei unterschiedliche UNIX-Archivprogramme: tar und cpio. Sie wurden in etwa zur selben Zeit von Leuten geschrieben, die in zwei verschiedenen Bereichen der Bell Laboratories in unterschiedlichen Gebieten von New Jersey arbeiteten. Sie machen beide in etwa dasselbe; sie sind nur unterschiedlich.

Ein wichtiger Unterschied zwischen ZIP-Dateien und Archiven des UNIX-Typs besteht darin, daß UNIX-Archive normalerweise Unterverzeichnisse enthalten, was bei ZIP-Dateien selten der Fall ist. Sie sollten sich immer das *Inhaltsverzeichnis* eines UNIX-Archivs ansehen (die Liste der Dateien, die es enthält), bevor Sie die Dateien extrahieren, damit Sie wissen, wo die Dateien landen.

Der Name *tar* steht für *Tape ARrchive (Bandarchiv)*. tar wurde zwar entwickelt, um Dateiarchive auf alte Spulenbänder zu packen, schreibt aber auf jedes Medium. Dateien, die mit tar archiviert werden, haben normalerweise Dateinamen, die mit `.tar` enden, und eine häufige Kombination von tar-Archivierungen, denen eine Komprimierung mit compress folgt, ist tar.Z oder .taz. Windows-Benutzer können wie üblich beides mit WinZip auseinanderfummeln.

Wenn auf Ihrem Computer kein UNIX-System läuft, sind cpio-Dateien nur schwer zu verarbeiten. Bekommen Sie von jemandem eine cpio-Datei, geben Sie sie am besten direkt zurück und bitten Sie darum, die Datei nochmal in einem handlicheren Format zu rearchivieren.

Für die künstlerisch Interessierten

Ein großer und ständig wachsender Anteil der Bits, die im Internet herumfliegen, besteht aus digitalisierten Bildern mit ständig besserer Qualität. Ungefähr 99,44 Prozent der Bilder sind nur zum Spaß da, für Spiele und Schlimmeres. Aber wir sind uns sicher, daß Sie zu den 0,56 Prozent der Benutzer gehören, die Bilder zum Arbeiten benötigen, also folgt hier ein Überblick über Bilderformate.

Die meistbenutzten grafischen Formate im Netz sind GIF, JPEG und PNG. Sie finden so gut wie nie komprimierte oder archivierte GIF- oder JPEG-Bilddateien. Das liegt daran, daß diese Formate bereits eine ziemlich gute interne Komprimierung vornehmen, so daß compress, zip und ähnliches nicht viel bringen.

Da können Sie GIF drauf nehmen ...

Das am häufigsten verwendete Format im Internet ist *GIF* (*Graphics Interchange Format*) von CompuServe. Das GIF-Format paßt gut zu den Möglichkeiten des typischen PC-Computerbildschirms – nicht mehr als 256 Farben in einem Bild und normalerweise eine Auflösung von 640x480, 1024x768 oder etwas anderes Bekanntes. Es gibt zwei Versionen von GIF: *GIF87* und *GIF89*. Die Unterschiede sind so gering, daß fast jedes Programm, das GIF lesen kann, mit beiden Versionen gleich gut zurechtkommt. GIF ist gut standardisiert, so daß Sie niemals Probleme mit Dateien haben, die von dem einen Programm geschrieben wurden und von dem anderen nicht gelesen werden können. GIF-Dateien haben die Erweiterung .gif.

Dutzende von kommerziellen und Shareware-Programmen auf PCs und Macs können GIF-Dateien lesen und schreiben. Auch Netscape Navigator und Microsoft Internet Explorer können sie anzeigen; wählen Sie einfach ÖFFNEN aus dem Dateimenü.

PNG kommt!

GIF-Dateien verwenden die gleiche patentierte Komprimierung wie das UNIX-Programm compress, und 1995 begann UNISYS damit, Lizenzgebühren von CompuServe und allen anderen zu erheben, die Software mit der patentierten Methode verkaufen. Als Folge davon hat eine Gruppe von Grafikbenutzern im Netz einen patentfreien Ersatz für GIF namens PNG (mit der Erweiterung .png) entwickelt. Wir erwarten, daß GIF während der nächsten ein bis zwei Jahre allmählich verschwindet und von PNG ersetzt wird. PNG verarbeitet die gleichen Arten von Bilder wie GIF, und die meisten Programme, die mit GIF umgehen können, werden für PNG aktualisiert.

Futter für die Augen

Vor ein paar Jahren kam eine Schar von Experten für digitale Fotografie zusammen und beschloß, daß es a) Zeit sei für ein offizielles Standardformat für digitalisierte Fotos, und daß b) keines der existierenden Formate gut genug war. So gründeten sie die *Joint Photographic Experts Group* (*JPEG*), und nach längeren Verhandlungen war das Format JPEG geboren. JPEG wurde speziell entwickelt, um digitalisierte Fotos in Farbe oder Schwarzweiß zu speichern, und nicht für computererzeugte Cartoons oder etwas anderes. Als Resultat ist JPEG fantastisch, wenn es um das Speichern von Fotos geht, und lausig, wenn etwas anderes gespeichert werden soll.

Die JPEG-Version eines Fotos hat ungefähr ein Viertel der Größe der entsprechenden GIF-Datei. (JPEG-Dateien können *jede* Größe haben, da das Format einen Tausch von Größe gegen Qualität zuläßt, wenn die Datei erstellt wird.) Der Hauptnachteil von JPEG besteht darin, daß es langsamer zu dekodieren ist als GIF, aber die Dateien sind soviel kleiner, daß sich das lohnt. Die meisten Programme, die GIF-Dateien darstellen können, darunter auch Netscape und Internet Explorer, können jetzt auch mit JPEG umgehen. JPEG-Dateien haben normalerweise Namen, die mit .jpeg oder .jpg enden.

Gelegentlich wird behauptet, JPEG-Bilder sähen nicht annähernd so gut aus wie GIF-Bilder. Was daran stimmt, ist, daß es nicht besonders gut aussieht, wenn Sie ein Farbfoto machen, es in eine GIF-Datei umwandeln und dann diese GIF-Datei in eine JPEG-Datei. Also tun Sie das nicht. Die beste fotografische Qualität erreichen Sie allerdings mit Farb-JPEGs.

Ein Ausflug zum Film

Da die Netzwerke immer schneller und die Festplatten immer größer werden, fängt man an, ganze digitalisierte Filme zu speichern (im Moment immer noch *ziemlich* kurze). Das Standardformat für Filme heißt *Motion Photographic Experts Group (MPEG)*. MPEG wurde von einem Komitee entwickelt, das ein paar Zimmer neben dem JPEG-Komitee saß, und wurde unter Rückgriff auf frühere JPEG-Arbeiten gestaltet – was in der Geschichte der Bemühungen um Standards praktisch ohne Beispiel ist.

MPEG-Betrachter findet man an denselben Stellen wie JPEG-Betrachter. Sie brauchen eine ziemlich schnelle Workstation oder einen leistungsstarken PC aus dem oberen Preissegment, wenn Sie MPEG-Filme auch nur annähernd in Echtzeit sehen wollen.

Es sind auch noch ein paar andere Konkurrenz-Formate im Rennen, vor allem Shockwave und Apple QuickTime, die öfter auf Web-Seiten auftauchen. Sie können sich Web-Browser-Plug-Ins besorgen, die die Filme für Sie abspielen. Netscape-Plug-Ins finden Sie bei `http://home.netscape.com`, wo Sie dann auf Download und dann auf Plug-Ins klicken. Erweiterungen für den Internet Explorer finden Sie unter `http://www.microsoft.com/msdownload/default.asp`, wo Sie die Optionen unter Internet Explorer Add-ons klicken. Sie können sich auf unserer Web-Site auch nach anderen Quellen umsehen, und zwar unter `http://net.gurus.com/software`.

Laßt hundert Formate blühen

Viele weitere Grafikdateiformate sind in Gebrauch, obwohl GIF und JPEG bei weitem die im Internet populärsten sind. Zu den anderen Formaten, die Ihnen begegnen können, zählen folgende:

- ✔ **PCX:** Dieses DOS-Format wird von vielen Malprogrammen benutzt – es ist auch für Fotos mit niedriger Auflösung in Ordnung.
- ✔ **TIFF:** Dieses enorm komplizierte Format bietet Hunderte von Optionen – so viele, daß eine TIFF-Datei, die von dem einen Programm geschrieben wurde, oft nicht von einem anderen gelesen werden kann.
- ✔ **TARGA:** (Auf PCs TGA genannt.) Das ist das gebräuchlichste Format für gescannte Farbfotos. In Internet-Archiven wird TARGA gerade durch das wesentlich kompaktere JPEG ersetzt.

- **PICT:** Dieses Format ist auf Macintosh-Rechnern verbreitet, da der Mac dafür eingebaute Unterstützung besitzt.
- **BMP:** Dieses Windows-Bitmap-Format wird im Netz nicht oft verwendet, da BMP-Dateien dazu neigen, größer zu sein als notwendig wäre.

Ein paar Worte von der Sitte

Wir wetten, daß Sie sich überlegen, ob irgendwelche öffentlichen Online-Archive, äh, exotische Fotografien enthalten, aber Sie schämen sich zu fragen. Nun, wir sagen es Ihnen – sie tun es nicht. Nichts in den ganzen öffentlichen FTP-Archiven ist anzüglicher als Modefotos in *Max* oder *Fit for Fun*.

Dafür gibt es zwei Gründe. Der eine ist politisch. Die Firmen und Universitäten, die die meisten der Sites auf dem Internet betreiben, sind nicht daran interessiert, als Pornographen in Verruf zu geraten oder ihre teuren Festplatten mit Bildern füllen, die nichts mit ihrer legitimen Arbeit zu tun haben. (In einem Universitätsarchiv entfernte man die *Playboy*-Bilder und ersetzte sie durch die Mitteilung, daß man sie wieder zurückstellen würde, wenn irgend jemand erklären könnte, warum man sie für akademische Forschung benötigte.)

Der andere Grund ist praktisch. Von Zeit zu Zeit macht jemand seine (übrigens fast immer *seine*) private Sammlung von nicht jugendfreien Bildern für anonymes FTP verfügbar. Innnerhalb von fünf Minuten versuchen tausend Halbstarke mit feuchten Handflächen, in den FTP-Bereich zu kommen, und diese Ecke des Internet kommt mit einem knirschenden Geräusch zum Stillstand. Weitere fünf Minuten später verschwinden die Bilder, aus reinem Selbsterhaltungstrieb. (Wenn Sie uns nicht glauben, sehen Sie in *Sex für Dummies* (International Thomson Publishing) nach, wo Dr. Ruth dasselbe sagt.)

Wenn Sie jemanden kennen, der solche Kunstwerke dringend benötigt (natürlich nicht Sie, aber, äh, jemand in der Nachbarschaft, der sie für eine soziologische Studie benötigt – genau!), können Sie ihn vielleicht auf die Sites `www.playboy.com` und `www.penthousemag.com` hinweisen, die normalerweise einige der milderen Bilder aus den aktuellen Ausgaben der Magazine enthalten.

Viele Sites im Web zeigen Ihnen Pornographie, wenn Sie Ihnen eine Kreditkartennummer geben, um dafür zu bezahlen. Wir sind knauserig, deshalb haben wir nicht nachgeschaut, was dort angeboten wird.

Ton ab!

Audio-Dateien – Dateien, die digitalisierte Musik oder Klänge enthalten – findet man überall im Web. Wenn Sie beispielsweise gern die Nachrichten des US-amerikanischen Senders National Public Radio anhören, stehen Ihnen die wichtigsten Nachrichtenbeiträge auf der NPR-Webseite jederzeit zur Verfügung (unter http://www.npr.org) – total cool. Wir mögen auch einige der Live-Konzerte und Radiostationen unter http://www.audionet.com ganz gern.

Sie können Audio-Clips aus dem Web auf zweierlei Art anhören:

- ✔ **Laden Sie eine gesamte Audio-Datei herunter und spielen Sie sie ab.** Diese Methode hat den Vorteil, daß Sie die Datei so oft abspielen können, wie Sie möchten, ohne sie erneut herunterladen zu müssen. Das Herunterladen einer Audio-Datei kann jedoch recht viel Zeit in Anspruch nehmen.
- ✔ **Spielen Sie die Audio-Datei schon während des Herunterladens ab, so daß Sie nicht warten brauchen, bis die ganze Datei angekommen ist, bevor Sie sie anhören können.** Diese Methode beruht auf einer Technik namens *Streaming Audio*. Obwohl die Qualität nicht ganz so gut ist, sind die meisten Audio-Clips ohnehin nicht die Wartezeit beim Herunterladen wert.

Audio-Dateien, die nicht beim Herunterladen angehört werden können, haben Datei-Erweiterungen wie .wav, .au und .aif. Die Medienwiedergaben in Windows 3.1 kann wav-Dateien abspielen. Sie können Audio-Wiedergabeprogramme von zahlreichen Online-Software-Archiven herunterladen (unter http://net.gurus.com/software finden Sie heraus, wo Sie Audio-Programme und Plug-Ins herunterladen können). Die neusten Web-Browser haben bereits eingebaute Audio-Player.

Das populärste System zum Abspielen von Streaming-Audio-Dateien ist RealAudio, und Dateien in diesem Format haben die Erweiterung .ra oder .ram. Um RealAudio-Dateien abzuspielen, benötigen Sie das RealPlayer-Plug-In, das Sie bei http://www.real.com oder Software-Archiven wie TUCOWS (http://www.tucows.com) herunterladen können. Der RealAudio-Player kann auch RealVideo wiedergeben, womit neben Audio auch noch kleine, unscharfe, sich bewegende Bilder zu sehen sind.

Keines davon

Einige Dateien passen in keine der in diesem Kapitel erwähnten Beschreibungen. So finden Sie z.B. gelegentlich formatierte Textverarbeitungsdateien, die mit Programmen wie WordPerfect oder Microsoft Word zu benutzen sind. Wenn Ihnen eine solche Datei begegnet und Sie keinen Zugang zu dem passenden Textverarbeitungsprogramm haben, können Sie sie normalerweise in einen Texteditor laden, wo Sie den Text der Datei vermengt mit irgendwelchem Müll sehen, der nicht gedruckt wird und die Formatierungsinformationen enthält. Notfalls können Sie den Müll herausschmeißen, um den Text zu retten. Bevor Sie darauf zurückgreifen, sollten Sie allerdings versuchen, die Datei mit irgendeiner Textverarbeitung zu laden, die Sie haben. Das meiste, was es an Textverarbeitungs-Software gibt, kann das Format der Konkurrenz erkennen und unternimmt einen tapferen Versuch, es in etwas für Sie Nützliches zu konvertieren, damit Sie nicht in Versuchung geraten, das andere Produkt zu kaufen. Im besonderen Fall von Microsoft Word verteilt das Unternehmen ein kostenloses Programm für

Windows, mit dem Word-Dokumente angezeigt und ausgedruckt werden können. Das Programm finden Sie an folgender Stelle:

```
http://www.microsoft.com/word/Internet/Viewer
```

Das gebräuchlichste Textverarbeitungsprogramm im Netz bleibt das ältliche, aber brauchbare TeX, daß zum Satz von wissenschaftlichen Büchern entwickelt wurde. Es nimmt als Input Nur-Text-Dateien mit Formatierungsbefehlen in Textform, etwa so:

```
\begin {quote}
Deine Mutter trägt Armeestiefel.
\end {quote}
```

Wenn Sie mehr über TeX wissen wollen, können Sie zunächst mit Ihrem Browser unter der Web-Adresse `http://www.Client.cam.ac.uk/TeXdoc/TTN/ttn.html` nachschauen. Eine andere, sogar noch vergreistere Textverarbeitungs-Software namens troff (gesprochen »tii-roff«, und wir haben damit die erste Auflage dieses Buches geschrieben, deshalb verkneifen Sie sich lieber Ihre neunmalklugen Kommentare) wird auch ab und zu verwendet, und es gibt auch Gratisversionen von troff.

Zehn Methoden, um nicht wie ein Trottel zu wirken

20

In diesem Kapitel

- Tips für den eleganten, gebildeten Netz-Gebrauch
- Ein paar Idiotien, die man vermeiden sollte

Puuh, das Internet ist ja so aufregend. Und puuh, es gibt viele Methoden, wie man sich selbst zum Idioten machen kann – um Himmels willen sollten Sie sich nicht als *ahnungsloser Neuling* benehmen. In diesem Kapitel haben wir die üblichen Verdächtigen der Ungeschicklichkeiten zusammengetrieben, damit Sie zum coolsten Web-Surfer im ganzen Viertel werden.

Lesen Sie, bevor Sie schreiben

Vielleicht packt Sie in dem Moment, wo Sie Ihren neuen Internet-Account bekommen, das dringende Bedürfnis, direkt etliche Nachrichten zu versenden. *Verkneifen Sie sich's!*

Lesen Sie eine Weile Mailing-Listen, Web-Seiten und andere Netz-Ressourcen, bevor Sie etwas verschicken. Sie sind dann in der Lage herauszubekommen, wo Sie Ihre Mitteilungen am besten hinschicken, wodurch es einerseits wahrscheinlicher wird, daß Sie auf Leute stoßen, die interessiert sind an dem, was Sie zu sagen haben, und andererseits verhindert wird, daß Sie andere Leute mit irrelevantem Zeug belästigen, weil Sie etwas an einen unpassenden Ort geschickt haben. Falls Ihnen ein FAQ-Abschnitt (Frequently Asked Questions) begegnet, lesen Sie ihn, denn vielleicht ist Ihre Frage längst beantwortet worden.

Netiquette-Angelegenheiten

Im Netz sind Sie, was Sie tippen. Die Nachrichten, die Sie verschicken, sind die einzige Art und Weise, wie 99 Prozent der Leute, die Sie im Netz treffen, Sie jemals kennen werden.

Reschtschreipunk is vichtik

Viele Netz-Benutzer haben das Gefühl, daß Rechtschreibung und Grammatik nicht besonders wichtig sind, weil Netz-Nachrichten kurz und informell sind. Manche glauben sogar, daß sie mit merkwürdiger Rechtschreibung COOLE TÜPEN würden. Nuhn, wen auch Sie dieser

Meinunk sind, könen wier nicht vill darahn endern. Wir meinen aber, daß eine schlampige, falsch geschriebene Nachricht so etwas ähnliches ist, als würde man mit großen Fettflecken auf dem Hemd zu einer Party gehen. Ihre Freunde kennen Sie ja, aber jemand, der Sie nicht kennt, wird annehmen, daß Sie nicht wissen, wie man sich richtig anzieht.

Viele E-Mail-Programme haben eine Rechtschreibprüfung. Eudora Pro (die kommerzielle Version von Eudora) überprüft Ihre Rechtschreibung, wenn Sie in der Symbolleiste auf das Lexikon-Symbol klicken (das mit den Buchstaben *ABC*) oder aus dem Menü Edit – Check Spelling wählen. In Netscape 4.0 ist ebenfalls eine Rechtschreibprüfung eingebaut, die Sie über Extras – Rechschreibung prüfen aktivieren. In Outlook Express können Sie über das Menü Optionen festlegen, daß alle ausgehenden Mitteilungen überprüft werden, oder wählen Sie Extras – Rechtschreibung, um die gerade bearbeitete Mitteilung zu überprüfen. In Pine können Sie die Rechtschreibung mit dem Befehl Strg-T prüfen. Rechtschreibprüfungen sind nicht perfekt, stellen aber zumindest sicher, daß Ihre Nachricht zu 100 Prozent aus echten Wörtern besteht.

SCHREIBEN SIE NICHT DIE GANZE NACHRICHT IN GROSSBUCHSTABEN. Das wirkt so, als würden Sie brüllen, und beschert Ihnen bestimmt ein paar spitze Kommentare der Art, daß Sie mal etwas wegen der festgeklemmten Umschalttaste unternehmen sollten. Computer-Tastaturen kennen seit etwa 1970 auch kleine Buchstaben, also sollten Sie sich mit diesem modernen technischen Wunder und Hilfsmittel zum literarisch wertvollen Schreiben vertraut machen.

Von Zeit zu Zeit bekommen wir auch Nachrichten in denen steht »ich benutze keine großbuchstaben oder interpunktion weil das zuviel arbeit macht.« Oh, oh.

Wenn Sie nichts Nützliches zu sagen haben, sagen Sie besser gar nichts

Versuchen Sie nicht, clever zu wirken. Falls Sie es doch tun, ist das Ergebnis meist das Gegenteil. Eine der dümmsten Sachen, die wir in der letzten Zeit gesehen haben, befand sich auf der Mailing-Liste TRAVEL-L. Jemand hatte die legitime Frage nach Informationen zu einem bestimmten Reiseziel gestellt. Dann kam der erbauliche Kommentar »Tut mir leid, Kumpel, kann Dir nicht weiterhelfen.« Wir dachten, daß Leute, die keine Ahnung haben, Ihre Klappe halten können, aber scheinbar liegen wir da falsch. Jede Mitteilung, die Sie an eine Liste abschicken, wird sämtlichen Empfängern der Liste zugestellt. Jedes Listenmitglied ist da auf freiwilliger Basis. Wenn es anderen Teilnehmern genauso geht, haben sie des öfteren Probleme mit Abonnements von Mailing-Listen. Machen die guten Inhalte der Liste den Lärm und das Geschwätz wett? Je alberner es wird, desto häufiger lassen sich die empfindlicheren Abonnenten streichen, und die Liste verkommt immer mehr. Wenn Sie teilnehmen wollen, tun Sie das auf konstruktive Art und Weise.

Behalten Sie Ihre Hände bei sich selbst

Eine weitere Dummheit, die wir bemerkt haben, besteht darin, einen Erzfeind gegen seinen Willen in einer Liste anzumelden. OK, Leute. Das ist kein Kindergarten. Wenn Sie öffentliche Listen mißbrauchen, werden diese bald zu privaten Listen. Aus unmoderierten Listen werden moderierte. Moderierte Listen werden nur noch auf Einladung zugänglich. Schauen Sie sich um: Es gibt Listen, die dank halbstarken Benehmens blühen und gedeihen, aber das ist nicht der Normalzustand, und bei den meisten Listen ist es nicht erwünscht.

Anschreiben zum Einschreiben (und Abschreiben)

Es ist ziemlich cool, sich bei einer Mailing-Liste anzumelden. Alles Nötige dazu erfahren Sie in Kapitel 13. Trotzdem machen sich viele Leute oder zumindest diejenigen, die sich nicht die Mühe machen, unser Buch zu lesen, zum Trottel, indem sie der Liste selbst eine Nachricht schicken, in der sie um Aufnahme bitten. Das können zwar alle Leute auf der Liste lesen, aber der Absender wird deswegen noch lange nicht registriert. Zur Anmeldung ist es nötig, sich in einem bestimmten Format an das Server-Programm der Liste zu wenden oder, falls die Liste nicht automatisiert ist, an den Listenbesitzer. Lesen Sie bitte sorgfältig Kapitel 13, es sei denn, Sie wollen alle Listenmitglieder durch Ihre Unerfahrenheit beeindrucken.

Lesen Sie die Regeln

Wenn Sie sich das erste Mal bei einer Mailing-Liste anmelden, bekommen Sie normalerweise eine lange Nachricht zurück, wie diese bestimmte Liste betrieben wird und wie Sie sich streichen lassen können, wenn Sie das wollen. Lesen Sie diese Nachricht. Speichern Sie diese Nachricht. Bevor Sie anderen Leuten in der Liste erklären, wie sie sich benehmen sollen, lesen Sie noch einmal die Regeln. Irgendein übereifriger Neuling, der sich frisch bei JAZZ-L angemeldet hatte, begann sofort, die Liste wegen der Threads zu flamen, die sich vom Thema entfernt hatten. Nun ist es so, daß JAZZ-L diese Art von Diskussionen fördert. So steht es auch in der Einführung zu der Liste. Man kann nicht sagen, daß sich der Neuling mit diesem Verhalten einen herzlichen Empfang gesichert hat.

Arbeiten Sie an sich selbst

Wenn Sie an eine Mailing-Liste schreiben, denken Sie daran, daß die ganze Welt Ihr Publikum ist und aus Menschen aller Rassen, verschiedener Sprachen und unterschiedlicher Kulturen besteht. Arbeiten sie hart daran, sich und Ihre Kultur gut zu repräsentieren. Vermeiden Sie Schimpfwörter und verächtliche Kommentare über andere Menschen und Orte. Das wird zu leicht falsch verstanden. Lesen Sie mehrmals durch, was Sie verschicken wollen, bevor Sie es wirklich tun. Wir haben ungewollte Tippfehler gesehen, die die beabsichtigte Bedeutung einer Nachricht ins vollständige Gegenteil verkehrt haben.

Diskretion ist angesagt

Früher oder später werden Sie etwas sehen, das nach einer bissigen Antwort schreit. Früher oder später wird Ihnen jemand etwas schicken, das Sie nicht hätten sehen sollen, und Sie werden das Bedürfnis haben, es weiterzuschicken. Tun Sie das nicht. Widerstehen Sie Ihren Gelüsten nach einer bissigen Antwort oder der Verbreitung von Bösartigkeiten. Im Netz gibt es schon genug Idioten – reihen Sie sich nicht auch noch ein. (Sehen Sie sich weiter hinten die Vorschläge an, was man machen kann, wenn man sich versucht fühlt zu flamen.) Seien Sie tolerant mit Neulingen – Sie waren selbst einmal in dieser Situation.

Halten Sie es privat

OK, da hat jemand einen Fehler gemacht und eine Nachricht wie »subscribe« an die ganze Mailing-Liste geschickt oder eine Mitteilung in einer Newsgruppe veröffentlich, in der als Anwort auf ein Hilfegesuch nur steht »Mensch, keine Ahnung!« Ja, stimmt, manchmal macht man eine Dummheit, aber reiten Sie nicht darauf herum, indem Sie zusätzliche Nachrichten schicken, in denen Sie sich darüber beschweren. Entweder Sie löschen die Nachricht und vergessen Sie, oder Sie antworten privat mit einer E-Mail, die nur an die einzelne Person und nicht an die Mailing-Liste adressiert ist. Die gesamte Mailing-Liste interessiert es wahrscheinlich herzlich wenig, welchen Rat Sie für den Versager haben.

Sie könnten zum Beispiel eine private E-Mail schicken, in der steht, »Schicken Sie zukünftig Nachrichten wegen Registrierung und Streichung an `aubergine-request` und nicht an `aubergine`, OK?« oder »Das ist eine Mailing-Liste zu einheimischen Legehennen, könnten Sie daher Ihre Mitteilungen über Katzen irgendwo anders hinschicken?«

Signieren Sie

Alle Mail-Programme bieten Ihnen die Möglichkeit, eine *Signatur* zu haben, eine Datei, die am Ende jeder Post oder Nachricht hinzugefügt wird, die Sie versenden. Sie soll etwas enthalten, das Sie identifiziert. Es hat sich schnell durchgesetzt, ein griffiges Zitat aufzunehmen, um dem Ganzen etwas Persönliches zu geben. Das zum Beispiel ist Johns Signatur:

```
Gruß;
John Levine, johnl@iecc.com,
Oberster Verantwortlicher des "Internet für Dummies"
und Möchtegern-Datenautobahnwegelagerer, Beauftragter der Abwasserbehörde
http://iecc.com/johnl
```

(Ja, er ist wirklich Beauftragter der Abwasserbehörde.) Manchen Leuten gerät die Signatur etwas aus der Hand, und sie enthält über 100 Zeilen »ASCII-Kunst«, lange Zitate, ausufernde Erklärungen und anderes ausgesprochen interessantes Zeug. Obwohl diese Art der Signatur die ersten Male ganz nett sein mag, wird sie doch bald lästig und entlarvt Sie als blutigen Anfänger.

Halten Sie Ihre Signatur bei vier Zeilen oder weniger. Das tun alle erfahrenen Netz-Benutzer.

Hängen Sie sich nicht an

Attachments sind eine brauchbare Methode, um Dateien per E-Mail zu verschicken. Sie funktioniert jedoch nur dann, wenn die Person am empfangenden Ende ein E-Mail-Programm verwendet, daß Attachments auf die Art verarbeiten kann, in der auch Ihr E-Mail-Programm sie verarbeitet hat, und außerdem ein Programm, das die verschickte Datei lesen kann. Wenn Sie beispielsweise ein WordPerfect-Dokument an jemanden schicken, der kein Textverarbeitungsprogramm hat, ist die Datei nicht lesbar. Das gleiche gilt für Grafikdateien, Audio-Dateien und andere Dateien, die Sie durch die Gegend schicken können. Fragen Sie, *bevor* Sie ein Attachment verschicken.

Flamen Sie nicht!

Aus einigen Gründen ist es sehr leicht, SICH SEHR STARK ÜBER ETWAS AUFZUREGEN, WAS JEMAND IM NETZ GESAGT HAT. (Sehen, es passiert sogar uns.) Manchmal ist es etwas im Web, das Ihrer Meinung deutlich widerspricht, und manchmal ist es persönliche E-Mail. Sie sind versucht, eine Nachricht zurückzuschießen und dieser Person zu sagen, was für ein Trottel sie ist. Was passiert? Die Person wird fast immer zurückschießen. Diese Art übertriebenen Zorns ist so verbreitet, daß sie einen eigenen Namen hat: *Flamen*. Dann und wann macht es Spaß (wenn Sie sicher sind, daß es der Empfänger mit Humor nimmt), aber es ist immer überflüssig. Zum einen wirken E-Mail-Nachrichten immer bissiger, als vom Autor beabsichtigt, zum anderen wird die Person auch nicht vernünftiger, wenn man zurückbeißt.

Eine Technik, die wir oft hilfreich finden, besteht darin, die härteste, bissigste Antwort zu schreiben, die möglich ist, voll beißendem Witz und mit einem spitzen Argument zu jedem Punkt. Dann verschicken wir sie nicht, sondern werfen sie weg.

Spam, Kettenbriefe und andere unsoziale Post

Wir haben das Thema bereits in den Kapiteln 11 und 12 erwähnt, aber es ist es wert, hier noch einmal erwähnt zu werden: Es gibt verschiedene Arten von Nachrichten, die Sie nie, nie verschicken sollten. Sie sind nicht illegal (zumindest nicht an den meisten Orten), aber Ihre Mailbox wird sich schnell mit wenig erfreuten Antworten füllen, und ihr Provider wird bald Ihren Account kündigen.

Die Ketten-Gang

Es ist ganz einfach, einen Kettenbrief im Netz zu verschicken: Drücken Sie einfach auf die Schaltfläche Weiterleiten, geben Sie ein paar Namen ein, und schicken Sie ihn los. Aber das ist eine lausige Idee. Wir haben noch nie einen Kettenbrief erhalten, der es wert gewesen wäre, ihn weiterzuschicken. Ein paar klassische Kettenbriefe zirkulieren seit einem Jahrzehnt im Netz. (In Kapitel 12 finden Sie Details über den Jungen, der keine Karten will, über den Phantomvirus Good Times, die nichtexistierende Modemsteuer, das überteuerte Rezept, das es nicht gibt, und eine Methode, mit der Sie nicht schnell Geld verdienen werden.) Aber ganz egal, woher sie kommen, bitte schmeißen Sie sie weg.

Spam, Spam und nochmals Spam

Eine der unangenehmsten Innovationen der letzten Jahre ist das *Spammen*, bei dem Unmengen von Kopien einer Nachricht – mit der normalerweise etwas verkauft werden soll, das von vorneherein dubios ist – an so viele Usenet-Gruppen wie möglich geschickt werden. Das ist lästig, und in vielen Fällen ist der Spammer für die Kosten der Aufräumarbeiten seines Providers verantwortlich. Es ist außerdem ineffektiv, weil automatische Systeme die meisten Spams innerhalb von Minuten identifizieren und abbrechen, nachdem sie auftauchen. Eine wachsende Zahl Provider bieten E-Mail-Filter an, und die meisten Empfänger (darunter auch wir) gehen davon aus, daß alles, wofür mit Spams geworben wird, betrügerisch ist. Mehr Informationen zu diesem Thema finden Sie in Kapitel 12.

Seien Sie kein Schwein

Sie finden unglaubliche Mengen von Material im Netz: Programme, Dokumente, Bilder, Megabyte um Megabyte tolles Zeug, alles umsonst. Sie könnten das alles herunterladen. Tun Sie es nicht. Holen Sie sich alles, was Sie wahrscheinlich gebrauchen werden, aber laden Sie sich nicht »für alle Fälle« ganze Verzeichnisse von Zeug herunter.

Ihr Internet-Provider bestimmt seine Gebühren auf der Grundlage der Ressourcen, die ein typischer Benutzer gebraucht. Ein einzelner Benutzer kann einen bedeutenden Anteil an der Netzverbindung des Providers in Beschlag nehmen, wenn er kontinuierlich stundenlang Dateien heruntersaugt. Provider »überbuchen« ihre Netzverbindung ungefähr mit dem Faktor drei. Das bedeutet, wenn alle Benutzer gleichzeitig versuchen würden, Daten mit voller Geschwindigkeit herunterzuladen, wäre eine dreimal so schnelle Verbindung notwendig, wie sie der Provider tatsächlich hat. Da normale Benutzer eine Zeitlang übertragen und dann wieder eine Zeitlang lesen, was auf dem Bildschirm ist, funktioniert es ganz gut, die Verbindung unter allen Benutzern zu teilen. (Der Provider betrügt Sie nicht, wenn er Methode wählt; es ist eine vernünftige Methode, Zugang zu einem ordentlichen Preis anzubieten. Sie können eine garantierte Verbindungsleistung bekommen, wenn Sie das wollen, aber der Preis wird Sie erschrecken.) Wenn die Benutzer anfangen, mehr Verbindungen zu benutzen, als der Provider in seinem Budget hat, steigen die Preise.

Legen Sie schnell auf!

Dieser Rat gilt vor allem für Provider, die unbegrenzte Verbindungszeit im Monat anbieten. Trennen Sie die Verbindung Ihres Computers, wenn Sie sie nicht benutzen. Die meisten Netz-Softwarepakete haben eine Abbruchfunktion, die auflegt, wenn eine bestimmte Zeit lang keine Daten von oder zum Netz übertragen wurden. Wir lassen unsere bei der Einwählverbindung auf 15 Minuten eingestellt. Ansonsten bekommen andere Benutzer ein Besetzt-Zeichen, wenn sie versuchen, eine Verbindung herzustellen. Ihre Telefonrechnung wird es Ihnen danken.

Audio- und Video-Schweine

Internet-Phone und ähnliches stellt im Netz ein besonderes Problem dar, da es sowohl für den lokalen Provider als auch für das Netz im Allgemeinen eine viel, viel größere Belastung darstellt als andere Internet-Dienste. Wenn Sie Sprachinformationen über das Netz übertragen, pumpen Sie die Daten so schnell durch, wie es Ihre Verbindung zuläßt. Video-Verbindungen sind noch schlimmer: Wenn Sites mit schnellen Netzverbindungen anfangen, sich gegenseitig Videoprogramme zuzusenden, wird das gesamte Netz langsamer.

Im Moment benutzen so wenige Leute das Internet-Phone, daß es kein großes Problem geworden ist, aber wenn es populär genug werden sollte, werden die Provider Accounts mit und ohne Telefon anbieten müssen, wobei diejenigen mit Telefon viel mehr kosten werden, damit alle Benutzer vernünftigen Zugang haben.

Cybercafé-Etikette

Cybercafés sind neu, und unsere Eltern hatten keine Gelegenheit, uns in die dortigen Gepflogenheiten einzuführen. Als erfahrene Internet-Benutzer haben wir jedoch ein paar Tips auf Lager, die Ihnen den Weg in die Szene erleichtern, ohne sich vollkommen bloßzustellen.

Nicht anderen Leuten über die Schulter schielen

OK, wir verstehen ja, daß Sie neugierig sind – deshalb sind Sie hier, um etwas über das ganze Zeug zu erfahren. Großartig. Cool. Mieten Sie sich etwas Zeit, und holen Sie sich Hilfe. Starren Sie nicht über die Schultern anderer Leute, um zu lesen, was auf deren Bildschirmen steht. Das ist unanständig.

Räumen Sie hinter sich auf

Wir meinen nicht nur den Müll um Ihren Computer herum, sondern auch den Müll, den Sie wahrscheinlich *im* Computer hinterlassen haben. Viele Leute sind sich offenbar nicht darüber im Klaren, daß die meisten E-Mail-Programme Kopien der verschickten Mitteilungen aufbewahren. Wenn Sie nicht möchten, daß jemand Ihre Mail liest, überprüfen Sie auf jeden Fall den Ordner mit den gesendeten Mitteilungen und löschen Sie Ihre Mails. Dann unternehmen Sie den nächsten Schritt und leeren den elektronischen Papierkorb aus. Wir haben schon alle möglichen interessanten Souvenirs gefunden, von denen wir sicher sind, daß der Absender sie nicht mit uns teilen wollte.

Bestellen Sie nichts von einem öffentlichen PC

Normalerweise sind wir der Ansicht, daß es absolut sicher ist, Zeug über das Netz oder per E-Mail zu bestellen – viel sicherer, als Ihre Kreditkarte einem Kellner in die Hand zu drücken, den Sie noch nie zuvor gesehen haben! Einige Shopping-Sites speichern jedoch Informationen über Sie (einschließlich Ihrer Anschrift und Kreditkartennummer) in einer Datei auf Ihrem Computer. Diese Vorgehensweise funktioniert perfekt, wenn Sie von Ihrem eigenen Computer aus bestellen – Sie müssen nicht jedesmal die ganzen Informationen neu eingeben, wenn Sie die nächste Bestellung auf dieser Site aufgeben möchten. Wenn Sie aber Zeug von einem Cybercafé bestellen, kann diese persönliche Information stattdessen auf dem Cybercafé-Computer gespeichert werden. Riskieren Sie das lieber nicht.

Ein paar Web-Weisheiten

Bei den meisten Internet-Providern können Sie Ihre eigenen privaten Seiten ins World Wide Web stellen. (Kapitel 10 hilft Ihnen, eine Webseite auf die Beine zu stellen.) Auch hier gilt, daß das, was Sie auf Ihre Webseite stellen, alles sein wird, was die meisten Menschen über Sie erfahren werden, daher machen wir Ihnen in diesem Abschnitt einige Vorschläge.

Klein ist schön, Teil I

Die meisten Menschen, die sich Ihre Web-Seite anschauen, haben eine Einwahlverbindung und ein Modem, was bedeutet, daß sehr große Bilder eine lange Ladezeit benötigen. Wenn Ihre Homepage ein Vollseitenbild enthält, das zwölf Minuten Ladezeit benötigt, hätten Sie genausogut ein »Eintritt verboten«-Schild hinhängen können. Halten Sie die Bilder so klein, daß die Seite in einer angemessenen Zeitspanne geladen werden kann. Falls Sie ein riesiges Bild haben, das Ihrer Meinung nach wunderschön ist, setzen Sie eine kleine »Thumbnail«-Version davon auf Ihre Homepage und machen Sie die zu einem Link zum vollen Bild für Leute, die genug Zeit und Interesse für die große Version haben.

Klein ist schön, Teil II

Kleine Seiten, die auf einen oder zwei Bildschirme passen, funktionieren besser als große Seiten. Sie sind leichter zu lesen und laden sich schneller. Wenn Sie feststellen, daß Sie zwölf Bildschirme voller Zeug haben, das Sie auf die Web-Seite packen wollen, unterteilen Sie das in fünf oder sechs verschiedene Seiten, die Sie mit Links verbinden. Ein gut gestalteter Satz von kleinen Seiten macht es einfacher, etwas zu finden, als eine große Seite, weil die Links die Leser zu dem führen können, was sie suchen.

Wenn wir das Weiße Haus suchen, wissen wir, wo wir es finden können

Keine Web-Seite (oder kein Satz von Web-Seiten, wie wir vorgeschlagen haben) ist vollständig ohne ein paar Links auf die Lieblingsseiten des Autors. Aber aus irgendeinem Grund scheinen die Seiten aller neuen Benutzer (zumindest in den USA) einen Link zum Weißen Haus (`http://www.whitehouse.gov`) und vielleicht noch zu Yahoo, Netscape und ein paar anderen Sites zu haben, die jeder Netzbenutzer bereits kennt. Coole Web-Sites bieten uns Links auf interessante Seiten, die wir *noch nicht* kennen.

Laßt hundert Browser blühen

Wenn Sie eine neue Web-Seite kreieren, schauen Sie sie mit so vielen Web-Browsern wie möglich an. Sicher, die meisten Leute benutzen irgendeine Version von Netscape Navigator oder Microsoft Internet Explorer, aber Prodigy- und AOL-Benutzer (etwa 10 Millionen mögliche Besucher Ihrer Site) benutzen die Browser dieser Dienste, und Benutzer mit Einwahl-Shell-Verbindungen benutzen den Nur-Text-Browser Lynx. Also schauen Sie sich Ihre Seiten an, um sicherzugehen, das sie zumindest lesbar sind, ganz egal, welcher Browser benutzt wird.

Seien Sie nicht dumm

Stellen Sie keine Informationen auf Ihre Web-Seite, die nicht die ganze Welt kennen soll. Vor allem sollten Sie Wohn-Adresse und Telefonnummer nicht aufnehmen. Wir kennen mindestens eine Person, die einen unerwarteten Anruf von jemand erhielt, den sie im Netz getroffen hatte, und nicht sehr erfreut darüber war. Warum sollten Netzbenutzer diese Information überhaupt benötigen? Sie können Ihnen eine E-Mail schicken!

Glossar

Account Heißt eigentlich Konto und funktioniert wie bei der Bank. Computer, die von mehr als einer Person benutzt werden, vergeben Benutzernamen, um zu kontrollieren (und in Rechnung zu stellen), wer was auf dem System treibt. Wenn Sie sich also für einen Internet-Provider (das kann auch ein Online-Dienst sein) entschieden haben, erhalten Sie einen sogenannten Account, mit dem Sie die Benutzungsrechte für den Dienst bzw. für den Zugriff aufs Internet erhalten.

ActiveX Ein Microsoft-Standard für Bausteine von Computer-Programmen, die man *Objekte* nennt.

Adresse Internet-Benutzer begegnen zwei wichtigen Adreßtypen: E-Mail-Adressen (mit denen man jemand eine E-Mail schicken kann; E-Mail-Adressen enthalten fast immer ein @) und Webseiten-Adressen (richtiger als URLs bezeichnet).

ADSL (Asymetric Digital Subscriber Line) Eine Technologie, mit der man Daten über Telefonleitungen schneller in eine Richtung – bis zu 7 Millionen bps – übertragen kann als in die andere.

AltaVista Eine Suchmaschine, mit der man im World Wide Web Dinge finden kann. Der echte Name lautet `http://altavista.digital.com`.

America Online (AOL) Ein allgemein zugänglicher Internet-Provider. Wenn Sie einen Account bei AOL haben, lautet Ihre Internet-Adresse `benutzername@aol.com`, wobei der `benutzername` Ihr gewählter Benutzername (häufig Ihr richtiger Name) ist. Groß- und Kleinschreibung sind egal. Siehe Kapitel 13, um zu erfahren, wie Sie mit America Online ins Internet kommen.

Anonymous FTP Eine Methode, sich mit Hilfe des FTP-Programms auf einem anderen Computer einzuloggen, um Dateien zu kopieren, selbst wenn Sie keine Benutzerrechte auf diesem Computer haben. Wenn Sie sich einloggen, geben Sie beim Benutzernamen `anonymous` und Ihre E-Mail-Adresse als Kennwort ein.

Applet Ein kleines Computer-Programm, das in der Programmiersprache Java geschrieben ist. Sie können Applets mit einem Web-Browser herunterladen. Applets müssen besonderen Regeln entsprechen, die es den Programmen erschweren, Ihrem Computer Schaden zuzufügen.

Archiv Eine Datei, die eine Anzahl von Dateien enthält, die komprimiert und zusammengefaßt worden sind, um sie platzsparender zu speichern. Sie müssen ein Programm wie WinZip, PKZIP, tar oder StuffIt verwenden, um wieder an die Originaldateien zu kommen.

ARPANet Der eigentliche Vorfahre des Internet, der vom US-amerikanischen Verteidigungsministerium finanziert wurde.

Artikel Eine Sendung an eine Mailing-Liste oder Newsgruppe.

Backbone Die Hochgeschwindigkeits-Datenleitungen, die Internet-Provider und andere große Internet-Sites weltweit verbinden.

Baud Die Anzahl der elektrischen Symbole pro Sekunde, die ein Modem durch die Telefonleitung schickt. Wird oft als Synonym für bps (Bits pro Sekunde) verwendet; diese Verwendung ist zwar nicht korrekt, doch nur 43 Leute auf dem ganzen Planeten wissen das oder kümmern sich darum. Benannt nach J.M.E. Baudot, dem Erfinder des Fernschreibers.

BCC *B*lind *C*arbon *C*opy = blinde Kopie. BCC-Adressaten bekomen eine Kopie Ihrer E-Mail, ohne daß die anderen Empfänger davon wissen. *Siehe auch* CC.

Binärdatei Eine Datei, die Informationen enthält, die nicht nur aus Text besteht. Zum Beispiel kann die Binärdatei ein Archiv, ein Bild, Klänge, eine Tabelle oder ein Dokument aus einer Textverarbeitung (das neben Text aus Formatierungscodes besteht) enthalten.

BinHex Ein System zur Dateikodierung, das vor allem unter Macintosh-Benutzern populär ist.

Bitmap Viele kleine Punkte, die zu einem Farb- oder Schwarz-Weiß-Bild zusammengesetzt sind.

BITnet Ein älteres Netzwerk aus großen Computern, das mit dem Internet verbunden ist.

Bit Die kleinste Einheit, in der Computerdaten gezählt werden. Bits können *ein* oder *aus* (dargestellt mit 1 und 0) sein, ihre verschiedenen Kombinationen stellen verschiedene Informationen dar.

Bookmark *siehe* Lesezeichen

bps (Bits pro Sekunde) Eine Maßeinheit, die beschreibt, wie schnell Daten übertragen werden. Normalerweise bestimmt man damit die Modemgeschwindigkeit.

Breitbandnetz Ein Netzwerk, das mit vielen einzelnen Signalen gleichzeitig klarkommt. Breitbandnetze greifen auf verschiedene Kanäle zurück, um verschiedene Formen von Information zu übertragen, zum Beispiel Daten, Ton und Video.

Browser Ein supertolles, alles-singendes, alles-tanzendes Programm, das Ihnen ermöglicht, Informationen aus dem World Wide Web zu lesen. Browse heißt auf deutsch brausen.

Byte Eine Gruppe von 8 Bits, mit denen ein Buchstabe repräsentiert werden kann. Computerspeicher wird üblicherweise in Bytes beziffert.

CC *C*arbon *C*opy = Durchschlag. CC-Adressaten erhalten eine Kopie Ihrer E-Mail, und andere Empfänger werden darüber informiert, wenn sie sich die Mühe machen, den Kopf der Mitteilung zu lesen.

CCITT Der alte Name von ITU-T, dem Komitee, das die weltweiten Kommunikationsstandards festlegt.

Channel (deutsch: Kanal) In IRC eine Gruppe von Leuten, die miteinander chatten. Von kommerziellen Online-Providern »Rooms« genannt, da »Channel« dort für leicht zugängliche Hauptinteressensgebiete verwendet wird, wie bei TV-Kanälen. In Windows 98 ist ein Channel eine von Ihnen abonnierte Web-Site.

Chat, chatten Schnattern, klönen. Mit anderen Netzteilnehmern auf der ganzen Welt live reden (oder tippen). Um das zu können, müssen Sie Internet Relay Chat (IRC) verwenden. Zum Chat im Internet benutzt man ein Programm zum Internet-Relay-Chat (IRC) wie mIRC oder Microsoft Chat. AOL und CompuServe haben ähnliche Dienste.

Client/Server-Modell Ein Arbeitsteilungsmodell zwischen Computern. Computer, die einen Dienst anbieten, den andere Computer nutzen können, werden als Server bezeichnet. Die Benutzer heißen Clients. *Siehe auch* Client, Server.

Client Ein Computer, der auf die Dienste oder Programme eines anderen Computers zugreift (wie zum Beispiel das Usenet, Gopher oder FTP oder das World Wide Web). Wenn Sie sich in ein anderes System einwählen, wird Ihr Computer der Client des Systems, in das Sie sich einwählen (sofern Sie nicht mit X Windows arbeiten – fragen Sie nicht). *Siehe auch* Server.

CompuServe (CIS) Ein kommerzieller Online-Dienst, der neben dem Internetzugang weitere zusätzliche Dienste anbietet, darunter Foren für viele populäre Geschäftsthemen.

com Wenn diese Buchstaben im letzten Teil einer Adresse auftauchen (`net.gurus.com` zum Beispiel), zeigt das, daß der Host-Computer eher von einer kommerziellen Organisation betrieben wird. Es zeigt außerdem, daß der Computer möglicherweise in den USA steht.

Cookie Eine kleine Textdatei, die von einer besuchten Web-Site auf Ihrem Computer gespeichert wird. Dient dazu, daß sich die Site bei Ihrem nächsten Besuch an Sie erinnert.

Country code Länderkennung; der letzte Teil einer geographischen Adresse, die anzeigt, in welchem Land der Host-Computer steht. Eine Adresse beispielsweise, die mit ca endet, ist aus Kanada. Deutschland hat die Endung de.

Cyber- Eine Vorsilbe, die die Verwendung von Computern und Netzwerken anzeigt, die zusammen das Internet bilden, wie in Cyberspace und Cybergeld.

Datei Eine Sammlung von Informationen (Daten oder ein Programm zum Beispiel), die vom Computer als Einheit behandelt wird.

Datenübertragungsprotokoll *Siehe* FTP.

DES (Data Encryption Standard) Ein Standard der US-Regierung zur Verschlüsselung nicht geheimer Daten. Mit etwas Aufwand zu knacken, obwohl eine neuere Version (dreifach-DES) wahrscheinlich sicher ist.

DFÜ-Netzwerk Das in Windows 95 und Windows 98 eingebaute Internet-Kommunikationsprogramm.

Digest Eine Zusammenfassung von Nachrichten, die an eine Mailingliste innerhalb der letzten paar Tage geschickt wurden.

Domain name server Domänennamen-Server (oder nur Name-Server oder abgekürzt DNS); ein Computer im Internet, der zwischen den Domänennamen des Internet, wie zum Beispiel xuxa.iecc.com, und den numerischen Adressen im Internet, wie 140.186.81.2, übersetzt.

Domain Domäne, *siehe dort*.

Domäne Teil des offiziellen Namens eines Computers im Netz – zum Beispiel `gurus.com`. Um einen Domänennamen registrieren zu lassen, gehen Sie zu `http://www.internic.net`.

Download Herunterladen. Eine Software von einem entfernten Computer auf den eigenen laden.

Dummies Leute, die nicht alles wissen, aber clever genug sind, um Hilfe zu suchen. Wird ironisch verwendet.

edu Wenn diese Buchstaben im letzten Teil der Adresse auftauchen (zum Beispiel bei `www.middlebury.edu`), zeigt das an, daß der Host-Computer von einer Bildungseinrichtung betrieben wird, zum Beispiel einer Schule oder einer Universität. Es zeigt außerdem, daß der Host-Computer möglicherweise in den Vereinigten Staaten steht.

E-Mail Electronic Mail (= elektronische Post); Nachrichten, die elektronisch über das Internet geschickt werden.

Entpacker Software, mit der man komprimierte Dateien dekomprimiert. Bekannte Entpacker sind PKUNZIP oder Winzip unter Windows.

Eudora Ein populäres Mail-Programm, das auf dem Mac und unter Windows läuft.

Extranet Eine Internet-Technologie, über die ein Unternehmen mit seinen Kunden und Geschäftspartnern verbunden wird.

FAQ Frequently asked questions (= häufig gestellte Fragen); ein Artikel, der Antworten auf häufig gestellte Fragen enthält. Viele Mailing-Listen und Usenet-Newsgruppen haben FAQs, die regelmäßig veröffentlicht werden. Um die FAQs für alle Newsgruppen zu lesen, schauen Sie mit FTP bei `rtfm.mit.edu` nach.

Favoriten Eine Liste von Dateien oder Webseiten, die Sie häufig benutzen. Mit dem Microsoft Internet Explorer können Sie eine Liste Ihrer bevorzugten Elemente unterhalten, so daß Sie leicht zu ihnen zurückkehren können.

Fidonet Ein weltweites Netzwerk von BulletinBoardSystemen (BBSs) mit Zugang zu Internet-E-Mail.

Firewall Ein speziell programmierter Computer, der ein lokales Netzwerk mit dem Internet verbindet und aus Sicherheitsgründen nur bestimmte Arten von Mitteilungen herein und heraus läßt.

Flame-Krieg Flamen im großen Ausmaß zwischen zwei oder mehreren Personen.

flamen Das Veröffentlichen von wütenden, aufwiegelnden oder beleidigenden Mitteilungen, vor allem in Mailing-Listen und Newsgruppen. Tun Sie das nicht!

Freenet Ein (außer in Los Angeles) kostenloses Online-System, das der Bevölkerung auf lokaler Ebene Informationen und beschränkten Zugang zum Internet bietet.

FTP (File-Transfer-Protocol) Datenübertragungsprotokoll; eine Methode, eine oder mehrere Dateien von einem Computer zu einem anderen über das Netzwerk zu übertragen.

FTP-Server Ein Computer im Internet, der Dateien lagert, die mit FTP übertragen werden können.

Gateway Ein Computer, der ein Netzwerk mit einem anderen verbindet, wenn die Netzwerke auf unterschiedlichen Protokollen basieren.

GIF (Graphics Interchange Format) Grafik-Austausch-Format; ein patentiertes Grafikdateiformat, das ursprünglich von CompuServe entwickelt wurde und nun im ganzen Netz zu finden ist. Dateien dieses Formats enden mit .gif und werden GIF-Dateien oder einfach GIFs genannt.

Giga- Vorsilbe, bedeutet eine Milliarde (1.000.000.000).

Gopherspace Die Welt der Gopher-Menüs. Wenn Sie in Gopher von Menü zu Menü springen, spricht man vom Surfen im Gopherspace.

Gopher Ein System, das Sie menügesteuert Informationen suchen läßt, ist durch das Web inzwischen größtenteils überholt.

gov Wenn diese drei Buchstaben im letzten Teil einer Adresse auftauchen (zum Beispiel in `cu.nih.gov`), bedeutet das, daß der Host-Computer wahrscheinlich von irgendeiner Behörde betrieben wird, möglicherweise der US Bundesbehörde.

Hardware Der eigentliche physische Computer und all seine Kabel und Freunde, wie der Drucker, das Laufwerk und das Modem. Ziemlich nutzlos ohne Software.

Header Der Beginn einer E-Mail-Mitteilung, in der Empfänger und Absender, Betreff, Datum und anderer Krimskrams enthalten ist, der für Ihr Mail-Programm wichtig ist.

Herunterladen *Siehe* Download.

Hochladen *Siehe* Upload.

Homepage Die Eingangsseite oder Hauptseite einer Web-Site. Wenn Sie eine Homepage haben, ist das die wichtigste Seite zu Ihrer Person. Eine Homepage kann Links zu anderen Webseiten enthalten.

Host (= Wirt); ein Computer im Internet.

HTML (Hypertext markup language) Hypertext-Auszeichnungs-Sprache; die Sprache wird eingesetzt, um Seiten für das World Wide Web zu schreiben. Darüber regelt man die Schriftart, das Layout, eingebettete Grafiken und Hypertext-Links. Machen Sie sich keine Sorgen: Sie müssen gar nichts darüber wissen, um das World Wide Web zu nutzen. Webseiten werden in Dateien gespeichert, die meist die Erweiterung .htm oder .html haben.

HTTP (Hypertext transfer protocol) Hypertext-Übertragungs-Protokoll; die Methode, mit der World-Wide-Web-Seiten im Netz übertragen werden. URLs von Webseiten beginnen mit `http://`.

HTTPS Eine Variante von HTTP, die Mitteilungen zur Sicherheit verschlüsselt.

Hypermedia Wie Hypertext, doch sind hier alle Arten von Informationen enthalten sind, wie Bilder, Klänge und Video und nicht nur Text. *Siehe auch* Hypertext.

Hypertext Ein System zum Schreiben und Darstellen von Text, mit dem der Text auf vielfältige Arten verknüpft sein kann, in verschiedenen Detailstufen zur Verfügung stehen und Links zu verwandten Dokumenten enthalten kann. Das World Wide Web macht sich sowohl Hypertext als auch Hypermedia zunutze.

Icon Ein kleines Bild oder Symbol, das etwas Großes repräsentieren will, sowas wie ein Programm oder eine Wahlmöglichkeit bei Aktionen oder Objekten.

IETF (Internet Engineering Task Force) Spezialeinheit für Internet-Technik; eine Gruppe, die neue technische Standards für das Internet entwickelt.

Internet Alle Computer, die über ein faszinierend riesiges globales Netzwerk miteinander verbunden sind, so daß sie sich miteinander unterhalten können. Wenn Sie ihren kleinen, mickrigen Computer mit Ihrem Internet-Provider verbinden, wird auch Ihr Computer ein Teil dieses Netzwerks.

Internet Relay Chat (IRC) Ein System, das es dem Internet-Volk erlaubt, miteinander in Echtzeit zu reden (anders als die Verzögerung beim Versenden von E-Mails).

Internet Society Eine Organisation, die sich dem Wachstum und der Entwicklung des Internet widmet. Sie können sie unter `www.isoc.org` erreichen.

InterNIC Das Internet Network Information Center, ein Aufbewahrungsort für Informationen über das Internet. Um einen Domänennamen registrieren zu lassen, gehen Sie zu `www.internic.net`.

Intranet Eine private Version des Internet, mit der Leute innerhalb eines Unternehmens mittels populärer Internet-Werkzeuge wie Browsern Daten austauschen können.

IRC *Siehe* Internet Relay Chat.

ISDN (Integrated Services Digital Network) Ein schneller, digitaler Telefondienst, der Datenübertragungsraten von bis zu 128 Kilobits pro Sekunde ermöglicht.

Java Eine von Sun Microsystems entwickelte Computersprache. Da Java-Programme auf jedem modernen Computer laufen, ist Java ideal zur Verbreitung von Anwendungsprogrammen über das Internet.

JPEG Ein Dateiformat für Photographien, das im Netz weit verbreitet ist. Dateien dieses Formats enden auf .jpg oder .jpeg und werden JPEG-Dateien genannt (ausgesprochen TSCHÄI-Päck). Steht für Joint Photographic Experts Group.

Kbyte 1.024 Bytes. Wird auch *KB* oder einfach nur *K* geschrieben. Normalerweise Maß für die Speicherkapazität eines Computers oder einer Festplatte, oder als Maß für die Dateigröße.

Kennwort Ein geheimer Code, um Ihre Privatsphäre im Netz zu sichern. Stellen Sie sicher, daß Sie einen Code wählen, der nicht so leicht zu knacken ist. Am besten kombinieren Sie zwei zufällig gewählte Worte mit einer Zahl oder einem speziellen Zeichen.

Knoten Ein Computer im Internet, der auch Host genannt wird.

Kommunikations-Programm Ein Programm, das Sie auf Ihrem PC laufen lassen, um andere Computer anrufen und mit ihnen kommunizieren zu können. Diese Art von Programm bringt Ihren Computer dazu, sich wie ein Terminal zu verhalten (darum werden sie auch Terminal-Programme oder Terminal-Emulatoren genannt).

Länderkennung *Siehe* Country code.

Lesezeichen Die Adresse einer Webseite, zu der Sie zurückkehren möchten. Netscape Navigator erlaubt Ihnen, eine Liste mit Lesezeichen zu führen, um das Aufsuchen Ihrer bevorzugten Webseiten zu erleichtern.

Link Verbindung oder Verweis. Eine Hypertextverbindung, die Sie zu einem anderen Dokument oder einen anderen Teil des gleichen Dokuments bringt, nennt man Link. Im World Wide Web erscheinen Links als hervorgehobener Text oder Bildbereich. Um einem Link zu folgen, klicken Sie auf den hervorgehobenen Bereich. *Siehe auch* Hypertext, WWW.

Linux Eine Freeware-Version des UNIX-Betriebssystems, die auf PCs läuft und von einer Reihe eingeschworener Enthusiasten im Internet unterstützt wird.

ListProc Wie auch LISTSERV ein Programm, das automatisch Mailinglisten managt.

LISTSERV Eine Programmfamilie, die automatisch Mailinglisten managt, Nachrichten, die veröffentlicht worden sind, verteilt, Mitglieder hinzufügt und löscht und so weiter, ohne das Zutun von jemandem, der das manuell erledigen müßte. Die Namen der Mailinglisten, die von LISTSERV gemanagt werden enden häufig mit `-L`.

lurk lauern; darunter versteht man im Mailing-Listen-Sprachgebrauch das Lesen einer Liste oder Chat-Gruppe, ohne selbst Mitteilungen beizusteuern. Jemand, der lurkt, ist ein Lurker. Lurken ist in Ordnung und viel besser als Flamen.

Lynx Ein Text-basierter World-Wide-Web-Browser. Keine Bilder, aber dafür schnell.

MacBinary Ein Dateikodierungssystem, das bei Macintosh-Benutzern beliebt ist.

MacTCP TCP/IP für den Macintosh. Sie kriegen ohne dieses Ding Ihren Mac nicht ans Internet, oder Sie benötigen eine neueres Produkt namens Open Transport, das bei System 8 dabei ist.

Mailing-Listen Eine spezielle Art von E-Mail-Adresse, die jede eingehende Mail an eine Liste von Mitgliedern, die zu dieser Mailingliste gehören, weiterschickt. Jede Mailingliste hat ein spezielles Thema, so daß Sie sich bei denen, die Sie interessieren, anmelden können.

Mail-Server Ein Computer im Internet, der Mail-Dienste zur Verfügung stellt.

Mail Post; wird im Zusammenhang mit Internet synonym mit E-Mail verwendet.

Majordomo Wie LISTSERV ein Programm, das mit Mailinglisten zu tun hat.

MBone Der Multicast-Backbone. Ein spezielles Unternetzwerk im Internet, das Livevideo und andere Multimedia-Sachen gleichzeitig zu vielen Stellen im Netz überträgt.

Microsoft Internet Explorer Der Web-Browser, für den Microsoft energisch Werbung macht und den es in Geschmacksrichtungen für Windows, Mac und UNIX gibt.

Microsoft Network (MSN) Ein kommerzieller Online-Service, der viele Internet-Dienste bietet, darunter E-Mail und Zugang zum World Wide Web.

mil Wenn diese Buchstaben im letzten Teil einer Internet-Adresse oder einem Domänen-Namen auftauchen zeigt das, daß der Host-Computer von einer Abteilung des US-Militärs betrieben wird.

MIME (Multipurpose Internet Mail Extension) Mehrzweck-Internet-Mail-Erweiterung; damit sendet man per E-Mail Bilder, Textverarbeitungsdateien und andere Informationen, die kein Text sind.

Mirror Spiegel; ein FTP-Server oder Web-Server, der Kopien der gleichen Dateien bereitstellt wie ein anderer Server. Mirrors verteilen die Auslastung populärer FTP- und Web-Sites auf mehrere Stellen.

Modem Ein schickes Spielzeug, mit dem Sie Ihren Computer telefonieren lassen können. Der Name setzt sich zusammen aus *Mo*dulator/*Dem*odulator.

Moderator Jemand, der sich zuerst die an eine Mailing-Liste oder Newsgruppe gerichteten Mitteilungen anschaut, bevor er Sie weiter in die Öffentlichkeit schickt. Der Moderator kann dämliche, redundante, neben dem Thema liegende oder beleidigende Nachrichten löschen.

Moderierte Mailinglisten Eine Mailing-Liste, die von einem Moderator betrieben wird.

Mosaic Ein älterer Web-Browser, der heute von Netscape Navigator, Microsoft Internet Explorer und anderen Browsern überflügelt wird. Benutzer von CompuServe 3.0 surfen auch heute noch mit Mosaic im Web.

MPEG Ein Dateiformat für Video-Dateien, auf das man im Netz stößt. Dateien dieses Formats enden auf .mpg. Steht für Motion Picture Experts Group.

MSN *Siehe* Microsoft Network.

MUD (Multi-user dungeon) Mehrbenutzer-Verlies. Begann als eine Art Burg-und Drachen-Spiel, das viele Leute gleichzeitig spielen konnten. Heute ist es eine Subkultur des Internet.

Informationen dazu, wie man sich einem MUD anschließt, finden Sie in der Newsgruppe `rec.games.mud.announce`.

Netscape Navigator Ein populärer Web-Browser, den es in Versionen für Windows, Mac und UNIX gibt.

Netz (englisch net) Ein einzelnes Netzwerk oder das Internet an sich, je nach Zusammenhang. Wenn eine Internet-Adresse auf `.net` endet (z.B. `www.abuse.net`), zeigt das an, daß der Host-Computer von einer Netzwerkorganisation betrieben wird, meist einem Internet-Provider in den USA.

Netzwerk-Computer Ein Computer, dem die Festplatte fehlt und der alle Daten stattdessen über ein Computer-Netzwerk erhält, wie im Internet.

Netzwerk Computer, die miteinander verbunden sind, bilden ein Netzwerk. Die im gleichen oder in benachbarten Gebäuden heißen Local area networks, LAN (= lokale Netzwerke), die weiter auseinanderliegen, heißen Wide area networks, WAN, und wenn Sie eine große Anzahl von Netzen über die ganze Welt verbinden, bekommen Sie das Internet.

Newbie Anfänger; ein Neuling im Internet (Variante: clueless Newbie – ahnungsloser Anfänger). Nachdem Sie dieses Buch gelesen haben, sind Sie natürlich kein hoffnungsloser Anfänger mehr! Newbie ist eher nett gemeint, nehmen Sie es daher nicht so schwer, wenn Sie jemand so nennt.

Newsgruppe Ein Themengebiet im News-System des Usenet. (Schauen Sie auf der Webseite `http://net.gurus.com/usenet` vorbei, um Näheres zu Usenet-Newsgruppen zu erfahren.)

Newsreader Ein Programm, das Sie Nachrichten im Usenet lesen und beantworten läßt.

News-Server Ein Computer im Internet, der nicht nur Usenet Newsgruppen-News bekommt, sondern Sie die News auch noch lesen läßt.

NIC (Network Information Center) Netzwerk-Informationszentrum; verantwortlich für die Koordination einer Reihe von Netzwerken, so daß die Konsistenz der Namen, Netzwerknummern und anderer technischer Einzelheiten der Netzwerke untereinander gesichert wird. Die Adresse des NIC für den US-Teil des Internet ist `rs.internic.net`.

Nickname *Siehe* Spitzname.

Page Seite; ein Dokument oder eine Sammlung von Informationen, die über das World Wide Web zugänglich sind. Jede Seite kann Text enthalten, Grafikdateien, Sounddateien oder Video-Clips – alles, was Ihnen sonst noch einfällt.

Paket Eine Informationseinheit, die über das Netz geschickt wird. Jedes Paket enthält die Adresse, an die es soll, und die Adresse, wo es herkommt.

Paßwort *Siehe* Kennwort.

PDF-Datei Eine Methode zum Vertrieb formatierter Dokumente über das Netz. Sie benötigen ein spezielles Leseprogramm namens Acrobat, das Sie unter `http://www.adobe.com/acrobat` erhalten.

PGP (Phil's Pretty Good Privacy) Ein Programm, mit dem Sie Ihre E-Mails verschlüsseln und unterschreiben können; wurde von Phil Zimmermann geschrieben. Nähere Informationen erhalten Sie in der Newsgruppe `comp.security.pgp.discuss` oder auf der Webseite `http://web.mit.edu/network/pgp.html`.

PICS (Platform for Internet Content Selection) Plattform zur Auswahl von Internet-Inhalten; eine Methode, über die Seiten mit Markierungen zu ihrem Inhalt versehen werden können. Wurde dazu entwickelt, Kinder nicht zu den feurigen Seiten gelangen zu lassen, obwohl inzwischen auch andere Anwendungen verbreitet sind.

Pine Ein populäres UNIX-basiertes Mail-Programm. Für ein UNIX-Programm ist Pine ziemlich einfach zu benutzen.

Ping Ein Programm, das prüft, ob Sie mit einem anderen Computer im Internet kommunizieren können. Es sendet eine kurze Nachricht, die der andere Computer automatisch beantwortet. Wenn Sie einen anderen Computer nicht »pingen« können, ist wahrscheinlich überhaupt keine Kommunikation mit diesem Computer möglich.

PKZIP Ein Datenkompressionsprogramm, das auf PCs läuft. PKZIP erstellt ZIP-Dateien, die gepackte Versionen einer oder mehrer Dateien enthalten. Um sie wieder auf ihre vorherige Größe zu bringen, benutzen Sie PKUNZIP oder WinZip. *Siehe auch* ZIP-Datei.

Plug-In Ein Computer-Programm, mit dem Sie Ihren Browser erweitern, damit dieser ein spezielles Dateiformat verarbeiten kann.

POP (Post Office Protocol) Ein System, über das Sie der Mail-Server im Internet Ihre Mail abholen läßt, damit Sie sie auf Ihren PC oder Mac herunterladen können. Ein POP-Server ist der Computer, von dem Sie die Mail abholen. Wird auch als *POP3* bezeichnet.

Port-Nummer Anschlußnummer; eine kennzeichnende Nummer, die jedem Programm zugewiesen wird, das im Netz mitredet. Sie müssen diese Nummer nur in den seltensten Fällen kennen, da die Internet-Programme dieses Zeug unter sich ausmachen.

Posting Ein Artikel, der in einer Usenet-Newsgruppe veröffentlicht oder an eine Mailing-Liste geschickt wurde.

PPP (Point-to-point-protocol) Punkt-zu-Punkt-Protokoll; ein Methode, nach der Ihr Computer über die Telefonleitung mit dem Internet verbunden wird.

Protokoll Die abgesprochenen Regeln, auf denen die Kommunikation der Computer untereinander beruht. Eine Reihe von Signalen wie »weitermachen,« »habe es erhalten,« »habe es nicht erhalten, bitte nochmal schicken, »alles fertig« und so weiter.

Public-Key-Kryptographie Eine Methode zum Verschicken geheimer Mitteilungen, bei der Sie zwei Schlüssel erhalten: einen öffentlichen Schlüssel, den Sie jedermann austeilen können, damit Ihnen die Leute verschlüsselte Mitteilungen schicken können, und einen zweiten, privaten Schlüssel, mit dem Sie diese Mitteilungen entschlüsseln können.

Push-Technologie Eine Möglichkeit, aus dem Web aktiv Informationen an Sie zu schicken, anstatt zu warten, bis Sie vorbeikommen und sich die Web-Site ansehen. Mit der Push-Technologie können Sie Informationskanäle (channel) abonnieren, die automatisch auf Ihrem Computer aktualisiert werden. (Noch) nicht so populär. *Siehe auch* Channel.

QuickTime Ein von Apple erfundenes Video-Dateiformat, das im Netz weitverbreitet ist.

RC4 Ein einfacher, aber leistungsfähiger Verschlüsselungsalgorithmus, der von Ron Rivest entwickelt wurde und häufig im Internet verwendet wird.

RealAudio Ein populäres Dateiformat für Streaming-Audio, mit dem Sie Sendungen über das Netz hören können. Ein Player-Plug-In bekommen Sie bei `http://www.real.com`.

RFC (Request for Comment) Aufforderung zum Kommentar; eine numerierte Dokument-Serie, die angibt, wie die verschiedenen Teile des Internet funktionieren. RFC-822 beschreibt beispielsweise das Format der Internet-E-Mail.

Router Ein Computer, der zwei oder mehrer Netzwerke verbindet.

RTFM (Read the f... manual) Lese das verdammte Handbuch; ein Vorschlag, der gerne von Leuten gemacht wird, die das Gefühl haben, Sie hätten deren Zeit verschwendet, indem Sie Fragen gestellt haben, deren Anworten Sie sich auch anders hätten besorgen können. Eine bekannte und recht beliebte FTP-Site namens `rtfm.mit.edu` enthält FAQs für alle Usenet-Newsgruppen.

S/MIME Secure Multipurpose Internet Mail Extension. Eine Erweiterung von MIME, die Verschlüsselung umfaßt. *Siehe auch* MIME.

Secure Server Sicherer Server; ein Web-Server, der Verschlüsselung einsetzt, um andere daran zu hindern, Mitteilungen von und an Ihren Browser zu lesen. Einkaufs-Sites im Web verwenden meistens Secure Server, damit andere nicht Ihre Bestellinformationen einsehen können.

Serieller Port Der Steckplatz auf der Rückseite Ihres Computers, in den Sie Ihr Modem einstöpseln. Wird auch als Kommunikationsport oder COM-Port bezeichnet.

Server Ein Computer, der innerhalb eines Netzwerks anderen Computern (Clients) Dienste wie E-Mail, Web-Daten, Newsgruppen oder FTP zur Verfügung stellt. *Siehe auch* Client.

Shareware Computerprogramme, an die Sie leicht herankommen können, um sie auszuprobieren und dann entscheiden zu können, ob Sie sie weiter einsetzen wollen oder nicht. Wenn Sie sich dafür entscheiden, müssen Sie für die Lizenz zahlen, indem Sie den entsprechenden Betrag an den Empfänger überweisen, der im Programm angegeben ist. Das System beruht auf Ehrlichkeit. Auf diese Weise wird eine Menge hervorragender Software angeboten, und freiwillige Kooperation ermöglicht dies.

Shockwave Ein Programm, mit dem interaktive Multimedia-Präsentationen im Web ansehen kann. Nähere Informationen zu Shockwave und ein Exemplar des Shockwave-Plug-Ins für Ihren Browser erhalten Sie unter `http://www.macromedia.com/shockwave/`.

SLIP (Serial Line Internet Protokoll) serielles Internetprotokoll; eine überholte Softwaremethode zur Verbindung eines Computers mit dem Internet über eine serielle Leitung. *Siehe auch* PPP.

Smiley Eine Kombination spezieller Zeichen, die Gefühle darstellen, wie :-) oder :(. Obwohl hunderte Smileys erfunden wurden, werden nur ein paar aktiv verwendet, und alle sind verrückt.

SMTP (Simple Mail Transfer Protocol) Einfaches Nachrichtenübertragungs-Protokoll; eine sehr optimistisch benannte Methode, mit der eine Internet-Mail von einem zum anderen Computer geschickt wird. Ein SMTP-Server ist der Computer, zu dem Sie ihre ausgehenden E-Mails schicken.

Socket Ein logischer »Stecker«, mit dem ein Programm die Verbindung zu einem anderen Programm herstellt, das auf einem anderen Computer im Internet läuft. Sie könnten beispielsweise ein FTP-Programm laufen haben, daß für seine FTP-Sitzungen Sockets verwendet, und Eudora über ein anderes Socket Ihre Mails abrufen lassen. Winsock ist die Standardmethode, mit der Internet-Programme für Windows Sockets verwenden.

Software Computerprogramme, die den Gebrauchswert Ihres Computers über den eines Briefbeschwerers erhöhen. *Siehe auch* Hardware.

Spam Der Vorgang, Tausenden uninteressierten Empfängern E-Mails zu schicken oder unpassende Mitteilungen bei vielen uninteressierten Newsgruppen oder Mailing-Listen zu veröffentlichen. Es ist unsozial und uneffektiv.

Spitzname Im IRC ist das der Name, über den Sie sich selbst beim Chatten ausgeben; wird synonym mit AOL-Name verwendet.

SSL (Secure Sockets Layer) Eine Web-basierte Technologie, mit der ein Computer die Identität eines anderen überprüfen kann und sichere Verbindungen gewährleisten kann.

Stop Bits Sagen Sie einfach »1«, wenn Sie Ihre Kommunikationssoftware einrichten.

Streaming Audio Strömende Klänge; ein System zum Verschicken von Audio-Dateien über das Netz, bei dem die Datei schon abgespielt wird, bevor die Datei vollständig heruntergeladen ist. So können Sie mit minimaler Verzögerung zuhören. RealAudio ist das populärste Programm dieser Art.

StuffIt Ein Kompressionsprogramm für den Mac. StuffIt erstellt eine STI-Datei, die komprimierte Versionen einer oder mehrerer Dateien enthält. Um diese Dateien in ihrer ursprünglichen Größe und Form wiederherzustellen, verwenden Sie UnStuffIt.

Suchmaschine (englisch search engine) Ein Programm, mit dem man nach Dingen im World Wide Web sucht.

Surfen Im World Wide Web herumwandern und nach interessantem Zeug suchen.

TCP/IP Das System, mit dem Netzwerken im Netz miteinander kommunizieren. Es steht für Transmission Control Protocol/Internet Protocol (Übertragungskontroll-Protokoll/Internet-Protokoll).

Telnet Ein Programm, mit dem Sie sich in andere Computer im Netz einloggen können.

Terminal In den alten Tagen bestand ein Terminal nur aus einem Bildschirm und einer Tastatur. Wenn Sie einen Personalcomputer haben und Verbindung zu einem großen Computer aufnehmen möchten, können Sie ein Programm laufenlassen, das so tut, als wäre es ein hirnloser Bildschirm mit Tastatur – dieses Programm heißt Terminalemulator, Terminalprogramm oder Kommunikations-Software.

Textdatei Eine Datei, die nur Textzeichen enthält, ohne spezielle Formatierung, grafische Information, Sound, Video oder was auch immer. Die meisten Computer, die keine IBM-Großrechner sind, speichern ihren Text, indem sie ein Codesystem verwenden, das ASCII heißt, weshalb dieser Dateityp auch ASCII-Datei genannt wird. *Siehe auch* Unicode.

Thread Ein Artikel, der in einer Usenet-Newsgruppe gepostet wird, und zwar zusammen mit allen nachfolgenden Artikeln, deren nachfolgenden Artikeln und so weiter. Artikel in Threads zu organisieren, erleichtert die Auswahl, welche Artikel einer Newsgruppe Sie lesen wollen.

Unicode Die gerade entstehende Erweiterung von ASCII, in der sämtliche Zeichen aller gegenwärtig geschriebenen Sprachen der Welt enthalten sein sollen.

UNIX Ein leistungsfähiges Betriebssystem, das nicht immer einfach zu bedienen ist. Es wurde bei Bell Labs entwickelt und wird heute auf vielen Servern im Netz verwendet.

Upload Das eigene Zeug auf den Computer von jemand anderem schieben.

URL (Uniform Resource Locator) Eine standardisierte Methode, Netzwerk-Ressourcen zu benennen, mit der Web-Seiten im World Wide Web miteinander verknüpft (verlinkt) werden.

URN (Uniform Resource Name) Der Name einer Webseite, der sich nicht ändert, wenn die Seite auf einen anderen Computer verschoben wird; ein Vorschlag, um dem Problem unterbrochener Links zu begegnen.

Usenet Ein System von Tausenden von Newsgruppen. Sie lesen die Nachrichten mit einem Programm, das Newsreader genannt wird. (Schauen Sie auf der Webseite `http://net.gurus.com/usenet` vorbei, um Näheres zu Usenet-Newsgruppen zu erfahren.) *Siehe auch* Newsreader.

UUCP Ein älteres, gebrechliches Mailsystem, das nach wie vor in einigen UNIX-Systemen eingesetzt wird. UUCP steht für UNIX-to-UNIX-copy.

Uuencode/Uudecode Eine Methode, um binäre Dateien als E-Mail zu verschicken. Älter und anfälliger als MIME.

Viewer Ein Programm, das Ihnen Dateien anzeigt, die etwas anderes als nur Text enthalten.

Virtual Reality Virtuelle Realität; eine visuelle 3D-Computersimulation, die auf Ihre Eingabe so realistisch reagiert, daß Sie denken, Sie wären in einer anderen Welt.

VRML Eine Sprache, mit der Virtual-Reality-Seiten für das Web geschaffen werden.

VT100 Die Modellbezeichnung eines Terminals, das Anfang der 1980er Jahre von Digital Equipment gebaut worden ist und zu einem Defacto-Standard geworden ist. Wenn Sie auf einen Terminal-Emulator stoßen, werden Sie manchmal gefragt, welche Art Terminal Sie verwenden; normalerweise funktioniert es gut, wenn Sie angeben, Sie haben ein VT-100.

WAV-Datei Ein populäres Windows-Format für Audio-Dateien (.wav-Dateien), das im Netz verbreitet ist.

Webseite (englisch web-page) Ein Dokument, das im World Wide Web verfügbar ist.

Web-Site Web-Bereich; ein Ort im World Wide Web, an dem sich verschiedene Webseiten befinden.

Winsock Eine Standardmethode, mit der Windows-Programme mit TCP/IP arbeiten. Sie brauchen es, wenn Sie Ihren Windows-PC mit dem Internet verbinden, entweder über eine Standleitung oder mit einem Modem und PPP.

WinZip Ein Dateikomprimierungsprogramm unter Windows. Es liest und erstellt ZIP-Dateien, die komprimierte Versionen einer oder mehrerer Dateien enthalten.

World Wide Web (WWW) Ein Hypermedia-System, das Sie durch eine Menge interessanter Informationen surfen läßt. Das Web wird die zentrale Informationsquelle der Menschheit im 21. Jahrhundert sein.

X.400 Ein unhandlicher, ITU-abgesegneter Mail-Standard, der im Wettbewerb zum SMTP-Mail-Standard des Internet steht.

X.500 Ein Standard für telefonbuchähnliche E-Mail-Verzeichnisdienste. Er ist nicht ganz so kompliziert wie X.400, und die Leute im Internet versuchen, ihn zu verwenden.

Xmodem Ein Protokoll, mit dem Dateien zwischen Computer übertragen werden können; zweite Wahl nach Zmodem.

XON/XOFF Ein Weg, mit dem Ihr Computer »Sekunde bitte!« sagen kann, wenn Daten zu schnell ankommen; der andere Weg wird meist Hardware-Flow-Control genannt.

Yahoo Eine Reihe von Webseiten, die einen themenorienierten Führer zum World Wide Web bilden. Gehen Sie zur URL `http://www.yahoo.com`.

ZIP-Datei Eine Datei mit der Erweiterung .zip, die mit PKZIP, WinZip oder einem kompatiblen Programm komprimiert wurde. Um an die Dateien in einer ZIP-Datei zu kommen, benötigen Sie normalerweise WinZip, PKUNZIP oder ein kompatibles Programm.

Zmodem Ein Protokoll, mit dem Dateien zwischen Computer übertragen werden können; eines der besten, das man verwenden kann, falls es zur Wahl steht.

Zone Der letzte Teil eines Internet-Host-Namens. Falls die Zone aus zwei Buchstaben besteht, stellt Sie den Country Code dar, in der sich die Organisation befindet, die den Computer betreibt. Ist die Zone drei Buchstaben lang, ist sie ein Code, der den Typ der Organisation anzeigt, die den Computer betreibt.

Stichwortverzeichnis

Symbole

A

B

C

D

E

I

J

K

L

M

N

O

P

Q

R

S

T

U

V

W

X

Y

Z

Internet für Dummies – Schummelseite

Tragen Sie her Ihre wichtigen Internet-Informationen ein

Ihre E-Mail Adresse: ____________________

@______________________________

Die Datentelefonnummer Ihres Internet-Providers (die Nummer, die Ihre Software wählt):

____

Die Telefonnummer für den technischen Support Ihres Internet-Providers (wenn Sie mit einem Menschen sprechen wollen):

____

Die E-Mail-Adresse der Support-Abteilung Ihres Internet-Providers:

____

Für SLIP- und PPP-Accounts:

Ihre IP-Adresse (es kann sein, daß Sie keine zugewiesen bekommen haben):

________.________.________.________

Der DNS (Domain Name Server) Ihres Internet-Providers:

________.________.________.________

Das Mail-Gateway Ihres Internet-Providers (für den Postausgang):

____

Der POP-Mail-Server Ihres Internet-Providers (für den Posteingang):

____

Der News-Server Ihres Internet-Providers (für Usenet-Newsgroups):

____

Hostnamen-Bereiche

Die Liste der klassischen Drei-Buchstaben-Endungen der Internet-Hostnamen. Für eine Länderübersicht und die neuen Endungen schlagen Sie nach bei http://www.germany.net/teilnehmer/100/111930/domain.htm

com	Firma oder individuelle Homepage
edu	Bildungseinrichtung
gov	(amerikanische) Regierung
mil	(amerikanisches) Militär
net	Netzwerkorganisation
int	Internationale Organisation
org	nicht-kommerzielle Organisation

Akronyme, die man kennen sollte

BTW	By the way (Übrigens)
RTFM	Read the f… manual (Lies das verdammte Handbuch)
IMHO	In my humble opinion (Meiner bescheidenen Meinung nach)
ROFL	Rolling on floor, laughing (Liege vor Lachen am Boden)
TIA	Thanks in advance (Besten Dank im voraus)
YMMV	Your mileage may vary (Ihr Meilenstand kann variieren)

Netiquette

Denken Sie immer daran, daß Sie es im Internet mit Menschen auf der anderen Seite der Datenleitung zu tun haben.

Regen Sie sich ab, bevor Sie antworten.
Versuchen Sie nicht, das letzte Wort zu behalten.
NICHT IN GROSSBUCHSTABEN TIPPEN. Das wirkt wie schreien.
Posten Sie keine Nachrichten in Mailinglisten, wenn Sie nichts Neues beizutragen haben.
Schreiben Sie keine Ketten-E-Mail, keine Angebote, sofort ganz viel Geld zu verdienen, gefälschte Virenwarnungen oder andere Unsinn-Mails.

Internet für Dummies – Schummelseite

E-Mail-Adressen

Um dorthin	etwas an diese Adresse zu schicken	tippen Sie das:
AOL	SteveCase	stevecase@aol.com
CompuServe	77777,7777	77777.7777@compuserve.com
FIDONET	Mary Smith 1:2/3.4	mary.smith@p4.f3.n2.z1.fidonet.org
MCI Mail	555-2468	5552468@mcimail.com
MSN	BillGates	billgates@msn.com
T-Online	RonSommer	RonSommer@t-online.de

Nützliche Web-Seiten

http://www.altavista.de	Suchmaschine für Web-Seiten
http://www.yahoo.com	Yahoo-Index für das Web
http://www.web.de	Index für deutsche Seiten
http://wcs.internet.com	Software satt für das Internet
http://www.unitedmedia.com/comics/dilbert	Dilbert
http://www.tucows.com	die ultimative Sammlung für Windows-Software
http://www.liszt.com	Verzeichnis von Mailing-Listen
http://www.four11.com	Suchmaschine für E-Mail-Adressen
http://www.hotmail.com	freie E-Mail-Adressen über das Web
http://net.gurus.com	Aktualisierungen zu diesem Buch (englisch)

Usenet-News-Hierarchien

alt	Alternative Newsgroups
comp	Computer-Themen
misc	Vermischtes
news	Usenet-Themen
rec	Freizeitthemen
sci	Wissenschaftsthemen
soc	Soziale und gesellschaftliche Themen
talk	Diskussionen und Auseinandersetzungen

URL-Arten

file://*pfadname*	Datei, die auf dem lokalen Computer gespeichert ist
ftp://*hostname/pfadname*	Datei auf einem FTP-Server
http://*hostname/pfadname*	World Wide Web-Seite
gopher://*hostname/pfadname*	Gopher-Menü
mailto:*adresse*	E-Mail
telnet:*hostname*	Telnet, um sich in das System einzuloggen